וּשְׁמוֹ אֶחָד

ריפוי הקשר בין ישראל ודתות העולם

יעקב נגן, שראל רוזנבלט, אסף מלאך

וּשְׁמוֹ אֶחָד

ריפוי הקשר בין ישראל ודתות העולם

מגיד

בית מדרש
לישראל והאנושות
אור תורה סטון

Yakov Nagen, Sarel Rosenblatt, Assaf Malach
And His Name is One: Healing Judaism's Relations with World Religions

עורך אחראי: ראובן ציגלר
עורכת ראשית: אוריה מבורך
עורכת משנה: אפרת גרוס
עריכת לשון: שמואל מרצבך
הגהה: הניה קולומבוס
עיצוב עטיפה: סטודיו עפעף
עימוד: עדי רובין

ספרי מגיד, הוצאת קורן
ת"ד 4044 ירושלים 9104001
טל': 02-6330530 פקס: 02-6330534
www.korenpub.co.il

מסת"ב ISBN 978-965-526-342-8

נדפס בישראל 2022 Printed in Israel

In memory of Stewart Harris –
a great community leader, strategic thinker
and family man

Danielle and Jeffrey Wild and family

לזכרו של סטיוארט האריס, מנהיג קהילה יוצא דופן,
איש מחשבה מעמיק ואיש משפחה

חביבה ויוסף ווילד ומשפחתם

תוכן העניינים

פתח דבר

הרב ד"ר כתריאל ישעיה ברנדר
נשיא וראש מוסדות "אור תורה סטון"

מראשית המפעל הציוני סבל היישוב העברי בארץ ישראל מהתנכלויות ומעשי טרור. גם בשעה שבה נכתבות שורות אלו - כפתח דבר לספר העוסק ביחסנו לאומות הסובבות אותנו ולדתותיהן - אנו סובלים מאירועי טרור קשים: ישראלים תמימים נרצחים בלב הארץ על ידי בני עוולה. אלו ימים של חוסר ודאות וחשש.

מטבעו מעמיד הטרור בשאלה גדולה את יכולתנו ורצוננו לשאוף לדו־קיום ולחיים משותפים עם שכנינו הלא־יהודים. צופרי האזעקה; קולות הבכי של היתומים, האלמנים והאלמנות; החשש להתהלך בשלווה במרחב הציבורי - כל אלה מציפים רגשות קשים, מהדהדים קולות קיצוניים ומרחיקים אפשרות של פשרה וסובלנות.

התשובה לשאלות אלו מורכבת - ואינני מתיימר להציע כאן פתרון חד־משמעי - אך אל מול עינינו צריכים לעמוד תדיר דברי הנביא "וַהֲבִיאוֹתִים אֶל הַר קָדְשִׁי וְשִׂמַּחְתִּים בְּבֵית תְּפִלָּתִי עוֹלֹתֵיהֶם וְזִבְחֵיהֶם לְרָצוֹן עַל מִזְבְּחִי כִּי בֵיתִי בֵּית תְּפִלָּה יִקָּרֵא לְכָל הָעַמִּים" (ישעיהו נו, ז). החזון שניצב באופק חייב להיות תפילה משותפת של

כל בני האדם - יהודים ולא־יהודים כאחד - מול בית ה׳ בירושלים: ובכללם גויים שיבואו מכל רחבי העולם, ועל אחת כמה וכמה אלו שכבר חיים בקרבנו. עיקרון חשוב נוסף שחוזר שוב ושוב בתורתנו הינו ״מִשְׁפַּט אֶחָד יִהְיֶה לָכֶם כַּגֵּר כָּאֶזְרָח״ (ויקרא כד, כב). ספר החוקים שלנו ומערכות המשפט והצדק צריכים להיות שוויוניים והוגנים, לכבד גם את מי שאינם יהודים וחיים בארצנו ולהכיר בהם.

אינני מציע חלילה גישה סובלנית ומכילה כלפי הטרור. אדרבה, עלינו להילחם, להוקיע ולעקור אותו מהשורש, ולהבטיח את עוצמתו וחוסנו של צה״ל. מדובר בלא פחות מ״מלחמת מצווה״ - כזו שאיש אינו פטור ממנה. כולנו צריכים לעמוד כאיש אחד בפני אלו המבקשים את נפשנו. אך לא צריכה להתקיים סתירה בין חובה זו ובין אחריותנו להציע יד של שלום, כבוד והגינות לרבים המבקשים לחיות עימנו ואינם נוקטים אלימות.

שנים רבות לפני חזרת עם ישראל לארצו, באמצעץ של אלפי שנות הגלות הארורות, מצא הרמב״ם לנכון לעסוק בהרחבה ובעומק דעת במעמדם ההלכתי של גויים בארץ ישראל ובצורך לנהוג בהם בהגינות ובכבוד. כיצד אנו, שחיים כבר מעל שבעה עשורים כריבונים בארץ אבותינו, יחד עם מיליונים שאינם יהודים - ערבים מוסלמים ונוצרים, דרוזים, צ׳רקסים, פליטים סודנים ואריתראים - איננו עוסקים בעיון ובהעמקה מספקת בשאלה זו?

ומעבר לכך, מצבו הריבוני של העם היהודי מעורר ביתר שאת שאלות יסוד בעניין האופן שבו רואה ההלכה את דתם של המיעוטים בארץ ויחסה לאמונתם, לפולחנם ולמסורתם. האם ישנה אפשרות גם לשותפות מהמקום הדתי שלנו ושלהם? האם יש מקום ללמוד תורה עם שכנינו מאומות העולם ולשתף עימם את אוצרותיה ואת ערכיה?

למעשה, שאלות אלו מתחילות מנקודת מבט רחבה עוד יותר המתייחסת לא רק לדתות המיעוטים בארץ: מהו יחסה העקרוני של היהדות לקיומן של דתות בקרב אומות העולם? האם בקיום הדתי שלהן ישנו ערך? או שמא אלו דתות שצריכות להתבטל בהקדם כיוון

שאינן מכירות בדת האמת? האם יש מקום למציאת נקודות השותפות בין הדתות, לעבודה משותפת וללימוד משותף?

תמיד יהיו אתגרים רבים, איבות חדשות וישנות, פחד וחוסר הבנה - ועל אף כל אלו, ואולי אפילו בגינם - על הציבור הדתי־לאומי להתמודד באומץ ובישירות עם שאלות אלו; לא רק עם שאלות הזכויות האזרחיות של המיעוטים, כהונתם בתפקידי הנהגה במוסדות המדינה וכדומה, אלא גם עם שאלת השורש, יחסו של היהודי לעבודת ה׳ ולקיום דתי בקרב לא־יהודים.

נסו להיכנס לחנות ספרי קודש או לספריית בית מדרש, יהא אשר יהא; תמצאו שם ספרים רבים העוסקים בהלכות שבת, איסור והיתר, ואפילו סוגיות מודרניות יותר כגון דיני מלחמה או הלכות תרומות ומעשרות ושמיטה, אך כמעט שאין בנמצא ספרי הלכה שנכתבו במיוחד לצורך התמודדות עם אתגר זה. אינני מדבר על נקיטת עמדה פוליטית או על הנחיות מדיניות כאלו או אחרות בשם ההלכה, אלא בשרטוט קווי מִתאר ליחס הלכתי נכון ללא־יהודים החיים בארץ ישראל.

כהיענות לאתגר זה, הקימה הנהלת ״אור תורה סטון״ את ״בית מדרש לישראל והאנושות״ שתכליתו לסלול את הדרך לספרות הלכתית והגותית בנושא; לדון בעומק, ביצירתיות ובתבונה בגישה ההלכתית הנכונה בסוגיות אלו; ליצור נקודות ייחוס לדורות הבאים של לומדים וכותבים; ולתת כלים ביד המבקשים לצעוד בדרך התורה ולנהוג באופן נכון וראוי בבני אומות העולם בארץ ומחוצה לה.

אני מבקש להודות לחברי בית המדרש, ובראשם לרב ד״ר יעקב נגן, לרב שראל רוזנבלט, לד״ר אסף מלאך ולגב׳ גיטה חזני־מלכיאור על עבודת הקודש שהייתה כרוכה בעמלם על ספר זה, העוסק ביחסה של היהדות לעולמו הדתי של האחר - באיזה מידה ניתן לכבד אותו ולהעניק לגיטימציה לעבודת האלוהים שלו. בעז״ה נזכה לראות ספרים רבים נוספים פרי עטם שיאירו בחוכמה ובעומק פנים נוספות של היחסים בין עם ישראל והאנושות. ספר זה עוד יתורגם לשפות

אחרות ויהיה מקור ובסיס לפרסומים נוספים שיכוונו לקהל רחב והטרוגני ככל האפשר.

הספר מוקדש לזכרו האהוב של המנטור שלי, מר סטיוארט האריס, שמעון גדליה בן פנחס מנחם ורחל. תודתי נתונה לחביבה ויוסף ווילד מקליבלנד אוהיו שהקדישו את הספר לזכרו. שמעון גדליה היה אדם שהבין שכדי להבטיח חיים מאושרים ושלמים - חובה להתמקד דווקא בסוגיות הגדולות. מי ייתן וזכרו ימשיך את הברכה שהיה לנו בחייו ודבריו ימשיכו ללוות באמונה אותי, את אשתו גלוריה עמו"ש, את שלושת ילדיהם - ג'פרי, רחל ודוד - את שנים עשר נכדיהם ונינים ורבים רבים אחרים שהתברכו מחוכמתו ומצלילות דעתו וחזונו.

ירושלים, ניסן תשפ"ב

מבוא

יחסי ישראל והעמים בזמננו – קריאה לחשיבה ישנה־חדשה

יעקב נגן*

ישראל והעמים בחזון אחרית הימים

תמורות עמוקות מתחוללות בתקופתנו בחיי העם היהודי ואנו זוכים להיות עדים להן. נבואות קיבוץ הגלויות ושיבת ציון מתגשמות לנגד עינינו; ה׳ שב את שבות עמו, וכחולמים אנו חוזים - ונוטלים חלק - באירועים המשנים את דמותו ומצבו של עם ישראל, אולי באופן הדרמטי ביותר מאז ימי התנ״ך.

התבוננות בנבואות אחרית הימים מעלה כי מתוארים בהן שני כיווני תנועה הפוכים. מחד גיסא, שיבת ציון היא תנועה מן החוץ פנימה - ממצב של התערבות בעמים למצב של נפרדות והתייחדות בארץ ישראל. מאידך גיסא - ובד בבד - אחרית הימים מתוארת

* הרב ד״ר יעקב נגן הוא ראש ״בית מדרש לישראל והאנושות״ ומכון בליקלה לשיח בין־דתי מבית רשת ״אור תורה סטון״; ר״מ בישיבת עתניאל.

כתקופה שבה עם ישראל מממש את ייעודו להיות "לאור גויים"; ותנועה זו היא מן הפנים אל החוץ, "כי מציון תצא תורה". לפנינו כמו־סתירה: אנו עוזבים מצב שבו אנו מעורבים בפועל בתוך אומות העולם, מתייחדים בארצנו ובתוך עצמנו - דווקא כדי לעמוד בקשר איתן עם העולם שהותרנו מאחור.

נראה שפִּשרה של כפילות פנים זו טמון בהבנה שהמעבר מגלות לגאולה הוא מעבר מחיי הישרדות לחיי חזון. בגלות, הצורך הקיומי של ישראל היה לא להיטמע בגויים ולא להיעלם, ולשם כך נדרשו נתק מהסביבה והתנכרות לה. דווקא בארץ ישראל, כאשר אנו בטוחים יותר מטמִיעה, ניתן לחיות מתוך חזון ולעמוד על מקומו של עם ישראל בסיפורה הגדול של האנושות.

אלא שלמסע זה נלווים אתגרים לא פשוטים. לשם כך יש להתבונן בעיניים חדשות על שאלות הלכה והגות ביחסי ישראל והעמים. שאלות אלו הוזנחו לעיתים במהלך הגלות או שבדיונים על אודותיהן הודגשו העמדות והפרשנויות המגביהות את המחיצות בין ישראל והעמים - מחיצות שהיו נחוצות כאמור כדי לאפשר את הקיום היהודי בגולה. על דרך מליצה ניתן לומר כי בידינו מסכת עבודה זרה, העוסקת ב"סור מרע" ובריחוק מהאומות, אך טרם נכתבה מסכת "לאור גויים", העוסקת בצדדים החיוביים והראויים של יחסי ישראל והעמים.

כשם שבתחומים אחרים של חזון אחרית הימים - בניין הארץ, קליטת עלייה ועוד - איננו רק בבחינת צופים פסיביים אלא בכוחנו גם לעצב את המציאות, כך גם בתחום זה: עלינו לשאול מהו תפקידנו ביישום מרכיב זה של חזון אחרית הימים.

סיבה נוספת מביאה לכך ששאלת יחסי ישראל והאומות וריפוּיָם היא סוגיה בוערת שעלינו להיזקק לה: תהליך הגלובליזציה. בעקבות תהליך זה, בלתי אפשרי כיום להתעלם מקיומו של הזולת גם אם הוא רחוק מאיתנו ומדבר בשפה זרה. חיי האנושות כולה מעורבים אלה באלה כיום לבלי התר ומשפיעים אלה על אלה. כבר בתחילת המאה ה־20 זיהה הראי"ה קוק תהליך זה כאשר בפסקה ידועה מנה

כאחד מ״שלשת השינויים העיקריים במחשבה החדשה״ את השינוי ב״**מחשבה החברתית**״. בעוד בעבר, ״כל עדה וקהִלה היתה סגורה בתחומה, על כל יחיד לא פעלה בגלוי כי אם הסביבה הקרובה שלו, ובתומו חשב כן כל יחיד וכל ציבור, שהעולם הגדול הוא רק סביבתו הרוחנית והגשמית״; הרי שעתה -

> כל יחיד מרגיש, שהנהו לא בודד, ולא סגור בתחום מיוחד לגמרי, שהוא פועל ומתפעל מהמון חוגים רבים ורחבים, מסביבות שונות וגם זרות, ואין ליאש כל רוח לומר, שאין לי להתחשב עמו מאומה, גם אם יהיה רחוק שברחוקים.[1]

אם בזמנו של הרב קוק לא ניתן היה להתעלם מההשפעה ההדדית של סביבות שונות, זרות ורחוקות, על החברה ועל היחיד - קל וחומר בזמננו. השינויים הטכנולוגיים ותודעת ״הכפר הגלובלי״ מאיצים ומעמיקים את ההשפעה ההדדית בין ״סביבות שונות וגם זרות״, וממילא נדרש בירור מחודש בדבר יחסי ישראל והאומות. מצד אחד, עלול מצב זה לאתגר את הזהות היהודית ואף לאיים עליה; אך בה בעת זהו גם שער - הזדמנות - למימוש חזון הנביאים בדבר התפקיד האוניברסלי של עם ישראל ובכך להעניק משמעות יתר לקיום היהודי.

המאמרים והמקורות המובאים בספר זה הם חלק מניסיון לגבש מבט חדש על אחד מן התחומים הרבים הכלולים בסוגיית יחסי ישראל והאומות: התבוננות מנקודת מבט תורנית על האמונה והחיים הדתיים של בני אומות העולם (או כפי שהם מכונים לעיתים בשפה ההלכתית ״בני נח״). ספרות ענֵפה, מצוות רבות המקיפות את כל תחומי החיים, ועולם שלם של מחשבה והלכה מלווים אותנו בבואנו לעסוק בבירור של ״וְעַתָּה יִשְׂרָאֵל מָה ה׳ אֱלֹהֶיךָ שֹׁאֵל מֵעִמָּךְ״, אך ההתעסקות בנושא זה לבדו מצמצמת את מלוא היקפו של רצון ה׳, הכולל את הבריות כולן ואת העמים כולם, כדברי הנביא: ״כִּי מִמִּזְרַח שֶׁמֶשׁ וְעַד מְבוֹאוֹ

1. אורות הקודש, חלק ב, עמ׳ תקלט-תקמ.

גָּדוֹל שְׁמִי בַּגּוֹיִם וּבְכָל מָקוֹם מֻקְטָר מֻגָּשׁ לִשְׁמִי וּמִנְחָה טְהוֹרָה כִּי גָדוֹל שְׁמִי בַּגּוֹיִם אָמַר ה׳ צְבָאוֹת״ (מלאכי א, יא). במובן מסוים, זהו העיוות שממנו מלמד אותנו ספר יונה להימנע: הנביא מתחמק משליחות לעיר גדולה של גויים מתוך התרכזות במבט האישי והלאומי על המציאות, ואילו הקב״ה מלמד אותו שהוא גם ״נָבִיא לַגּוֹיִם״ (על דרך האמור בירמיהו א, ה), כיוון שדבר ה׳ נשלח אל כל קצוות תבל - אל כל העמים ואל כל הלשונות.

שאלת היחס לאומות ולדתותיהן איננה רק שאלה שאנו **נאלצים** לדון בה מכורח המציאות אלא שאלה **הנוגעת בעומק ייעודו של עם ישראל בעולם.** עם ישראל אינו רק ״עומד מן הצד״ ביחס לאומות, אלא הוא בעל אחריות רוחנית כלפיהן. ראשיתה של אחריות זו בימי האבות ובייעוד ״וְנִבְרְכוּ בְךָ כֹּל מִשְׁפְּחֹת הָאֲדָמָה״ (בראשית יב, ג), וסופה בחזון אחרית הימים המתאר את עם ישראל כ״אור גּוֹיִם״ (ישעיהו מט, ו) וכמפיץ תורה לאומות כולן: ״וְהָלְכוּ עַמִּים רַבִּים וְאָמְרוּ לְכוּ וְנַעֲלֶה אֶל הַר ה׳ אֶל בֵּית אֱלֹהֵי יַעֲקֹב וְיֹרֵנוּ מִדְּרָכָיו וְנֵלְכָה בְּאֹרְחֹתָיו כִּי מִצִּיּוֹן תֵּצֵא תוֹרָה וּדְבַר ה׳ מִירוּשָׁלָםִ״ (שם ב, ג).

פעילותנו בשדה זה, של תורה היוצאת מציון ומיועדת לעמים כולם, נגזרת מהאופק הרוחני שאנו שואפים אליו ביחס לעבודת ה׳ של אומות העולם. על כן שומה עלינו לשאול: מהו החזון ומהו האופק?

״יכירו וידעו כל יושבי תבל״

ממקורות רבים עולה כי גילוי מלכות ה׳ בעולם יכול להתקיים במלואו רק בשותפות האומות. בסוף כל תפילותינו, ב״עלינו לשבח״, אנו אומרים: ״יכירו וְיֵדעו כל יושבי תֵּבֵל כי לך תכרע כל ברך תשבע כל לשון [...] ויקבלו כולם את עול מלכוּתֶך״, וחותמים במילותיו של הנביא זכריה: ״בַּיּוֹם הַהוּא יִהְיֶה ה׳ אֶחָד **וּשְׁמוֹ אֶחָד**״ (זכריה יד, ט). גם הנביא צפניה מלמד שמשאלת הלב של הקריאה בשם ה׳ ועבודתו היא אוניברסלית: ״כִּי אָז אֶהְפֹּךְ אֶל עַמִּים שָׂפָה בְרוּרָה לִקְרֹא כֻלָּם בְּשֵׁם ה׳ לְעָבְדוֹ שְׁכֶם אֶחָד״ (צפניה ג, ט).

האחווה הרוחנית־דתית איננה רק שותפות לשם עבודת האלוהים אלא גם תשתית ליחסי שלום ושותפות אמת בין עמי האנושות, כפי שאומר דוד המלך בספר תהילים: "חָבֵר אָנִי לְכָל אֲשֶׁר יְרֵאוּךָ" (תהילים קיט, סג). הפסוק מלמד על הקִרבה שבין עובדי ה', אך טמונה בו גם התובנה שכאשר עובד ה' מכבד את הדתיות של הזולת, נוצרות ביניהם שותפות וחברות רחבה ואמיצה, דווקא על בסיס ההזדהות הדתית.

מתוך עמדה עקרונית זו נגזרות שאלות מפורטות יותר: האם כדי לכונן אחווה ושותפות עם דתות אחרות נדרשות מחיקה של זהותן הדתית והאמונית ויצירה של זהות דתית חדשה? אם אכן נדרשת זהות דתית חדשה - באיזו זהות מדובר? ושמא אין צורך בשינוי בדת ומדובר בעיקר בשינוי תודעתי? כלומר אולי כדי ליצור שותפות עם דתות אחרת בגילוי מלכות ה' די בעצם ההכרה בלגיטימיות ההדדית, בזיהוי האחד את השני כשותפים לדרך, וביצירת תשתית של קבלה, חיבור וכבוד הדדי?[2] האפשרות השניה מעוררת גם את המקום לאפשרות שלישית, שלפיה יש דתות שאין צורך שייעקרו מן היסוד אך שינויים מסוימים ביסודות הדת אכן נדרשים לשם כינון אחווה ושותפות עימן בעבודת ה'. אם זהו המצב, יש צורך להגדיר ולחדד מהם אותם יסודות.

המקורות המובאים בספר זה, והדרך שבה אנו מציעים לשזור אותם ולגבשם לכדי תפיסה עכשווית, בונים תשתית לחשיבה מעמיקה על יחסי ישראל ואומות העולם בזמננו, ובפרט על מקומה של דתיות באומות העולם מנקודת מבט יהודית. במקורות הובאו בין היתר

2. מקורות רבי ערך על יחסה של היהדות לדתות אחרות לאורך השנים מצויים בספרו של ידידי הרב פרופ' אלן בריל *Judaism and Other Religions: Models of Understanding* (Macmillian, 2010). בריל מסווג את ההוגים היהודים על פי ארבעה מודלים אפשריים ליחסה של דת כלפי דתות אחרות: (א) "אקסקלוסיביזם" - ישנן אמת אחת בלבד ודרך אחת בלבד לגאולה וישועה; (ב) "אינקלוסיביזם" - המאמין בוחן את העולם לאור הדת שלו, אך מתוך זווית מבט זו רואה נקודות אמת גם בדתות אחרות; (ג) "פלורליזם" - ריבוי אמיתות ותפיסה שלפיה אין דת בעלת אמת בלעדית; (ד) "אוניברסליזם" - האמת אחת אך לה גילויים ומופעים אפשריים רבים.

דברי הראשונים והאחרונים שהדגישו את חשיבות עבודת ה׳ בקרב הגויים במצב המתוקן והשלם. כן הובאו דבריהם של אלו שראו את הופעת הדתות המונותיאיסטיות שהושפעו מן היהדות כצעד חשוב לקראת תיקונו של העולם ואף גזרו מכך השלכות משמעותיות ליחסים שאמורים להתקיים בין ישראל לעמים בכלל ובעלי הדתות הללו בפרט.

לכך יש להוסיף את חזונו של הראי״ה קוק שראה בשיבת עם ישראל לארצו בסיס למיקוד חדש בהבנתנו את התורה והמצוות עצמן, מיקוד שאיננו מסתמך על מסורת אבות והתבדלות מן הגויים בלבד, אלא מעמיק בטעמי תורה ומתוך כך מפנה את תשומת הלב דווקא לבשורה האוניברסלית הטמונה בהן, וכפי שכתב ב״עין איה״:

> קריאת שמע של ערבית ושל שחרית מורים על ב׳ מיני הקריאה בשם ד׳ המוטלת על ישראל. אנו צריכים לקבל עול מלכות שמים על עצמנו, ולפעול גם כן בקריאת שם ד׳ אחד שלנו, שסוף כל סוף יכירו וידעו כל יושבי תבל כי ד׳ אלהי ישראל מלך ומלכותו בכל משלה. והנה בגלות, הדומה לערב, עיקר פעולתנו היא רק בנוגע לעצמנו, כדי לעמוד בפני הגלים העוברים עלינו בעד שם ד׳, על כן בלילה שייך אמונה [...] אמנם בעת הגאולה שתרום קרן ישראל, אז ממילא תבוא שעת הפעולה של קריאת שמע דשחרית, אהבה רבה, שכל העמים יאמרו שאור ישראל יהיה לאור עולם, על כן אז יתגלו טעמי תורה ולא יהיה עוד אור יקרות וקפאון [...] כי למען קרב רחוקים ראוי לברר דברי אמת בבירור, ולתרגם הדבר כפי מושגם החיצוני של העמים, על כן אמת ויציב שחרית, מתורגמת ארמית.[3]

דברים אלו מחדשים ומבהירים שהדרך ל״יכירו וידעו כל יושבי תבל״ איננה עוברת רק בשינוי הנדרש מן העמים בתפיסתם ובאמונותיהם אלא גם מבעד להתבוננות החדשה הנדרשת מעם ישראל בזמן הגאולה. יש

3. עין איה, ברכות, פרק א, פסקה א.

בהם תביעה ברורה מעם ישראל בדור הגאולה להעמקה חדשה במסר של דבר ה׳ לאומות העולם ומיכוונות חדשה להיבטים האוניברסליים של תורת ישראל.

שיח בין־דתי ותפקידו

המקורות והמאמרים שבספר זה הם גם בסיס לחשיבה על תפקידן של מסגרות שיח ושותפות עם הדתות בימינו באופן שלדעתנו הולם יותר את מצבו הפוליטי־ריבוני והרוחני של העם היהודי בזמננו ואת השינויים שעברו על דתות העולם בדור האחרון (בפרט על הדת הנוצרית). חשיבה שכזו הכרחית בכל דור מחדש, ובפרט בדורנו, על מנת שנוכל להיפגש עם רצון ה׳ מתוך התבוננות במציאות העכשווית.

שיח בין־דתי יכול להתקיים לשם מטרות שונות ויכולות להיות לו השפעות מגוונות. הקומה הבסיסית קשורה במניעת שפיכות דמים על ידי קריאות של מנהיגים מדתות שונות לצאן מרעיתם. קומה נוספת מצויה בשיתופי פעולה של מנהיגים מדתות שונות בנושאים חברתיים או רוחניים המוסכמים עליהם. השפעה מסוג שלישי, שהיא ההשפעה העמוקה ביותר, היא זו המחוללת שינויים מעמיקים באופיין של הדתות וביחסים הבין־דתיים. כאשר דת - והדברים נכונים בייחוד כלפי הדתות המונותיאיסטיות הגדולות - משנה את יחסה לדתות אחרות, מקרין שינוי זה גם על תפיסת האלוהות שלה. שיח מכיל כלפי דתות מונותיאיסטיות אחרות, שמכיר בכך שהאל שאנו עובדים והאל שמאמיניהן עובדים אחד הוא, מושתת על תפיסת אלוהות מופשטת יותר ומדגיש את ייחוד ה׳ ואחדותו. כמו כן, כאשר דת מאמצת תודעה של שותפות כלל־אנושית סביב עבודת ה׳, הרי שאלמנטים הנובעים משלילת הלגיטימציה לדתות אחרות - כגון ג׳יהאד או מיסיון - מתבטלים מאליהם. בשותף לגיטימי לא צריך ללחום, וודאי שניסיון להמיר את דתו נתפס פוגעני.

הדוגמה המובהקת ביותר לכך קשורה לתהליכים שעבר העולם הנוצרי בעשורים האחרונים ולשינוי מרחיק לכת שהתחולל ביחסה

של הנצרות כלפי היהדות והיהודים. תהליך זה החל בשנות השישים על ידי האפיפיור יוחנן ה־23, שבעצמו הציל יהודים בתקופת השואה, ועם מינויו לאפיפיור הוביל מדיניות של תיקון בעמדת הכנסייה כלפי היהדות והיהודים במסגרת מועצת הוותיקן השנייה. לבסוף, ה"נוסטרה אטטה" [="בעת הזאת"], "הצהרה בדבר יחס הכנסייה לדתות הלא־נוצריות", שנתפרסמה ב־1965, ביטלה את האשמת כלל היהודים ברצח ישו והביעה הסתייגות של הכנסייה מזיהוי היהודים כדחויים ומקוללים. תהליך השינוי המשיך והתחזק באופן הדרגתי לאורך השנים עד שב־2015 מסמך של הוותיקן, הנושא את השם "כי לא יינחם האלוהים על מתנותיו ולא על קריאתו", הצהיר באופן רשמי על הימנעות ממיסיון כלפי יהודים מתוך הכרה בכך שהברית האלוהית עם ישראל עודנה שרירה וקיימת.

גם בנוגע לג'יהאד ניתן לראות כי במדינות שבהן התקיימו יחסים קרובים עם בני דתות אחרות, התפרש המושג "ג'יהאד" באופן שנטרל אותו ממשמעותו האלימה והפך אותו למושג המבטא תהליכים רוחניים פנימיים. בהקשר זה ניתן שוב לראות כיצד שיח ומפגש - ולאו דווקא גיבוש עמדה עקרונית, מגדירה וחיצונית - מייצרים תנועה ושינוי של דתות העולם למקום מכיל יותר ומכיר יותר בעמדה היהודית.

עם כל זאת, במקומות שבהם נדרשים עימות, בירור וליבון - היהדות מעולם לא נרתעה מלעמוד על עקרונותיה, ללחום כנגד האלילות ולקרוא בקול גדול לטיהור האמונה באל אחד ודיוקה. נוכח תופעות פסולות וקליפתיות הקיימות בדתות, יש מקום לביקורת נחרצת, התבדלות ובירור ולא רק לשיח של שיתוף והכלה. לגיטימציה לדתות אחרות ושיח מכבד כלפיהן אין פירושם הכלה ללא תנאי של כל תופעה, אמונה או התנהלות.

מפגש בין־דתי כמחזק את הזהות היהודית

לעמדה המעניקה כבוד ולגיטימיות לדתות אחרות - ולעיתים אף רואה בהן שותפות - ישנן השלכות חינוכיות ועלולים להיות לה מחירים. כאשר הרב קוק כתב על השינויים במחשבה החדשה, המגבירים את ה"חדירות" של היחיד להשפעות מכל מרחבי האנושות, הוא עסק גם בסכנה הכרוכה בשינוי זה: הזהות הייחודית עשויה לאבד משמעות ועוצמה כאשר היא מתרחבת. דברים אלו אמורים ביתר שאת כלפי מצב שבו חלק ממה שמחזק את הזהות הפרטית של האדם הוא שלילת הזולת והתבדלות, וממילא כאשר הוא נותן מקום לזהות הדתית של הזולת, זהותו הדתית עלולה להיחלש.

אולם ישנה אפשרות אחרת. חיזוק הברית והשותפות עם בני דתות אחרות אין בהם בהכרח כדי להחליש את הזהות היהודית; אדרבה, לעיתים הם דווקא מחזקים אותה. מדוע? ראשית, כיוון שבימינו האיום הגדול על הזהות הדתית מגיע דווקא ממטריאליזם מערבי־חילוני ולא מדתות מתחרות אחרות. לכן, דווקא האחווה והשותפות עם דתות אחרות מחזקות את הזהות הדתית ביחס לזהות החילונית והשלכותיה. שנית, סכנת ערעור הזהות בעקבות הכרה בלגיטימיות של דת אחרת קיימת בעיקר במציאות של גלות - כאשר אנו מיעוט ואילו הדת האחרת "מצליחה" יותר ו"מושכת" יותר מעצם היותה הדת הדומיננטית. כמובן, זהו איננו המצב במדינת ישראל בימינו.

לבסוף, אנו חיים בעידן פוסטמודרני שבו הקבלה של "סיפור־על" אחד גדול שלפיו "האמת שלי היא הבלעדית וכל היתר שקר" - כלומר תמונה שאין בה מתן ערך מסוים ל"סיפורים" אחרים - מעוררת בדרך כלל תגובת־נגד שלילית, רגשית ומחשבתית. כבר הרב קוק התריע על הסכנה שבביסוס אמונתנו על שלילת אמונתם של אחרים:

> ישנם אחרים שסוברים שאי אפשר לאדם שיהיה לבבו תמים באמונה בתורת משה אמת כראוי, **כי אם כשיחשוב שאמונות אחרות כולן הן שוא ותפל**, ואין שום יתרון למחזיקים בהן.

> והדבר הוא ללא אמת [...] **רעות רבות יוצאות מזאת המחשבה הבלתי מתוקנת.**[4]

הרב קוק יוצא חוצץ כנגד העמדה שלפיה אמונה ראויה היא זו השוללת אמונות אחרות ותופסת אותן כחסרות ערך. לדידו, עמדה כזו דווקא מחלישה את האמונה היהודית בעוד הדרך הראויה היא לגלות את הערך הטמון באמונות האחרות על פי התורה - ובכך לחזק את העולם האמוני:

> כי רושם הבוז שנטבע עמוק בלב ההמון על אמונות אחרות גורם שנמצאים גם כן פורקי עול רשעים **שהם מודדים במדה זו גם כן את האמונה הטהורה הישראלית,** והם אומרים כל אפיין שוָין, זאת אמונה וזאת אמונה. על כן להציל את צעירי דורנו משחיתות רעות כאלה צריכים אנו להעמיק בערכן של אמונות אחרות על פי התורה.[5]

לבסוף, הניסיון מלמד שהמפגש עם "הדתות האברהמיות", והגילוי עד כמה היהדות משמעותית ומרכזית בסיפוריהן ובאמונתם של בני דתות אלו, דווקא עשויים לחזק את הזהות היהודית ואת המשמעות הקשורה ב"להיות יהודי". כאשר אדם מישראל פוגש בנוצרי המתייחס אל היהודים כ"אח בכור", או במוסלמי הרואה את היהודים כ"אהל אל כתאב" [=עם הספר] שזכה לקבל תורה משמיים - הרי זה מאיר בעבורו באור חוזר את ערכו של הסיפור היהודי ואת אחריותנו כעם כלפי עמים אחרים ודתות אחרות. ההליכה בדרכו של אברהם מעסיקה חלקים נכבדים מן האנושות ויש בכך כדי להעניק משמעות גדולה יותר ואוניברסלית יותר לחיים כיהודי.

4. לנבוכי הדור, פרק ידו.
5. שם.

על הספר

לשם חשיבה מחודשת - הלכתית והגותית - על סוגיות הרחבות הקשורות ביחסי ישראל והעמים הקימה בשנים האחרונות רשת "אור תורה סטון" את בית המדרש לישראל והאנושות. החיבור שלפניכם עשוי פרקים פרקים שעלו מתוך לימוד משותף של ארבעה מחברי בית המדרש: הרב ד"ר יעקב נגן, העומד בראש בית המדרש, הרב שראל רוזנבלט, ד"ר אסף מלאך וגב' גיטה חזני-מלכיאור. כל אחד מן הפרקים נכתב על ידי אחד מן הלומדים אך הוא כולל בתוכו תובנות שעלו מן הליבון המשותף של הסוגיות.

פרקי הספר עוסקים **בחשיבותן של דתות ועבודת ה' בקרב האומות** וארבעה שערים נפתחים בו. השער הראשון עוסק בסוגיות יסוד: ביחסים שבין ישראל לעמים לעתיד לבוא כפי שהם מתבררים מתוך דברי הנביאים - יחסים שתוארו במגוון אופנים בנבואות השונות, באופן המציב אפשרויות שונות להבנת מקומן של דתות באומות העולם לעתיד לבוא. הוא ממשיך לניתוח משמעותן של שבע מצוות בני נח כפי שהיא עולה מתוך דברי חז"ל, ועולה מתוכו המסקנה שחז"ל ראו במצוות בני נח תנאי סף לחברה אנושית מתוקנת אך הותירו חלל פנוי לצמיחת השלמות הדתית של האומות שלא על ידי מסגרת סף זו.

השער השני עוסק ביחס לדתות כפי שהוא משתקף בתורתם של הראשונים. כל אחד מן הפרקים בשער זה נסב על הגותו של אחד מגדולי חכמי ישראל בימי הביניים שהגדירו בצורות שונות מהו הדבר המעניק לגיטימיות לדתות באומות העולם. יש שראו את הדת באומות כדת שכלית ומוסרית בעלת חשיבות אך תוך הדגשה שהיא רחוקה ממדרגת דת שיש בה התגלות (ריה"ל); ומאידך גיסא, יש שסברו שאף באומות העולם תיתכן התגלות עצמאית שאיננה תלויה בתורת משה (רבי נתנאל פיומי). דעה נוספת ראתה בהתנהגות המוסרית של הגויים וביסודות התיאולוגיה שלהם בסיס ללגיטימיות ואף לאחווה עימם (המאירי); ויש שהדגישו את היסודות התיאולוגיים

ההכרחיים לדת אמיתית אך תוך הדגשת השונות המתבקשת בכל דת לפי תכונת האומה שבתוכה היא מתפתחת (ר"י אלבו). לעומת עמדות אלו ניצבת עמדת הרמב"ם שלא נתן מקום לגיטימי לדתות עצמאיות באומות העולם וראה את מצוות בני נח כדת האומות הרצויה - דווקא מתוך קישור להתגלות בסיני. יחד עם זאת גם מדברי הרמב"ם עולה הערכה חיובית של עבודת ה' של יחידים בני אותן דתות.

השער השלישי עוסק בסוגיה זו כפי שהיא משתקפת בהגותם של חכמי האחרונים, הן אצל חכמים חשובים לאורך תקופת האחרונים והן אצל גדולי ישראל בדור האחרון שעסקו בשאלות אלו בהרחבה: למן הרב אליהו בן־אמוזג והראי"ה קוק, ועד הרב יהודא ליאון אשכנזי ("מניטו") והרב יונתן זקס. פרקים אלו מחדדים את האופן שבו הדגישו כמה מגדולי ישראל בדורות האחרונים את הצורך לעסוק בתפקיד האוניברסלי של עם ישראל ושל תורת ישראל, ואת המקום והמשמעות הנרחבים שנתנו לדתות אומות העולם - ובפרט לנצרות ולאסלאם - בסיפור הגדול של האנושות.

בשער האחרון בספר נידון חלקם של בני אומות העולם בשלושה מיסודות הדת היהודית: לימוד תורה, בית המקדש ושמירת שבת. הלימוד השיטתי של סוגיות אלו משלים מכיוון נוסף את המקום החשוב של אומות העולם בחזון הגדול של עבודת ה'.

הספר עשוי בתבנית של פרקים ובהם הרצאת דברים סדורה, עיתים ארוכה ועיתים קצרה, המציעה קריאה של המקורות, רקע, סיכום והתבוננות; ובשוליה סעיף "מקורות".[6] בסעיף זה מובאים בהרחבה המקורות שאוזכרו בגוף הפרק. תבנית זו מאפשרת לקורא להתרשם מהדברים באופן בלתי אמצעי, לעמוד על עומקם ושמא אף לחוות תהליך חשיבה מעמיק וטרנספורמטיבי סביב יחסי ישראל והאומות. כדי להקל על המעיין סופרר כל מקור בסעיפי המקורות במספר סידורי, ובגוף הפרק צוינו מספרים אלה בתבנית מספר בולטת.

6. באחדים מן הפרקים, מחמת אופיים, שונה היא תבנית הדברים והרצאת הדברים באה מעורבת יחד עם המקורות.

הרצאת הדברים שבגוף הפרקים מציגה את פרשנותם של חברי בית המדרש למקורות גופם ולדרך שיש להתוות בימינו על פיהם. דרך זו, כפי שהיא נפרשת לעיני הלומד, מציגה מקום נרחב לשיח מכיל ומכבד כלפי דתות האומות שאף רואה בהן שותפות לחזון של עבודת ה׳ כלל־עולמית, משתפת וכוללת, כחזונו של הנביא: ״לִקְרֹא כֻלָּם בְּשֵׁם ה׳ לְעָבְדוֹ שְׁכֶם אֶחָד״. כמובן אין בכך כדי לטעון שכל תנועה דתית - תהא אשר תהא - היא לגיטימית; ובספר אחר נעסוק בעזרת ה׳ ביחסה של היהדות לאלילות וספיחיה.

תפילתנו היא שהמקורות העתיקים, שאנו מנסים לשזור יחד בספר זה לכדי חשיבה מחודשת, לא יישארו במישור העיון התיאורטי אלא יהפכו לחלק מהמהלך הגדול של גילוי כבוד ה׳ בעולם בדרך של ״וכל בני בשר יקראו בשמך [...] ויקבלו כולם את עול מלכותך״ - מהלך שאנו שואפים לקדם באמצעות חיבור, שיתוף, ריפוי ושיח בין־דתי פורה.

תודות

ספר זה הוא פרי הביכורים של בית המדרש לישראל והאנושות מבית רשת ״אור תורה סטון״. בית המדרש זוכה לתמיכתו וליוויו של נשיא הרשת, הרב ד״ר כתריאל ברנדר. מראשית הדרך זיהה הרב ברנדר את הדחיפות והנחיצות בימינו בהקמת בית מדרש שיעסוק בשאלת ישראל והאנושות. חזונו ויוזמתו, תמיכתו המתמדת והכוונתו המעשית הם שמאפשרים את קיומו של בית המדרש. ברצוננו להודות למנכ״ל הרשת, מר ינון אחימן, על העמדת כל האמצעים הנדרשים להצלחת בית המדרש; לסמנכ״ל החינוכי, הרב יהודה שטאובר, שדלתו פתוחה תמיד ועצותיו יקרות ומאירות עיניים; לרב נחמיה קרקובר, על ההכוונה המקצועית והמשמעותית של בית המדרש; למר דייוויד כץ, על כל העשייה מאחורי הקלעים. תודה לגב׳ סימה טוכמן־פרידמן וכל צוות יחסי הציבור של ״אור תורה סטון״.

תודה מיוחדת מקרב לב נתונה לשותפים לדרך שללא תמיכתם בעמיתי בית המדרש, פירות הלימוד לא היו יכולים להבשיל: ד"ר מישל פרידמן ובנימין בלפיר, חביבה ויוסף ווילד, מרדכי ז"ל וד"ר מוניקה תבדל"א כץ וקרל וליסבט בליקלה.

תודה להוצאת מגיד ולעומדים בראשה מאיר ויהושע מילר, ליו"ר המערכת, הרב ראובן ציגלר, לעורכת הראשית, הרבנית אוריה מבורך ולעורכת המשנה אפרת גרוס.

תודה לעורך הלשון שמואל מרצבך על העבודה המסורה והיסודית חרף כל המשוכות שבדרך.

תודה למעצבת הכריכה, צופיה הרבנד; לעדי רובין, על עימוד הספר בנגיעות של חן ומקצועיות; ולהניה קולומבוס על הגהה דייקנית.

תודה לריבונו של עולם שזיכנו לחיות בדור של גאולה ולראות עין בעין בשוב ה' ציון. בכל דור ודור ישנם אתגרים העומדים לפתחו של עם ישראל. זכינו והננו עומדים נוכח האתגרים של תקומת עם ישראל בארץ הקודש וביסוס החברה הישראלית על אדני התורה, השלום, הצדק והיושר. "אילו פינו מלא שירה כים ולשוננו רינה כהמון גליו... אין אנחנו מספיקים להודות לך ה' אלוהינו...".

ויהיו נא אמרינו לרצון לפני אדון כול.

חלק ראשון

סוגיות יסוד

בין ישראל לעמים לעתיד לבוא: ארבעה מודלים בנבואות אחרית הימים

שראל רוזנבלט

מבוא: תמונת־על של הסיפור התנ״כי

רבות מנבואות אחרית הימים כוללות עיסוק במצבן של אומות העולם ביחס לישראל, לאמונה בה׳ ולבשורת הגאולה ואינן מוגבלות למצבו הפנימי של עם ישראל.

נדמה כי במובן זה אפשר להצביע על מבנה־על היסטורי־ספרותי של התנ״ך כולו. נקודת הפתיחה של התנ״ך היא אוניברסלית שהלוא אדם הראשון היה אביהם של כל בני אנוש. הבחירה באברהם היא שינוי משמעותי ברצף הסיפור מפני שהיא ממקדת את המבט באדם אחד ולאחר מכן בעם אחד שיש לו ברית ייחודית עם בורא עולם.

* הרב שראל רוזנבלט הוא עמית מטעם מרדכי ז״ל וד״ר מוניקה תבדל״א כץ ב״בית מדרש לישראל והאנושות״ וראש הכולל ע״ש שטראוס בישיבת ״אור תורה מחניים״.

בבואנו לנבואות אחרית הימים, המִפְתָּח של הסיפור מתרחב כצמרת עץ מלבלב - אצל רוב ככל נביאי ישראל - ושוב הפרספקטיבה האוניברסלית חוזרת לקִדמת הבמה. תובנה זו מחדדת עוד יותר את הייעוד האוניברסלי הניתן לאברהם אבינו להיות ברכה לכל משפחות האדמה.

במהלך הסיפור התנ"כי עם ישראל פוגש גויים רבים אך על פי רוב מדובר במפגשים כפויים עם עמים ילידי הארץ או עם אויבים הבאים מרחוק - והמוקד העיקרי עודנו עם ישראל. בניגוד לכך, בנבואות אחרית הימים מופיעים הגויים בתמונות הגאולה כחלק מייעודו הגדול של עם ישראל ושל המין האנושי בכללו. אפשר שבדברי הנביאים השונים מצויות נקודות מבט שונות על טיב היחסים הדתיים והפוליטיים בין ישראל לשאר האומות, ובין אותן אומות לקב"ה, אך אי אפשר להתעלם מכך שבעבור כל הנביאים זוהי סוגיה חשובה ומשמעותית בתמונה הגדולה של הגאולה השלמה.

דומה כי די בעצם ההצבעה על תופעה זו כדי להיווכח במהפכה הגדולה שמבקש התנ"ך לחולל בעולם. בניגוד לתפיסה האלילית, שהיא במהותה לוקאלית וממילא גם נתונה תמיד במאבק בין אלים ובין עמים, התנ"ך חותר למבט אוניברסלי על כלל המין האנושי - כחלק מחזון עולמי שאחריתו שיתוף פעולה או שלום בין עמים שונים כביטוי של דעת ה' בעולם. תפיסה זו היא תולדתה של אמונת הייחוד ושל ראיית האדם כנברא בצלם אלוהים.

מתוך שלל המקורות העוסקים באומות העולם באחרית הימים וביחסיהן עם ישראל, נתמקד במקורות העוסקים במקומן הדתי של אומות העולם - היינו הקשר שלהן לאלוהים, לתורה, לירושלים ולבית המקדש - לעתיד לבוא.

נביאים שונים מתארים תמונות שונות של אחרית הימים, בפרט בשאלת מקומן של אומות העולם בתוך החזון הנבואי. האם לעתיד לבוא תתקיים שותפות או אחדות בין אומות העולם לישראל או שמא תהיה היררכיה ברורה ביניהם? האם התהליך הגאולי יתרחש מתוך מלחמה והכנעה או מתוך התקרבות רוחנית של הגויים לדבר האלוהים

היוצא מירושלים? האם בית המקדש יהיה המרכז היחיד והבלעדי של עבודת ה׳ על פני הגלובוס?

בדברים הבאים ננסה למפות את המגמות השונות הצפות ועולות מתוך מגוון נבואות העוסקות בכך ולהעמיק במגמות אלו. כדי למפות את הנבואות השונות, גם אם באופן חלקי, ננסה לאפיין תמונות שונות באשר לחזון אחרית הימים: (1) התמונה ההירארכית אל מול התמונה השיתופית; (2) התמונה הריכוזית אל מול התמונה המבוזרת; (3) תמונת ההכנעה אל מול תמונת ההארה והשלום. עוד נבקש לבחון מהו היחס בין הנבואות השונות ואם אלו מגמות משלימות או חולקות.

התמונה ההירארכית אל מול התמונה השיתופית

בתמונה הנבואית ההירארכית עם ישראל ניצב לעצמו באופן נבדל ומובחן מכל מי שאינו שייך לעם ישראל. תפיסה הירארכית זו באה לידי ביטוי באופנים שונים. על פי הנביא יחזקאל, המרחב המקדשי סגור לנוכרים ורק יהודים רשאים לבוא בשעריו [8]: ״כָּל בֶּן נֵכָר עֶרֶל לֵב וְעֶרֶל בָּשָׂר לֹא יָבוֹא אֶל מִקְדָּשִׁי לְכָל בֶּן נֵכָר אֲשֶׁר בְּתוֹךְ בְּנֵי יִשְׂרָאֵל״. בנבואת ישעיהו, טיב היחסים ההירארכי הוא של שיתוף פעולה והשלמה בין אנשי המעשה לאנשי הרוח [6]: ״וְעָמְדוּ זָרִים וְרָעוּ צֹאנְכֶם וּבְנֵי נֵכָר אִכָּרֵיכֶם וְכֹרְמֵיכֶם״. ישעיהו [1] וזכריה [11] מועידים לעם ישראל תפקיד של הוראת תורה לבאי עולם ואף עמדה של שופטים המוכיחים עמים רבים.

נשים לב כי כל הנבואות הללו אינן מדברות על התבדלות וניכור; אדרבה, הן מעידות על קשר הדוק בין ישראל לאומות העולם. אלא שהמציאות האנושית בנבואות אלו סובבת סביב מרכז הקיים בארץ ישראל ומועידה תפקידים שונים לעם ישראל על פני יתר העמים. נדמה שכיוון זה אינו נובע רק מהכרה בשונות האנושית ובכך שלכל עם ולשון תפקיד שונה, אלא הוא נגזרת של מערכת יחסים הירארכית הנובעת מקדושתם של ישראל או מחוכמת התורה אשר בקרבם. במובן זה, חזון אחרית הימים מתאר את הצלחתו של

עם ישראל לשמש בתפקידים משמעותיים ומרכזיים בכלכלה הרוחנית העולמית וכן ששאר אומות העולם יכירו בכך וייענו בחיוב למבנה הרוחני־פוליטי הזה.

התמונה השיתופית של אחרית הימים מציגה מציאות חיים כמעט הפוכה. בתמונה זו, מתעמעם הקו המבדיל בין ישראל למי שאינם ישראל - בתחום העבודה הדתית והעמידה לפני ה׳ - אם במידה רבה אם במידה מועטת. מגמה זו איננה עניין אגבי אלא היא עצמה בשורת הגאולה. על פי ישעיהו [5], הקב״ה מזמין את הנוכרים לירושלים למסמס את תחושת ההיבדלות מעם ישראל (״וְאַל יֹאמַר בֶּן הַנֵּכָר הַנִּלְוָה אֶל ה׳ לֵאמֹר הַבְדֵּל יַבְדִּילַנִי ה׳ מֵעַל עַמּוֹ״) ולהיות חלק מקהילת הקודש המשרתת אותו (״וּבְנֵי הַנֵּכָר הַנִּלְוִים עַל ה׳ לְשָׁרְתוֹ וּלְאַהֲבָה אֶת שֵׁם ה׳ לִהְיוֹת לוֹ לַעֲבָדִים״).[1] כל זה משום שביתו של ה׳, ״בֵּית תְּפִלָּה יִקָּרֵא לְכָל הָעַמִּים״.

לא זו אף זו. תמונת העולם המתוארת בנבואת צפניה [9] איננה רק הזמנה של הגויים אל המקדש אלא יצירת שותפות עמוקה. הגאולה מתוארת כמצב שבו ״אֶהְפֹּךְ אֶל עַמִּים שָׂפָה בְרוּרָה לִקְרֹא כֻלָּם בְּשֵׁם ה׳ לְעָבְדוֹ שְׁכֶם אֶחָד״. על פי הגמרא, פסוק זה מתאר מצב אידילי שבו ״כולם גרים גרורים לעתיד לבוא״;[2] כלומר הגויים יזנחו את פסיליהם ויבקשו לעבוד את ה׳ כגרים יחד עם ישראל. כאן מופיעה הגאולה כמאורע המוחק את אחד המרכיבים המפרידים המובהקים ביותר: השפה. אירוע זה מחזיר אותנו לסיפור המקראי על מגדל בבל: שם פיזור האנושות לכל קצוות תבל החל בבלבול השפה כדי שאיש לא יבין את שפת רעהו. זהו הסיפור אשר מטרים את בחירתו של אברהם על פני כל יושבי תבל. והנה, בעת הגאולה הבחנות אלו כמו סיימו

1. מי הם אותם ״בני הנכר״ המוזכרים בפסוקים אלו? במדרש רבה (שמות יט) וכן מרש״י במקום משתמע שמדובר בגרי צדק. אולם לפי פירוש האלשיך מדובר על גויים ממש. פרשנות זאת נתמכת לענ״ד בפשטי המקראות, שהרי פסוק ב מדבר על ״אנוש״ ו״בן אדם״ ומיד בפסוק ג פונים לעסוק ב״בן הנכר״ ובהמשך הנבואה נחתמת בפסוק ״כי ביתי בית תפילה יקרא לכל העמים״.
2. עבודה זרה כד ע״א.

את תפקידן ואפשר לאחד מחדש את כל האנושות תחת שפה אחת שתביא לעבודת ה׳ משותפת - ״שְׁכֶם אֶחָד״.[3]

התמונה הריכוזית אל מול התמונה המבוזרת

השאלה אם מצב העניינים באחרית הימים יהא ריכוזי או מבוזר איננה נסבה על טיב היחסים בין ישראל ואומות העולם אלא על מרכזיותם, הגיאו־פוליטית והרוחנית, של ירושלים, בית המקדש ואלוקי ישראל. **תמונת העולם הריכוזית** באה לידי ביטוי בנבואת זכריה [10]: ״וּבָאוּ עַמִּים רַבִּים וְגוֹיִם עֲצוּמִים לְבַקֵּשׁ אֶת ה׳ צְבָאוֹת בִּירוּשָׁלָם וּלְחַלּוֹת אֶת פְּנֵי ה׳״. בנבואה אחרת בזכריה [11] נקראים הגויים לעלות לירושלים כדי לחוג את חג הסוכות - ובזאת תיבחן נאמנותם ״לְמֶלֶךְ ה׳ צְבָאוֹת״.

תמונה זו עשויה להיות בעלת אופי הירכי כמו אצל יחזקאל [8] אך גם שיתופית כמו בישעיהו [5]. המשותף לשניהם הוא הוויתור הגדול של אומות העולם בעת הגאולה: ויתור על ההגמוניה הדתית שלהם שבאה לידי ביטוי בראיית ירושלים כמרכז המקודש בעולם. במילים אחרות, לחזון האוניברסלי־שיתופי של ישעיהו, שבית המקדש יהפוך להיות בית תפילה לכל העמים, ישנו גם צד שני. מרכזיותה של ירושלים שוללת את היכולת של כל אחת מן הדתות לטעון לבלעדיות - ואפילו למרכזיות פולחנית - באחד מן המרכזים שאינם ירושלים.

תמונת המצב המבוזרת עשויה להיות אולי המפתיעה ביותר מנקודת מבט תנ״כית שכן נבואות אלו עוסקות באי־מרכזיותם - או ליתר דיוק: אי־בלעדיותם - של עם ישראל וירושלים במציאות

3. כך מפרש המהרש״א את הפסוק ומוסיף שכולם ידברו בלשון הקודש: ״לפי שבתחלת ישובו של עולם במעשה דור הפלגה שהיה להם שפה אחת בלשון הקודש ובאו למרוד על ה׳ בלבל להם אותו לשון הקודש אמר בכאן כי אז שיחזרו העובדי כוכבים למוטב לעבוד ה׳ יהפך להם שפה ברורה שהוא לשון הקודש כי כל הלשונות אינם שפה ברורה נקראו לעז לגבי לשון הקדש״ (מהרש״א, חידושי אגדות, עבודה זרה כד ע״א).

האוטופית. על פי נבואת מיכה [2], באחרית הימים אכן יגיעו עמים רבים להר בית ה׳ אולם בניגוד לנבואת צפניה [9], שלפיה באחרית הימים תהא אחידות בשפה שתוביל לאחידות דתית, נבואת מיכה מנבאת דווקא ההפך: ״כִּי כָּל הָעַמִּים יֵלְכוּ אִישׁ בְּשֵׁם אֱלֹהָיו וַאֲנַחְנוּ נֵלֵךְ בְּשֵׁם ה׳ אֱלֹהֵינוּ לְעוֹלָם וָעֶד״. מפשוטו של מקרא ניתן להבין כי אין כאן ביקורת שלילית על בני אומות העולם על שאינם נשארים סביבות ירושלים. לפי נבואה זו, העלייה לירושלים היא אומנם שיא אך לאחריה כל עם חוזר לביתו ולעבודתו הדתית מתוך המטען שספג ולמד בהר ה׳.[4]

גרסה אחרת של האפשרות המבוזרת נמצאת בנבואת ישעיהו [3]:

> בַּיּוֹם הַהוּא יִהְיֶה מִזְבֵּחַ לַה׳ בְּתוֹךְ אֶרֶץ מִצְרָיִם וּמַצֵּבָה אֵצֶל גְּבוּלָהּ לַה׳ [...] בַּיּוֹם הַהוּא יִהְיֶה יִשְׂרָאֵל שְׁלִישִׁיָּה לְמִצְרַיִם וּלְאַשּׁוּר בְּרָכָה בְּקֶרֶב הָאָרֶץ: אֲשֶׁר בֵּרֲכוֹ ה׳ צְבָאוֹת לֵאמֹר בָּרוּךְ עַמִּי מִצְרַיִם וּמַעֲשֵׂה יָדַי אַשּׁוּר וְנַחֲלָתִי יִשְׂרָאֵל.

בנבואה זו מתואר שהגויים יעבדו רק את ה׳ ולא בשיתוף אולם ירושלים איננה המרכז הפולחני היחיד. גם בארץ מצרים, ולא רק בירושלים, יהיה מזבח לה׳. המודל ההיסטורי של עם נבחר מקבל תצורה חדשה ושותפות בו יחד עם ישראל שתיים מהאימפריות הגדולות של התקופה:

4. אכן לפי רש״י, רד״ק ופרשנים נוספים כוונת הפסוק היא להצביע על העבר – כלומר לאורך ההיסטוריה העמים הלכו בשם אלוהיהם ואילו כעת בעת הגאולה כולם זונחים את עצביהם ועובדים אך ורק את הקב״ה. אולם האלשיך (תהילים קב, כג) מפרש שהנביא מתאר את המצב בזמן הגאולה. הצעתנו כאן עשויה לחבר בין פסוקים אלו למסורת קבלית המצויה בפירוש רמב״ן על התורה (ויקרא יח, כה) ובספר הזוהר (ראו זוהר חדש, תיקונים, צז ע״ב) שלפיה ישנם מעין ״ממונים שמימיים״ על כל אחת מן האומות וכל אחד מהם כפוף לקב״ה; ורק עם ישראל נמצא בקשר תמידי ובלתי אמצעי עם הקב״ה. אפשר להציע שתפיסה זו מוצאת את דרכה בהלכה במסורת ההלכתית שלפיה הגויים אינם מוזהרים על ״השיתוף״ (ראו תוספות, בכורות ב ע״ב, ד״ה שמא; רמ״א, אורח חיים, סימן קנו).

מצרים ואשור. זאת ועוד, מצרים נקראים כאן "עַמִּי" ואשור "מַעֲשֵׂה יָדַי"; אלו שני ביטויים שעד הנה היו שמורים לעם ישראל בלבד. גם הנביא מלאכי [12] מתאר מציאות שבה העולם כולו מלא במזבחות שבהם מקטירים "מִנְחָה טְהוֹרָה" לה' והרי זה מעיד על כך ש"גָדוֹל שְׁמִי בַּגּוֹיִם אָמַר ה' צְבָאוֹת".[5]

תמונת ההכנעה אל מול תמונת ההארה והשלום

מתח נוסף השורר בין הנבואות השונות קשור לטיב התהליך שיביא לאותו חזון אחרית הימים. מן הצד האחד אנחנו יכולים למצוא את **תהליך ההכנעה** בדמות מלחמה גדולה ואסונות טבע משונים שיביאו בכוח את אומות העולם להכיר במלכות ה' ובמרכזיותה של ירושלים. כך אנחנו מוצאים למשל בנבואת זכריה [11] המתאר מלחמה עולמית גדולה שתיערך בירושלים ותוכרע על ידי ניסים משדדי מערכות כדוגמת רעידת אדמה, בקיעת הר הזיתים לשניים, אור גדול שיאיר בלילה ועוד. אלו שיצליחו לשרוד את המלחמה יקבלו בעל כורחם את מלכות ה'. גם המשך נאמנותם לקב"ה יתקיים בצל איום גדול בדמות מגפה ובצורת. כאן, המסע לעבר אחרית הימים כרוך אפוא בהכנעה.

לעומת זאת, בנבואת ישעיהו [1] (וכן בפרק יא) אין תיאורי מלחמה והכנעה אלא אדרבה **תהליך של הארת דעת אלוקים** שתתגלה בעולם על ידי הוראת התורה ובקשת הצדק. רוח ה', רוח חוכמה ובינה, רוח גבורה, דעת ויראת ה' תנוח על צאצא מבית דוד ומעלותיו ופועלו למען הטוב והצדק יישמעו בעולם. בתיאור אחר, מציון תצא תורה ואומות העולם ייענו לכך ויבקשו לעלות לירושלים לעמוד לפני ה', ללמוד מתורתו ולהישפט בחוכמתו. כאן, לא רק שהתהליך לא נולד מכוח והכנעה אלא שגם תוצאותיו לא מנבאות רק על קבלת מלכות

5. לפסוקים במלאכי חשיבות נוספת בכך שהם אינם מדברים על העתיד אלא על ההווה. אנו יודעים כי מצב העולם בזמן הנביא היה שרבים מעמי הארץ לא עלו לבית המקדש ולא באו ללמוד תורה בציון ובכל זאת מלאכי רואה בעבודתם הדתית חלק מהגדלת שם ה' בעולם. וכן משמע מדברי הגמרא (מנחות קי ע"א).

ה׳ אלא על סדר פוליטי־עולמי חדש - בדמות חיסול הנשק וכלי המלחמה ומציאות של שלום עולמי וקוסמי.

נבואות שונות: הבחירה בידינו

לאחר שהצגנו את התמונות השונות של נבואות אחרית הימים, עלינו לדון ביחס ביניהן. מבחינה מתודולוגית, ניתן לצעוד בשני כיוונים. כיוון אחד יבקש לאחד ולפשֵׁר בין המקורות השונים כדי להציג תמונה אחת. לאפשרות זו יתרון מסוים מבחינה תיאולוגית, שכן היא מאפשרת הבנה אחדותית של רצון ה׳, כלומר ישנה תוכנית אלוקית ברורה ואחידה כיצד ייראו ימי אחרית הימים ועלינו לעמוד עליה. את הפערים הברורים בין הנבואות השונות ובין נביאים שונים ניתן יהיה להסביר בהתאם לאופי נבואתו של הנביא כפי שנאמר בגמרא (סנהדרין פט ע״א) ״דאמר רבי יצחק: סיגנון אחד עולה לכמה נביאים, ואין שני נביאים מתנבאין בסיגנון אחד״. הנבואה היא כגוף ידע גולמי אשר מתפרט ומתפרש על פי כלי ההכרה של הנביא. כיוון שפרצופיהם ודעותיהם של הנביאים שונים זה מזה, כך גם צורת הנבואה משתנה מנביא לנביא. אולם אפשרות זו עתידה להיתקל בקשיים פרשניים רבים, שהרי כפי שראינו לעיל התמונות הנבואיות של אחרית הימים נבדלות זו מזו בהבדלים מובהקים ואף הפוכים לחלוטין. הפערים בין הנבואות אינם רק בבחינת סגנונות שונים למציאות אחת. עם זאת, אפשר להציע אפשרות רכה יותר שלפיה הנבואות השונות מבטאות פרספקטיבות שונות של אותה מציאות. למשל, אפשר לתאר אדם מסוים גם כפרט בודד שעומד מצד עצמו שונה ומובחן משאר משפחתו וסביבתו, ואפשר לתארו כחלק ממארג אנושי רחב הרבה יותר. באופן דומה ניתן יהיה לתאר את היחסים בין עם ישראל לשאר האומות גם מהצד הנבדל והמובחן וגם מהצד השיתופי - ושני הצדדים אמת. אולם יש לבחון עד כמה כל המודלים דלעיל יכולים להלום רבדים שונים של אותה מציאות.

כיוון שני, שדומני שיש בו גם אפשרות פרשנית פשוטה יותר וגם הלימה טובה יותר למציאות הריאלית, הוא זה המחדד את ההבדלים,

מבחין בין הסגנונות של הנבואות ורואה בהם מפה של תרחישים שונים אפשריים. דומה כי כך הבין הרמב"ם את פני הדברים בהתייחסותו למצב העולם באחרית הימים:

> וכל אלו הדברים וכיוצא בהן לא ידע אדם איך יהיו עד שיהיו, שדברים סתומין הן אצל הנביאים, גם החכמים אין להם קבלה בדברים אלו, אלא לפי הכרע הפסוקים, ולפיכך יש להם מחלוקת בדברים אלו, ועל כל פנים אין סדור הויית דברים אלו ולא דקדוקיהן עיקר בדת, ולעולם לא יתעסק אדם בדברי ההגדות, ולא יאריך במדרשות האמורים בענינים אלו וכיוצא בהן, ולא ישימם עיקר, שאין מביאין לא לידי יראה ולא לידי אהבה, וכן לא יחשב הקצין, אמרו חכמים תפח רוחם של מחשבי הקצים, אלא יחכה ויאמין בכלל הדבר כמו שבארנו.[6]

הרמב"ם קובע כי אכן יש מחלוקת בתמונת אחרית הימים. קביעה זו מביאה את הרמב"ם להסיק שמוטב לו לאדם לבל יעסוק בענייני אחרית הימים - משום שאין בכך תועלת. אך אפשר להציע מסקנה אחרת. תפיסת ההיסטוריה של התנ"ך היא של "היסטוריה פתוחה". אין תסריט אחיד וברור וקבוע מראש של מהלך ההיסטוריה. התנ"ך איננו חָפֵץ שנשב ונחכה לראות מה ילד יום ומה תכנן הקב"ה לעולמו, אלא להפך - בורא עולם הפקיד בידינו את הבחירה כיצד ייראה העתיד וכיצד תתממש הגאולה. לכן השאיר התנ"ך בידינו תמונות שונות של אחרית הימים.

דבר דומה אנחנו מוצאים בדרשת חכמים: "זכו - בעתה; לא זכו - אחישנה" (סנהדרין צח ע"א). התממשותה של אחת משתי האפשרויות - אם הגאולה תתרחש בזמנה או שמא תגיע מהר יותר - תלויה במעשינו ובבחירתנו. אלא שכאן איננו מדברים על איזו זכות שמגיעה רק בעקבות הקפדה כללית בתורה ומצוות אלא על בחירה

6. משנה תורה, הלכות מלכים, פרק יב, הלכה ב.

לעצב ממש את המציאות. אין ספק כי הדבר תלוי במידה רבה בבחירתן ומעשיהן של אומות העולם, אולם גם בכוחנו ומעשינו תלויה השאלה אם טיב היחסים בין ישראל לאומות העולם יהיה יחסי הכנעה או הארה, אם התמונה תהא ריכוזית או מבוזרת, היררכית או שיתופית.

בין כל האפשרויות הללו עלינו לזכור שני עקרונות יסוד: האחד - מן ההכרח שאומות העולם יהיו כלולות בתוך תמונת העולם השלמה שלנו; השני - איננו עוסקים במציאות אוטופית שתתחולל לה מעצמה אלא במציאות שתיווצר בשילוב שבין השתדלות האדם והשגחת הבורא.

מקורות

[1] ישעיהו ב, ב–ד

(ב) וְהָיָה בְּאַחֲרִית הַיָּמִים נָכוֹן יִהְיֶה הַר בֵּית ה׳ בְּרֹאשׁ הֶהָרִים וְנִשָּׂא
מִגְּבָעוֹת וְנָהֲרוּ אֵלָיו כָּל הַגּוֹיִם: (ג) וְהָלְכוּ עַמִּים רַבִּים וְאָמְרוּ לְכוּ וְנַעֲלֶה
אֶל הַר ה׳ אֶל בֵּית אֱלֹהֵי יַעֲקֹב וְיֹרֵנוּ מִדְּרָכָיו וְנֵלְכָה בְּאֹרְחֹתָיו כִּי מִצִּיּוֹן
תֵּצֵא תוֹרָה וּדְבַר ה׳ מִירוּשָׁלָ͏ִם: (ד) וְשָׁפַט בֵּין הַגּוֹיִם וְהוֹכִיחַ לְעַמִּים רַבִּים
וְכִתְּתוּ חַרְבוֹתָם לְאִתִּים וַחֲנִיתוֹתֵיהֶם לְמַזְמֵרוֹת לֹא יִשָּׂא גוֹי אֶל גּוֹי חֶרֶב
וְלֹא יִלְמְדוּ עוֹד מִלְחָמָה.

[2] מיכה ד, א–ה

(א) וְהָיָה בְּאַחֲרִית הַיָּמִים יִהְיֶה הַר בֵּית ה׳ נָכוֹן בְּרֹאשׁ הֶהָרִים וְנִשָּׂא הוּא
מִגְּבָעוֹת וְנָהֲרוּ עָלָיו עַמִּים: (ב) וְהָלְכוּ גּוֹיִם רַבִּים וְאָמְרוּ לְכוּ וְנַעֲלֶה אֶל
הַר ה׳ וְאֶל בֵּית אֱלֹהֵי יַעֲקֹב וְיוֹרֵנוּ מִדְּרָכָיו וְנֵלְכָה בְּאֹרְחֹתָיו כִּי מִצִּיּוֹן
תֵּצֵא תוֹרָה וּדְבַר ה׳ מִירוּשָׁלָ͏ִם: (ג) וְשָׁפַט בֵּין עַמִּים רַבִּים וְהוֹכִיחַ לְגוֹיִם
עֲצֻמִים עַד רָחוֹק וְכִתְּתוּ חַרְבֹתֵיהֶם לְאִתִּים וַחֲנִיתֹתֵיהֶם לְמַזְמֵרוֹת לֹא
יִשְׂאוּ גּוֹי אֶל גּוֹי חֶרֶב וְלֹא יִלְמְדוּן עוֹד מִלְחָמָה: (ד) וְיָשְׁבוּ אִישׁ תַּחַת
גַּפְנוֹ וְתַחַת תְּאֵנָתוֹ וְאֵין מַחֲרִיד כִּי פִי ה׳ צְבָאוֹת דִּבֵּר: (ה) כִּי כָּל הָעַמִּים
יֵלְכוּ אִישׁ בְּשֵׁם אֱלֹהָיו וַאֲנַחְנוּ נֵלֵךְ בְּשֵׁם ה׳ אֱלֹהֵינוּ לְעוֹלָם וָעֶד.

[3] ישעיהו יט, יח–כה

(יח) בַּיּוֹם הַהוּא יִהְיוּ חָמֵשׁ עָרִים בְּאֶרֶץ מִצְרַיִם מְדַבְּרוֹת שְׂפַת כְּנַעַן
וְנִשְׁבָּעוֹת לַה׳ צְבָאוֹת עִיר הַהֶרֶס יֵאָמֵר לְאֶחָת: (יט) בַּיּוֹם הַהוּא יִהְיֶה
מִזְבֵּחַ לַה׳ בְּתוֹךְ אֶרֶץ מִצְרָיִם וּמַצֵּבָה אֵצֶל גְּבוּלָהּ לַה׳: (כ) וְהָיָה לְאוֹת
וּלְעֵד לַה׳ צְבָאוֹת בְּאֶרֶץ מִצְרָיִם כִּי יִצְעֲקוּ אֶל ה׳ מִפְּנֵי לֹחֲצִים וְיִשְׁלַח
לָהֶם מוֹשִׁיעַ וָרָב וְהִצִּילָם: (כא) וְנוֹדַע ה׳ לְמִצְרַיִם וְיָדְעוּ מִצְרַיִם אֶת ה׳
בַּיּוֹם הַהוּא וְעָבְדוּ זֶבַח וּמִנְחָה וְנָדְרוּ נֵדֶר לַה׳ וְשִׁלֵּמוּ: (כב) וְנָגַף ה׳ אֶת
מִצְרַיִם נָגֹף וְרָפוֹא וְשָׁבוּ עַד ה׳ וְנֶעְתַּר לָהֶם וּרְפָאָם: (כג) בַּיּוֹם הַהוּא
תִּהְיֶה מְסִלָּה מִמִּצְרַיִם אַשּׁוּרָה וּבָא אַשּׁוּר בְּמִצְרַיִם וּמִצְרַיִם בְּאַשּׁוּר וְעָבְדוּ
מִצְרַיִם אֶת אַשּׁוּר: (כד) בַּיּוֹם הַהוּא יִהְיֶה יִשְׂרָאֵל שְׁלִישִׁיָּה לְמִצְרַיִם
וּלְאַשּׁוּר בְּרָכָה בְּקֶרֶב הָאָרֶץ: (כה) אֲשֶׁר בֵּרְכוֹ ה׳ צְבָאוֹת לֵאמֹר בָּרוּךְ
עַמִּי מִצְרַיִם וּמַעֲשֵׂה יָדַי אַשּׁוּר וְנַחֲלָתִי יִשְׂרָאֵל.

[4] ישעיהו מב, ה–ז

(ה) כֹּה אָמַר הָאֵל ה׳ בּוֹרֵא הַשָּׁמַיִם וְנוֹטֵיהֶם רֹקַע הָאָרֶץ וְצֶאֱצָאֶיהָ נֹתֵן
נְשָׁמָה לָעָם עָלֶיהָ וְרוּחַ לַהֹלְכִים בָּהּ: (ו) אֲנִי ה׳ קְרָאתִיךָ בְצֶדֶק וְאַחְזֵק
בְּיָדֶךָ וְאֶצָּרְךָ וְאֶתֶּנְךָ לִבְרִית עָם לְאוֹר גּוֹיִם: (ז) לִפְקֹחַ עֵינַיִם עִוְרוֹת
לְהוֹצִיא מִמַּסְגֵּר אַסִּיר מִבֵּית כֶּלֶא יֹשְׁבֵי חֹשֶׁךְ.

[5] ישעיהו נו, ג–ח

(ג) וְאַל יֹאמַר בֶּן הַנֵּכָר הַנִּלְוָה אֶל ה׳ לֵאמֹר הַבְדֵּל יַבְדִּילַנִי ה׳ מֵעַל
עַמּוֹ וְאַל יֹאמַר הַסָּרִיס הֵן אֲנִי עֵץ יָבֵשׁ: (ד) כִּי כֹה אָמַר ה׳ לַסָּרִיסִים
אֲשֶׁר יִשְׁמְרוּ אֶת שַׁבְּתוֹתַי וּבָחֲרוּ בַּאֲשֶׁר חָפָצְתִּי וּמַחֲזִיקִים בִּבְרִיתִי: (ה)
וְנָתַתִּי לָהֶם בְּבֵיתִי וּבְחוֹמֹתַי יָד וָשֵׁם טוֹב מִבָּנִים וּמִבָּנוֹת שֵׁם עוֹלָם אֶתֶּן
לוֹ אֲשֶׁר לֹא יִכָּרֵת: (ו) וּבְנֵי הַנֵּכָר הַנִּלְוִים עַל ה׳ לְשָׁרְתוֹ וּלְאַהֲבָה אֶת
שֵׁם ה׳ לִהְיוֹת לוֹ לַעֲבָדִים כָּל שֹׁמֵר שַׁבָּת מֵחַלְּלוֹ וּמַחֲזִיקִים בִּבְרִיתִי: (ז)
וַהֲבִיאוֹתִים אֶל הַר קָדְשִׁי וְשִׂמַּחְתִּים בְּבֵית תְּפִלָּתִי עוֹלֹתֵיהֶם וְזִבְחֵיהֶם
לְרָצוֹן עַל מִזְבְּחִי כִּי בֵיתִי בֵּית תְּפִלָּה יִקָּרֵא לְכָל הָעַמִּים: (ח) נְאֻם ה׳
אֱלֹהִים מְקַבֵּץ נִדְחֵי יִשְׂרָאֵל עוֹד אֲקַבֵּץ עָלָיו לְנִקְבָּצָיו.

[6] ישעיהו סא, ה–ט

(ה) וְעָמְדוּ זָרִים וְרָעוּ צֹאנְכֶם וּבְנֵי נֵכָר אִכָּרֵיכֶם וְכֹרְמֵיכֶם: (ו) וְאַתֶּם
כֹּהֲנֵי ה׳ תִּקָּרֵאוּ מְשָׁרְתֵי אֱלֹהֵינוּ יֵאָמֵר לָכֶם חֵיל גּוֹיִם תֹּאכֵלוּ וּבִכְבוֹדָם
תִּתְיַמָּרוּ [...] (ט) וְנוֹדַע בַּגּוֹיִם זַרְעָם וְצֶאֱצָאֵיהֶם בְּתוֹךְ הָעַמִּים כָּל רֹאֵיהֶם
יַכִּירוּם כִּי הֵם זֶרַע בֵּרַךְ ה׳.

[7] ישעיהו סו, יח–כג

(יח) וְאָנֹכִי מַעֲשֵׂיהֶם וּמַחְשְׁבֹתֵיהֶם בָּאָה לְקַבֵּץ אֶת כָּל הַגּוֹיִם וְהַלְּשֹׁנוֹת
וּבָאוּ וְרָאוּ אֶת כְּבוֹדִי: (יט) וְשַׂמְתִּי בָהֶם אוֹת וְשִׁלַּחְתִּי מֵהֶם פְּלֵיטִים אֶל
הַגּוֹיִם תַּרְשִׁישׁ פּוּל וְלוּד מֹשְׁכֵי קֶשֶׁת תֻּבַל וְיָוָן הָאִיִּים הָרְחֹקִים אֲשֶׁר
לֹא שָׁמְעוּ אֶת שִׁמְעִי וְלֹא רָאוּ אֶת כְּבוֹדִי וְהִגִּידוּ אֶת כְּבוֹדִי בַּגּוֹיִם: (כ)
וְהֵבִיאוּ אֶת כָּל אֲחֵיכֶם מִכָּל הַגּוֹיִם מִנְחָה לַה׳ בַּסּוּסִים וּבָרֶכֶב וּבַצַּבִּים
וּבַפְּרָדִים וּבַכִּרְכָּרוֹת עַל הַר קָדְשִׁי יְרוּשָׁלַ‍ִם אָמַר ה׳ כַּאֲשֶׁר יָבִיאוּ בְנֵי
יִשְׂרָאֵל אֶת הַמִּנְחָה בִּכְלִי טָהוֹר בֵּית ה׳: (כא) וְגַם מֵהֶם אֶקַּח לַכֹּהֲנִים
לַלְוִיִּם אָמַר ה׳: (כב) כִּי כַאֲשֶׁר הַשָּׁמַיִם הַחֲדָשִׁים וְהָאָרֶץ הַחֲדָשָׁה אֲשֶׁר
אֲנִי עֹשֶׂה עֹמְדִים לְפָנַי נְאֻם ה׳ כֵּן יַעֲמֹד זַרְעֲכֶם וְשִׁמְכֶם: (כג) וְהָיָה מִדֵּי
חֹדֶשׁ בְּחָדְשׁוֹ וּמִדֵּי שַׁבָּת בְּשַׁבַּתּוֹ יָבוֹא כָל בָּשָׂר לְהִשְׁתַּחֲוֹת לְפָנַי אָמַר ה׳.

[8] יחזקאל מד, ו–י

(ו) וְאָמַרְתָּ אֶל מֶרִי אֶל בֵּית יִשְׂרָאֵל כֹּה אָמַר אֲדֹנָי ה׳ רַב לָכֶם מִכָּל
תּוֹעֲבוֹתֵיכֶם בֵּית יִשְׂרָאֵל: (ז) בַּהֲבִיאֲכֶם בְּנֵי נֵכָר עַרְלֵי לֵב וְעַרְלֵי בָשָׂר
לִהְיוֹת בְּמִקְדָּשִׁי לְחַלְּלוֹ אֶת בֵּיתִי בְּהַקְרִיבְכֶם אֶת לַחְמִי חֵלֶב וָדָם וַיָּפֵרוּ
אֶת בְּרִיתִי אֶל כָּל תּוֹעֲבוֹתֵיכֶם: (ח) וְלֹא שְׁמַרְתֶּם מִשְׁמֶרֶת קָדָשָׁי וַתְּשִׂימוּן
לְשֹׁמְרֵי מִשְׁמַרְתִּי בְּמִקְדָּשִׁי לָכֶם: (ט) כֹּה אָמַר אֲדֹנָי ה׳ כָּל בֶּן נֵכָר עֶרֶל
לֵב וְעֶרֶל בָּשָׂר לֹא יָבוֹא אֶל מִקְדָּשִׁי לְכָל בֶּן נֵכָר אֲשֶׁר בְּתוֹךְ בְּנֵי יִשְׂרָאֵל:
(י) כִּי אִם הַלְוִיִּם אֲשֶׁר רָחֲקוּ מֵעָלַי בִּתְעוֹת יִשְׂרָאֵל אֲשֶׁר תָּעוּ מֵעָלַי אַחֲרֵי
גִּלּוּלֵיהֶם וְנָשְׂאוּ עֲוֹנָם.

[9] צפניה ג, ח–ט

(ח) לָכֵן חַכּוּ לִי נְאֻם ה׳ לְיוֹם קוּמִי לְעַד כִּי מִשְׁפָּטִי לֶאֱסֹף גּוֹיִם לְקָבְצִי

מַמְלָכוֹת לִשְׁפֹּךְ עֲלֵיהֶם זַעְמִי כֹּל חֲרוֹן אַפִּי כִּי בְּאֵשׁ קִנְאָתִי תֵּאָכֵל כָּל הָאָרֶץ: (ט) כִּי אָז אֶהְפֹּךְ אֶל עַמִּים שָׂפָה בְרוּרָה לִקְרֹא כֻלָּם בְּשֵׁם ה׳ לְעָבְדוֹ שְׁכֶם אֶחָד.

[10] זכריה ח, כ–כג

(כ) כֹּה אָמַר ה׳ צְבָאוֹת עֹד אֲשֶׁר יָבֹאוּ עַמִּים וְיֹשְׁבֵי עָרִים רַבּוֹת: (כא) וְהָלְכוּ יֹשְׁבֵי אַחַת אֶל אַחַת לֵאמֹר נֵלְכָה הָלוֹךְ לְחַלּוֹת אֶת פְּנֵי ה׳ וּלְבַקֵּשׁ אֶת ה׳ צְבָאוֹת אֵלְכָה גַּם אָנִי: (כב) וּבָאוּ עַמִּים רַבִּים וְגוֹיִם עֲצוּמִים לְבַקֵּשׁ אֶת ה׳ צְבָאוֹת בִּירוּשָׁלָם וּלְחַלּוֹת אֶת פְּנֵי ה׳: (כג) כֹּה אָמַר ה׳ צְבָאוֹת בַּיָּמִים הָהֵמָּה אֲשֶׁר יַחֲזִיקוּ עֲשָׂרָה אֲנָשִׁים מִכֹּל לְשֹׁנוֹת הַגּוֹיִם וְהֶחֱזִיקוּ בִּכְנַף אִישׁ יְהוּדִי לֵאמֹר נֵלְכָה עִמָּכֶם כִּי שָׁמַעְנוּ אֱלֹהִים עִמָּכֶם.

[11] זכריה יד, ב–יט

(ב) וְאָסַפְתִּי אֶת כָּל הַגּוֹיִם אֶל יְרוּשָׁלִַם לַמִּלְחָמָה וְנִלְכְּדָה הָעִיר וְנָשַׁסּוּ הַבָּתִּים וְהַנָּשִׁים תִּשָּׁכַבְנָה וְיָצָא חֲצִי הָעִיר בַּגּוֹלָה וְיֶתֶר הָעָם לֹא יִכָּרֵת מִן הָעִיר: (ג) וְיָצָא ה׳ וְנִלְחַם בַּגּוֹיִם הָהֵם כְּיוֹם הִלָּחֲמוֹ בְּיוֹם קְרָב [...] (ט) וְהָיָה ה׳ לְמֶלֶךְ עַל כָּל הָאָרֶץ בַּיּוֹם הַהוּא יִהְיֶה ה׳ אֶחָד וּשְׁמוֹ אֶחָד [...] (יב) וְזֹאת תִּהְיֶה הַמַּגֵּפָה אֲשֶׁר יִגֹּף ה׳ אֶת כָּל הָעַמִּים אֲשֶׁר צָבְאוּ עַל יְרוּשָׁלִָם הָמֵק בְּשָׂרוֹ וְהוּא עֹמֵד עַל רַגְלָיו וְעֵינָיו תִּמַּקְנָה בְחֹרֵיהֶן וּלְשׁוֹנוֹ תִּמַּק בְּפִיהֶם [...] (טז) וְהָיָה כָּל הַנּוֹתָר מִכָּל הַגּוֹיִם הַבָּאִים עַל יְרוּשָׁלִָם וְעָלוּ מִדֵּי שָׁנָה בְשָׁנָה לְהִשְׁתַּחֲוֹת לְמֶלֶךְ ה׳ צְבָאוֹת וְלָחֹג אֶת חַג הַסֻּכּוֹת: (יז) וְהָיָה אֲשֶׁר לֹא יַעֲלֶה מֵאֵת מִשְׁפְּחוֹת הָאָרֶץ אֶל יְרוּשָׁלִַם לְהִשְׁתַּחֲוֹת לְמֶלֶךְ ה׳ צְבָאוֹת וְלֹא עֲלֵיהֶם יִהְיֶה הַגָּשֶׁם: (יח) וְאִם מִשְׁפַּחַת מִצְרַיִם לֹא תַעֲלֶה וְלֹא בָאָה וְלֹא עֲלֵיהֶם תִּהְיֶה הַמַּגֵּפָה אֲשֶׁר יִגֹּף ה׳ אֶת הַגּוֹיִם אֲשֶׁר לֹא יַעֲלוּ לָחֹג אֶת חַג הַסֻּכּוֹת: (יט) זֹאת תִּהְיֶה חַטַּאת מִצְרָיִם וְחַטַּאת כָּל הַגּוֹיִם אֲשֶׁר לֹא יַעֲלוּ לָחֹג אֶת חַג הַסֻּכּוֹת.

[12] מלאכי א, יא

כִּי מִמִּזְרַח שֶׁמֶשׁ וְעַד מְבוֹאוֹ גָּדוֹל שְׁמִי בַּגּוֹיִם וּבְכָל מָקוֹם מֻקְטָר מֻגָּשׁ לִשְׁמִי וּמִנְחָה טְהוֹרָה כִּי גָדוֹל שְׁמִי בַּגּוֹיִם אָמַר ה׳ צְבָאוֹת.

"כַּאֲשֶׁר פָּתַר לָנוּ כֵּן הָיָה": שותפות האדם בעיצוב התממשות הנבואות

יעקב נגן

וַיִּקְרָא יַעֲקֹב אֶל בָּנָיו וַיֹּאמֶר הֵאָסְפוּ וְאַגִּידָה לָכֶם אֵת אֲשֶׁר יִקְרָא אֶתְכֶם בְּאַחֲרִית הַיָּמִים (בראשית מט, א).

בימינו אנו זוכים לראות בעינינו את התגשמות חלקים חשובים מחזון הגאולה ודברי הנביאים. דומה שניתן להצביע על שתי תפיסות בנוגע למקומו של האדם ביחס למימוש המיוחל של חזון הנביאים: התפיסה הקלאסית והתפיסה הציונית. בתפיסה הדתית הקלאסית, השפעת האדם על מימוש החזון נעשית דרך שמירת תורה ומצוות בלבד. אם זכאים האדם והדור, בזכות מצוותיהם, הם מקרבים את חזון הגאולה; ואם חלילה הדור או האדם חייבים - הם מרחיקים את חזון הנביאים. חידושה של התפיסה הציונית הוא ההבנה שהאדם משפיע על התהליך לא רק בקיום תורה ומצוות אלא בשותפות והשפעה על ההיסטוריה.

בכך שותף האדם בפעולה האלוהית במציאות, ו"פועל עם אל": "עתידה בת קול להיות מפוצצת באהלי צדיקים ואומרת כל מי שפעל עם אל יבוא ויטול שכרו" (ירושלמי, שבת פ"ו ה"ט).

הציונות פעלה כך לגבי נבואות שיבת ציון. היא לא הסתפקה בציפייה פסיבית למימוש ההבטחה האלוהית "לְהָבִיא בָנַיִךְ מֵרָחוֹק" (ישעיהו ס, ט) אלא פעלה לעליית יהודי התפוצות לארץ וכך נהגה בתחומים רבים נוספים.

אולם הקמת מדינה, קליטת עלייה ושאר ההיבטים של שיבת ציון שכבר התממשו (או נמצאים בתהליכי מימוש מתקדמים) אינם אלא תחילת הדרך של החזון העתידי. ישנם עוד היבטים רבים ועיקריים בחזון אחרית הימים של הנביאים שטרם התממשו ובכללם נושאו של חיבור זה: יחסי ישראל והעמים.

אחד האתגרים העומדים בפני מי שחפץ לפתוח את אוזנו וליבו לחזון האוניברסלי של הנביאים הוא שדבריהם בנושאים אלו סְתומים וקשה לפענח באופן קונקרטי מה בדיוק החזון המשתקף בהם. לדוגמה, ביחס לאחווה הדתית אומר הנביא צפניה: "כִּי אָז אֶהְפֹּךְ אֶל עַמִּים שָׂפָה בְרוּרָה לִקְרֹא כֻלָּם בְּשֵׁם ה' לְעָבְדוֹ שְׁכֶם אֶחָד" (צפניה ג, ט). אך מה משמעותה של נבואה זו? האם "לִקְרֹא כֻלָּם בְּשֵׁם ה'" משמעו שכולם יהיו יהודים או שמא תהא זהות כוללת לאומות של מעין "בני נח"? ואולי הכוונה היא לשותפות ואחווה בין דתות העולם השונות שיעבדו יחד את ה' מתוך כבוד הדדי והסכמה על עיקרי אמונה מסוימים?[1]

שאלות אלו אינן פרשניות או תיאורטיות גרידא אלא מעשיות. כיוון שאנו רוצים "לפעול עם אל" במימוש חזון הנביאים, עלינו לדעת: באיזה אופק יש להתקדם ביחסים הבין־דתיים? כמה אנו רחוקים ממימושו של חזון הנביאים? אם מדובר על ויתור של האומות

1. ראו הדיון במסכת עבודה זרה כד ע"ב. יש לציין כי בתקופת חז"ל האפשרות השלישית שמוצעת כאן לא הייתה קיימת משום שבזמנם דתות העולם כולן היו אליליות.

על זהותן הדתית לטובת זהות חדשה, הרי שאנו רחוקים מכך מאוד; אך אם לדוגמה מדובר על אחדות השומרת על הזהות הדתית האותנטית של העמים - אלא שייתכן שנדרשים בה שינויים מסוימים - הרי שכל תודעתנו ביחס לאומות אחרות ולדתות אחרות, וכל מערכת השיח שלנו איתן, טעונות שינוי תפיסתי עמוק.

שותפותו של האדם בעיצוב משמעותן של הנבואות

נדמה כי בשורשי התודעה הציונית ניצבת ההנחה שמענה על שאלות אלו מתקבל מתוך **שיח בין אדם לאלוהים**. האדם איננו רק צופה בתוכנית אלוהית מוגדרת מראש, מגלה אותה ונפעל על ידה אלא הוא שותף **בעיצובו של החזון עצמו**. זהו חלק מסוד השותפות העמוקה שבין הקב"ה לעם ישראל. ניתן ללמוד על שותפות זו מתוך התבוננות **במהות האדם**, **במהות התורה** ו**במהות הנבואה**.

במהות האדם - כיצד?

האדם נברא ב"צלם אלוהים" ובכך מקבל כוחות של שותפות בבריאה ובשליטה על העולם. מתוך סיפור קריאת השמות לברואים בפרשת בראשית, ניתן לראות שהאדם לא רק משפיע על המציאות במובן המעשי אלא גם מעצב את מהותה ואת משמעותה. בתחילה, אלוהים נותן שמות לאור, לחושך, לרקיע וליבשה. אך בפרק ב מתברר שהיכולת האלוהית לתת שמות מוענקת לאדם! יתרה מכך, באופן מופלא, הפסוקים מתארים את הקב"ה ממתין כביכול למוצא פיו של האדם ולשמות שיבחר לתת לחלקי הבריאה השונים: "וַיִּצֶר ה' אֱלֹהִים מִן הָאֲדָמָה כָּל חַיַּת הַשָּׂדֶה וְאֵת כָּל עוֹף הַשָּׁמַיִם וַיָּבֵא אֶל הָאָדָם לִרְאוֹת מַה יִּקְרָא לוֹ וְכֹל אֲשֶׁר יִקְרָא לוֹ הָאָדָם נֶפֶשׁ חַיָּה הוּא שְׁמוֹ" (בראשית ב, יט).

"וַיָּבֵא אֶל הָאָדָם לִרְאוֹת מַה יִּקְרָא לוֹ". אלמלא מקרא כתוב, אי אפשר לאומרו. כביכול יושב הקב"ה, רואה אילו שמות קרא האדם לברואים ונותן תוקף לשמות אלה. על פי היהדות, שמות מבטאים מהות ויוצרים מציאות:

> מנא לן דשמא גרים? אמר רבי אליעזר דאמר קרא: "לכו חזו מפעלות ה' אשר שם שַׁמּוֹת בארץ", אל תקרי "שַׁמּוֹת" אלא "שֵׁמוֹת".[2]

בימינו, נוכח התובנות שהציע הפוסטמודרניזם, אנו יכולים יותר ויותר להבין מדוע המבט והשפה מעצבים מציאות ולא רק מתארים אותה. הבשורה היהודית בהקשר זה מתחדדת לנוכח השוואה לסיפור המקביל בקוראן (סורה אל בקרה 2: 3), שם גדולתו וייחודו של האדם מבוטאת בכך שה' **מלמד** אותו את כל השמות.

במהות התורה - כיצד?

מקומו של האדם כשותף בתורה מתבטא באופן משמעותי במושג תורה שבעל־פה. שותפותו של עם ישראל בעיצוב התורה שבעל־פה איננה רק כשל פרשן פסיבי, אלא היא חלק מתהליך היצירה. למעשה, תפיסות עכשוויות מדברות על כל פרשנות כמאמץ שאיננו רק פענוח פסיבי, אלא יוצר את המשמעות כמפגש בין הקורא והטקסט.

הרב קוק מסביר, שבניגוד לתורה שבכתב שהיא אלוהית באופן מוחלט, הרי שבתורה שבעל־פה יש ממד אנושי ששותף בהתהוותה:

> בתורה שבעל פה אנו יורדים כבר אל החיים [...] אנו חשים שרוח האומה, הקשורה כשלהבת בגחלת באור תורת אמת, היא גרמה באופיה המיוחד שתורה שבעל פה תהיה נוצרת בצורתה המיוחדה.[3]

דברים אלו נכונים לא רק ביחס **להלכות** התורה שבעל־פה אלא גם ביחס **להגות** ולעיסוק בסתרי התורה. בהקדמת הזוהר מופיע שחידושי התורה של האדם והבנתו את התורה ואת העולם האלוהי יוצרים

2. ברכות ז ע"ב.
3. שמונה קבצים, קובץ ב, פסקה נז.

רקיעים חדשים ושותפות עם הקב"ה: "'וְלֵאמֹר לְצִיּוֹן עַמִּי אָתָּה' - אל תקרי 'עַמִּי אתה' אלא עִמִּי אתה למהוי שותפא עמי".[4]

במהות הנבואה - כיצד?

חותני, פרופ' אוריאל סימון, נוהג לדַמות את הנבואות **למברקים** ולא **למכתבים**. בניגוד למכתב שבו מפורט המסר בשלמות ובגלוי, הרי שהמברק תמציתי ומותיר מרחב של פתרונות אפשריים. הדבר מזכיר את יחסם של חז"ל לחלומות, שכידוע מתוארים במקרא פעמים רבות כמעין נבואות, ובלשון חז"ל הם "אחד משישים בנבואה" (ברכות נז ע"ב):

> דאמר רבי אלעזר: מנין שכל החלומות הולכין אחר הפה - שנאמר "ויהי כאשר פתר לנו כן היה". אמר רבא: והוא דמפשר ליה מעין חלמיה, שנאמר "איש כחלמו פתר".[5]

הפרשנות לחלום היא זו שמעניקה לו את הפשר (פתר=פשר) והיא למעשה זו שתקבע מה יתרחש במציאות. הפה קשור לספירת המלכות, שכפי שראינו היא כוח העיצוב של המציאות עצמה, המכילה, קולטת ומעצבת את המסר האלוהי. כך בחלומות וכך בנבואות.[6]

הנבואה אפוא, כמו החלום, אינה שלמה ללא פתרונה. "כל חלמא דלא מפשר כאיגרת דלא מתקריא" [=כל חלום שלא נפתר כאיגרת שלא נקראה] (ברכות נה ע"ב). חלום שהאדם איננו שותף בפתרונו - נבואה שהאדם איננו שותף במימושה - הרי הוא כמו איגרת שלא נקראה והמסר שבו איננו יכול להופיע בעולם.

4. זוהר, חלק א, ה ע"א.
5. ברכות נה ע"ב.
6. עיינו זוהר, חלק א, קפג ע"א.

תרגום למציאות העכשווית

זכותנו אפוא - ואף חובתנו - לפרש את דברי הנביאים מתוך הקשבה למציאות וחיפוש רצון ה׳ בעולם. דרכי הפעולה שבהן נבחר יהיו שותפות בהיווצרותה של המציאות העתידית ועיצובה, מתוך הקשבה וחשיפה של משמעות הנבואות הכתובות.

דוגמה עכשווית להקשבה למציאות היא היחס לדתות המצויות מחוץ לגבול היהדות. במציאות שאליה התייחסו הנביאים, הדתות הזרות היו דתות אליליות ולא דתות מאורגנות המאמינות באל אחד עם עבודת ה׳ אישית. מעבר לכך, באופן כמעט בלתי נתפס, רוב האנושות כיום שייכת ל״דתות אברהמיות״, שמקורן ביהדות! קשה שלא לראות את יד ה׳ במהלך ההיסטורי שבו מעם אחד קטן הלכו וצמחו דתות חובקות עולם שבהן יש מקום מיוחד לבית המקדש, לסיפורי התנ״ך ולדמויותיהם של אבות האומה היהודית.

נראה שהסכם השלום בין ישראל לאיחוד האמירויות הוא דוגמה לשינוי פרדיגמה המתבטא באופן עמוק כבר בשמו של ההסכם: בניגוד להסכמים הקודמים, שנשאו שמות של מקומות הזרים למזרח התיכון (״קמפ דייוויד״, ״אוסלו״), ההסכם הנוכחי נקרא **״הסכם אברהם״** ומבטא את המורשת הדתית המשותפת המאחדת יהודים ומוסלמים. אם זהות דתית היא פעמים רבות טריז המפריד בין יהודים ומוסלמים, כאן היא מתועלת ליצירת נרטיב של קשר. בהקשר הנפיץ של יחסי יהודים וערבים בימינו, נודעת לנרטיב זה משמעות עצומה - ביצירת תודעה משותפת של אחדות מתוך חיבור משותף לדמותו של אברהם.

שפה ברורה אך לא אחידה

תשומת לב למצבן של הדתות כיום, ולאפשרויות הריאליות העומדות בפנינו, פותחת אפוא מחדש את שאלת ״ביטול הזהויות״ לטובת עבודת ה׳ שכם אחד - לעומת עבודה משותפת מתוך הזהויות הקיימות. ישנו בסיס ערכי משמעותי לתפיסה המכירה בריבוי ״לכתחילה״, ריבוי

שאיננו ויתור אלא ברכה. בספרו "לנבוכי הדור" (פרק ח) מסביר הרב קוק שריבוי דתות מתאים לגיוון הלאומי ולצרכים והמאפיינים של כל לאום: לכל עם אופי ומשלו, היסטוריה משלו וזהות משלו, וממילא הדת הצומחת בקרב כל עם שונה מזולתה.

הבשורה איננה אפוא ביטול הריבוי אלא חיבור. ה"שפה הברורה" שעליה מתנבא הנביא ובה עתידים לדבר כל העמים איננה שפה **אחידה** אלא שפה שבה כל אחד **מובן לזולתו**, מקבל אותו ומסייע לו בעבודת ה': "כִּי אָז אֶהְפֹּךְ אֶל עַמִּים שָׂפָה בְרוּרָה לִקְרֹא כֻלָּם בְּשֵׁם ה' לְעָבְדוֹ שְׁכֶם אֶחָד" (צפניה ג, ט).

שבע מצוות בני נח: תנאי סף לחברה אנושית או זהות דתית?

יעקב נגן

נקודת המוצא לבירור יחסה של היהדות לדתות אומות העולם היא "שבע מצוות בני נח" - התביעה התורנית הבסיסית מהאנושות. על פי הסוגיה במסכת סנהדרין (נו ע"א), כל אדם מחויב בשבע מצוות אלו; ואם מצוות יש כאן - יש שיאמרו שגם דת יש כאן. אלא שהתבוננות במקורן של שבע מצוות בני נח ובטיבן מוליכה למסקנות שונות לחלוטין.

סיפורה של האנושות עד נח הוא סיפור שבו הידרדרות של העולם אשר מסכנת את עצם קיומו. כאשר האדם משחית את יחסיו עם הסביבה, עם האדמה ועם הזולת - "כִּי הִשְׁחִית כָּל בָּשָׂר אֶת דַּרְכּוֹ עַל הָאָרֶץ" (בראשית ו, יב) - אזי העולם כביכול כבר אינו ראוי לקיום. הידרדרות זו היא המקור לשבע המצוות, ולמעשה מצוות אלו גם מבטאות בדיוק עיקרון זה - חוקי שמירת החיים בעולם שנברא על ידי האלוהים:

> תנו רבנן: שבע מצות נצטוו בני נח: דינין, וברכת השם, עבודה זרה, גילוי עריות, ושפיכות דמים, וגזל, ואבר מן החי.[1]

שתיים מהמצוות מונעות פגיעה במרחב האלוהי (עבודה זרה וגידוף); שתיים מונעות פגיעה באדם (גילוי עריות ושפיכות דמים); שתיים מונעות פגיעה ברכוש (גזל ודינים); והשביעית עוסקת בפגיעה במרחב בעלי החיים (איבר מן החי).

נראה שנוכחותה של מצוות איבר מן החי ברשימה זו מחדדת את מהותן של המצוות: מצווה זו "זניחה" לכאורה בחומרתה ובשכיחותה ביחס לאיסורי הליבה האחרים ברשימה שחומרתם גדולה. הכנסתה לרשימת המצוות מלמדת על הערך ההצהרתי של הכלל כולו: מצוות אלו נועדו לשמירה על ארצות החיים מההשחתה שעלול האדם להשחיתן, ושמירה זו כוללת גם את עולם החי. למעשה, נח עצמו מצטווה להציל מן המבול גם את עולם החי, ולאחר המבול נכרתת ברית בין הקב"ה לבין האדם והחי יחדיו [1].[2]

על פי הסבר זה, מובן ביותר מדוע שבע המצוות הן גם התנאי לקבלת מעמד של "גר תושב".[3] גר תושב הוא גוי שרוצה לחיות בתוך ישראל ולמעשה לחלוק איתם את המרחב. שבע המצוות מבטיחות שאדם זה יעמוד בתנאי הקיום הבסיסיים של חברה אנושית על מנת שיוכל לחיות בתוך המרחב היהודי.

1. סנהדרין נו ע"א.
2. בסוגיית הגמרא (שם) מופיעה דעה שלפיה על שבע המצוות יש להוסיף את איסור כלאיים. על פי דרכנו, ההיגיון שבהצעה זו ברור: גם איסור כלאיים שייך להשחתת הארץ וערבוב המינים שברא בה הקב"ה באופן טבעי וישר. כלשון המדרש: "אף הארץ זינתה, היו זרעין לה חטין והיא מפקא זונין" (בראשית רבה [וילנה], פרשה כח).
3. משנה תורה, הלכות עבודה זרה, פרק י, הלכה ו.

פגיעה במצוות בני נח גורמת לגירוש ממרחבי החיים

ואכן, ניתן לראות כיצד עבירה על מצוות בני נח מתוארת במקורות כגורמת לגירוש מארצות החיים. **שפיכות דמים** הביאה לגירושו של קין מעל פני האדמה ולהפיכתו לנווד חסר ארץ. גם בהקשר של עם ישראל, עונשו של הרוצח בשגגה הוא גלות, ושפיכות הדמים מטמאת את המרחב ומחללת את הארץ: "כִּי הַדָּם הוּא יַחֲנִיף אֶת הָאָרֶץ וְלָאָרֶץ לֹא יְכֻפַּר לַדָּם אֲשֶׁר שֻׁפַּךְ בָּהּ כִּי אִם בְּדַם שֹׁפְכוֹ" (במדבר לה, לג).

הגזל הוא זה שהביא בסיפור המבול לאיבוד זכותו של האדם לחיות על האדמה, "כִּי מָלְאָה הָאָרֶץ חָמָס מִפְּנֵיהֶם" (בראשית ו, יג), וכפי שביארה הגמרא (סנהדרין קח ע"א) שחמס משמעו גזל.[4]

יחד עם הגזל המבול נגרם גם בעטיו של חטא **העריות**: "כִּי הִשְׁחִית כָּל בָּשָׂר אֶת דַּרְכּוֹ עַל הָאָרֶץ" (שם, יב), וכפי שביארו חז"ל, השחתה זו היא השחתת היצר המיני ומעבר על איסורי עריות.[5] גם ביחס לארץ ישראל, גילוי העריות גורם ליושבים בארץ לאבד את זכותם עליה, בין אם מדובר בגויים, בין אם מדובר בעם ישראל: "כִּי אֶת כָּל הַתּוֹעֵבֹת הָאֵל עָשׂוּ אַנְשֵׁי הָאָרֶץ אֲשֶׁר לִפְנֵיכֶם וַתִּטְמָא הָאָרֶץ: וְלֹא תָקִיא הָאָרֶץ אֶתְכֶם בְּטַמַּאֲכֶם אֹתָהּ כַּאֲשֶׁר קָאָה אֶת הַגּוֹי אֲשֶׁר לִפְנֵיכֶם" (ויקרא יח, כז-כח).

גם **הדינים** נמנים כתנאי הכרחי ויסודי לקיום העולם. בפירושו למשנה מבחין רבנו יונה (שדבריו הובאו בטור בתחילת חושן משפט) בין דברים שהם משמעות הקיום ומטרתו - תורה, עבודה וגמילות חסדים - לבין דברים שהם תנאי הכרחי המאפשר את הקיום, כגון הדינים. דבריו שם מנסחים באופן קולע את תפקידן של מצוות בני נח

4. ראו גם דברי הרמב"ן בפירושו לפסוק שם, וכן בהמשך דבריו. לדבריו, החמס שייך לשכבת היושר הטבעי הנתבע מכל אדם באשר הוא אדם ללא תלות בציווי חיצוני: "והטעם מפני שהוא מצוה מושכלת אין להם בה צורך לנביא מזהיר". ראו גם בהקדמת רב ניסים גאון לתלמוד [7] ובדברי בעל חובות הלבבות [8].
5. ראו בדברי רש"י על אתר ועוד.

כפי שהצגנו אותו כאן - שמירה על קיומו של העולם אך לא מענה לכל תכלית קיומו של האדם:

> על שלושה דברים העולם קיים: על הדין ועל האמת ועל השלום (משנה, אבות א, יח) [...] אמר: "העולם קיים", פירוש: אחַר שנברא - מתקיים על ידי אלו, שעל ידי הדיינין שדנין בין איש לחבירו העולם קיים [...]

הדינין אינם שייכים לדברים **שבעבורם נברא** העולם אלא לדברים המקיימים את העולם לאחר שכבר נברא. ההבחנה שיוצר רבנו יונה נכונה לגבי דינים ומלמדת גם על הכלל כולו: מצוות בני נח אינן הסיבות הראשוניות שבשבילן נברא העולם, אלא הן חלק מהדברים ש"אחר שנברא - מתקיים על ידי אלו". הן שומרות על הקיים מפני חורבנו. כפי שנאמר לעיל, כל ההקשר שבו ניתנו שבע מצוות בני נח - חידוש הברית בין הקב"ה והאדם לאחר חורבן העולם במבול - מצביע על היותן כללי בסיס לקיום העולם, כללים שהפגיעה בהם מביאה לעיוות כה גדול עד שאין לעולם זכות קיום. מצוות אלו נחוצות על מנת שהעולם לא ייחרב בשנית.[6]

ניתוח זה מציף גם את מה שנפקד מרשימת שבע המצוות: העיסוק לא רק במניעת הפגיעה בקיים אלא בפיתוח מערכת היחסים בין אדם לאדם ובין אדם לאלוהים. אסור לגזול ולרצוח, אך אין "ואהבת לרעך כמוך"; אסור לעבוד עבודה זרה, אך אין "ואהבת את ה' אלוהיך". היעדר זה מתחדד לנוכח השוואת שבע המצוות לרשימה

6. ישנם ניסיונות להתמודד עם ה"דלות" היחסית של שבע המצוות על ידי הטענה שמצוות אלו הן כללים, ומהם מסתעפים עוד פרטים מרובים. כך ניתן אולי להסביר מדוע הגמרא במסכת חולין (צב ע"א) עוסקת ב"שלשים מצות שקבלו עליהם בני נח" [9]; וראו גם דברי בעל ספר החינוך [13] ודברי הרמ"ע מפאנו בספרו עשרה מאמרות [11]. אך גם אם נרחיב את היקפן של המצוות, עדיין הן מתוחמות למרחבי חיים ספציפיים ביותר ואינן נוגעות בשאלה הגדולה של עבודת אלוהים.

מקבילה המופיעה בספר היובלים [2].[7] ברשימה זו מופיעות גם מצוות של עשה טוב, יחס בין אדם לאלוהים ("לברך את בוראם") ויחסי בין אדם לחברו ("לעשות צדק", "לאהוב איש את רעהו") ומשפחתו ("ולכבד את האב ואת האם"). העשייה החיובית וההתפרשות על פני כל מרחבי החיים המשתקפות מרשימה זו, מדגישות את העובדה שחז"ל מעצבים את שבע המצוות ככללים השומרים על העולם מחורבנו, אך הן אינן מתיימרות לתת מענה מלא לעולם הדתי של אומות העולם.

מצוות בני נח לא נועדו לתת מענה מלא לעבודת האלוהים של האנושות

למרות אופיין של שבע המצוות העולה בפשטות מתוך הדברים, ישנה עמדה הסוברת שמצוות אלו אכן נותנות מענה מלא לזהותם הדתית של בני נח. על פי תפיסה זו, כשם שאנו קיבלנו במעמד הר סיני תרי"ג מצוות, כך קיבלו בני נח שבע מצוות וזוהי דתם. עמדה זו נתלית בדברי הרמב"ם, המדגיש שבני נח צריכים לקיים את המצוות מכוח ההתגלות למשה מסיני, ולא מהגיון ליבם והמוסר הטבעי שלהם, וכי בעבור הנוכרי ישנן רק שתי אפשרויות של זהות דתית: תורת בני נח או גיור לתורת משה.[8]

עמדה זו קנתה לה שביתה בקרב רבים כיוון שעולם ההלכה נוטה לחפש הגדרות ברורות ומדויקות. שבע מצוות בני נח מאפשרות קטגוריה מוגדרת להתייחסות לגויים; אולם, עובדה זו עצמה מחדדת את הקשיים העולים מתוכן. הקטגוריות ההלכתיות של התורה עולות מתוך חיי העם ומתוך בינת חכמיו; זוהי דרכה של תורה שבעל־פה,

7. אחד מן הספרים החיצוניים, המתאר את קורותיהם של אבות עם ישראל. נתחבר ככל הנראה בסביבת המאה השנייה לסה"נ.

8. משנה תורה, הלכות מלכים, פרק י, הלכה ט. בהמשך מקראה זו נידונות התפיסה המחודשת של הרמב"ם בסוגיה זו, הדרך שבה היא נגזרת מעמדתו הפילוסופית והבעייתיות הקיימת בה.

המקבלת את כוחה מכוח קבלת עם ישראל. ביחס לעמים האחרים מדובר בקטגוריות חיצוניות וזרות שלא התהוו מתוך עולמם של העמים הללו.

סיבה נוספת להתקבלותה של עמדה זו היא שהסיפור המקראי מציג מהלך של "זום אין", מבט שמתוך הסיפור האנושי הרחב הולך ומתמקד בסיפורו של עם ישראל, ולכן טבעי שעם ישראל מתבונן על המציאות מתוך זווית המבט שלו. אף על פי כן, קשה עד מאוד לקבל עמדה שלפיה האופק הדתי השלם של בן נח הוא קבלת שבע מצוות מכוח ההתגלות למשה בהר סיני. מעבר לעובדה שלכאורה אין מקור ברור לדברי הרמב"ם, הם מעוררים קושי חמור: הרמב"ם תולה את כל העולם הדתי של האנושות בקבלת עובדה שאינה מוזכרת בשום מקור יהודי מפורש.

בשל הסיבות הללו, ובשל העיון בטיבן של מצוות בני נח כפי שהוא עולה מתוך הסוגיה - נראה שמצוות אלו לא נועדו להיות "דת" במובן של זהות דתית־רוחנית כוללת. הן מציבות קומה אנושית בסיסית וחשובה עד מאוד: שותפות של כל באי עולם במאמץ שלא להשחית את הארץ, שלא לפגוע במרחב וברובדי הקיום השונים. הן מאפשרות לכול להיות ראויים להלך על האדמה שברא הקב"ה. אך הן אינן עונות - ולא נועדו לענות - על הצורך העמוק של בקשת אלוהים בכל מרחבי החיים. אדרבה, המסקנה המתבקשת מעיון במהותן של מצוות אלו היא שהן אינן אלא בסיס ותנאי סף לקיום אנושי תקין ולא מחליפות את הקומה הדתית המלאה הנדרשת מאדם שאיננו מישראל.

מקורות[9]

[1] בראשית ט, א–יא: הברית אחרי המבול

(א) וַיְבָרֶךְ אֱלֹהִים אֶת נֹחַ וְאֶת בָּנָיו וַיֹּאמֶר לָהֶם פְּרוּ וּרְבוּ וּמִלְאוּ אֶת
הָאָרֶץ: (ב) וּמוֹרַאֲכֶם וְחִתְּכֶם יִהְיֶה עַל כָּל חַיַּת הָאָרֶץ וְעַל כָּל עוֹף הַשָּׁמָיִם
בְּכֹל אֲשֶׁר תִּרְמֹשׂ הָאֲדָמָה וּבְכָל דְּגֵי הַיָּם בְּיֶדְכֶם נִתָּנוּ: (ג) כָּל רֶמֶשׂ אֲשֶׁר
הוּא חַי לָכֶם יִהְיֶה לְאָכְלָה כְּיֶרֶק עֵשֶׂב נָתַתִּי לָכֶם אֶת כֹּל: (ד) אַךְ בָּשָׂר
בְּנַפְשׁוֹ דָמוֹ לֹא תֹאכֵלוּ: (ה) וְאַךְ אֶת דִּמְכֶם לְנַפְשֹׁתֵיכֶם אֶדְרֹשׁ מִיַּד כָּל
חַיָּה אֶדְרְשֶׁנּוּ וּמִיַּד הָאָדָם מִיַּד אִישׁ אָחִיו אֶדְרֹשׁ אֶת נֶפֶשׁ הָאָדָם: (ו)
שֹׁפֵךְ דַּם הָאָדָם בָּאָדָם דָּמוֹ יִשָּׁפֵךְ כִּי בְּצֶלֶם אֱלֹהִים עָשָׂה אֶת הָאָדָם:
(ט) וַאֲנִי הִנְנִי מֵקִים אֶת בְּרִיתִי אִתְּכֶם וְאֶת זַרְעֲכֶם אַחֲרֵיכֶם: (י) וְאֵת
כָּל נֶפֶשׁ הַחַיָּה אֲשֶׁר אִתְּכֶם בָּעוֹף בַּבְּהֵמָה וּבְכָל חַיַּת הָאָרֶץ אִתְּכֶם מִכֹּל
יֹצְאֵי הַתֵּבָה לְכֹל חַיַּת הָאָרֶץ: (יא) וַהֲקִמֹתִי אֶת בְּרִיתִי אִתְּכֶם וְלֹא יִכָּרֵת
כָּל בָּשָׂר עוֹד מִמֵּי הַמַּבּוּל וְלֹא יִהְיֶה עוֹד מַבּוּל לְשַׁחֵת הָאָרֶץ.

[2] ספר היובלים, פרק ז: רשימה קדומה של מצוות בני נח

20. וביובל העשרים ושמונה החל נוח לצות את בני בניו תורה ומצווה, כול המשפט אשר ידע. ויעד בבניו כי יעשו צדקה וכי יכסו ערות בשרם וכי יברכו את בוראם וכי יכבדו אב ואם ויאהבו איש את רעהו, וישמרו נפשם מזנות ומטמאה ומכל חמס.

[3] סנהדרין נו ע"א–ע"ב: רשימת מצוות בני נח[10]

תנו רבנן: שבע מצות נצטוו בני נח: דינין, וברכת השם, עבודה זרה, גילוי עריות, ושפיכות דמים, וגזל, ואבר מן החי.

רבי חנניה בן גמלא אף על הדם מן החי.

רבי חידקא אומר: אף על הסירוס.

9. בהמשך המקראה נתייחס בהרחבה לנושא זה בראשונים ובאחרונים, ולכן מקורות אלו עוסקים בעיקר בתשתיות הסוגיה בחז"ל.

10. מופיע גם בתוספתא (צוקרמאנדל), עבודה זרה ח, ד.

רבי שמעון אומר: אף על הכישוף.

רבי יוסי אומר: כל האמור בפרשת כישוף - בן נח מוזהר עליו. "לא ימצא בך מעביר בנו ובתו באש קסם קסמים מעונן ומנחש ומכשף וחבר חבר ושאל אוב וידעני ודורש אל המתים" וגו' "ובגלל התועבֹת האלה ה' אלהיך מוריש אותם מפניך", ולא ענש אלא אם כן הזהיר.

רבי אלעזר אומר: אף על הכלאים.

מותרין בני נח ללבוש כלאים, ולזרוע כלאים, ואין אסורין אלא בהרבעת בהמה ובהרכבת האילן.

[4] סנהדרין נו ע"ב: המקור למצוות בני נח

מנהני מילי?

אמר רבי יוחנן: דאמר קרא "ויצו ה' אלהים על האדם לאמר מכל עץ הגן אכל תאכל". ויצו - אלו הדינין, וכן הוא אומר כי ידעתיו למען אשר יצוה את בניו וגו'. ה' - זו ברכת השם, וכן הוא אומר "ונֹקֵב שם ה' מות יומת". אלהים - זו עבודה זרה, וכן הוא אומר "לא יהיה לך אלהים אחרים". על האדם - זו שפיכות דמים, וכן הוא אומר "שֹׁפֵךְ דם האדם" וגו'. לאמר - זו גילוי עריות, וכן הוא אומר "לאמר הן ישלח איש את אשתו והלכה מאתו והיתה לאיש אחר". מכל עץ הגן - ולא גזל. אכל תאכל - ולא אבר מן החי.

כי אתא רבי יצחק תני איפכא: ויצו - זו עבודה זרה. אלהים - זו דינין.

בשלמא אלהים זו דינין, דכתיב "ונקרב בעל הבית אל האלהים". אלא ויצו זו עבודה זרה, מאי משמע? רב חסדא ורב יצחק בר אבדימי; חד אמר "סרו מהר מן הדרך אשר צויתם עשו להם" וחד אמר "עשוק אפרים רצוץ משפט כי הואיל הלך אחרי צו".

[5] ספר הכוזרי, מאמר ג, סעיף עג: המקור בגמרא הוא אסמכתא

[...] אסמכתא, שאינה כי אם סימן לדבר שהיה ידוע להם בקבלה. כך בארו את הפסוק "ויצו ה' אלהים על האדם לאמר: מכל עץ הגן אכל תאכל" כרמז לשבע מצוות שנצטוו בני נח בדרשם ויצו אלו הדינים

[...] מה רב המרחק בין הענינים האלה ובין הפסוק הזה. אין זאת כי עם קבלה היה בידם ענין שבע מצוות אלו וסמכוה על הפסוק הזה דרך סימן, למען הקל בזה על זכירת המצוות.

[6] בבא קמא לח ע"א: ביטולן של מצוות בני נח

דא"ר מתנה: עמד וימודד ארץ ראה וכו' - מה ראה? ראה שבע מצות שנצטוו עליהן בני נח ולא קיימום, עמד והגלה אותם מעל אדמתם [...] מאי דרב יוסף? דא"ר יוסף: עמד וימודד ארץ ראה וכו' - מה ראה? ראה שבע מצות שקיבלו עליהם בני נח ולא קיימום, עמד והתירן להם. איתגורי אתגר? א"כ, מצינו חוטא נשכר! אמר מר בריה דרבנא: לומר, שאפילו מקיימין אותן - אין מקבלין עליהן שכר. ולא? והתניא, ר"מ אומר: מנין שאפילו נכרי ועוסק בתורה שהוא ככהן גדול? ת"ל: אשר יעשה אותם האדם וחי בהם, כהנים ולוים וישראלים לא נאמר אלא אדם, הא למדת, שאפילו נכרי ועוסק בתורה הרי הוא ככהן גדול! אמרי: אין מקבלים עליהן שכר כמצווה ועושה אלא כמי שאינו מצווה ועושה, דא"ר חנינא: גדול המצווה ועושה יותר ממי שאינו מצווה ועושה.

[7] הקדמת רב נסים גאון לתלמוד (מובא בדפוס וילנה בתחילת מסכת ברכות): מצוות בני נח מחייבות על פי סברה

ועוד יש להשיב, והיאך יתכן לעונשן על דבר שלא נתחייבו בו ולא ניתן להם, והלא יש להם להשיב, כי אילו נצטוינו היינו עושים ואילו הוזהרנו היינו נזהרים ומקבלים כמו שקיבלו הם? והרי אנו פושטים אלו תשובת הטענות ונאמר, כי כל המצוות שהן תלויין בסברא ובאובנתא דליבא כבר הכל מתחייבים בהן מן היום אשר ברא אלהים אדם על הארץ עליו ועל זרעו אחריו לדורי דורים.[11]

11. ראו ספרא, אחרי מות, פרשה ט: "'את משפטי תעשו' (ויקרא יח, ד) - אלה הדברים הכתובים בתורה שאלו לא נכתבו בדין היה לכתבן, כגון הגזלות והעריות ועבודת אלילים וקללת השם ושפיכת דמים, שאילו לא נכתבו בדין היה לכתבן".

[8] חובות הלבבות, שער ג, פרק ו: מצוות בני נח מושכלות

וע"כ הם חייבים לבורא יתברך עבודה כוללת, והיא כל התורות השכליות, אשר נהג בהם אדם וחנוך ונח ובניו ואיוב וחבריו עד ימות משה רבינו ע"ה. ומי שדבק בהם כלם לעבודת האלהים, ייטיב לו האלהים בטובה מיוחדת משאר בני אדם, ויתן לו עבודה יתירה בעוה"ז והגמול הגדול בעוה"ב, כמו אברהם שאמר לו האלהים: אל תירא אברם אנכי מגן לך שכרך הרבה מאד [...] והענין השני, טובות הבורא על עם מן העמים ואומה מן האומות, כמו שהטיב לבני ישראל בהוציאם מארץ מצרים והביאם אל ארץ כנען, וחייבם בזה עבודה יתירה על העבודה הראשונה, והיא התורות השמעיות, אחר שהזהיר והעיר על התורות השכליות.

[9] חולין צב ע"א-ע"ב: שלושים מצוות שקיבלו בני נח

[...] "ואקחה שלשים כסף ואשליך אותו בית ה' אל היוצר" [...] רבי יהודה אומר: אלו שלשים צדיקי אומות העולם, שאומות העולם מתקיימים עליהם, עולא אמר: אלו שלשים מצות שקבלו עליהם בני נח, ואין מקיימין אלא שלשה: אחת שאין כותבין כתובה לזכרים, ואחת - שאין שוקלין בשר המת במקולין, ואחת - שמכבדין את התורה.

[10] ירושלמי, עבודה זרה, פרק ב, הלכה א:
שלושים מצוות שעתידים בני נח לקבל

דמר רב הונא בשם רב: "וישקלו את שקלי שלשים כסף" - אילו שלשים מצות שעתידין בני נח לקבל עליהן [...] רבי חייה בר לולייני בשם רבי הושעיה: כל המצות עתידין בני נח לקבל עליהם. ומה טעם? "כי אז אהפוך אל עמים שפה ברורה". ובסוף הן עתידין לחזור בהן. ומה טעם? "ננתקה את מוסרותימו ונשליכה ממנו עבותימו" - זו מצות תפילין זו מצות ציצית.

[11] רבי מנחם עזריה מפאנו, ספר עשרה מאמרות, מאמר חקור דין, חלק ג, פרק כא: פירוט שלושים מצוות לבני נח

[...] שבע מצות כלליות ופרטן שלשים כדאיתא בפרק גיד הנשה ואלו הן: באוב ידעוני דורש אל המתים. כרבי יוסי דאמר כל האמור בפרשת

מכשף בן נח מוזהר עליו. הרי עשר מצות. שנית גלוי עריות ונטפלות אליה פרו אחת ורבו שתים במצות עשה ואסור הזכור אפילו יחדו בכתובה וכלאי בהמה והסרוס והרכבת אילן הרי שבע עיין בסמוך. שלישית שפיכות דמים וסוטר לועו של ישראל טפלה אליה הרי שתים. רביעית ברכת ה׳ וכבוד התורה טפלה אליה וכן לעסוק בתורה שניתנה להם שבן נח העוסק בה הרי הוא ככהן גדול הרי שלש. חמישית גזל ושלא לעסוק בתורה מורשה אלינו טפלה אליה הרי שתים. ששית הדינין לישובו של עולם ולא ישבותו טפלה אליה הרי שתים. שביעית אבר מן החי ונטפלות אליה דם מן החי ונבלה ובשר המת הרי ארבע מספר כלן שלשים אף על פי שפרו ורבו מצוה אחת היא אלינו במספר תרי״ג לא יקשה למה נחלקה בזה לשתים כי אין למדין מתורת משה רבינו לתורת בני נח, אי נמי לעולם פרו ורבו אחת תחשב לנו ולהם ומצות דינין היא שנחלקה לשתים והן עשה ולא תעשה כדאיתא בגמרא ופירש רש״י עשה משפט ולא תעשה עול והקרבנות לכל הדורות הראשונים היו כמו שאינו מצווה ועושה. כך נראה לי לקיים כל דברי חכמים וכל אלה נשנו בפרק ארבע מיתות בר מתלת דאיתנהו בפרק גיד הנשה ואתיא שמעתין ככלהו תנאי וכלהו אמוראי דמר אמר חדא ומר אמר חדא ולא פליגי [...]

[12] השגות הרמב״ן לספר המצוות
לרמב״ם, שורש יד: מצוות בני נח

ויש לי עוד ספק וקושיא והוא ממה שאמרו (סנה׳ נו א) שבע מצות נצטוו בני נח והנה מנו עניין העריות כולן מצוה אחת והדינים כולם מצוה אחת וכן ענין עבודה זרה כלו מצוה אחת. והם שוים בה לישראל שהם חייבים בכל מה שבית דין שלישראל ממיתין עליה. והנראה בזה לומר שהוזהרו בני נח במצות שלהם בכללות לא בפרטים כלומר שנאמר להם בעריות על דרך משל כמו איש איש אל כל שאר בשרו לא תקרבו אל האם ואל האחות מן האם ואשת החבר וימנה אותם מפני זה מצוה אחת, אבל בישראל שריבה בהן לאוין ומניעות מאחר שהזהיר על כל אחד בלאו נפרד ימנו מצות רבות [...] בדינין אמרו

במכילתא ומשפט אלו דיני אונסין ודיני קנסות ודיני חבלות. והנה כל אלו מנו אותם אחת ואין להם ענין לכללם בבת אחת אלא ששם אחד יכלול אותם והוא המשפט.

[13] ספר החינוך, מצווה תטז: מצוות בני נח כלליות

שלא להתאוות מה שביד אחינו בני ישראל [...]

גם כל בני העולם מחוייבין בה, לפי שהיא ענף למצות גזל שהיא אחת מן השבע מצוות שנצטוו עליהם כל בני העולם. ואל תטעה בני בזה החשבון של שבע מצוות בני נח הידוע והמוזכר בתלמוד (סנהדרין נו ע"ב), כי באמת שאותן שבע הן כעין כללות, אבל יש בהן פרטים הרבה. כמו שאתה מוצא שאיסור העריות נחשב להם דרך כלל למצוה אחת, ויש בה פרטים כגון איסור אם ואיסור אחות מן האם ואיסור אשת איש ואשת אב וזכר בהמה (שם נח ע"ב) [...]

חלק שני

יחס הראשונים לדתות העולם

רבי יהודה הלוי: חשיבות הדת באומות העולם – דת ללא התגלות

אסף מלאך*

ספרו הנודע של רבי יהודה הלוי (1075–1141), "ספר הכוזרי", מוכתר בכותרת המשנה "ספר תשובות לטענות נגד הדת המושפלת והבאת ראיות להגנה עליה". הספר בנוי כדיאלוג בין מלך הכוזרים המחפש את דת האמת בעקבות חלום רב רושם, לבין "החבר", חכם יהודי השוטח בפניו את תפיסת התורה. הקשרו של הספר וסגנונו הפולמוסי מבהירים את התמקדותו בהסברת יתרונם המובהק של תורת ישראל ושל עם ישראל - לעומת השיטות הדתיות-רוחניות האחרות ולעומת יתר האומות. עם זאת, בניגוד למה שניתן להבין מקריאה שטחית, התבוננות מעמיקה בספר מגלה בו משנה סדורה לגבי חשיבותן של האמונה והדת באומות העולם - הן על פי מצבן העכשווי, הן באופק

* ד"ר אסף מלאך הוא עמית מטעם סטיוארט האריס ב"בית מדרש לישראל והאנושות", ראש המכללה למדינאות, מרצה לפילוסופיה פוליטית במרכז האקדמי שלם ויו"ר ועדת מקצוע אזרחות במשרד החינוך.

העתידי כאשר האנושות כולה תעבוד את ה׳ לפי הדרכתה של תורת ישראל. ממשנה זו נגזרת גם התייחסות רבת פנים לדתות הגדולות שנוצרו בהשפעת תורת ישראל.[1]

מהלך ראשון: בידול מוחלט

את שיטתו של רבי יהודה הלוי ביחס לדתיות ודתות באומות העולם ניתן לתאר על פי שני מהלכים ראשיים הנבנים לאורך הספר ומתלכדים לכלל עמדה לכידה אחת.

המהלך הראשון מבהיר את הבידול המוחלט בין תורת ישראל - המיוסדת על ההתגלות, על הנבואה ועל ההנהגה הניסית - לבין שיטות רוחניות אחרות שאינן מיוסדות על מפגש נבואי חי ועל־טבעי עם האל. ריה״ל מתאר את עם ישראל כעם מיוחד הנבדל ממדרגת האדם הרגילה, כעם בעל מדרגה ״אלוהית־מלאכית״ (א, מב) שבו מופיע מה שהוא מכנה ״העניין האלוהי״.[2] שאר בני האדם אינם שייכים למדרגה זו וממילא אין בכוחם להגיע אליה - גם לא באמצעות מאמץ שכלי, מוסרי או אחר.

במקומות רבים לאורך חלקיו השונים של הספר מדגיש ריה״ל

1. כמו בספרים חשובים אחרים, גם בספר הכוזרי ניתן למצוא קולות שונים ביחס לאותה סוגיה. רבים ניסו להסביר סתירות אלו על ידי זיהוי המהדורה המוקדמת של הספר, שאליה מתייחס גם ריה״ל עצמו, שכללה לדעת רבים את המאמר השלישי בלבד והתמקדה בפולמוס עם הקראים (ראו על כך יוחנן סילמן, בין פילוסוף לנביא: התפתחות הגותו של ר׳ יהודה הלוי בספר הכוזרי, רמת גן: אוניברסיטת בר־אילן, תשמ״ה, ובפרט בעמ׳ 103-110). לעומתם, יש שתיארו התפתחות מכוונת של עמדת החבר במהלך הספר עצמו (ראו מיכה גודמן, חלומו של הכוזרי, אור יהודה: כינרת־זמורה־ביתן, תשע״ג, בפרט עמ׳ 137-211). לא נתיימר להלן להכריע בשאלות כבדות משקל אלו ביחס למקור הסתירות, אלא להצביע על הקולות השונים העולים מן הספר בנושא שלפנינו ולהציע דרך אפשרית ליישובם באופן הרמוני.
2. ספר הכוזרי נכתב ערבית ותורגם כמה פעמים לעברית. הציטוטים דלהלן לקוחים מתרגומו של יהודה אבן־שמואל. להלן נפנה לספר, למאמרים, ולסעיפים בתוכם, בצורה מקוצרת.

כי אין די בכוונה טובה וטהורה לקרבת אלוהים ורק התגלות העניין האלוהי היא המפתח לקרבת אלוהים בצורה נכונה. דגש זה מתבטא בחלומו של מלך כוזר המודיע לו ש"כוונתך רצויה בעיני האלוה אבל מעשך אינו רצוי", אף שהלה "היה זהיר מאוד במצוות דת הכוזרים, עד שהוא עצמו היה משמש בהיכל אשר להם ומקריב קרבנות בלב שלם" (פתיחת הספר). דגש זה עולה גם מדחיית עמדת הפילוסוף. ריה"ל מציג אותה כעמדה שאיננה נותנת מענה מספק לחלומו של המלך שלפיו "יש אפוא בלא ספק מעשה הרצוי מצד עצמו, לא מצד כונת עושהו" (א, ב).

גישה זו עולה באופן ברור גם מן הדרך שבה תיאר ריה"ל את מהותן של המצוות: הללו אינן מיצוי של חוכמה אנושית או של אמצעים מצוינים לתיקון חברתי ומוסרי אלא הן רובד אלוהי השייך למדרגתו של עם ישראל לבדה. מצוות האל אינן ניתנות לגילוי בשכל אנושי, והמנסה לגלותן בדרך כזו הרי הוא כסכל הנכנס לבית התרופות ומנסה לרקוח לעצמו רפואה בלא שיש לו היכולת לכך: "אין האדם מגיע אל העניין האלוהי כי אם על ידי הצו האלוהי - רצוני לומר על ידי מעשים אשר יצווה עליהם האלוה" (א, צח-צט, וכן א, לה-מא ועוד הרבה). על השאלה "ומדוע לא ניתנה התורה כהַיְשָׁרָה לכל בני האדם?" עונה החבר: "וכי לא היה ראוי יותר כי יהיו כל בעלי החיים מדברים?" (א, קא-קג) [1]. מתפיסה זו עולה שמדרגת הדת האלוהית שייכת לעם ישראל בלבד, בהיותם יורשי אדם הראשון שהוריש סגולה זו לאחד מבניו בלבד, וכך אירע בכל דור עד יעקב אבינו - שממנו ואילך נבחר עם שלם להיות משכן לסגולה זו (א, צה). לפי מהלך זה, הגויים אינם שייכים כלל למדרגת הדת האלוהית.[3]

3. סילמן ואחרים הצביעו לשיטתם על קיומם של מקומות בספר הכוזרי שבהם נתלית ההבחנה בין ישראל לעמים על האמונה ולא על יסוד טבעי (למשל ג, יז: "אחרי זה יסדר לו החסיד את העקרים אשר בהם תשלם האמונה היהודית [...] אדם המודה בכל אלה מתוך הכרה גמורה הוא ישראל אמיתי, ומותר לו לצפות להתדבקות בעניין האלוהי הדבק רק בבני ישראל מבין כל האומות"), וזיהו אותם עם משנתו המוקדמת של ריה"ל (ראו סילמן, בין פילוסוף לנביא,

גם במסגרת מהלך זה, התופס מקום מרכזי בספר, עולה שאלת מקומן של הדתות האחרות ואם יש לראות בהן משהו מבורך לפי מדרגתן של אומות העולם - הגם שהוא אינו שווה למדרגת תורת ישראל - או שמא הן אינן אלא טעות וקלקול.

נראה שעמדתו הבסיסית של ריה״ל היא שבמדרגת האדם יש חשיבות רבה להשגה שכלית, ואף לייסוד ״דת שכלית״ המועילה לתיקון החברה והמדינה. אומנם ריה״ל מבחין כאמור באופן נחרץ בין הפעילות הזו לבין הפעילות בממד הנבואי־דתי ומבהיר שההבדל ביניהן הוא קטגורי - כמו ההבדל בין מדרגת הצומח למדרגת החי; אך אין בכך כדי לשלול את הדרישה מכלל בני האדם לפעול באופן מיטבי בהתאם למדרגתם האנושית. ברמה הבסיסית ביותר, ריה״ל מציין ש״לדעתנו אין אדם בעולם, בן איזו אומה שיהיה, אשר לא יגמלהו האלוה שכר טוב על מעשיו הטובים״ (א, קיא). הוא אף קובע שיש יתרון לבעלי הדתות על פני הפילוסוף המעוניין רק בדעת: ״כי בעל הדת מבקש את האלוה לשם תועלות עצומות נוסף על תועלת הדעת אותו״ (ד, יג). אך מעבר לכך, בכמה מקומות הוא מתייחס בצורה חיובית ל״דת המיוסדת על ההיגיון ומכוונת להנהגת המדינה״ (א, יג; א, פא). אם אומנם הוא שב ומדגיש שמעלתה רחוקה ממעלת הדת המיוסדת על התגלות ונבואה, הרי היא לדעתו דבר חיוני וחיובי הנדרש מכלל בני האדם.

הרחבה בעניין זה מצויה בסעיפים שבהם מסביר החבר את עיקר חידושה של התורה כטמון במצוות אלוהיות כגון שבת, מילה וקורבנות - לעומת החוקים השכליים והחברתיים הקיימים גם באומות העולם אך שבלעדיהם אף הקומה האלוהית איננה יכולה להתקיים (ב, מו-מח). לדידו, מסיבה זו התמקדו הנביאים בחוקים טבעיים־

עמ׳ 103-147). גודמן הדגיש את הנאמר בסעיף ה, כ כדוגמה לכך שהסברת יתרונם של בעלי המצוות כמבוסס על התנהגות וקניית מעלה אלוהית ולא על טבע אלוהי איננה מוגבלת למאמר השלישי לבדו. כך או כך, על אף הפסקאות הללו, אי אפשר להכחיש את מרכזיותו של מהלך אקסקלוסיביות המצוות, שניתנו לעם ישראל בלבד, בספר הכוזרי.

שכליים אלה, בשעה שבני ישראל השחיתו את הקומה האנושית הזו ונוצר ההכרח לשַקמהּ קודם לבניין הקומה האלוהית. בשעה זו אמרו הנביאים בשם ה׳:

> מי יתן ושמרתם את המצוות אשר החברה הפחותה והשפלה ביותר מקבלת עליה, והן: הצדק וההטבה לזולת וההודאה לאלוה על חסדו. כי התורה האלוהית לא תִשלם כי אם לאחר שלמות החוקה החברתית והשכלית, ובחוקה זו כבר נכללו מעשי הצדק וההודאה על חסד האלוה.

על החוקים השכליים כותב ריה״ל ש״בלעדיהן לא תיתכן כל הנהגה בכל חברה מחברות בני אדם, עד כי גם חברת שודדים לא ייתכן שלא תקבל שלטון הצדק בדברים שבינם לבין עצמם, בלא זה לא תתמיד חברותם״ [2].

בכמה מקומות בספר קובע ריה״ל ש״אל הפילוסופים אין לבוא בטענות הואיל והם אנשים שלא קיבלו חכמה או דת בירושה״ (א, סג), וכן ״אם אמנם רחקו כל הרוחק הזה מהשגת האלוה לפי הנבואה אין להאשימם על כך, כי אל חכמת האלוהות לא היה להם מבוא כי אם דרך ההיקש ההגיוני״ (ד, יג, וראו גם ד, טז; ה, יד), אך הדברים נחרצים עוד יותר ומוצגים כשבח גמור לדת השכלית־חברתית בדברים המופיעים במאמר החמישי (יד):

> אדרבה, יש לשבחם על ההישגים שהשיגו בכח ההפשטה שבהיקשיהם, ועל שכיוונו אל הטוב וייסדו את החוקות השכליות ומאסו בתענוגי העולם הזה. להם אפוא היתרון על כל פנים, כי הרי לא נתחייבו לקבל את דעותינו אנו [...] [3].

במסגרת מהלך זה, המבחין באופן מוחלט בין תורת ישראל האלוהית לבין הדת השכלית־חברתית, מברר ריה״ל את מקומן של הנצרות והאסלאם בשיטתו. לעומת ניסיונו של מלך כוזר לזהות דמיון מסוים

בין הדתות הללו לדת ישראל, שהרי הן מייחסות יתרון לארץ ישראל ומודות בסיפורי המקרא ובאמונת הייחוד, החבר דוחה דמיון זה מכול וכול וקובע ש"הואיל ושינו ממקום הכיוון בתפילה ובקשו את העניין האלוהי במקום אשר לא ימצא בו, ובייחוד מפני שביטלו את רוב המצוות השמעיות - התרחקו מאיתנו רוחק רב" (ה, יג). אומנם הם אימצו אמונת ייחוד ובזה הם "כאמונת אנשי אבימלך ואנשי נינוה וכאמונת האנשים המתפלספים" (ה, יא); אך משעה שהתיימרו לצאת מן הדת השכלית־חברתית לדת אלוהית - הם שרויים באֲפֵלָה מוחלטת, דתם שגויה לחלוטין, והרי הם כמי שרוצה להוליך אנשים אל מקום השמש אך מוליך אותם בפועל אל הקוטב הצפוני או הדרומי ומטעה אותם לחשוב שזו השמש.

במקומות נוספים מתייחס ריה"ל אל "האומות המתות, אשר ניסו לחקות את האומה החיה" ו"הגיעו לכל היותר לדמיון חיצוני" (ב, לב). את אימוץ מצוות המילה או יום המנוחה על ידי הנצרות והאסלאם הוא רואה כחיקוי כושל: "כאשר תחקינה צורות הצלמים את צורות בני האדם החיים" (ג, ט). הוא מסכם כי שתי הדתות הגדולות, "במידה שקרבו אלינו - בה במידה רחקו" (ד, יג). כיוון שמעשיהן שגויים לחלוטין ואינם תוצאה של התגלות אמיתית, אין הם מקַדמים את האדם ברובד הדתי־אלוהי - לא מיניה ולא מקצתיה [4-5].

חשוב להדגיש כי במסגרת המהלך שתואר עד כאן, עם ישראל מגלם בקיומו את סגולת הבריאה ו"הכל נתהווה אפוא בעבור הסגולה ההיא למען ידבק בה העניין האלוהי". לפי מהלך זה, עם ישראל איננו רק שליח בעבור הגויים או חֵיל חלוץ לגילוי הסגולה הזו בכלל האנושות אלא הוא עצמו תכלית העולם. במוקד של עם ישראל עצמו עומדים הנביאים והחסידים כשיא הגילוי של מדרגה עליונה זו ותכליתה: "והסגולה ההיא באה בעבור סגולת הסגולה, והם הנביאים והחסידים" (ב, מד). מתוך ההקשר שלהם, ברור שזהו גם המובן של דברי ריה"ל המפורסמים ש"ישראל באומות הם בבחינת הלב באברים שהוא כבד חלאים מכולם ורב בריאות מכולם" (ב, לו), הווי אומר:

אין הכוונה בדימוי הלב ללמד שעם ישראל נועד לתועלת של שאר העמים או לקידומם אלא להדגיש כי עם ישראל הוא בעל מעלה עליונה במיוחד ורגישה במיוחד כמדרגת הלב.

מהלך שני: ישראל כמפיצים את שם ה' בקרב האומות

לעומת המהלך שתואר עד כאן, מצוי בספר הכוזרי מהלך נוסף - ומקביל - המתאר את עם ישראל כמודיע שם ה' בעולם ומפיץ אותו בקרב האומות, ובמשמעות זו מפרש ריה"ל את הפסוק "יִשְׂרָאֵל אֲשֶׁר בְּךָ אֶתְפָּאָר" (ישעיהו מט, ג). כאשר מלך כוזר תמֵה על כך שהאל מתפאר בבני ישראל, מסביר לו ריה"ל שעד הופעת בני ישראל בעולם היו מי שכפרו באל בכלל והתקיימו דתות שכליות ואליליות מסוגים שונים, אך לא הייתה אמונה באל "שופט־מנהיג־שומר", המעניש והגומל טוב. עמדה זו נתגלתה על ידי עם ישראל והוא זה שהפיץ אותה בעולם. "ככה נעשתה עדה זו מדריכה לכל הלבבות, וכל דת שבאה אחריה אינה יכולה לסטות משורשיה, עד כי כיום הזה כל בני הארץ הנושבת מודים בקדמות האלוה ובבריאת העולם". מלך כוזר מסכם ואומר (ב, נא-נה): ""אכן בזה יש ויש להתפאר ובֵאוּרך נפלא הוא, וכן נאמר 'לעשות לו שם עולם' (ישעיהו סג, יב), 'ותעש לך שם כהיום הזה' (דניאל ט, טו), 'לתהלה ולשם ולתפארת' (דברים כו, יט)" [6].

תיאור זה של תכלית עם ישראל להפיץ את בשורת אמונת הייחוד בעולם עולה בקנה אחד גם עם התיאור במאמר הרביעי על "חכמה נסתרת" של ה' בהשאירו את בני ישראל בגלות (ד, כג). כמו זרע הנרקב באדמה אך בכך מכשיר בהדרגה את העפר לקבל את מדרגתו האורגנית ולהצמיח נבט צומח חדש, כך גם דת משה: "כל דת שבאה אחריה משתנה לאמיתו של דבר להיות כמוה, אם כי למראית עין תתרחק ממנה". ריה"ל מבקר באותו סעיף את אמונת הנצרות והאסלאם בזמנו. לדבריו, מאמיני הדתות הללו אומנם התרחקו מעבודת האלילים אך "גם החשובים במאמיני הדתות האלה

נוטים אל הכפירה בהשגחה, ואף יפיצוה ברבים".[4] לְמרות זאת, אמונות אלו הן בגדר התקדמות הפועלת על אומות העולם, וכך הדתות הללו הן "הכנה והקדמה למשיח המיוחל, אשר הוא הפרי, ובאחרית הימים, בהודותן בו, תהיינה הן פריו, והיה העץ כולו אחד" [7].

הדברים הללו נותנים מקום חשוב לדתות באומות העולם - הן כחלק חשוב מתכלית הבריאה של גילוי שם שמיים בעולם על ידי כל האנושות שבכך מתפאר האל; הן באופן ספציפי ביחס לנצרות והאסלאם כדתות המקרבות את האנושות לאמונת האמת ומכינות את העולם לבוא המשיח שבזמנו כולם יתקרבו לאמונת ישראל "והיה העץ כולו אחד". יש להעיר אומנם כי אין לפנינו פירוט מדויק של היחס בין עם ישראל לאומות במצב עתידי זה וממילא השאלה אם באותו מצב עתידי ייוותר ממד של פער ביניהם נותרת פתוחה.

פתח להבנת מיצויו של המהלך השני ניתן אולי למצוא בסעיף חריג ומעניין שבו ריה"ל מזכיר בשם אפלטון סיפור על פילוסוף אחד שהשתדל מאוד לזכות להתגלות אלוהית ושבעבורו קיבל נביא אחד נבואה שכיוונה אותו לפנות לעם ישראל ולנביאי האמת (ד, כז) [8]. תיאור חריג זה מזכיר מעט את הסברו של ריה"ל בהמשך לעמדתו שלפיה אין נבואה אלא בארץ ישראל. ריה"ל עצמו מקשה על טענה זו ממקרים שונים של נבואה בחוץ לארץ ומסביר אותם כיוצאים מן הכלל - כנבואה הניתנת בחוץ לארץ למען ארץ ישראל (ב, יד). באופן דומה ניתן להבין שריה"ל סבור כי אף שהנבואה שייכת למדרגת עם ישראל, היא מופיעה לעיתים גם בגויים - כאשר היא איננה מכוונת

4. יש מקום לעיין בנקודה זו ולהשוותה לתיאור אמונת ההשגחה ב־ג, יא כחלק ממערך המצוות השכליות אך ככזו שהתחדשה בתורה דווקא: "האמונה, שנתבררה בתורה הזאת, כי האלוה יתברך צופה ויודע צפוני בני אדם ועל אחת כמה וכמה מעשיהם ואמרותם, וכי הוא הגומל להם כמעשיהם הטובים או הרעים". ההשגחה עומדת בין השכלי להתגלותי־אלוהי, וכן עומדת בין מצב הדתות כיום, כאשר הן אינן מקבלות אותה, לבין מצבן לעתיד לבוא. נקודה זו טעונה בירור גם מבחינה ריאלית לגבי הנצרות והאסלאם שאסכולות רבות בתוכן בוודאי קיבלו את אמונת ההשגחה ואכמ"ל.

אותם לדת עצמאית ונבדלת אלא מכוונת אותם לעבודת ה׳ בתיווך הנבואה והתורה שבישראל. תובנה זו היא שיאו של המהלך השני שבו עם ישראל הופך להיות מעיין של הדרכה דתית לאומות העולם שנבואתן איננה אלא הדרכה כיצד להיות מושפעים ממנו וללמוד ממנו את דרך המפגש עם ה׳.

סעיף חריג זה ופתרונו משתלבים גם בבעיה ידועה הנוגעת למבנה הכללי של ספר הכוזרי. אף שלדעת ריה״ל אין יכולת נבואה לגויים, ואף לא לגרים,[5] מלך כוזר זוכה ש״נשנה אליו חלום אחד פעמים רבות״ (פתיחת הספר), ובחלום זה מלאך מכוון אותו ומורה לו הדרכה רוחנית אשר מובילה בסופו של דבר לשיחתו עם החבר ולהיכרות עמוקה עם תורת ישראל. בפתיחת המאמר השני מתואר חלום נוסף של המלך הקורא לו ללכת אל הרי ורסאן, שם הוא פוגש קבוצת יהודים הבאה לשבות שם מדי שבת ובסיועם הוא מתגייר יחד עם כל ממלכתו (ב, א). גם כאן, מידה של התגלות, אף שאינה נבואה ממש,[6] קיימת במתוקנים שבקרב אומות העולם, אלא שהיא מכוונת אותם אל עם ישראל בתור המוקד של ההתגלות ושל קרבת אלוהים אמיתית בעבור העולם כולו. ואכן, זהו המאפיין של אזכור נוסף של נבואת גויים המופיעה בספר, נבואת בלעם המוזכרת דווקא באותו סעיף הכולל את הקביעה שגויים, ואפילו גרים, אינם ראויים לנבואה. כך נאמר שם: ״וכן הובאה בתורה תפילת איש נכרי, מתנבא ברצון אלוהים, אשר ביקש כי תמות נפשו מות ישרים ותהי אחריתו כאחרית בני ישראל״ (א, קטו). גם כאן, נבואתו של בלעם עוסקת ביתרונו הרוחני של עם ישראל.

5. הגר יכול אומנם להגיע למדרגת חסיד או חכם, מדרגה גבוהה מאוד המתוארת על ידי ריה״ל כראיית צורות ושמיעת בת קול, ״מדרגה אחת מתחת למדרגת הנבואה״ (ג, יא), ועם כל זה הוא איננו מסוגל להגיע למדרגת הנבואה ממש (א, קטו).

6. על חשיבות החלום אצל ריה״ל ראו ג, נג (״חלומות צודקים״ כסוג של רוח הקודש); ג, יא (״חלומות נאמנים״ כמקור פרשנות לדברי התורה). וראו גם בהערה הקודמת.

סיכום

ניתן לסכם את עמדתו של ריה"ל ביחס לדתות ודתיות באומות העולם באופן הבא. ישנו רובד בסיסי של דתיות שכלית־חברתית הרלבנטי בעבור אומות העולם בכל דור ובכל מצב, וככל שהן מתחזקות בו - הן ראויות לשבח. דת שכלית־חברתית זו היא חלק מתיקון קומת האדם, וכוללת צדק חברתי והודאה לאל על טובו. אומנם רובד זה איננו שייך לקומת הדת האלוהית־נבואית, קומה השייכת בזמן הזה לעם ישראל בלבד, שזכה לגילוי נבואי לגבי המצוות המדויקות שבהן יש לעבוד את האל. ככל שדתות אחרות מתיימרות להיכנס למרחב זה, כפי שעשו הנצרות והאסלאם שהחליפו את ארץ ישראל ואת השבת במקומות וזמנים אחרים, הן שוגות לחלוטין ומשתרשות בטעותן.

יחד עם זאת, בספר הכוזרי ישנו אופק אוניברסלי־עתידי שבו שבחו של ה' ותפארתו עולים מהכרתן של אומות העולם בו. באופק זה, חלק מהשפעתו הרצויה של עם ישראל בעולם הוא תיקון אמונת הגויים שלבסוף יעבדו כולם את ה'. במסגרת זו נודע מקום חשוב לנצרות ולאסלאם בהטמעתן את מסריה של אמונת הייחוד, אף שבהווה הן גם מלאות בטעויות. דברים אלה מזכירים את דרכו של הרמב"ם שגם הוא (אולי בהשפעת ריה"ל) תיאר בהלכות מלכים (פרק יא, הלכה ד) מהלך הדומה ל"חכמה נסתרת" של הכוזרי, ולפיו, על אף הטעות הגדולה שבנצרות ובאסלאם, "מחשבות בורא העולם אין כח באדם להשיגם", ובאופן נסתר, השגחה אלוהית מכוונת את הנצרות והאסלאם כדי שיסייעו "ליישר דרך למלך המשיח" - מבעד למושגים הדתיים שמופצים על ידי דתות אלו.

מסתבר שאופק אוניברסלי־עתידי זה נתמך באופן קבוע בגילויים נבואיים ומעין־נבואיים המופיעים בקרב אומות העולם ומכוונים אותן להתקרב אל המעלה האלוהית המצויה אצל בני ישראל. כך בנבואת בלעם, כך בנבואת הנביא בעבור הפילוסוף המצוטט בשם אפלטון, וכך בחלומותיו של מלך כוזר שאף בהם יש בחינת רוח הקודש. כל אלו מעוררים את אומות העולם אל דַּת ישראל ואל נבואת משה,

ומלמדים על שייכותן העתידית אף לרובד הדתי־אלוהי המתגלה בתורת ישראל ובעם ישראל.

מקורות

[1] ספר הכוזרי, מאמר א, סעיפים קב-קג: הדת האמיתית שייכת רק למדרגה האלוהית של בני ישראל

אמר הכוזרי: ומדוע לא ניתנה התורה כהיְשָׁרה לכל בני האדם? וכי לא היה זה ראוי יותר לחכמה האלוהית?

אמר החבר: וכי לא היה ראוי יותר כי יהיו כל בעלי החיים מדברים? אם כך אתה אומר, שכחת מה שהקדמתי לך על הירושה בקרב צאצאי אדם הראשון. בראשונה, אמרתי, חל העניין האלוהי על יחיד בכל משפחה שהיה גרעין האחים וסגולת האב. הוא שהיה מקבל האור ההוא וכל האחרים לא היו כי אם כקליפות ולא קיבלו אותו האור. עד שבאו בני יעקב שכולם היו סגולה וגרעין, ונבדלו משאר בני אדם בתכונות אלוהיות שעשאום כאילו לבני מין אחר, מלאכִי, כולם מבקשים דרגת הנבואה ורבים מהם מגיעים אליה, ואף מי שלא הגיע אליה היה קרוב אליה במעשים רצויים, בהתקדשות ובהיטהרות ובהתקרבות אל הנביאים [...]

[2] ספר הכוזרי, מאמר ב, סעיפים מו-מח: הדת השכלית־חברתית כקומה חיובית של מדרגת האדם וכבסיס לדת האלוהית

אמר החבר: צר לי לראותך שוכח את השורשים אשר הקדמתי לך וכבר הודית בהם. האם לא הסכמנו כי אין להתקרב אל האלוה כי אם על ידי מעשים אשר ציווה עליהם? החושב אתה כי הקִרבה לאלוה היא על ידי רגשות כניעה, רוח נמוכה וכדומה לאלה?

אמר הכוזרי: אמנם כן, ובצדק! ומעין זה קראתי בספריכם, כאמור: "מה ה' אלהיך דורש מעמך כי אם ליראה את ה' אלהיך" וגו' (דברים י, יב), "ומה ה' דורש ממך כי אם עשות משפט ואהבת

חסד והצנע לכת עם אלהיך" (מיכה ו, ח) ומאמרים רבים אחרים כיוצא באלה.

אמר החבר: אלה וכל הדומים להם הם החוקים השכליים, אך הללו אינם כי אם הצעות והקדמות לתורה האלוהית הקודמות לה בטבע ובזמן אשר בלעדיהן לא תיתכן כל הנהגה בכל חברה מחברות בני אדם, עד כי גם חברת שודדים לא ייתכן שלא תקבל שלטון הצדק בדברים שבינם לבין עצמם, בלא זה לא תתמיד חברותם. רק כאשר המרו בני ישראל עד שהתחילו להקל במצוות השכליות ובדרכי ההתנהגות אשר אין כל חברה יכולה להתקיים בלעדיהן, כאשר לא יוכל היחיד להתקיים בלא סיפוק צרכיו הטבעיים - מאכל ומשתה ותנועה ומנוחה ושינה ויקיצה - ועם זה החזיקו עוד בעבודת הקרבנות ובדומות לה מן המצוות האלוהיות, השמעיות - הודיעם האלוה כי הוא היה מסתפק בפחות מזה, באמרו להם: "מי ייתן ושמרתם את המצוות אשר החברה הפחותה והשפלה ביותר מקבלת עליה והן: הצדק וההטבה לזולת וההודאה לאלוה על חסדו". כי התורה האלוהית לא תִשלם כי אם לאחר שלמות החוקה החברתית והשכלית, ובחוקה זו כבר נכללו מעשי הצדק וההודאה על חסד האלוה, ואיש החסר כל אלה מה לו כי יביא קרבנות או יקיים מצוות השבת והמילה ודומיהן אשר השכל אינו מחייבן ואף לא דוחן? הלוא הן המצוות שנתייחדו בהן ישראל כתוספת על המצוות השכליות, ועל ידן הגיעה אליהם מעלת העניין האלוהי, והם לא ידעו טעמן [...] על זה ועל כיוצא בזה נאמר להם: "ומה ה' דורש ממך" (מיכה ו, ח), "עולותיכם ספו על זבחיכם" (ירמיהו ז, כא) ועוד אמירות הדומות לאלה. אולם איך ייתכן הדבר כי בהסתפק האדם הישראלי ב"עשות משפט ואהבת חסד" ובעוזבו מצוות מילה ושבת ומצות הפסח ושאר המצוות יגיע לידי שלמות?

[3] ספר הכוזרי, מאמר ה, סעיף יד: אין לבוא בטענות לפילוסופים ואף יש לשבחם על מה שהשיגו לפי כוחם

אמר החבר: [...] אכן, יכולים הם הפילוסופים להתנצל כי הוזקקו להיקשים ההגיוניים הואיל ואין עמם נבואה ולא אור אלוהי, על כן הביאו את החכמות המופתיות לתכלית השלמות והתמסרו להן בכל נפשם [...]

ועוד דעות כאלה להם, אשר הוכחו פחות מן הדעות אשר בספר יצירה, אך בכל הדעות הללו נפלו ספקות ואין הסכמה בין פילוסוף לחברו. על כל פנים אין להאשימם על כך. אדרבה, יש לשבחם על ההישגים שהשיגו בכח ההפשטה שבהיקשיהם, ועל שכיוונו אל הטוב וייסדו את החוקות השכליות ומאסו בתענוגי העולם הזה. להם אפוא היתרון על כל פנים, כי הרי לא נתחייבו לקבל את דעותינו אנו. אולם אנחנו מחויבים להאמין בכל אשר ראו עינינו ובמסורת הדומה לעדות ראייה.

[4] ספר הכוזרי, מאמר ב, סעיף לב: הדמיון בין הדתות הגדולות לישראל הוא כדמיון בובה וחיקוי לאדם חי

אמר החבר: האומות המתות, אשר ניסו לחקות את האומה החיה, הגיעו לכל היותר לדמיון חיצוני: אמנם גם בניהן הקימו בתים לאלוה אך בבתים ההם לא נגלה אות מאת האלוה; הם קיבלו עליהם פרישות ונזירות למען תשרה עליהם הנבואה אך היא לא שרתה עליהן; ואף גם זאת, בהשחיתם דרכם, כי חטאו ועברו חוק, לא ירדה עליהם אש מן השמים ולא מגפת פתאום למען ידעו אל נכון כי היה זה עונש על מרְים מאת האלוה; וכאשר נפגע לבם, רצוני לומר הבית ההוא אשר אליו הם מכוונים את תפילותיהם, לא בא כל שינוי במצבם, ואם נשתנה, לא נשתנה כי אם מהיותם רבים או מעטים, חזקים או חלשים, שרויים במחלוקת או מאוחדים - הכול כפי דרך הטבע והמקרה. אולם אנחנו, כאשר נפגע לבנו, הוא בית מקדשנו, נחלינו. וכאשר ישוב לבנו לאיתנו, נֵרָפֵא גם אנחנו, בין שנִהיה רבים בין שנהיה מעטים, יהיו מצבנו אותה

שעה מה שיהיה - כי יוצרנו אלוהים חיים, הוא מלכנו, והוא המחזיק בידינו גם במצבנו היום, מצב הפיזור והגלות.

[5] ספר הכוזרי, מאמר ד, סעיפים י–יג:
היחס לדתות הגדולות והיחס בין דת לפילוסופיה

אמר הכוזרי: אכן, גם הדתות שבאו אחריכם, אם הן מודות באמת ואינן מכחישות אותה, מייחסות יתרון למקום ההוא ואומרות כי הוא מקום העלות הנביאים ושער השמים ומקום המשפט החרוץ אשר אליו תתקבצנה נפשות המתים ביום הדין. וכן מודות הדתות האלה כי הנבואה לא הופיעה כי אם בבני ישראל, וכן הן מעריצות את אבות ישראל ומודות ב"מעשה בראשית", בספרו על המבול, וברוב מה שכתוב בתורה. והמחזיקים בדתות אלה אף עולים לרגל אל המקום הנכבד ההוא.

אמר החבר: הייתי מְדַמֶּם לאותם הגרים שקיבלו עליהם את שורשי המצוות ולא את ענפיהן, לולא היו מעשיהם סותרים את דבריהם. כי הנה מכבדים הם את מקום הנבואה בדיבור פה, ובכל זאת פונים הם בתפילתם אל מקומות אשר היו לפנים מיוחדים לאלילים אך במקרה נמצאו בתחום בו גרים רוב בני המונם, מקומות אשר לא נראה בהם אות אלוהי. מלבד זה השאירו את כל מנהגי עבודת האלים הקדומה, ימי החגים והקרבנות, ולא ביערו כי אם את הפסילים שנמצאו שם - אותם מחו, אך לא את מנהגיהם [...]

אמת נכון הדבר כי מאמינים הם ביחידות האלוה, אך אין אמונתם כי אם כאמונת אנשי אבימלך ואנשי נינוה וכאמונת האנשים המתפלספים בדבר דרכי האלוה. מייסדי שתי הדתות האלה אמרו כי הם השיגו את האורות האלוהיים במקום מוצאם, זאת אומרת בארץ ישראל, וכי משם הועלו השמימה ושם צֻוּוּ להדריך בדרך האמת את כל אנשי הארץ הנושבת. ואכן, בראשונה הייתה הארץ ההיא המקום היחיד אשר אליו כיוונו מאמיני הדתות האלה בתפילותם, אך דבר זה לא ארך כי אם זמן מועט, ועד מהרה התחילו מכוונים בתפילותם אל המקום בו נמצא רוב המונם. למה הדבר דומה? לאדם הרוצה

להוליך את כל אנשי העולם אל מקום השמש, כי כולם חלשי ראות ואינם יכולים לראות את השמש ואינם יודעים את דרך מהלכה, אך תחת זאת הוא מוליך אותם אל הקוטב הדרומי או אל קוטב הצפון ואומר להם: הנה השמש, הקבילו פניה ותראוה! אולם הם כמובן, אינם רואים אותה [...]

אמר הכוזרי: אבל האין בעלי הדתות האלה קרובים אליכם מן הפילוסופים?

אמר החבר: אמנם כן, רב המרחק בין בעל הדת ובין המתפלסף, כי בעל הדת מבקש את האלוה לשם תועלות עצומות נוסף על תועלת הדעת אותו, ואילו המתפלסף אינו מבקש את האלוה כי אם כדי לתארהו כמו שהוא באמת, כדרך שהוא מבקש לתאר את הארץ, למשל כי היא במרכז הגלגל הגדול ביותר ואינה במרכז גלגל המזלות וכדומה מן הידיעות הללו. לדעת המתפלסף, אין חוסר הידיעה על האלוה מזיק לאדם יותר ממה שמזיק חוסר הידיעה על הארץ למי שסובר כי משטח היא. לדעת המתפלסף, אין תועלת כי אם בידיעת הדברים על אמיתתם. ידיעה זאת עושה את יודעה דומה לשכל הפועל עד אשר יהיה לאחד איתו [...]

אכן הפילוסופים, אם אמנם רחקו כל הרוחק הזה מהשגת האלוה לפי הנבואה, אין להאשימם על כך, כי אל חכמת האלוהות לא היה להם מבוא כי אם דרך ההיקש ההגיוני, וההיקש לא הביאם כי אם למה שאמרנו. ואכן, אותם מהם האוהבים להודות על האמת יאמרו לבעלי התורה דברים שאמר סוקרטס [לבני עירו]: "חבריי האזרחים, חכמת אלוהות זו אשר לכם, אין אני מכחישה, אולם אומר אני כי איני מכירה, כי אני יודע רק בחכמה האנושית".

אשר לשתי הדתות, במידה שקרבו אלינו, בה במידה רחקו. ואל תתמה על הדבר, כי הלוא ירבעם וסיעתו קרובים היו לנו יותר והם בעינינו עובדי עבודה זרה אם כי מישראל הם, נימולים, ושומרי השבת ושאר המצוות, פרט למועטות, אשר הכרח ההנהגה המדינית הביאם לעבור עליהן והם הלוא הודו באלוהי ישראל [...] אמנם יתרון לאנשי שתי הדתות בזה שהרחיקו את התמונות, אך הואיל ושינו

ממקום הכיוון בתפילה וביקשו את העניין האלוהי במקום אשר לא ימצא בו, ובייחוד מפני שביטלו את רוב המצוות השמעיות, התרחקו מאיתנו רוחק רב [...]

[6] ספר הכוזרי, מאמר ב, סעיפים נ-נה:

ישראל כמדריכים את העולם לאמונת האמת

אמר החבר: [...] וגדולה מזאת אמר: "ישראל אשר בך אתפאר".

אמר הכוזרי: העברה יתֵרה יש במאמר הזה, וויתור רב מדי ויתרה המליצה באמרה כי הבורא מתפאר בבשר ודם.

אמר החבר: ההיה מאמר כזה מתקבל על דעתך יותר אילו נאמר על בריאת השמש?

אמר הכוזרי: ודאי! מפני עוצם פעולותיה של השמש [...] ואיך לא תהיה בריאתה תפארת לבוראה - לדעת בני אדם?

אמר החבר: האין אור עין הרוח יותר דק ויותר משובח מאור עיני בשר? וכי לא היו כל אנשי העולם, פרט ליחידים אשר עליהם דיברנו למעלה, בעיוורון ובתעייה לפני בוא בני ישראל? מהם שאמרו כי אין בורא כלל, גדולה מזאת, כי אין חלק בעולם ראוי יותר להיות נברא מלהיות בורא, אם כן הכול קדמון. ומהם שאמרו כי הגלגל השמֵימי רק הוא קדמון [...] אך כולם הסכימו כי לא נראו בעולם רושם או פעולה היוצאים מגדר המנהג והטבע. והפילוסופים בעלי העיון הדק והמחשבה הזכה, אשר הודו במציאות סיבה ראשונה שאינה דומה לשאר הדברים ושאין כמוה, נטו בהיקשם ההגיוני לדעה כי סיבה זו אינה פועלת שום פעולה בעולם, ובייחוד בנמצאים הפרטיים [...] כך נמשכו הדברים עד אשר נזדככה העדה ההיא ונעשתה ראויה לחול האור בה ולהיעשות המופתים למענה ולהשתנות סדרי הטבע בשבילה. אז נראה עין בעין כי יש לעולם הזה שופט-מנהיג-שומר, היודע מה חשוב ומה לא חשוב, ומשלם שכר על הטוב ועונש על הרע. ככה נעשתה עדה זו מדריכה לכל הלבבות, וכל דת שבאה אחריה אינה יכולה לסטות משורשיה, עד כי כיום הזה כל בני הארץ הנושבת מודים

בקדמות האלוה ובבריאת העולם, וראָיתם על זה - בני ישראל וכל הטוב אשר גמלם האלוה וכל עונש אשר נענשו.

אמר הכוזרי: אכן בזה יש ויש להתפאר, וביאורך נפלא הוא, וכן נאמר: "לעשות לו שם עולם" (ישעיהו סג, ב), "ותעש לך שם כהיום הזה" (דניאל ט, טו; נחמיה ט, י), "לתהלה ולשם ולתפארת" (דברים כו, יט).

[7] ספר הכוזרי, מאמר ד, סעיף כג: החוכמה הנסתרת בקיומו של ישראל בגלות - זיכוך הדרגתי של אמונת הגויים

אמר החבר: [...] ועוד יש לאלוה חכמה נסתרת בהשאירו אותנו בגלות, מעין החכמה הצפונה בגרגיר הזרע. גרגיר זה נופל אל תוך האדמה ושם הוא משתנה ונעשה לכאורה עפר, מים וטיט, ולפי ראות עיני המתבונן בו לא יישאר רושם מוחש כלשהו ממה שהיה הגרגיר קודם לכן. אולם לאחר זמן, יתברר כי גרגיר זה הוא אשר ישנה את העפר ואת המים עד שיהיו מטבעו הוא, והוא אשר יעבירם דרגה דרגה עד אשר יתעדנו היסודות ויהפכם להיות כמוהו, ואז יוציא קליפות, עלים ועוד, עד אשר יזדכך הגרעין ויִכשר לחול בו העניין ההוא האלוהי, והצורה של הזרע הראשון. ואז יהיה לעץ נושא פרי, כפרי אשר ממנו בא הזרע ההוא.

והנה כך הוא הדבר גם בדת משה. כל דת שבאה אחריה משתנה לאמיתו של דבר להיות כמוה, אם כי למראית עין תתרחק ממנה. הדתות האלה הן אפוא רק הכנה והקדמה למשיח המיוחל, אשר הוא הפרי, ובאחרית הימים, בהודותן בו, תהיינה הן פריו והיה העץ כולו אחד. אז יעריצו את השורש אשר לפנים היו מבזים אותו, כמו שאמרנו בפירוש הפסוק "הנה ישכיל עבדי" (ישעיהו נב, יג). ואל תבט אל היות הדתות האלה מתרחקות מעבודת האלילים ומשתדלות לקיים את ייחוד האלוה ותשבחן על כך, ויקלו בעיניך בני ישראל שבימי המלכים על אשר פנו לעבודת הצלמים. התבונן לעומת זה בכך, שגם החשובים במאמיני הדתות האלה נוטים אל הכפירה בהשגחה, ואף יפיצוה ברבים, ואף יחברו ברוחה שירים המתפרסמים בעם ונשמרים

בפיהם, שירים המכריזים כי אין אדון משגיח אל מעשי בני אדם, גומל טוב על המעשים הטובים ועונש על הרעים. דבר אשר כזה לא נשמע מעולם בישראל. אמנם היו בעמֵנו אנשים אשר האמינו כי הצלמים ההם ורוחניות הכוכבים עשויים להביא להם ברכה, כי בזמן ההוא האמינו רבים שיש תועלת בעבודות ההן, אך כל זה לא היה אצלם כי אם תוספת לדתם אשר את כל מצוותיה שמרו, כי אם אין הדבר כן מדוע לא המירו דתם בדתות העמים אשר הגלום ושבום? [...]

[8] ספר הכוזרי, מאמר ד, סעיף כז: נבואה בעבור פילוסוף גוי הקוראת לו לפנות לעם ישראל כמקבלי ההתגלות

אמר החבר: יפה אמרת מלך הכוזרים, וכוחך לאלוה! זוהי האמת וזוהי האמונה באמת ועזיבת כל מותר. וייתכן כי העיון הזה שמצאנו בספר יצירה היה עיונו של אברהם אבינו שעה שכבר נתבררו לו אחדות האלוה וריבונותו אך טרם זכה להתגלות. אולם לאחר שזכה להתגלות עזב את כל ההיקשים ולא ביקש מעם האלוה כי אם להיות לו לרצון אחרי אשר לימדו האלוה מה הוא הרצון, במה יושג ובאיזה מקום. וכבר דרשו החכמים על מאמר הכתוב "ויוצא אותו החוצה" (בראשית טו, ה): "צא מאצטגנינות שלך" (שבת קנו ע"א), כלומר עזוב חכמת הכוכבים וכל חכמת טבע מסופקת. וכן סיפר אפלטון על נביא אחד בדורו של המלך מרינוס, שאמר, על פי חזון שהיה אליו מאת האלוה, לפילוסוף אחד שהשתדל מאוד לזכות להתגלות האלוה על ידי עיון בפילוסופיה: "לא בדרך הזאת תגיע אליי, כי אם על ידי אותם ששמתים מתווכים ביני ובין יצוריי", רצונו לומר הנביאים וחוקי האמת.

רבי נתנאל בירב פיומי: נבואה בדתות העולם

יעקב נגן

אחד מן ההוגים הגדולים המעניקים מקום נכבד לתופעת הדתות בקרב אומות העולם הוא רבי נתנאל בירב פיומי (1090–1165 בערך). רבי נתנאל היה נגיד וראש רבני תימן; ובאיגרתו המפורסמת של הרמב"ם, איגרת תימן, שיועדה לבנו, מכנה אותו הרמב"ם "מורנו ורבנו". ספרו העיקרי של רבי נתנאל הוא החיבור "בֻּסְתַּאן אַלעֻקוּל", חיבור שנכתב בערבית ועוסק בענייני פילוסופיה ומוסר. לדברי המחבר, הוא כתב את ספרו כתגובה ל"חובות הלבבות" של רבינו בחיי, שעליו הוא חולק בעניינים יסודיים ועקרוניים. החיבור תורגם לעברית על ידי הרב יוסף קאפח שהעניק לו את השם "גן השכלים". במבואו לתרגום כתב הרב קאפח כי ספרו של רבי נתנאל היה רב חשיבות בעבור הרמב"ם והשפעתו ניכרת באיגרת תחיית המתים וב"מורה הנבוכים".

דתות אומות העולם כמבוססות על התגלות

בפרק השישי של ספרו מציג רבי נתנאל משנה סדורה ביחס לדתות אומות העולם. על פי עמדה זו, לא רק שלדתות אחרות יש מקום על פי היהדות, אלא שמקורן של דתות אלו הוא נבואה שהתקבלה בקרב הגויים מפי ה׳.

לדברי המחבר, כשם שהקב״ה שלח נביאים לאומות העולם קודם מתן תורה, כך לא מן הנמנע שישלח אליהם נביאים לאחר נתינתה, ואף מסתבר ומתחייב שכך יהיה, ״כדי שלא ישאר העולם בלי דת״ [1]. דברים אלו מאלפים במיוחד כיוון שהם מציגים באופן חד־משמעי את חשיבותן של הדתות בקרב האומות, את היותן חלק מרצון ה׳, ואת מקורן האלוהי הפוטנציאלי.

לדעת רבי נתנאל, על כל אומה חובה להתנהג על פי הנבואה שהיא קיבלה, ובכך עובדת כל האנושות את הקב״ה, כל אומה על פי דרכה [5]. בהקשר זה יש לשים לב לשלושת השלבים במהלך הלוגי שמציג רבי נתנאל: (א) ה׳ יכול לשלוח נביאים למי שהוא חפץ - הוא שלח בעבר נביאים לאומות ויכול לשלוח כאלה גם בהווה; (ב) רצון ה׳ הוא שהעולם לא יהיה בלי דת משום שה׳ חפץ בטובת האנושות וממילא בדתיות של בני האדם כולם; (ג) ה׳ שלח לכל עם התגלות התואמת את תכונתו: ״לפי שהוא היודע בתועליות ברואיו ובמה שמתאים להם״ [5]. החיבור בין שלושת היסודות הללו הוא זה שמביא את רבי נתנאל למסקנה כי ישנן דתות נוספות שנוכחותן איננה רק לגיטימית אלא היא מימוש של התגלות נבואית התואמת את מה שמתאים לנמעניה, וכי ״חובה על כל אומה להתנהג במה שהגיע לה ובא לידה, ותלך אחרי נביאיה וכהניה וראשיה״. ממילא, היא מחייבת גם את עם ישראל בסובלנות וכבוד כלפי דתות אחרות, כך ש״ראוי לנו להישמר במה שיש כבר בידינו, ואשר גדלנו עליו, ולא נתנגד לשום אדם משאר הדתות״ [5].[1]

1. עיון בהקשרו של הפרק מלמד שהדברים מכוונים בראש ובראשונה לאסלאם.

תפיסתו של רבי נתנאל דומה לתפיסה מפורסמת של הרמב"ם, שנעסוק בה בהמשך, שלפיה דת מחייבת התגלות. אלא שהרמב"ם האמין רק בהתגלות למשה בסיני וממילא סבר שחסיד אומות העולם חייב לקיים את מצוות בני נח מתוקף התגלותן בהר סיני; בעיני הרמב"ם, זוהי תמצית הדתיות של האומות. לדעת רבי נתנאל, הצורך בהתגלות מביא למסקנה הפוכה כמעט: כיוון שה' איננו חפץ בעולם ללא דת, הרי שהתגלות כזו הייתה גם לאומות נוספות והיא העומדת ביסוד דתותיהן.

הגותו של רבי נתנאל לאורך פרק זה של ספרו מכילה חידושים מרתקים נוספים. המפגש המרכזי של פיומי באופן טבעי היה עם האסלאם, וחלק משמעותי מן הפרק מוקדש לפרשנות ולהוכחות מתוך הקוראן עצמו שהתורה לא בטלה וכי היא מחייבת את העם היהודי, אלא שישנן התגלויות נוספות לעמים אחרים המחייבות אותם למערכת דתית משלהם [3]. פרשנות זו של הקוראן נתפסת בעיני חוקרים רבים כהבנה הפשוטה של דברי הקוראן;[2] ומלומדים מוסלמים שונים קוראים כיום לחזור לתפיסה מקורית זו.[3] מעניין לציין שהיא מזכירה מהלך מקביל שעשה הרב יעקב עמדן ביחס לכתבי היסוד של הנצרות, שלדבריו לא באו לבטל את התורה כלל, כמפורט להלן בפרק המוקדש לו.

הרב קאפח מציין שההקשר של הספר הוא תקופה של רדיפות של היהודים על ידי המוסלמים ולכן "ברור שהכרח המסבות וגורמי הזמן והמקום הם שהביאו וחייבהו להניח יסודות אלה ולהאריך בהם" (שם, עמ' יא-יב). יחד עם זאת הרב קאפח מוסיף "וחלילה חלילה שמחברו סטה מן המסורת היהודית".

2. Joseph Lumbard, "The Quranic View of Sacred History and Other Religion", Seyyed Hossein Nasr (ed.), *The Study Quran*, HarperCollins, 2015, pp. 1765–1777.

3. ואכן, פרופ' תמר מטוואלי טוען כי מכיוון שהאסלאם הוא ענף המסתעף מהסיפור היהודי, הרי שכל פגיעה ביהדות ובתורה מערערת בסופו של דבר את האסלאם עצמו, ואילו כבוד ולגיטימציה כלפי היהדות מחזקים את יסודות האסלאם. ראו Tamer Mohamed Metwally, *Bias against Judaism in Contemporary Writings: Recognition & Apology*, Translated by Ben Abrahamson, Alsadiqin Press, 2020.

אחד המקורות הבולטים שמחזקים תפיסה זו הוא סורה 5, סורת השולחן, המאשרת את ההתגלויות שהיו לפניה:

> הורדנו את התורה ממרומים, ובה הדרכה ואור. על־פיה היו הנביאים אשר התמסרו חורצים משפט ליהודים, וגם הרבנים והחכמים שפטו על־פי ספר אללה שהופקד בידיהם למשמרת [...]
>
> הורדנו אליךָ ממרומים את הספר [=הקוראן] למען יְגַלֶה את האמת, ויאשר את הספרים אשר נִגלו לפניו ויהיה נאמן לשומרם. על כן שפוֹט ביניהם על פי כל אשר הוריד אללה ממרומים, ואַל תיטה אַחַר משוגות לבם לסור מן האמת אשר נגלתה בפניךָ. לכל אחד בכם נָתַנו חוק ומנהג, ואילו חפץ אללה היה עושׂה אתכם אומה אחת, ואולם חָפֵץ הוא לבחון כיצד תנהגו בכל אשר נתן לכם. על כן שַאפו להיות ראשונים במעשׂים טובים, כי אֶל אללה תשובו כולכם, ואז יודיעכם את כל הדברים אשר נחלקתם בהם. שפוט ביניהם על פי כל אשר הוריד אללה ממרומים [...][4]

כיוון שרבי נתנאל רואה את האסלאם כדת המבוססת על התגלות אלוהית, ממילא הקוראן הוא לדידו ספר שיש בו השראה. לכן, באופן מרתק, את עמדתו שלפיה ישנו ריבוי התגלויות מכוון, שנועד לייסד דתות שונות, הוא מבסס על הקוראן! הוא אומנם כותב שזוהי סברה מתבקשת - שאלוהים לא יחפוץ להשאיר את עולמו ללא דת וממילא מסתבר שישלח נביאים לאומות רבות - אך בקוראן הדברים כתובים במפורש. את דבריו חותם רבי נתנאל בקביעה כי כל הגוונים השונים והדתות השונות שבים בסופו של דבר אל האחדות האלוהית הכוללת כול:

4. קוראן, סורה 5: 44–48 (מהדורת רובין, תל אביב: אוניברסיטת תל אביב, 2016).

שהכל מאל אחד, ואליו חוזרים, והכל מתפללים אליו ופונים כלפיו, וכל נפש צדקת נעתקת אליו, כמו שנאמר: "והרוח תשוב אל האלוהים אשר נתנה" (קהלת יב, ז) [5].[5]

עם זאת, גם במסגרת העמדה העקרונית הפלורליסטית כלפי דתות שונות, מעניק רבי נתנאל מעמד מיוחד לעם ישראל: "ולפיכך בחר בנו ה' ונתן לנו את תורתו ומצוותיו, וחייב אותנו חיובים גדולים שלא חייב שום אומה לפנינו ולא אחרינו כדי שירבה בכך את גמולנו" [2]. מעניין כי גם בסוגיה זו ניכרים צורת חשיבתו הייחודית ויחסו לאסלאם כאל תופעה נבואית: את המעמד הייחודי של עם ישראל הוא מבסס מתוך הקוראן! כלשונו (גן השכלים, פרק ו):

וכבר דברה בזה תורת הערבים במה שהטיב לנו וגידלנו ישתבח על כל באי העולם כולם כאמרו "אתם בני ישראל זכרו טובתי אשר הטיבותי לכם ואשר גידלתי אתכם על כל באי העולם כולם" (סורת אלבקרה, 40, 47, 122) [2].

נקודה משמעותית אחרונה שעליה נעמוד כאן היא היחס בין מצוות בני נח לבין תורת משה וההתגלויות שכוננו את הדתות האחרות, כגון האסלאם. רבי נתנאל סבור שתורת משה וכן הקוראן לא באו לבטל את מצוות בני נח אלא להוסיף עליהן [4].[6] כלומר מצוות בני נח הן תשתית שהתגלות ה' בדורות הבאים מרחיבה ומפתחת. לדבריו, כל התגלות חדשה אינה "מוחקת" ומבטלת את ההתגלויות שקדמו לה אלא מפתחת אותן למקומות חדשים, בהתאם למה שמאפשר הזמן.

5. הביטוי "שהכל מאל אחד ואליו חוזרים" מזכיר עד מאוד את דברי הקוראן שנכתבו בהקשר דומה, "כי אל אללה תשובו כולכם" (ראו לעיל).

6. קביעה זו מגיעה כנגד טענה שעלתה בפולמוס היהודי־מוסלמי שלפיה הקוראן בא לבטל את התורה. הקביעה ששבע המצוות לא התבטלו מנסחת עיקרון כולל יותר: התגלות חדשה אינה מבטלת התגלות ישנה.

אברהם אבינו אינו מבטל את חשיבותה של קומת בני נח, והתורה שניתנה בסיני אינה מבטלת את מצוות אברהם אבינו.

הגותו של רבי נתנאל בירב פיומי מעניקה אפוא מקום של כבוד לתופעת הדתות בקרב האומות בכך שהיא רואה בהן תוצאה של התגלות ושל רצון אלוהי המכוונים כולם לעבוד את ה׳ אחד.

מקורות

[1] גן השכלים, פרק ו: נביאים נשלחו לעמים כדי שהעולם לא יישאר בלי דת

דע אחי שאין מן הנמנע שה׳ יתברך ויתעלה ישלח לעולמו את מי שירצה מתי שירצה, כי שפע עולם הקדושה תמיד נמשך בלתי פוסק והחומר הנכבד מן העולם העדין אל העולם הכבד מתמיד להצלת הנפשות מים ההיולי, ואת עולם הטבע מלהישמד באבדון ואש גהינום. והוא ישתבח כבר שלח אל האומות נביאים מלפני מתן תורה, כמו שאמרו חכמים ז״ל שבעה נביאים נתנבאו לאומות העולם קודם מתן תורה ואלו הן לבן יתרו ובלעם איוב ואליפז ובלדד וצפר. ואין מן הנמנע שישלח אליהם מי שירצה אחרי נתינתה, כדי שלא יישאר העולם בלי דת, וכבר אמרו הנביאים שהוא ישתבח ייעבד ממזרח השמש ועד מבואו על ידי העמים שנאמר: ״ממזרח שמש ועד מבואו גדול שמי בגוים״ וכו׳ (מלאכי א, יא), ואמר: ״כי לי תכרע כל ברך תשבע כל לשון״ (ישעיהו מה, כג). אלא שהוא ישתבח בחרנו וכבדנו מכל העמים, לא בגלל צדקתנו שקדמה, אלא מחסדי ה׳ על אבותינו אברהם יצחק ויעקב שנאמר: ״לא מֵרֻבְּכֶם מכל העמים חשק ה׳ בכם ויבחר בכם כי אתם המעט מכל העמים, כי מאהבת ה׳ אתכם ומשמרו את השבועה אשר נשבע לאבותיכם״ וכו׳ (דברים ז, ז–ח) [...]

[2] גן השכלים, פרק ו: בחירת עם ישראל על פי הקוראן

ולפיכך בחר בנו ה׳ ונתן לנו את תורתו ומצוותיו, וחִייב אותנו חיובים גדולים שלא חייב שום אומה לפנינו ולא אחרינו, כדי שירבה בכך את גמולנו [...]

וכבר דברה בזה תורת הערבים במה שהטיב לנו וגידלנו ישתבח על כל באי העולם כולם, כאמרו: ״אתם בני ישראל זכרו טובתי אשר הטיבותי לכם ואשר גידלתי אתכם על כל באי העולם כולם״ (סורת אלבקרה, 40, 47, 122), זה שאמר ואני גידלתי אתכם היא גְזֵרה מוחלטת ואינו סיפור. וכך דיברה בפרשיות רבות כעין זה [...]

וצדיק הוא בוראנו שחייב אותנו מה שלא חייב זולתנו, ודקדק עמנו יותר מהם, והענישנו מה שלא הענישם, וזה מאהבתו ישתבח לנו כדי לרוממנו כמו שנתבאר בתחילת הפרק. והעידו בכך תורתנו ותורתם, ולא יוכלו להכחיש את זה כלל, ובייחוד מה שכבר הבטיח ישתבח לאבותינו אברהם יצחק ויעקב שנאמר: ״למען הקים אותך היום לו לעם״ (דברים כט, יב) ונישא לזה משל, לאדם רופא מומחה נכנס לבקר שני חולים, וראה אחד מהם נוטה למות והשני נמצא במצב שיש תקווה שיתרפא: אמר הרופא לאנשי ביתם שמרו על זה שלא יאכל כי אם מזון פלוני ולא ישתה כי אם משקה פלוני במידה, ולא ימלא כְרֵסו במאכל ומשתה, וכוונתו על החולה שיש תקווה לרפואתו. ואמר להם הניחו זה החולה השני לרצונו, יאכל מה שירצה וישתה מה שירצה בלי מידה, ולא תמנעוהו משום דבר, לפי שכבר נתייאש מרפואתו.

[3] גן השכלים, פרק ו: מהקוראן מוכח שהוא לא בא להחליף את התורה

[...] ושהתורה לא הוחלפה כמו שמדמים בהתגברם עלינו והשפלתם לנו והעדר תשועתנו, מזה אמר ״כאשר לפני ואמת למה שלפני מן התורה״ (סורת אלעמרון, 50). ואמר ״איך ישפטוך ובידיהם התורה שבא משפטי ה׳ ומשפטי ה׳ לא ישכחו לעולם״ (סורת אלמאידה, 42). ואמר ״לא תמצא שדבר ה׳ יתחלף״ (סורה פאטר, 43) וכוונתו בזה על התורה. ואם

כן האיך נחליף תורתו ודתו שניתנו על ידי משה ע״ה. ולכן לא ראו הישרים מאבותינו לשנות תורת ה׳ ודתו שנתקבל ממשה שלוחו, ואנחנו נלך בעקבותיהם ונתנהג בדרכיהם הישרים בקיום התורה ועשיית מצותיה ודיניה, ואסור לשנותה ולא להחליפה. ואמר ״רוצה ה׳ לבאר לכם ולהדריככם בחוקי מי שקדם לכם״ (סורה אלנסא, 26). הרי ראיה שהוא שליח אליהם ולא לימי שקדם להם. ואמר ״אתם בעלי הספר לא יתקבל מכם שום מעשה עד שתקיימו את התורה״ (סורה אלמאידה, 67). ואמר ״אם אתה מסופק במה שנאמר לך שאל למי שניתן להם הספר לפניך״ (סורה יונס, 94). ומשמע שלא ציווהו לשאול מספר שכבר החליפו [...] וכן אם יתעקשו נגדנו הווכחניים אשר לא מבני אמונתנו שתורתנו הוחלפה, נענה להם תשובה משתיקה. מה אתם אומרים במה שבא על ידי משה הנביא ע״ה, האם הוא סכלות או חכמה, ובוודאי שלא יוכלו לומר סכלות כי אם חכמה. והנה מספיקה להם תשובה זו, שהחכמה לא תשתנה ולא תומר ולא תוחלף ולא תתחלף, וחלילה לה׳ ישתבח שיצווה ציווי על ידי נביא באותות ומופתים ונפלאות ושינויי טבע בשמים ובארץ ואחר כך יימלך ויחליף אותו ויבטלנו. אלא הוא ישתבח אפשר שיוסיף לצוות למי שירצה וישלח את מי שירצה אל מי שירצה, כיוון שכל העולמות שלו וקניינו, והראיה שהוא ישתבח שלח אל כל עם שליח בלשונם אמרו בספר הקוראן: ״ולא שלחנו שליח כי אם בלשון עמו״ (סורת אבראהים, 4). ואילו היה שלוח אלינו כי אז היה בלשוננו. וכן אילו היה אלינו לא היה אומר לו: ״אתה מן הנשלחים להזהיר עם שלא הוזהרו אבותיהם״ (סורת ים 6) והרי כוונתו העם שהיו עובדים את האלילים והפסילים. אבל אנחנו הרי לא פסקו מאבותינו אזהרות המזהירים בכל הדורות, וכן לא פסקו מהם השליחים, והרי הייתה שליחותו לעם שלא הוזהרו אבותיהם, ואין להם תורה שיוכשרו בה, ולפיכך הכשירם אל תורתו כיון שהם זקוקים לה, אבל זולתם הרי יש לו משהו שיוכשר בו. לכן אין ראוי לשום אדם להתנגד לשאר האומות, כיון שדינם ועונשם הוא בידי זולתנו, ישתבח ויתעלה. אלא חובה עלינו ליראה אותו ולבטוח בו כעין מה שציוונו בתורתו שניתנה על ידי נביאינו שנאמרו בה בריתות עליהם ועלינו כמו שאמרנו לעיל.

[4] גן השכלים, פרק ו: התורה לא החליפה את תורת נח ואברהם אלא היא באה להוסיף עליהן

ואם יאמרו ספרנו [=הקוראן] החליף ספרכם [=התורה] כדרך שספרכם החליף ספרו של אברהם, נאמר להם שאין זה נכון, אלא אנחנו עומדים בתורת אבינו אברהם [...] וכאשר שלח ה׳ ישתבח ביד משה תורת בני ישראל [...] והוסיף על מצות אברהם ע״ה כפי שחייב הזמן את הדבר, ולא ביטל מצות אברהם [...] ואין זה החלפה. וכן ציווה על בני נח שבע מצות מחמת מיעוטם, ולא היה הזמן סובל יותר מהם, עד שבא אברהם ע״ה והוסיף ה׳ לצוות עליו כמה מצוות.

[5] גן השכלים, פרק ו: על כל עם לעבוד את ה׳ מתוך התורה שקיבל ממנו

דעו כי ה׳ יתעלה ציווה שיעבדנו כל עם בתורתו, והתיר לכל עם דברים שאסרם על אחרים, ואסר עליהם דברים שהתירם לאחרים, לפי שהוא היודע בתועליות ברואיו ובמה שמתאים להם, כידיעת הרופא המומחה בחולים, יתעלה ה׳ מכל דימוי ואז ימנע מהם מי שירצה, ויתיר למי שירצה האכילה והערבוב ואין להם להתווכח עמו בשום דבר, לפי שכבר מסרו בידו ההאמנה והצדק והיושר [...] ולכן ראוי לנו להישמר במה שיש כבר בידינו, ואשר גדלנו עליו, ולא נתנגד לשום אדם משאר הדתות, כי אז נהיה כעניין שנאמר: ״שמוני נוטרה את הכרמים כרמי שלי לא נטרתי״ (שיר השירים א, ו).

ויש לפקודת ה׳ על כל בריותיו במה שרצה ואיך שרצה משל יפה. והוא, למלך שחייב בני מדינתו לבנות ארמון, והרי מהם בבניין ומהם בנגרות ומהם בכיור ומהם בצורפות ומהם במסגרות, מהם מי שהיה משתדל במה שציווהו המלך, ומהם מי שהיה מתרשל, ומהם מי שהיה נוטש עבודת המלך, ופרנסת כולם הייתה ניתנת מאת המלך, והידיעות עליהם היו מגיעות אל המלך, והמתין להם עד שהזמינם לעשות אתם חשבון על מה שעשו ממה שציווה עליהם, וגמל למטיבים מאנשי כל אומנות כפלים ממה שעשו. וגמל למריעים מאנשי כל אומנות כמו שעשו, ואז לא תועיל למתחרט חרטתו מכיוון שלא

הקדים לעשות טוב. כך הבורא יתעלה שבחו, כבר הרשה בחרבן העולם ובניין האחרית, ושלח את הנביאים בכל דור וזמן לזרז את הברואים על העבודה ומעשה הטוב ולהנחותם בדרך הישר, מי שניצול מהם הרי ניצול בדבר ברור, ומי שאבד הרי אבד בדבר ברור. ולכן חובה על כל אומה להתנהג במה שהגיע לה ובא לידה, ותלך אחרי נביאיה וכהניה וראשיה, ולא נשאר אף אחד בלי תורה, שהכול מאל אחד, ואליו חוזרים, והכל מתפללים אליו ופונים כלפיו, וכל נפש צדקת נעתקת אליו, כמו שנאמר: "והרוח תשוב אל האלוהים אשר נתנה" (קהלת יב, ז).

[6] גן השכלים, פרק ב: סוד השהאדה
(הצהרת האמונה של האסלאם)

שבעת הכוכבים וי"ב המזלות הם יסוד הכוחות, ועליהם רמז כל נביא ובעל תורה. מה שהם יסוד העולם [...] וכך קבעו לנו בתפילה שבה אנו ניגשים לפני מלך מלכי המלכים, ומסדירים לפניו צרכינו, ושואלים ממנו חפצינו, ומתוודים על חטאינו, ומבקשים להצדיקנו ולהישירנו. ועשו אותם שמונה עשרה ברכות, עם הראשונה שהיא העיקר תשלום תשע עשרה, והרי הם כנגד שבעה ושנים עשר [...] ואפילו זה של הערבים לא בא להם אלא לפי דרכם הם, והגבילם בהזכרת ארבע מילים, הכוללים תולדותיהם על שבעה וי"ב בכתב הערבי. ולא ישיגו את זה אלא המלומדים שבהם, אבל הסכלים לא ידעום ולא את עניינם. והוא שאמר להם שכל האומר "אין אלוה אלא ה'" ויצרפו אליהם את שמו כאילו הוא שליח. והם סבורים שכבר הגיעו לידי השגה בביטויים אלו ושהם יבואו לגן עדן, ואילו הייתה כוונתו בכך לכך, לא היה מסכים עמו אף אחד מבעלי השכל. אלא שיהא האדם אחרי שיודה בה' ישתבח יעשה כל מה שראוי לעשות, מה שציווה בו ה' על ידי כל נביא לעמו. ואם היה אדם הולך לגנוב ולרצוח ולנאוף ולעשות מה שלא ירצה ה' ויאמר כמה מלים שבהם ייכנס לגן עדן, דבר זה לא יקבלהו משכיל כלל ואינו מתקבל. אלא יש להם עניינים אצלם בכתבם ואופן כתיבתם הרומז בכך לידיעת השבעה והי"ב אשר הם

עיקרי הנבראים ויסודות הנמצאים. ואם נתברר זה לאדם וידע אותו וייחד וירומם, אז יהיה ראוי להיכנס לגן עדן ויגיע אל הטוב התמידי. אבל מה שמיוחד למלים האלה מניין אותות **"לא אלה אלא אללה"** - י"ב, ומספר חלקיהם בכתיבתם - שבע, הרי י"ט. והוא שתיבת "לא" חלק, ו"אלה" שני חלקים, ו"אלא" שני חלקים, ו"אללה" שני חלקים, הרי נוספו שבע.[7]

7. בכתב ערבי ישנן מילים המחולקות לשתיים.

הרמב"ם: מצוות בני נח כדת הבלעדית לאומות העולם

יעקב נגן

עמדת היסוד של הרמב"ם: שלילת דתות חדשות

משקלו הסגולי של הרמב"ם כהוגה ופוסק הוא כמעט חסר תקדים בעולם היהודי, וחשיבות יתרה נודעת לכן לעיסוק בשיטתו בדבר יחסה של היהדות לדתות אומות העולם. נקודת המוצא של עמדתו של הרמב"ם היא הסוגיה התלמודית העוסקת בשבע מצוות בני נח: במסכת סנהדרין נו ע"א. השאלה הגורלית העולה מתוך גמרא זו, שביסודותיה עסקנו לעיל בפרק על שבע מצוות בני נח, היא: האם החזון העתידי ביחס לעולמם הדתי של כל באי עולם מתמצה בהקפדה על מצוות אלו? האם היהדות מכוונת את אומות העולם לכונן דת המבוססת על שבע מצוות בני נח והאם בכך מסתכמת דת זו?

ניתן לזהות שלושה כיווני חשיבה באשר לשאלה זו.

כיוון ראשון: מופעים של דתות באומות העולם הם חלק מרצון ה' ותופעה "לכתחילאית"

כיוון ראשון גורס כי מצוות בני נח הן אכן תשתית חיונית לחיי האדם והחברה אך על גביהן יש לבנות זהות דתית מקיפה יותר וקשר עם ריבונו של עולם אשר הולם את אופייה של כל אומה מבחינה לאומית ותרבותית. תפיסה זו מבוססת בין היתר על התבוננות ברשימת מצוות בני נח ועמידה על טיבן. כפי שטענתי לעיל, מהות המצוות הללו היא **הימנעות מפגיעה במרחב**, מעין תנאי בסיס לקיום האנושי. לא במקרה נעדרים מהן עיסוק בקשר בין אדם לבוראו ובניין שלם של מערכת היחסים עם האחר. ממילא, חיונית ומתבקשת זהות דתית שאיננה מתמצה בשבע המצוות. אומנם, גם על פי עמדה זו יש לשאול: מהי הלגיטימיות של דת שעוסקת בקשר בין אדם למקום ובין אדם לחברו בדרך אחרת מהדת היהודית? מהו המקור לצמיחתה של דת שכזו?

לשאלה זו הוצעו תשובות שונות לאורך הדורות. בין השאר הוצגה כאן עמדתו של **רבי נתנאל פיומי** הסבור שמקורן של דתות האומות הוא בהתגלות, בנבואה שאומנם פסקה מישראל אך נמשכת באומות העולם. גישה מפורסמת יותר שתוצג בהמשך היא זו של רבי מנחם המאירי שלפיה הלגיטימיות של דתות אומות העולם נובעת מן התועלת המוסרית הגלומה בהן בעבור מאמיניהן (שבגינה מעניק המאירי מעמד הלכתי שונה ל"אומות הגדורות בדרכי דתות ונימוסים"). נעסוק בהמשך גם בגישותיהם של ר"י אלבו, בעל העיקרים, והרב קוק ב"לנבוכי הדור".

נוכח המקורות הללו ניתן להתבונן על דתות האומות מתוך עמדת יסוד שלפיה מעבר לתשתית השווה לכל נפש (שבע מצוות בני נח), **רצון ה' הוא שהאדם יחפש את פני ה' ויצמיח "מלמטה" את הדרכים והאופנים לעובדו.** כיוון זה, התופס חלק מן הדתות כלגיטימיות, מאפשר שותפות וכבוד הדדי מתוך הכרה בזהות הדתית האחרת.

כיוון שני: דתות הן אמצעי

כיוון שני גורס כי תכליתן של דתות האומות הוא מתן אפשרות לקיום שבע מצוות בני נח. האופק הדתי של בן נח בהקשר זה הוא חיים לאור דת שמקיימת את שבע המצוות (ושמא אף המסתעף מהן) - הא ותו לא. כמובן, גם כיוון זה מאפשר שיתוף פעולה בין־דתי אך הוא מתייחס לדתות האומות רק מבעד לפריזמה היהודית ולמערכת המושגים שלנו: שבע המצוות הן מושג פנים־יהודי שבאמצעותו אנו מגדירים את דתות האומות. ברי כי בפועל הדתות מגדירות עצמן בצורה רחבה יותר, ועל פי כיוון שני זה - אין לכך כל ערך ביחס של היהדות לדתות האומות.

כיוון שלישי: שלילת דתות

כיוון שלישי גורס כי אין כל מקום לקיומן של דתות אחרות, ואף לשבע המצוות יש ערך רק אם הנוכרי מקיימן מתוך ידיעה שהוא מקיים את התורה שניתנה למשה מסיני. לפי גישה זו, ליהודי יש תורה שלמה שנתקבלה בסיני ומחייבת אותו, ולגוי תורה של שבע מצוות. לשניהם אסור לשנות מתורה זו. כפי שנראה, עמדה זו היא עמדת הרמב"ם ומתוכה הוא דורש שנוכרי המקיים את שבע המצוות יעשה זאת מתוך אמונה שמצוות אלו ניתנו בעבורו מפי ה' למשה בהר סיני.

נדגים את שלושת הכיוונים באמצעות היחס לאסלאם. האסלאם הוא דת שמאמינה בייחוד ה' ומתקיימות בה באופן עקרוני שבע מצוות בני נח. על פי הכיוון הראשון, הדת המוסלמית תיתפס כנתיב אפשרי של קרבת אלוהים המתאים לעמים שבקרבם צמח האסלאם. על פי הכיוון השני, לאסלאם כדת אין ערך, אלא שכיוון שהוא מביא לקיום שבע המצוות - הרי שהדת המוסלמית לגיטימית בהקשר זה. לעומת זאת, על פי הכיוון השלישי אומנם המוסלמים אינם עובדי עבודה זרה אך זהותם הדתית אינה אלא טעות, והחזון הוא שהמוסלמי יכיר בטעותו ויאמץ זהות של דת אחרת: קיום שבע מצוות מתוך אמונה בהתגלות למשה בסיני.

שבע מצוות בני נח כדת של התגלות

בהלכות מלכים קובע הרמב"ם שחסיד אומות העולם הוא רק מי שמקבל את שבע המצוות "מפני **שצוה בהן הקדוש ברוך הוא בתורה** והודיענו על ידי משה רבינו שבני נח מקודם נצטוו בהן", אבל אם הוא עושה אותן מדעתו, אינו מחסידי אומות העולם "אלא מחכמיהם" [1].[1]

שלוש הנחות יסוד מקופלות בפסיקתו של הרמב"ם: (1) מצוות בני נח הן דת במלוא מובן המילה ובעבור אומות העולם זוהי התורה שלהן; (2) דת מחויבת להיות מבוססת על ההתגלות למשה בסיני, ועל כן קיום המצוות הוא בעל משמעות רק מתוך תודעת התגלות; (3) מעמד הר סיני לא היה מיועד רק לישראל אלא גם לאומות. ישראל קיבלו בו תרי"ג מצוות, ואומות העולם שבע מצוות.

מחד גיסא, בהנחות היסוד הללו טמון יחס של כבוד רב לאומות: גם הן זכו להתגלות במעמד הר סיני, וכביכול עמדו יחד עם בני ישראל בתחתית ההר. ניתן לצרף כבוד זה לתפיסתו העקרונית והידועה של הרמב"ם שלפיה אין הבדל גזעי־נשמתי בין ישראל לאומות.[2] מאידך גיסא, במציאות הממשית שיטת הרמב"ם משרטטת אופק מצומצם לאומות העולם שלמעשה "מוציא החוצה" באופן גורף את דתות אומות העולם. זוהי תפיסה מרחיקת לכת, שעל פיה גם תכנים דתיים נכונים המצויים בדתות שונות אינם נתפסים כטובים על פי התורה. הדתות כולן חיות בטעות וצריכות לשוב ממנה ולקבל את הדת הנכונה להן באמת, שהיא דת שבע המצוות, אך ורק ממקורות היהדות.

1. ישנן שתי גרסאות אפשריות לביטוי זה: "ולא מחכמיהם", או "אלא מחכמיהם". מעיון בכתבי היד נראה שהגרסה הנכונה היא "אלא מחכמיהם".
2. ראו בספרו של מנחם קלנר, גם הם קרויים אדם: הנכרי בעיני הרמב"ם, רמת גן: אוניברסיטת בר־אילן, 2016.

מה עומד מאחורי תפיסתו של הרמב"ם?

נראה כי בשיטתו הייחודית של הרמב"ם יש משום יישום של כמה עמדות יסוד המאפיינות את הגותו ופסיקתו בכללותן.

(1) האמת היא אחת. באופן שיטתי, הקשור בין היתר לתפיסתו הפילוסופית, קובע הרמב"ם שהאמת היא אחת ומחלוקות הן תוצאה של טעות. ממילא, ריבוי דעות הוא ביטוי לניוון של המסורת, והחתירה לזהות דתית אחידה מובנת, כפי שמופיע בהקדמת הרמב"ם למשנה. ביטוי מובהק לשאיפת הרמב"ם לתורה נטולת מחלוקות היא חיבורו של ספר משנה תורה שההלכות מובאות בו כמעט ללא מחלוקת.

(2) ההתגלות בהר סיני היא אירוע ייחודי לאנושות. על פי הרמב"ם, רק משה יכול למסור ציווי נצחי בשם ה'. נבואתם של נביאים אחרים מאבדת את ערכה למול נבואת משה, שהופכת להיות הציר הבלעדי לגילוי דבר ה', כפי שכותב הרמב"ם במפורש בפירושו למשנה [10]: "שכל מה שאנו נזהרים ממנו או עושים אותו היום אין אנו עושים זאת אלא מפני צווי ה' על ידי משה, לא מפני שה' צוה בכך לנביאים שקדמוהו". משה איננו נביא כשאר הנביאים, אלא ביטויה של האמת האלוהית המוחלטת. אם נאמר שעיקרון זה ניצב בבסיס תפיסת הרמב"ם ביחס לדתות אומות העולם, הרי שביסוד שיטתו לא עומדת שלילה של דתות אחרות אלא הכחשת היכולת גם של נביאים אחרים מישראל לתת תורה או לצוות בשם ה'.[3] ייחודיותו של מעמד הר סיני נובעת מאופייה של נבואת משה, ולא מייחודיות של עם ישראל. עניין זה נעוץ בדברי הרמב"ם ב"מורה הנבוכים" (חלק ב, פרק לט) שלפיהם כל שאר הנביאים לא נשלחו לצוות בשם ה' אלא השיגו השגות רוחניות וקראו מרצונם בשם ה' או שהוכיחו את העם לשמור את המצוות של תורת משה. אבל רק משה הגיע למדרגת נביא מצווה בשם ה'.

3. הרב קוק זצ"ל עמד על נקודה זו וביאר אותה [11].

(3) מצוות צריכות להיעשות מתוך היענות לצו אלוהי. היסוד השלישי העומד בתשתית שיטת הרמב"ם הוא קביעתו שכדי לזכות בעולם הבא, קיום המצווה צריך לבוא מתוך היענות לצו אלוהי. טעם הדבר כנראה הוא שההיענות לצו אלוהי מעניקה משמעות מטפיזית לעשיית המצווה וממילא יכולה לזכות להוויה מטפיזית - עולם הבא.

(4) התביעה לדיוק תיאולוגי. נראה שעמדתו הייחודית של הרמב"ם, המדגישה את המודעות התיאולוגית הנכונה כתנאי לערכן של מצוות בני נח, היא חלק מתפיסה כוללת יותר של הרמב"ם, שבולט בין הראשונים בתביעתו לדיוק תיאולוגי. למשל, בהלכות תשובה (פרק ג, הלכות ז-ח) כולל הרמב"ם ברשימת המינים שאין להם חלק לעולם הבא גם את "האומר שיש שם רבון אחד אבל שהוא גוף ובעל תמונה". על פסיקה זו השיג הראב"ד: "ולמה קרא לזה מין וכמה גדולים וטובים ממנו הלכו בזו המחשבה לפי מה שראו במקראות ויותר ממה שראו בדברי האגדות המשבשות את הדעות". התביעה לדיוק תיאולוגי, שמייחדת את הרמב"ם, תואמת את הלך הרוח של פסיקתו לגבי בני נח, שחייבים לקיים את המצוות מתוך תודעה ספציפית של ציווי ה' על ידי משה בהר סיני.

דומה כי העובדה שבכלל ארבע הנחות יסוד אלו אינן מקובלות - יש בה כדי ללמד שאין חייבים לקבל את יישומן של ההנחות הללו: שיטתו הייחודית של הרמב"ם בנוגע לטיבן של מצוות בני נח ומעמדן של דתות האומות.

הקושי בתביעה לקיום מצוות בני נח מתוך אמונה בהתגלות

לדעת רבי יוסף קארו, בחיבורו "כסף משנה" על "משנה תורה", לדברי הרמב"ם הללו אין מקור אלא הם נאמרו מ"סברא נכוחה" [2]. על דברי הרמב"ם, ועל כינויה של סברתו "סברא נכוחה", התרעם משה מנדלסון במכתב שכתב לרבי יעקב עמדן:

> לי הדברים קשים מצור חלמיש. וכי כל שוכני ארץ ממזרח שמש עד מבואו זולתינו ירדו לבאר שחת והיו דראון לכל בשר? [...] ומה יעשו אומות אשר לא זרח עליהם אור התורה כלל? [...] וכי בטרוניה בא הקב"ה ח"ו על בריותיו להאבידם ולמחות את שמם, על לא חמס עשו? **הלזה יקרא סברא נכוחה?** [3]

מנדלסון מציף צעקה מוסרית, הדומה למחאה ולביקורת כנגד הדת הנוצרית, להבדיל, שלפיה "אין ישועה מחוץ לכנסייה" וממילא כל שאר באי עולם נידונים לגיהינום.[4] אצל הרמב"ם הקושי חריף אף יותר: הנצרות לפחות מציגה במפורש את הדרישה לאמונה בישו, ואילו הרמב"ם, המחייב את כל באי עולם לקיים את שבע המצוות מתוך אמונה שהן הגיעו מן ההתגלות בהר סיני, מחייב אותם להאמין בדבר שאין מקור שממנו יכולים היו ללומדו או לראותו.

אומנם, לכאורה הרמב"ם בתשובה [5] מביא מקור לדבריו, ממדרש "משנת רבי אליעזר" [6], אלא שלאמיתו של דבר מקור זה רק מחדד את הבעיה הן מכיוון שמדובר במדרש אגדה מאוחר, וקשה לראותו כמקור לפסיקה הלכתית, הן מכיוון שדברי המדרש בפשוטם מוכיחים דווקא שאין הכרח שהגוי יקיים את המצוות מתוך אמונה בהתגלות למשה מסיני! המדרש איננו מזכיר כלל את מעמד הר סיני אלא מנגיד בין קיום מתוך הכרע הדעת או שותפות של עבודה זרה בקיום המצוות, לבין קיומן באופן נקי - כהיענות לציווי הקדום אלוהי. על פי כיוון זה, דת מונותיאיסטית, המאמינה שהמצוות ניתנו מפי אלוהים, מקיימת את מצוות בני נח במדרגה הגבוהה ביותר ונוטלת שכרה גם בעולם הבא.[5]

4. יש לציין שבדורות האחרונים ביקורת זו גורמת לתהליך עידון והתמודדות של הכנסייה עם הבעיה המוסרית הזו. ראו על כך בהרחבה אצל John Hick, *God Has Many Names*, Philadelphia: Westminster, 1982.
5. מתוך הקושי שעולה מדברי הרמב"ם, פירש הראי"ה קוק [4] שהקיום מהכרעת הדעת האנושי **מעולה** יותר מקיום מתוך ציווי של התגלות, ושמדרגת ה"עולם

מעבר לשאלת המקור לדברי הרמב"ם, יש לציין שדרישתו ייחודית: אין כמעט מובאות שלה בראשונים אחרים; ולהפך, ישנם ראשונים המציינים במפורש שמצוות בני נח אינן צריכות לנבוע מהתגלות אלא מסברה. רבנו בחיי לדוגמה סבור שזוהי בדיוק ההבחנה בין מצוות בני נח - שמקורן בסברה - לבין תורת משה שיסודה בשמיעה לציווי האלוהי.[6]

תפיסתן של מצוות בני נח כדת

בתשתית תפיסת הרמב"ם, המַתְנה את ערך קיום מצוות בני נח באמונת ההתגלות, עומדת התפיסה שמצוות אלו הן דת; ואכן הרמב"ם מכנה אותן "תורת בני נח". ההשלכה המרכזית של קביעה זו היא שאין מקום לשום דת אחרת בקרב האומות, אפילו אם מדובר בדתות מונותיאיסטיות, כפי שעולה מניתוח דברי הרמב"ם בהלכות מלכים [7]: "כללו של דבר אין מניחין אותן לחדש דת ולעשות מצות לעצמן

הבא", שמבטיח הרמב"ם לגוי המקיים מצוות מתוך תודעת התגלות, היא למעשה מדרגה פחותה. אולם, דבריו של הרב קוק נראים מנוגדים לפשט דברי הרמב"ם שמהם עולה עדיפות ל"חסידי אומות העולם" המקיימים את המצוות מתוך תודעת התגלות.

6. חובות הלבבות, שער ג, פרק ו. דברים דומים מופיעים בהקדמת רב נסים גאון לתלמוד (מובא בדפוס וילנה בתחילת מסכת ברכות). ראו גם דברי הרמב"ם עצמו במורה הנבוכים [14]. מפורסמים בהקשר זה דברי הרב קוק באורות התורה (פרק יא) שלפיהם דרך ארץ שקדמה לתורה היא מצוות המגיעות מן השכל הטבעי. למקורות הלכתיים ראו גם דברי רבי אליעזר ממיץ, תלמידו של רבנו תם, בספר יראים (סימן רלג): "ותניא איסי בן יהודה אומר מפני שיבה תקום כל שיבה במשמע פי' אפילו גוי אך שיקיים שבע מצות שנצטוו בני נח דהיינו חסידי אומות העולם ואר"י (לג ע"א) הלכה כאיסי בן יהודה אביי קאי מקמי סבי דארמאי פי' שקיים שבע מצות שקבלו עליהם בני נח. ולמ"ד בע"ז (סד ע"ב) דהוי גר תושב לא קשיא דמ"מ ארמאי קרי להו תלמודא אבל אם אינם מקיימים כגון עובדי כוכבים בזמן (הבית) עובדי ע"ז מגלה עריות ושופכי דמים לא אמר איסי לקום מפניו ולהדרו". ה"תועפות ראם" על אתר מדייק שה"יראים" אינו גורס את הדרישות של הרמב"ם, אלא כל המקיים בפועל שבע מצוות בני נח נחשב חסיד אומות העולם וגר תושב.

מדעתן, אלא או יהיה גר צדק ויקבל כל המצות, או יעמוד בתורתו ולא יוסיף ולא יגרע".

הרמב"ם מכנה את שבע המצוות "תורתו" - "או יעמוד בתורתו" - ונוסף על כך משית עליהן את איסור בל תוסיף - "ולא יוסיף ולא יגרע", כלשון הכתוב: "אֵת כָּל הַדָּבָר אֲשֶׁר אָנֹכִי מְצַוֶּה אֶתְכֶם אֹתוֹ תִשְׁמְרוּ לַעֲשׂוֹת לֹא תֹסֵף עָלָיו וְלֹא תִגְרַע מִמֶּנּוּ" (דברים יג, א). בכך מבטא הרמב"ם את שיטתו שלפיה מצוות בני נח הן תמצית הדת והתורה השלמה בעבור הנוכרי.[7]

השלכותיה של תפיסת הרמב"ם על קיום מצוות נוספות בידי בני נח

מתוך דבריו של הרמב"ם כפי שהוצגו עד כה, נגזרת תפיסה מרחיקת לכת ביחס לבן נח שרוצה לקיים מצווה שאינה בכלל שבע המצוות שלהם, וכך כתב הרמב"ם:

> בן נח שרצה לעשות מצוה משאר מצות התורה כדי לקבל שכר, אין מונעין אותו לעשותה כהלכתה [8].

אם כן, אף שבני נח קיבלו רק שבע מצוות, מסתבר שיש להם שייכות גם לשאר מצוות התורה. בשיטה זו של הרמב"ם יש התמודדות עם הצמצום של שבע המצוות, ואפשרות בעבור הנוכרי להתרחב למצוות נוספות. שנית, נראה שתפיסה זו נגזרת מהתפיסה האוניברסלית של מעמד הר סיני, שעליה עמדנו לעיל, ולפיה מעמד זה יועד כלפי

7. הסוגיה שעליה מתבסס הרמב"ם בהלכה זו בין השאר היא האיסור על גוי לשמור את השבת (סנהדרין נח ע"ב), ולדעת הרמב"ם הבעיה היא שנראה שהגוי מייסד דת חדשה. אולם בהמשך המקרא נטען שבפשט הסוגיה מקור האיסור על הגוי לשבות הוא מהפסוק שנאמר לנח אחרי המבול "ויום ולילה לא ישבותו", שאינו קשור לייסוד דת חדשה אלא לבעייתיות שבמנוחה ובחוסר תפקוד של קיום העולם.

העולם כולו.[8] יש אומנם מן האחרונים שצמצמו את דברי הרמב״ם למצוות הקדש וצדקה בלבד,[9] אולם בפשט הדברים מדובר על כל מצווה שהגוי רוצה לקיים, כפי שכותב הרמב״ם במפורש בתשובתו לגבי מילת גוי [5].

למדנו אפוא שיחסו של הרמב״ם למעמד הר סיני ולשייכותם של הגויים בו מורכב מפנים שונים: מחד גיסא תפיסתו גורמת לכך שאסור לגויים לייסד דת אחרת; אך מאידך גיסא היא גם הנותנת לגוי שייכות ואפשרות לקיים את מצוות התורה כולה. זהו עיקרון חשוב. כפי שראינו, שיטת הרמב״ם ייחודית ובנויה על הנחות יסוד שאינן מוסכמות ומחייבות; אך גם אם פוסעים בדרכו - יש ללכת בה ״עד הסוף״ ולא רק לשלול אפשרות של דתות מן הגויים, אלא להציע את האופק שמציע הרמב״ם ביחס לקיום מצוות נרחב מרצון.

הדתות כטעות שצריכה להתבטל?

למרות שלילתו את ההצדקה לקיום דתות אחרות, רואה הרמב״ם בתופעה ההיסטורית של התהוות חלק מהן גילוי יד ה׳ בעולם בהכוונת המציאות ״לְיַשֵּׁר דרך למלך המשיח ולתקן את העולם כולו לעבוד את ה׳ ביחד״ [9]. הדתות הן אמצעים ליישר את דרכו של מלך המשיח, אך בסופו של התהליך הן יתבטלו: ״וכשיעמוד המלך המשיח [...] מיד הם כולן חוזרין ויודעים ששקר נחלו אבותיהם״.

8. את אופי השייכות של בן נח למצוות התורה ניתן להשוות ליחסן של נשים למצוות עשה שהזמן גרמן: הן פטורות אולם יכולות לברך ״וציוונו״ כיוון שיש להן שייכות במצוות אלו: ״שמותר לנשים לברך על כל מצות עשה שהזמן גרמא ואף על פי שאינה להם אלא רשות דמ״מ במצוה קא עסקי וחיובא הוא דלא חייבינהו רחמנא למעבד כאנשים אלא דאי בעו עבדי וצונו קרינן בהו״ (חידושי הרשב״א, ראש השנה לג ע״א).
9. ראו שו״ת אגרות משה, יורה דעה, חלק ב, סימן ז: ״[...] הנה ברור שקאי רק על אלו מצות דהקדש וצדקה״.

שינוי הזהות שדורש הרמב"ם מהאומות - "כולן חוזרין ויודעים ששקר נחלו אבותיהם" - נראה כה דרמטי עד שבאמת מובן מדוע הוא דורש לשם כך את הגעתו של מלך המשיח, שרק הוא יוכל לחולל שינוי כזה. אומנם, במצב שבו רוב בני העולם שייכים לדתות העובדות את ה' בדרכים שונות, חלקן תוך קיום מלא של שבע מצוות בני נח, חשוב לשים לב לכך ששיטת הרמב"ם היא שיטה יחידאית בין דעות הראשונים. לעומת שיטה זו, מצויים בדבריהם של ראשונים ואחרונים נתיבים למימוש החזון העתידי של שותפות רוחנית של האנושות כולה בעבודת ה' מתוך הדתות השונות הקיימות בעולם, ולפחות מתוך המתוקנות שבהן. בנתיבים אלה, יד ה' המכוונת את המציאות אפשרה את התהוותן של דתות אלו לא רק כאמצעי שצריך להתבטל אלא כתופעות בעלות ערך עצמי בקיום החזון של "לקרוא כולם בשם ה' לעובדו שכם אחד".

אופק של עבודת ה' לבני אומות העולם

לצד הצמצום באפשרות של קיום דתות בבני נח בשיטת הרמב"ם, נראה שהוא פותח בכל זאת אופקים של עבודת ה' לגויים שאינם קשורים ל"דת בני נח".

כך עולה מדבריו המפורסמים בסוף הלכות שמיטה ויובל:

> ולא שבט לוי בלבד אלא כל איש ואיש מכל באי העולם אשר נדבה רוחו אותו והבינו מדעתו להבדל לעמוד לפני ה' לשרתו ולעובדו לדעה את ה' [...] הרי זה נתקדש קדש קדשים [12].

"כל איש ואיש מכל באי העולם" כולל כמובן גם את אומות העולם, וממילא האפשרות להתקדש, ו"שיהיה ה' חלקו ונחלתו לעולם", פתוחה גם בעבור בני נח, ללא התניית קיום המצוות מתוך התגלות. מעבר לכך, מדברי הרמב"ם בהלכות מלכים ניתן לדייק כי הוא אינו כותב שמי שלא מקיים את המצוות אין לו חלק לעולם הבא, אלא מנסח רק

את הצד החיובי של העניין, שמי שכן מקיים אותן יש לו חלק לעולם הבא: "כל המקבל שבע מצות ונזהר לעשותן הרי זה מחסידי אומות העולם, ויש לו חלק לעולם הבא [...] אבל אם עשאן מפני הכרע הדעת אין זה גר תושב ואינו מחסידי אומות העולם (ולא) [אלא] מחכמיהם".

אם נשלב את דבריו בהלכות מלכים עם דבריו בסוף הלכות שמיטה ויובל, נראה שישנם למעשה שני מסלולים לעולם הבא. בהלכות מלכים המסלול הוא של קיום מצוות בני נח מתוך היענות לצו האלוהי שניתן בסיני; ואילו בהלכות שמיטה ויובל ישנו מסלול אחר (ולכן הרמב"ם לא שלל בהלכות מלכים את האפשרות שגם מי שלא מקיים מצוות בני נח יכול להיות לו חלק לעולם הבא), של התקדשות בעבודת האל.

הרב שראל רוזנבלט הציע ששני המסלולים הללו מקבילים לשתי דמויות מפתח בהגות הרמב"ם: אברהם אבינו ומשה רבנו. גדולתו של משה היא בכך שהוא זכה להתגלות, אך גדולתו של אברהם היא בחקירה והתבוננות שהביאוהו לגילוי עבודת ה': "התחיל לשוטט בדעתו [...] ולא היה לו מלמד ולא מודיע דבר [...] ולבו משוטט ומבין עד שהשיג דרך האמת".[10]

הלכות שמיטה ויובל מציגות את הדרך של אברהם, המחפש את פני ה' ומקדיש לכך את חייו; ואילו הלכות מלכים את הדרך של משה, המדגישה את הבלעדיות והייחודיות של ההתגלות. שני המסלולים הללו הם למעשה ההבדל בין הדרך הדתית (הלכות מלכים) לדרך האינדיבידואלית (הלכות שמיטה ויובל). ראוי לציין שהרמב"ם עצמו נקרא משה כידוע ונאמר עליו "ממשה עד משה לא קם כמשה", ואילו לבנו־יחידו קרא הרמב"ם אברהם.

המסלול של זכייה בעולם הבא בשל מעלה רוחנית ודעת אלוהים מחזיר אותנו לדבריו המפורסמים של הרמב"ם בהלכות דעות בנוגע לעולם הבא. אליבא דהרמב"ם שם, הנפש, שהיא צלם האלוהים שבאדם, עומדת "לעולם ולעולמי עולמים" בזכות ידיעת ה'. ניסוחו

10. משנה תורה, הלכות עבודה זרה, פרק א, הלכות ב–ג.

של הרמב"ם בהלכות דעות [13] מקביל בדיוק לדברים בסוף הלכות שמיטה ויובל [12].

דמותו של אברהם בעיני הרמב"ם אינה מייצגת אפוא דת אלא דרך של עבודת ה' אינדיבידואלית, שאף היא אפשרות להגיע לעולם הבא.[11] לכאורה, מסלול זה אפשרי רק ליחידי סגולה שהרי האנושות בימינו מתחלקת ברובה לדתות ממוסדות שהרמב"ם שולל את קיומן ורואה בהן טעות לא לגיטימית. ניתן בכל זאת לומר שלשיטת הרמב"ם ייתכן שאומנם דתות אחרות לא נחשבות כמקיימות מצוות בני נח (כיוון שאין להן מחויבות מתוך מעמד הר סיני), ובכך מאמיניהן אינם בני העולם הבא בגלל שמירה על דתם, אך בד בבד ניתן לבחון באיזו מידה אנשים מסוימים ממאמיני הדתות הללו הגיעו לידיעת ה' ולתיקון המידות - ובדרך זו יזכו אותם אנשים לעשות רצון ה', לחלק בעולם הבא ולקיום "לעולם ולעולמי עולמים".

מקורות

[1] משנה תורה, הלכות מלכים, פרק ח, הלכות י–יא: קיום מצוות בני נח מפני התגלות בהר סיני

משה רבינו לא הנחיל התורה והמצות אלא לישראל, שנאמר מורשה קהלת יעקב, ולכל הרוצה להתגייר משאר האומות, שנאמר ככם כגר, אבל מי שלא רצה אין כופין אותו לקבל תורה ומצות, וכן צוה משה רבינו מפי הגבורה לכוף את כל באי העולם לקבל מצות שנצטוו בני נח, וכל מי שלא יקבל יהרג, והמקבל אותם הוא הנקרא גר תושב בכל

11. ידידי, פרופ' אבדולה גלאדרי, ציין בפניי שזוהי תפיסתו של הקוראן את דמותו של אברהם אבינו, שאיננו מתואר כיהודי או כנוצרי אלא כ"חניף", שפירושו מונותיאיסט עובד ה' בלא מסגרת פורמלית של דת.

מקום וצריך לקבל עליו בפני שלשה חברים, וכל המקבל עליו למול ועברו עליו שנים עשר חדש ולא מל הרי זה כמן האומות.

כל המקבל שבע מצות ונזהר לעשותן הרי זה מחסידי אומות העולם, ויש לו חלק לעולם הבא, והוא שיקבל אותן ויעשה אותן מפני שצוה בהן הקדוש ברוך הוא בתורה והודיענו על ידי משה רבינו שבני נח מקודם נצטוו בהן, אבל אם עשאן מפני הכרע הדעת אין זה גר תושב ואינו מחסידי אומות העולם (ולא) [אלא] מחכמיהם.

[2] כסף משנה, הלכות מלכים, פרק ח, הלכה יא:
מקור דברי הרמב"ם הוא סברה עצמית שלו

ומה שכתב והוא שיקבל וכו' נראה לי שרבינו אומר כך מסברא דנפשיה ונכוחה היא.

[3] מכתבו של משה מנדלסון לרב יעקב
עמדן: קושי מוסרי בשיטת הרמב"ם

לי הדברים קשים מצור חלמיש. וכי כל שוכני ארץ ממזרח שמש עד מבואו זולתינו ירדו לבאר שחת והיו דראון לכל בשר? [...] ומה יעשו אומות אשר לא זרח עליהם אור התורה כלל? [...] וכי בטרוניה בא הקב"ה ח"ו על בריותיו להאבידם ולמחות את שמם, על לא חמס עשו? הלזה יקרא סברא נכוחה?

[4] הראי"ה קוק, אגרות הראיה, חלק א, איגרת פט: מעלתו של חכם אומות העולם גדולה ממעלת חסיד אומות העולם

דעתי נוטה שכוונת הרמב"ם היא שמעלת "יש להם חלק לעולם הבא" היא מעלה ירודה מאד, אף על פי שהוא גם כן טובה גדולה, אבל כיון שאפילו רשעים ועמי הארץ שבישראל זוכין לה היא לפי ערך המעלות הרוחניות מעלה ירודה, והרמב"ם סובר שהמושכלות מצליחים את האדם הרבה עוד יותר מהצדק של ההנהגה, על כן סובר שהמדרגה של "יש להם חלק לעולם הבא" היא מעלה של חסידי אומות העולם דווקא, שלא גברו במושכלות, כי אם קבלו האמונה בתמימות רגשי

לבב, והתנהגו בדרך ישרה, על ידי מה שקבלו שהמצות שלהם ניתנו כך על פי ה', אבל מי שעל ידי הכרע הדעת זכה להשיג שבע מצות בני נח הוא באמת חכם לב ומלא תבונה, הוא נחשב מחכמיהם, שמעלת החכמה היא גדולה מאוד, ואין צריך לומר שיש לו חלק לעולם הבא, כי אם הוא עומד במדרגה קדושה, שצריכה להתפרש במבטא יותר מלא מהלשון של "יש להם חלק לעולם הבא" [...] וגם אם יהיו דברי הרמב"ם כפשטם, אין בהם זרות אם נאמר, כי מידת עולם הבא, שהוא מדבר עליה בספרו, היא אותה המדה המיוחדת, שהיתרון האלקי שיש לתורתנו הקדושה הוא מקנה למקיימיה, ויש מעלות אחרות שכל דבר טוב יכול להקנות אבל אין זה נקרא בשם עולם הבא, ובאותו היתרון הוא בא מכחה של תורה, ומסתגל למי שמקבלה בקדושת אמונתה, ואין זה שולל כלל מעלות אחרות מצויירות לכל פילוסופיה כדרכה.

[5] שו"ת הרמב"ם, סימן קמח: המקור לכך שגויים צריכים לקיים מצוות מתוך הודאה בנבואות משה רבנו הוא משנת רבי אליעזר

השאלה השלשים שאלה בדבר מילת הגוים והערלים המותר לישראל לקבל זאת על עצמו אם לאו? והיש הפרש בין הישמעאלים והנוצרים בזה אם לאו? ומה פרוש הבריתא ת"ר ישראל מל את הגוי לשם גר, לאפוקי משום מוראנא, דלא. וגוי לא ימול את ישראל וכו', מה באה ללמדנו במ"ש ישראל מל את הגוי לשם גר?

התשובה: מותר לישראל למול הגוי אם רוצה הגוי לכרות הערלה ולהסירה, לפי שכל מצוה, שהגוי עושה, נותנין לו עליה שכר, אבל אינו כמי שהוא מצווה ועושה, ובלבד שיעשנה, כשהוא מודה בנבואת משה רבינו, המצווה זאת מפי אלהים יתעלה, ומאמין בזה, ולא שיעשנה (לסבה) אחרת או על פי דעה שראה לעצמו, כמו שנתבאר בבריתא של ר' אליעזר בן יעקב וכמו שבארנו אנו בסוף חבורנו הגדול (משנה תורה, הלכות מלכים, פרק ח, הלכה י) [...] ובכל עת שיבוא אלינו, שנמול אותו לשם מילה, מותר לנו למולו, אף על פי שהוא נשאר בגיותו.

[6] משנת רבי אליעזר, פרשה ו: קיום מצוות בני נח מפני ציווי מאת ה'

הפרש בין חסידי ישראל לחסידי אומות העולם. חסידי ישראל אינן נקראין חסידים עד שיעשו כל התורה, אבל חסידי אומות העולם, כיון שהן עושין שבע מצוות שנצטוו בני נח עליהן, הן וכל דקדוקיהן, הן נקראים חסידים. בד"א, כשעושין אותן ואומרין, מכח שצוה אתנו אבינו נח מפי הגבורה אנו עושין, ואם עשו כן, הרי הן יירשו העולם הבא כישראל, ואע"פ שאינן משמרין את השבתות והמועדות, שהרי לא נצטוו עליהן. אבל אם עשו שבע מצוות ואמרו, מפי פלוני שמענו, או מדעת עצמן, שכך הדעת מכרעת, או ששיתפו שם ע"ז, אם עשו כל התורה כולה, אין לוקחין שכרן אלא בעולם הזה.

[7] משנה תורה, הלכות מלכים, פרק י, הלכה ט: אסור לגויים לחדש דת אלא עליהם להתגייר או לעמוד בתורת בני נח

עכו"ם שעסק בתורה חייב מיתה, לא יעסוק אלא בשבע מצות שלהן בלבד, וכן עכו"ם ששבת אפילו ביום מימות החול, אם עשאהו לעצמו כמו שבת חייב מיתה, ואין צריך לומר אם עשה מועד לעצמו, כללו של דבר אין מניחין אותן לחדש דת ולעשות מצות לעצמן מדעתן, אלא או יהיה גר צדק ויקבל כל המצות, או יעמוד בתורתו ולא יוסיף ולא יגרע, ואם עסק בתורה, או שבת, או חדש דבר, מכין אותו ועונשין אותו, ומודיעין אותו שהוא חייב מיתה על זה אבל אינו נהרג.

[8] משנה תורה, הלכות מלכים, פרק י, הלכה י: בן נח יכול לקבל שכר על עשייה של כל מצווה שבתורה

בן נח שרצה לעשות מצוה משאר מצות התורה כדי לקבל שכר, אין מונעין אותו לעשותה כהלכתה, ואם הביא עולה מקבלין ממנו, נתן צדקה מקבלין ממנו, ויראה לי שנותנין אותה לעניי ישראל, הואיל והוא ניזון מישראל ומצוה עליהם להחיותו, אבל העכו"ם שנתן צדקה מקבלין ממנו ונותנין אותה לעניי עכו"ם.

[9] משנה תורה, הלכות מלכים, פרק יא, הלכה ד (הנוסח הלא־מצונזר): הנצרות והאסלאם אמצעים "לישר הדרך למלך המשיח"

ואם יעמוד מלך מבית דוד הוגה בתורה ועוסק במצוות כדוד אביו, כפי תורה שבכתב ושבעל פה, ויכוף כל ישראל לילך בה ולחזק בדקה, וילחם מלחמות ה', הרי זה בחזקת שהוא משיח, אם עשה והצליח ונצח כל האומות שסביביו ובנה מקדש במקומו וקבץ נדחי ישראל הרי זה משיח בודאי. ואם לא הצליח עד כה או נהרג בידוע שאינו זה שהבטיחה עליו תורה והרי הוא ככל מלכי בית דוד השלמים הכשרים שמתו. ולא העמידו הקדוש ברוך הוא אלא לנסות בו רבים שנאמר ומן המשכילים יכשלו לצרוף בהן ולברר וללבן עד עת קץ כי עוד למועד. אף ישוע הנצרי שדמה שיהיה משיח ונהרג בבית דין, כבר נתנבא בו דניאל שנאמר "ובני פריצי עמך ינשאו להעמיד חזון ונכשלו". וכי יש מכשול גדול מזה. שכל הנביאים דברו שהמשיח גואל ישראל ומושיעם ומקבץ נדחיהם ומחזק מצותן. וזה גרם לאבד ישראל בחרב ולפזר שאריתם ולהשפילם ולהחליף התורה ולהטעות רוב העולם לעבוד אלוה מבלעדי ה'. אבל מחשבות בורא עולם אין כח באדם להשיגם כי לא דרכינו דרכיו ולא מחשבותינו מחשבותיו.

וכל הדברים האלו של ישוע הנצרי ושל זה הישמעאלי שעמד אחריו אינן אלא לישר דרך למלך המשיח ולתקן את העולם כולו לעבוד את ה' ביחד. שנאמר "כי אז אהפוך אל עמים שפה ברורה לקרוא כולם בשם ה' ולעבדו שכם אחד". כיצד? כבר נתמלא העולם כולו מדברי המשיח ומדברי התורה ומדברי המצוות ופשטו דברים אלו באיים רחוקים ובעמים רבים ערלי לב והם נושאים ונותנים בדברים אלו ובמצוות התורה אלו אומרים מצוות אלו אמת היו וכבר בטלו בזמן הזה ולא היו נוהגות לדורות ואלו אומרים דברים נסתרות יש בהם ואינן כפשוטן וכבר בא משיח וגלה נסתריהם. וכשיעמוד המלך המשיח באמת ויצליח וירום וינשא מיד הם כולן חוזרין ויודעים ששקר נחלו אבותיהם ושנביאיהם ואבותיהם הטעום.

[10] פירוש המשנה, חולין, פרק ז, משנה ו: אנו עושים מצוות רק מפני ציווי ה' על ידי משה

[...] ושים לבך לכלל הגדול הזה המובא במשנה זו והוא אמרם "מסיני נאסר", והוא שאתה צריך לדעת שכל מה שאנו נזהרים ממנו או עושים אותו היום אין אנו עושים זאת אלא מפני צווי ה' על ידי משה, לא מפני שה' צוה בכך לנביאים שקדמוהו. דוגמא לכך: אין אנו אוכלים אבר מן החי לא מפני שה' אסר על בני נח אבר מן החי, אלא מפני שמשה אסר עלינו אבר מן החי במה שנצטווה בסיני שישאר אבר מן החי אסור. וכן אין אנו מלים בגלל שאברהם מל את עצמו ואנשי ביתו, אלא מפני שה' צונו על ידי משה להמול כמו שמל אברהם עליו השלום, וכן גיד הנשה אין אנו נמשכים בו אחרי אסור יעקב אבינו אלא צווי משה רבינו, הלא תראה אמרם "שש מאות ושלש עשרה מצות נאמרו לו למשה בסיני", וכל אלה מכלל המצות.

[11] הראי"ה קוק, שמונה קבצים, קובץ ב, פסקה נד: ייחודיות נבואת משה לדעת הרמב"ם

להרמב"ם נצחיות התורה נעוצה במעמד העולם בעת מתן תורה, אין דבר זז מן התורה אף על פי שעניני העולם משתנים. נבואת משה רבינו אינה מהטבע הרוחני של ההויה, כמו שהיא שאר נבואה, שהעלמתה מן הראוי לה היא פליאה, והופעתה היא טבעית, אבל נבואתו של אדון הנביאים נס היא, כבריאת העולם יש מאין. וכמו שהמומנט של חידוש ההויה הוא עובר בכל הזמנים השוטפים ובאים, ויסוד פרוצס זה לא יקבל שינוי, כן לא תקבל שינוי התורה.

[12] משנה תורה, הלכות שמיטה ויובל, פרק יג, הלכה יג: דרגת מי שמבין מדעתו לעבוד את ה'

ולא שבט לוי בלבד אלא כל איש ואיש מכל באי העולם אשר נדבה רוחו אותו והבינו מדעתו להבדל לעמוד לפני ה' לשרתו ולעובדו לדעה את ה' והלך ישר כמו שעשהו האלהים ופרק מעל צוארו עול החשבונות הרבים אשר בקשו בני האדם הרי זה נתקדש קדש קדשים

ויהיה ה' חלקו ונחלתו לעולם ולעולמי עולמים ויזכה לו בעולם הזה דבר המספיק לו כמו שזכה לכהנים ללוים, הרי דוד עליו השלום אומר "ה' מנת חלקי וכוסי אתה תומיך גורלי".

[13] משנה תורה, הלכות דעות, פרק ד, הלכות ח-ט: עולם הבא בזכות ידיעת הבורא

נפש כל בשר היא צורתו שנתן לו האל והדעת היתרה המצויה בנפשו של אדם היא צורת האדם השלם בדעתו, ועל צורה זו נאמר בתורה נעשה אדם בצלמנו כדמותנו כלומר שתהיה לו צורה היודעת ומשגת הדעות [...]

אין צורת הנפש הזאת מחוברת מן היסודות כדי שתפרד להם [...] אלא מאת ה' מן השמים היא, לפיכך כשיִפרד הגולם [...] לא תכָּרת הצורה הזאת, לפי שאינה צריכה לנשמה במעשיה, אלא יודעת ומשגת הדעות הפרודות מן הגולמים ויודעת בורא הכל ועומדת לעולם ולעולמי עולמים, הוא שאמר שלמה בחכמתו "וישוב העפר על הארץ כשהיה והרוח תשוב אל האלהים אשר נתנה".

[14] מורה הנבוכים, חלק ג, פרק יז (תרגום קאפח): אזהרות באופן טבעי

כי חיובי בהחלט ביחס לו יתעלה הצדק, והוא שיגמול את הצדיק על כל מעשיו ממעשי החסד והיושר ואף על פי שלא נצטווה בכך ע"י נביא, ושהוא מעניש על כל מעשה רע שעושה האדם ואף על פי שלא הוזהר עליו ע"י נביא, כי הוא מוזהר עליו באופן טבעי.

[15] איגרת הרמב"ם אל ר' חסדאי הלוי לאלכסנדריה:[12] עולם הבא בזכות ידיעת ה' ומידות טובות

ומה ששאלת על האומות - הרי יודע שרחמנא ליבא בעי, ואחר כוונת הלב הם הם הדברים, ועל כן אמרו חכמי האמת רבותינו ע"ה "חסידי

12. אגרות הרמב"ם (מהדורת שילת), עמ' תרפא. יש המפקפקים בייחוסו של המכתב לרמב"ם אולם הרמב"ן בין היתר מצטט אותו בשמו של הרמב"ם.

אומות העולם יש להם חלק לעולם הבאה", אם השיגו מה שראוי להשיג מידיעת הבורא ית', והתקינו נפשם במידות הטובות. ואין בסדר ספק, שכל מי שהתקין נפשו בכשרות המידות וכשרות החכמה באמונת הבורא יתברך - בודאי הוא מבני העולם הבא.

רבי מנחם המאירי: מוסר ואמונה בה' כבסיס לאחווה

שראל רוזנבלט

פתיחה

רבי מנחם בן שלמה המאירי (1315–1249) היה מן המנהיגים החשובים שקמו ליהדות פרובנס באחת מהתקופות התוססות - והמאתגרות - בדברי ימיה.[1] מתוקף מקומו הגיאוגרפי שימש חבל פרובנס כנקודת המפגש של המרכזים החשובים באירופה - של איטליה וצרפת מזה ושל ספרד מזה - והתכנסו בו מסורות ומגמות תורניות, ואף אינטלקטואליות כלליות, מגוונות. עם זאת, יהודי פרובנס היו חשופים למגמות רבות של רדיפת יהודים מצד הכנסייה, בקהילות צרפת וספרד,

1. אין בידינו עדויות על כך שהמאירי נשא במשרה רבנית אולם תעודות היסטוריות שחתימתו של המאירי מצויה עליהן מעידות על היותו אחד ממנהיגי הקהילה היהודית ונציגיה. ראו Richard W. Emery, *The Jews of Perpignan in the Thirteenth Century*, New York, 1959, p. 28.

ולמאורעות כגון שׂרֵפת התלמוד בפריז (1242), ויכוח ברצלונה (1263) וגירוש יהודי צרפת (1306) - שרבים מהם ברחו לערי פרובנס.

התחקות אחר מרקם החיים בין היהודים לשכניהם הנוצרים בפרובנס משרטטת לפנינו תמונה מורכבת במיוחד. לצד ניסיונות חוזרים ונשנים מצד הכנסייה להפרדה בין נוצרים ליהודים - ניסיונות שברבות השנים הצליחו לחלחל לרחוב הפרובנסאלי - התקיימו בפרובנס שכונות מעורבות של יהודים ונוכרים, שותפות אזרחית, קשרי מסחר ענפים וקשרים מעניינים ומגוונים בין העילית האינטלקטואלית משני הצדדים - ואף מגמת התגיירות, שהדאיגה את אנשי הכנסייה.[2] דומה שאת התמונה המורכבת הזו ראה המאירי לנגד עיניו כאשר ביקש לנסח את עמדתו ההלכתית כלפי נוכרים.

שאלת מעמד הנוכרים וטיב היחסים הנכונים והרצויים עם הגויים בזמנו של המאירי ושאלת היחס לדתות הגדולות בתקופתו (האסלאם ובעיקר הנצרות) הן סוגיות מרכזיות הנידונות רבות לאורך פירושו לתלמוד. בעשרות מקומות נדרש המאירי להגדיר מחדש את הגויים ואת דתם ביחס למציאות הריאלית שהתקיימה בתקופת חכמי המשנה והגמרא.

כפי שנראה בהרחבה להלן, באמצעות ניתוח היסודות הלמדניים והמשפטיים העומדים בבסיס דברי חז"ל, מבאר המאירי כי מרבית אמירותיהם החריפות של חכמים כנגד נוכרים, הבידול והניכור עד כדי סלידה והפערים המשפטיים בעניין ממון ונפש - כל אלה לא נאמרו על רוב הגויים והדתות בני ימינו. המאירי מוצא בסיס מוסרי ותיאולוגי משותף, וכך סולל גשרים לקשרים חמים עם דתות אחרות. גם אם דתות אלו שוגות בהיבטים תיאולוגיים שונים, הן עדיפות לדעתו על פני דתות ותרבויות שאינן שותפות לאותה תשתית מוסרית ותיאולוגית וגם עדיפות על פני קיום בסיסי בלבד של שבע מצוות בני נח. מתוך

2. להרחבה על מציאות חייהם של היהודים בפרובנס ועל המגמות השונות של השכנות עם נוצרים וחסותם תחת הכנסייה ראו רם בן־שלום, יהודי פרובנס: רנסנס בצל הכנסייה, רעננה: האוניברסיטה הפתוחה, תשע"ז, עמ' 12-14, 150-169, 213-285.

כך מבקש המאירי ליצור אחווה עם אותן דתות ולראות בהן שותפות ראשוניות ליצירת חיים שיש בהם מוסר ואמונה.

נוכח רדיפות היהודים שרווחו בתקופתו, ניתן לטעון שדברי המאירי משקפים מגמה אפולוגטית שמטרתה להגן על הקהילה היהודית; אולם אפשרות זו נשללת כאשר נחשפים למשנתו השלמה והקוהרנטית של המאירי במכלול סוגיות שחלקן אינן נוגעות למרקם החיים היומיומי עם השכנים הנוכרים. אדרבה, מסתבר יותר שהמאירי היה כה משוכנע ונחרץ בעמדתו המנומקת והמסועפת עד שהיה בה כדי להתגבר על האתגרים הקשים שניצבו בפני הקהילה היהודית בתקופה זו.

כפרשן תלמודי ופוסק, מרבית התייחסויותיו של המאירי לסוגיה זו טמונות בפרשנותו להלכה התלמודית ועל כן שיטתו תתברר בעיקר מתוך דיון פרשני והלכתי.

"האומות הגדורות בדרכי הדתות והנימוסים"

שאלת היחסים בין היהודים לשכניהם הנוכרים הייתה ועודנה שאלת יסוד המלווה את היהדות באלפיים השנים האחרונות. המציאות השגורה, שבה יהודים חוסים תחת שלטון נוצרי או מוסלמי, הציפה מתח מובנה בין הרצון להיטיב עם חיי הקהילה ורווחתה לבין האיסורים וההגבלות שמשיתה ההלכה על היחס לנוכרים ועובדי עבודה זרה.

בקרב חכמי ישראל בימי הביניים התקיימו גישות שונות ביחס לשאלה אם - ומתי וכיצד - קשרים אישיים ומסחריים בין יהודים לנוכרים אפשריים ומותרים. המשותף לרבות מגישות אלו הוא הניסיון לשמור ברמת הזהות על הפער הדיכוטומי בין הדת היהודית לנצרות ועם זאת לאפשר חיי מסחר שיאפשרו את המשך קיומה של הקהילה היהודית. שונה מכל אלו היא גישתו של רבי מנחם המאירי: עמדותיו ההלכתיות ובעיקר הנימוקים שהציע לאותן הלכות מקילות רחבים הרבה מעבר לחיפוש אחר היתר מקומי שיאפשר את המשך המסחר ויש בהם יותר מדאגה לכלכלת הקהילה.

בפירושו לתלמוד מבקש המאירי לנסח קטגוריות למדניות־הלכתיות היוצרות שותפות ואחווה עם נוכרים. על פי גישתו, הנצרות בת זמנו שונה מדתות קדומות המוגדרות "דתות אליליות". לדעתו, המגבלות המשפטיות, הכלכליות והחברתיות שמשיתה ההלכה התלמודית נאמרו רק ביחס לדתות אלו ולא כלפי הנצרות.

עיון בדברי המאירי מורה כי יש להבחין בין שלושה תחומים הלכתיים שונים שלכל אחד מהם התייחס המאירי באופן אחר. תחום אחד קשור לזכויותיו המשפטיות של הגוי וחובותיו בתחום המעמד האישי ובתחומי ממון ותשלומי נזקים. התחום השני קשור באיסורים והגבלות הלכתיות על פעולות ומעשים שמסייעים באופן ישיר או עקיף לפולחן עבודת אלילים. התחום השלישי קשור להרחקות הלכתיות שתפקידן מניעת נישואי תערובת כגון איסור "סתם יינם".[3]

בתחום החובות והזכויות המשפטיות של הגוי אנו מוצאים קביעות הלכתיות במגוון תחומים ובכללם: פיצוי על נזק שנגרם על ידי בהמה, חובת השבת אבדה, חובת הצלה, איסור הונאה, שוויון בענישה על הריגת נוכרי, חילול שבת במקרה של פיקוח נפש ועוד. בכל הנושאים הללו, ההלכה מבחינה באופן עקרוני בין חובתו של אדם מישראל כלפי אדם אחר מישראל ובין חובתו כלפי נוכרי; ברם המאירי משווה ביניהן על בסיס ההגדרה שהוא חוזר עליה שוב ושוב: "האומות הגדורות בדרכי הדתות והנימוסין".

כך הוא נוהג למשל במקרה של תשלומי נזקים שחוללה בהמתו של אדם. המשנה מלמדת כי יהודי פטור מתשלומים במקרה שבהמתו הזיקה לבהמת גוי - ואילו במקרה ההפוך, כאשר בהמת גוי הזיקה לבהמת יהודי, הנוכרי חייב בתשלומים.[4] בפירושו לסוגיה [1] מדגיש המאירי כי הלכה זו נאמרה רק ביחס לנוכרים שבימי חז"ל ואינה תקפה לגבי הנוצרי האירופי המצוי של ימי הביניים. הגויים שבימי

3. ראו משה הלברטל, בין תורה לחכמה: רבי מנחם המאירי ובעלי ההלכה המיימונים בפרובנס, ירושלים: מאגנס, תשס"א, עמ' 82-83.
4. משנה, בבא קמא ד, ג. הוא הדין לגבי פטור מתשלומי נזק שלם ותשלום חצי נזק בלבד כאשר הבהמה שהזיקה הייתה "תמה".

חז"ל השתייכו ל"עמים שאינם גדורים בדרכי הדתות והנימוסים" - כלומר רמתם המוסרית הייתה ירודה וברברית - ו"מתוך שאין חסים על ממון זולתם קונסין אותם שלא ירגילו עצמם להזיק". האפליה בדין ממוני שכזה מוצדקת מפני שהיא כעין תמונת ראי ליחסם הלא־מוסרי של אותם גויים כלפי רכוש זולתם. המאירי סבור שגויים שכאלו עודם קיימים בזמנו אך הם נמצאים לדידו רק "בקצוות"[5] - ושמא נתכוון בביטוי זה לשבטים ברבריים שמקום מושבם באזורים הצפוניים של אירופה. בניגוד לכך, הנוכרים בזמנו ומקומו של המאירי "גדורים בדרכי הדתות" ולכן "דינם אצלנו כדיננו". הבחנה קטגורית זו שבה ומופיעה במשנתו של המאירי בתחומים רבים נוספים, למשל ביחס לדין השבת אבדה.

חובת "אחווה" כלפי הגויים בימינו

התורה מדגישה כי מצוות השבת אבדה נאמרה רק כשמדובר ב"אחיך" (דברים כב, ג); והגמרא קובעת כי אסור להחזיר אבדה לנוכרי - ואף יש בכך עבירה.[6] עם זאת, כבר בגמרא ובדברי הרמב"ם ופוסקים נוספים מבואר כי ישנם מצבים שבהם חובה להחזיר לגוי את אבדתו (כגון אם אי־ההחזרה תוביל לחילול ה' או "מפני דרכי שלום").[7] גם כאן נוקט המאירי עמדה אחרת: לדעתו, האיסור להשיב אבדה לנוכרי נאמר רק ביחס "למי שאין לו דת" ולא למי שהוא "מעממין הגדורים בדרכי הדת ועובדי האלהות על איזה צד" [5] שכלפיהם נשמרת החובה מן התורה להשיב להם את אבדתם. בדברים אלו מרחיב המאירי את הגדרת "אחיך" וכולל בה גם את הגויים בני זמנו ומקומו. דברים דומים כותב המאירי על איסור הונאה בענייני מקח וממכר: "כלל אמרו חכמים לא

5. בית הבחירה, עבודה זרה ו ע"ב, ד"ה למטה.
6. ראו בבא קמא קיג ע"ב; סנהדרין עו ע"ב.
7. ראו משנה תורה, הלכות גזלה ואבדה, פרק יא, הלכה ג.

תונו איש את עמיתו עם שאתך בתורה ובמצות אל תונהו" ובכלל זה גם "כל שגדור בדרכים הדתיים הרי הוא בכלל אונאה" [2].

הרחבה זו של קהילת ה"אחווה" אנו מוצאים גם בדין מיוחד שאין בו לא אפליה ממונית או משפטית כלפי גויים וגם לא נפקות כלכלית בעבור היהודים - ועל כן יש בו כדי ללמד ביתר שאת על עמדתו העקרונית של המאירי. הגמרא קובעת כי ביום חגם של גויים יש להימנע מלומר להם שלום;[8] וביום רגיל מותר לשאול בשלומם משום "דרכי שלום" אך אסור "לכפול להם שלום". על פי המאירי, כפילת שלום פירושה להתעניין בשלומו של הזולת מתוך רצון להראות "חִבּה יתרה ושיכות" [3] ומתוך שיחת רעים שכזו אפשר ש"היו מתאהבים זה לזה ודעתם מתקרבת יותר מדאי".

לדעת המאירי, חשש זה נאמר רק לגבי בני הדתות האליליות מחמת סוג הסכנה הטמונה בפולחן האלילי שאחזו בו: "שעבודת הגלולים היתה מושכת את הלב הרבה מצד תועלות שהיו משיגים בעבודתם". אולם כשמדובר בנוצרים בני זמנו ניתן בהחלט "לכפול שלום" - כלומר להביע התעניינות עמוקה ולפתח שיחה שיוצרת חיבה יתרה עד כדי התקרבות הנפשות זו לזו. אכן, ישנו מספר מצומצם של איסורים הלכתיים ביחסי יהודים ונוכרים שאינם תלויים ברמתם המוסרית של הגויים, כגון בישולי גויים, סתם יינם, איסור חיתון;[9]

8. ראו גיטין סב ע"א.
9. בית הבחירה, עבודה זרה כו ע"א, ד"ה הרבה. לעניין "גוי ששבת" דברי המאירי צריכים עיון. מחד גיסא, הוא מונה איסור זה ברשימת הדברים שנאסרו משום חשש חתנות (עבודה זרה כו ע"א). מאידך גיסא, בדבריו במסכת סנהדרין (נט ע"א) ניתן להבין שמדובר רק במקרים שבהם יש חשש של ממש שחגם הוא סוג של פרשנות נכונה יותר למצוות השבת בתורה, ושמא האיסור הוא רק כאשר הגוי ממש "שובת" ביום הזה בדומה להלכות שבת או יום טוב, ולא ברור כלל שדברים אלו קיימים באופי היום המיוחד של הנוצרים או המוסלמים ובדתות מוגדרות - שבזמננו כבר אין חשש שיטעו כי זוהי פרשנות למצוות השבת כפי שהיא קיימת במסורת ההלכתית בישראל.
בדומה לאיסור זה, המאירי מתייחס גם לאיסור לגוי ללמוד תורה (סנהדרין שם). ראשית, המאירי לא סבור שיש כאן איסור הנובע ממעמדו האישי של הגוי כאינו יהודי אלא מחשש טעות שיהודים יחשבו שמדובר ביהודי שמציע

אולם מטרתם ספציפית מאוד - מניעת התבוללות ונישואי תערובת. זאת ולא יחסים בין־אישיים מרוחקים או עכורים.

הרחבתה של הגדרת "אחיך" או "רעהו" והכללתם של נוכרים בה היא רבת משמעות שכן לפי עמדתו של המאירי קטגוריות אלו מבקשות לחלק את עולמנו החברתי והתרבותי בין מי שאינם "תחת גדר הדתות" לבין "האומות הגדורות בדרכי הדתות" - ולא בין יהודים לבין נוכרים. מבחינה זו, המאירי מוצא מכנה משותף לו ולשכניו הנוכרים ורואה בהם שותפים ומי שנמצאים באותו צד במלחמה כנגד האלילות והברבריות.[10] לכן סבור המאירי כי לא רק שאסור לפגוע בנוכרים,[11] אלא שגם חובה לחלל שבת בעבור הצלתם;[12] לא רק שאסור להונותם בעסקי ממון [2] אלא שגם חל עליהם דין "להחיותם" - דהיינו החובה ההלכתית לדאוג לענייהם.[13] לכן מותר גם לבשל אוכל ביום טוב בעבור נוכרים שכן התורה מתירה לבשל "לכם" - דהיינו לכל האנשים שהיהודי מחוייב לדאוג להם, ובכללם גם הנוכרים מפני ש"סתם גוים האמור בתלמוד פירושו בבעלי האמונות הקדומות בעבודת האלילים";[14] וזאת כאמור איננה ההגדרה של האמונה הנוצרית שרווחה בפרובנס בתקופתו.

פרשנות שונה לתורה ויבואו לטעות אחריו. שנית, למעשה כמעט שאין קיום ממשי לאיסור זה שכן לגוי מותר ללמוד תורה מכמה סיבות שונות: (1) לימוד תורה לשם קיום מצוות, שכן גוי יכול לקיים כמעט את כל המצוות; (2) מותר ללמוד תורה גם ברמה עיונית של הבנה והעמקה במידה שמדובר בנושא הקשור באופן זה או אחר לשבע מצוות בני נח, ולפי המאירי: "רוב גופי התורה נכללים בהם". במקרים אלו, לא רק שמותר ללמוד תורה אלא שמי שלומד על מנת כן: "מכבדין אותו אפילו ככהן גדול, שאין כאן חשש לטעות אחריו שהרי אף בשלו הוא עוסק" (סנהדרין שם).

10. טענה מעין זו תחזור מאות שנים מאוחר יותר בדבריו של אברהם יהושע השל בנאומו "אין דת שהיא אי" ובו יטען כי במאה העשרים המאבק העיקרי הן של היהדות הן של הנצרות הוא במגמות החומרניות בחברה המערבית.
11. בית הבחירה, הוריות יא ע"א, ד"ה כל שהוא.
12. בית הבחירה, יומא פד ע"ב, ד"ה פיקוח נפש.
13. בית הבחירה, עבודה זרה כו ע"א, ד"ה הגוים; שם סד ע"ב, ד"ה אע"פ.
14. בית הבחירה, ביצה כא ע"ב, ד"ה ממה.

הקטגוריה "עמים הגדורים בדרכי הדת" במשנתו של המאירי חוצה אפוא מסכתות ותחומים שונים ומבקשת לא רק להבדיל בין הנוכרים בזמנו לבין הגויים שעליהם דיברו חז"ל אלא גם ליצור קטגוריה קונספטואלית חדשה והגדרה סוציולוגית ותרבותית המכנסת תחת כנפיה הן את היהודים הן את הנוצרים והמוסלמים.

מה עומד בבסיס מחשבתו של המאירי? כיצד יש להבין את דבריו?

הקריטריון המוסרי

נראה כי המאירי ביקש לעמוד על הקריטריון העומד בבסיסן של תקנות והלכות רבות המביאות לריחוק עד כדי סלידה מאנשים אחרים. הוא ביקש להבין: מהו היסוד ההלכתי־למדני שעל פיו הבדילו חכמים בצורה חדה - בדינים רבים ומגוונים הקשורים לממון ואף לנפשות - בין יהודים לנוכרים?

תשובתו היא שהיסוד שהנחה את חכמים אינו מצוי במישור האמוני־תיאולוגי אלא במישור המעשי־מוסרי. ככל הנראה, המאירי הכיר היטב את התיאולוגיה הנוצרית והוא אכן כתב עליה "שאמונתם רחוקה מאמונתנו" [5] ושמאמיניה "משתבשין בקצת דברים לפי אמונתנו". למרות זאת, המחלוקת התיאולוגית איננה השיקול המכריע לדידו בקביעת טיב היחסים עם הנוכרים במישור הנורמטיבי. לכן, הנוכרים שהם מאותן אומות הגדורות בדרכי הדתות "אינם בכלל זה אלא הרי הם כישראל גמור לדברים אלו". בעיני המאירי, מה שקובע את טיב היחסים במישור המעשי הם קריטריונים נורמטיביים של משפט וצדק ולא אמוניים; כלומר אם חברה או דת מתייחסת לחמס, רצח ופגיעה בחפים מפשע כעוולה מוסרית.

מה שעמד לנגד עיני חכמים הם הקריטריונים של שבע מצוות בני נח - הדרישות הבסיסיות שמאפשרות את קיומה של ציוויליזציה, כלומר חברת אנשים החיים במשותף, בכבוד ובאחווה זה לצד זה. בעיני המאירי, לא זו בלבד שהגויים בזמננו אוחזים בשבע המצוות

אלא שזהותם הדתית מַקנה להם מעלה יתרה ודינם נלמד בקל וחומר: ״הא כל ששבע מצות בידם דינם אצלנו כדיננו אצלם ואין נושאין פנים בדין לעצמנו ומעתה אין צריך לומר שכן באומות הגדורות בדרכי דתות ונימוסים״ [1].

הדתות המאמינות במציאות השם ומציאות כל נבדל

מהעולה עד כה עשוי להתקבל הרושם שהמאירי מפריד בין המחלוקת והביקורת התיאולוגית לבין הקריטריון המוסרי, ושגישתו החיובית כלפי הנוכרים נפרשת למרות הפער במישור הדתי־אמוני. ברם, עיון מעמיק יותר מגלה כי המאירי סבור שמוסריותם של הגויים והאפשרות לחיות איתם באחווה נובעות דווקא מעמדתם האמונית־תיאולוגית. בכמה מקומות מסביר המאירי שההבדל בין הדתות האליליות והברבריות לבין הדתות ה״גדורות בנימוסים״ איננו קיים רק במישור המעשי אלא נעוץ ברובד האמוני.

שחיתותן המוסרית של הדתות האליליות הקדומות קשורה לדידו בתפיסת האלוהות שלהן. האמונה האלילית מזהה באופן הדוק בין כוחות הטבע לבין האלים: ״וכבר נודע שכבר נתפשטו בזמנים הקדומים דעות כוזבות לא האמינו רק המושג בחוש או הדבר שהוא מפורסם ומושכלות ראשונות״ [10]. בעיני הדתות האליליות, לא קיים אל מופשט שנבדל מן העולם, משגיח עליו ושופט אותו, ״ומפני זה כפרו במציאות השם ובמציאות כל נפרד ובכל הגדרים הדתיים, עוד מהם מקצת היישוב בכמה מקומות״ [11]. הטעות התיאולוגית האלילית היא זו שמביאה לפריצת ״הגדרים הדתיים״, דהיינו הנורמות המוסריות. אכן, גם בזמנו של המאירי התקיימו אמונות כאלו אך הן לדבריו נחלת קומץ מעטים הנמצאים במקומות רחוקים. הן הנצרות והן האסלאם עונות על הקריטריון האמוני שמוליד בעיני המאירי חברה דתית ה״גדורה בדרכי הדתות והנימוסים״.

כאמור, המאירי מכיר בביקורתה של היהדות על דתות אחרות ובכללן הנצרות; אולם בבואו להגדיר אימתי מוגדרת דת מסוימת

כאלילית - על מגוון ההשלכות ההלכתיות הכרוכות בהגדרה זו - הוא בוחן את התמונה התיאולוגית המלאה ואת כלל מרכיביה. לכן קובע המאירי כי הנצרות נכללת בכלל "אמות הגדורות בדרכי הדתות ומאמינים במציאותו ית' לאחדותו ויכלתו אף על פי שמשתבשין בקצת דברים לפי אמונתנו" [3]. המאירי אינו תר אחר מונותיאיזם צרוף - הנצרות הייתה נכשלת במבחן זה - אלא אחר הכרה באל טרנסצנדנטי שמולידה יראת אלוהות.[15] אם כן, גם מנקודת מבט אמונית, המאירי רואה את היהדות כמצויה בקבוצה אחת עם הנצרות והאסלאם ונבדלת מקבוצה אחרת רחוקה יותר ומאיימת יותר - הדתות האליליות הכופרות ב"מציאות השם ומציאות כל נבדל" [10].

דברים אלה מאירים באור שלם יותר את משנתו הכוללת של המאירי ויש בהם כדי להסביר עמדות הלכתיות נוספות במשנתו. כאמור, ישנו תחום הלכתי נוסף בענייני נוכרים שאיננו קשור לסוגיות המעמד האישי, הגוף והממון אלא לאיסורים על פעולות ומעשים אשר מסייעים - באופן ישיר או עקיף - לפולחן עבודת אלילים. גם בהקשר זה סבור המאירי שיש להבדיל בין הדתות שעליהן דיברו חז"ל לבין דתות זמנו אך לא מחמת הנימוק המוסרי של "אומות הגדורות בדרכי הדתות והנימוסין". תחת זאת נמצא שהמאירי מתייחס באופן ישיר להגדרת התיאולוגיה והפולחן של דתות אלו באור חדש.

המאירי מתיר לסחור עם נוכרים אפילו ביום אידם מפני שהאיסורים בגמרא על כך "לא נאמרו אלא על עובדי האלילים וצורותיהם וצלמיהם אבל בזמנים הללו מותר לגמרי" [4]; זאת מפני

15. מעניין להשוות את עמדתו של המאירי לעמדתו של הראי"ה קוק. להלן, בפרק שיוקדש לעמדתו של הרב קוק, נראה כי לשיטתו ביטול המצוות בנצרות ותפיסת החטא הקדמון מביאים בהכרח לחברה לא מוסרית. דבריו של הרב קוק בהחלט משכנעים בעבור צורת המחשבה של היהודי; אולם בעיני המאירי הנצרות מביאה את מאמיניה לדבוק בדרך הטוב ולשאוף לחיים מוסריים בלי שני יסודות אלו. העיקרון התיאולוגי של אל מופשט וגומל והיבטים תיאולוגיים אחרים הם תשתית משמעותית דייה כדי להניע את הנוצרים אל הטוב, ואין מתפקידנו להבין בדיוק כיצד - ומדוע - פועלים גורמים אלה בחוויה הדתית של המאמין הנוצרי.

שבפולחן האלילי "היו עובדים לצבא השמים לחמה ולבנה ולעצים ולאבנים",[16] מה שאין כן בפולחן הנוצרי. כאשר הגמרא קובעת שמסחר ביום א' אסור לעולם, היא לכאורה מתייחסת במפורש לנוצרים;[17] אולם בניגוד לרש"י שאכן מפרש כי מדובר בנצרות,[18] המאירי טוען שמדובר על עם קדום יותר שעליו אמר הנביא ירמיהו "נֹצְרִים בָּאִים מֵאֶרֶץ הַמֶּרְחָק" (ירמיהו ד, טז) והם קרויים על שם נבוכדנצר: "וידוע שצלם השמש היה בבבל ושכל עם נבוכדנצר היו עובדים לו" [4].[19] עבודה אלילית זו "פסקה [...] מרוב המקומות ולפיכך אין צורך לדקדק בהם".[20] עם זאת, המאירי מביע הסתייגות ממכירת יין ולחם לכמרים בעבור המיסה: מצד אחד, איסור זה שייך מעיקר הדין רק "במקומות שעבודת האלילים נשארה לשם [...] והדברים נראים בכלל להתיר"; אך מצד שני "ראוי לבעל נפש להחזיק" כלומר יש מעלה שלא למכור להם חפצי פולחן של ממש [9].

לפי המאירי, האיסור התלמודי למסור "סתרי תורה" לגויים אינו אמור כלפי בני הדתות בזמננו, משום שאיסור זה נאמר רק על "מי שעובד אלילים ולצבא השמים שמאחר שהוא כופר בעיקר היאך אנו מלמדין אותו תורה" [6]. במקום אחר[21] המאירי מסביר מהם "סודות התורה" ומסביר שהכוונה היא לתפיסות תיאולוגיות הנוגעות בדיוק לאמונה באל מופשט ונבדל - ולתפיסה זו שותפים גם הנצרות והאסלאם.[22] את ההבנה הזו מרחיב המאירי באופן רדיקלי יותר ביחס לכנסיות ומסגדים.

16. בית הבחירה, עבודה זרה ו ע"ב, ד"ה למטה.
17. ראו עבודה זרה ו ע"א (בגרסה ללא צנזורה).
18. רש"י, שם, ד"ה נוצרי (בגרסה ללא צנזורה).
19. וראו Lawrence Zalcman, "Christians, Noṣerim, and Nebuchadnezzar's Daughter", *The Jewish Quarterly Review*, 81 (1991), pp. 411-426.
20. בית הבחירה, עבודה זרה יג ע"א, ד"ה ירוד.
21. בית הבחירה, אבות, פרק ג, ד"ה והנני.
22. השוואה בין דבריו בפירושו לאבות לדבריו בחיבור התשובה ובפירוש לתהילים מראה שבשלושת המקומות המאירי משתמש בסיפור מגדל בבל כפרדיגמה של

גישתו המרוככת של המאירי לתיאולוגיה הנוצרית ולפולחן הנוצרי, הגם שהללו כרוכים בהיבטים בעייתיים, מסבירה את עמדתו בשאלת היחס למבנה הפיזי של הכנסייה. בגמרא מופיעות ברכות שתוכנן הוא תקווה למפלתם של בתי עבודה זרה ושמחה בחורבנם.[23] ברכות אלו משקפות עמדה עקרונית הרואה בבתי פולחן מקום שמנוגד למטרתו של עם ישראל כקורא בשם ה׳ בעולם. לפי המאירי, ברכות אלו לא נתקנו על כנסיות ומסגדים אלא רק על "בתי עובדי האלילים ושאר בעלי האמונות הקדומות שלא היו גדורות בדרכי הדתות והם הנזכרים בתלמוד תמיד בלשון אומות העולם" [8].

הנה כי כן לנגד עינינו מתרקמת התמונה השלמה והמורכבת שמשרטט רבי מנחם המאירי ביחס לנוכרים בזמנו. הוא רואה את נקודת המחלוקת בינינו ובין הנוצרים במישור התיאולוגי־אמוני וסבור שהאמונה הנוצרית רחוקה מהאמונה השלמה, ובכל זאת סבור ש"אין צורך לדקדק בהם"[24] - כלומר לא תמיד נכון לחשוב בקטגוריות מוחלטות ודיכוטומיות. לפי המאירי, יש לחתור לראיית התמונה השלמה והמורכבת, לסמן את רכיבי היסוד בה שמכוננים את היחס ההלכתי - ומתוך כך להתוות את הגישה הנכונה לנוכרים.

המאירי מחזיק בשתי עמדות מובהקות. מצד אחד, הוא מצביע על היבטים חיוביים ומתקדמים המצויים בתיאולוגיה של הדתות הגדולות בתקופתו, בוודאי ביחס לאמונות אליליות. מצד שני, הוא מתחֵם את מרחב ההשפעה של הפער התיאולוגי - ולדעתו, במישור הנורמטיבי מרחב זה שולי ביותר. במקום להעצים את נקודת המחלוקת, מעדיף המאירי להאיר את המשותף; במקום להצביע על השיבוש והטעות, המאירי בוחר לסמן את הטוב. כל זאת לא מתוך אינטרס מקומי או תועלתני - כדי למנוע איבה או "מפני דרכי שלום" - אלא משום שהוא רואה כיצד אמונת הדתות שסביבו מביאה להכרה באלוהים

הכפירה היסודית של האלילות ושל מי שאסור למסור לו סתרי תורה. ראו כעין זה בפירוש הרמב"ן לתורה, שמות כ, ב.

23. ראו ברכות נח ע"ב.

24. בית הבחירה, עבודה זרה יג ע"א, ד"ה ירוד.

נבדל ומופשט, משגיח וגומל, וממילא לחברה רודפת צדק ומוסר, ואיתם מבקש המאירי ליצור שותפות ואחווה.

סיום

בפרק זה ביקשנו להבין כיצד התייחס רבי מנחם המאירי לדתות אחרות ולדתיותם של מאמיניהן. מן הדברים עולה בבירור כי המאירי ראה בדתות השונות ובאמונתם הדתית של נוכרים מעלה גדולה - לפחות באופן פוטנציאלי. לדידו, לא זו בלבד שהשתייכות לדת אחרת איננה סותרת את הדרישות של שבע מצוות בני נח אלא שהיא עדיפה עליהן - ובלבד שמדובר באמונה באל נבדל ומשגיח וביראת אלוהות המביאה לחיי חברה מוסריים. הנצרות והאסלאם עונות להגדרה זו.

ניתוח משנתו של המאירי מלמד על שני נימוקים שונים לעמדתו. לפי נימוק אחד, לא התיאולוגיה היא שקובעת את היחס לדת אחרת וטיב היחסים עימה, אלא התועלת המוסרית שיש במסגרת התרבותית־חוקתית של הדת, המאפשרת חברה מתוקנת, היא הרלבנטית. לכן אפשר לסבור שאמונתן של דתות אחרות היא טעות ושיבוש ובכל זאת לראות בהן שותפות וליצור עימן יחסי אחווה ורעות.

הנימוק השני מאיר את מעלתן של דתות מצד הנחות היסוד התיאולוגיות שלהן, שהן אלו שמאפשרות את אותה תפיסה מוסרית המביאה להתארגנות פוליטית־חוקתית טובה. בעניין זה המאירי מבהיר עיקרון חשוב באשר למבט הנכון על יחסים בין דתות. לדידו, במקרים רבים חשיבה דיכוטומית על אמונתן של דתות אחרות עשויה להחמיץ את התמונה המלאה והנכונה; ואילו באמצעות ניתוח זהיר ניתן להבחין גם במרכיבים הנכונים והטובים המצויים באמונתן, וכמובן גם במרכיבים ראויים פחות. בעיני המאירי, הן התיאולוגיה הנוצרית הן התיאולוגיה המוסלמית מכילות רכיבי יסוד שדי בהם כדי ליצור שותפות ואחווה - לא רק כקהילה מוסרית גדולה אלא אף כקהילה דתית־מוסרית.

על רקע המציאות הריאלית ששררה בתקופתו, ניתן לומר שכשם שהמאירי מסרב בכל תוקף לצייר תמונה שטחית וחד־

ממדית של העולם הפילוסופי־תיאולוגי ולראות רק את הטעויות והבעיות החבויות בו, כך גם בעולם החברתי ובקביעת טיב היחסים בין יהודים לנוכרים המאירי מסרב להפוך את בעלי השנאה, הריב והמדון מהצד הנוצרי לחזות הכול בתמונה האנושית שהוא משווה לנגד עיניו. במקום זאת, המאירי רואה גם את האנשים החיוביים ואת ההתנהגויות המוסריות שקיימים סביבו ומצליח לנסח עמדה הלכתית ואמונית שמכנסת תחתיה הן יהודים הן נוכרים המשתייכים לדת אחרת.

שני כיוונים אלה עשויים להשפיע על האופן שבו נתרגם את משנתו של המאירי לימינו בשאלה איזו קבוצה נזהה כשותפה למאמץ היהודי בעולם. אין ספק כי הבסיס המוסרי הוא תנאי יסודי ליצירת שותפות; אולם כאשר מצטרפת לכך גם אמונה דתית בעלת תשתית פילוסופית־תיאולוגית מַספקת הרי שיש בכך יתרון ולא חיסרון. דומה כי המאירי היה רואה בחלקים לא מבוטלים מן הנצרות והאסלאם בני ימינו בעלי פוטנציאל רב ליצירת קהילת אחווה רחבה.

יש הרואים בדברי המאירי דוגמה ל"סובלנות דתית". אמת נכון הדבר שבמונח זה יש כדי לתאר את המשמעות המעשית של דבריו, אולם עיון מעמיק בשיטתו מגלה כי היא איננה נובעת מערך קבלת האחר או השונה אלא יסודה בחיפוש אחר הטוב, הצודק, הנכון והמוסרי שבדתות אחרות וכי היא מבוססת על ניתוח למדני־הלכתי מעמיק.

עמדתו ההלכתית של המאירי נפסקה להלכה על ידי רבי בצלאל אשכנזי, מגדולי החכמים בארץ ישראל במאה ה־16, בספרו "שיטה מקובצת".[25] במהלך המאה העשרים - בעקבות שיבת עם ישראל

25. שיטה מקובצת, בבא קמא קיג ע"א. בקרב תופסי התורה ומהם תלמידי חכמים יש הטוענים בשם ה"חזון איש" שאין לסמוך על המאירי כיוון שכתביו לא עמדו לפני רוב הפוסקים לאורך הדורות. עובדה זו קשה לתיקוף משתי סיבות. האחת, עינינו הרואות שלא רק שפוסקים הכירו את דברי המאירי ומתייחסים אליו באופן שווה כאחד הראשונים, אלא אף פסקו את דעותיו להלכה. כמו כן, ה"משנה ברורה" מזכיר את המאירי מאות פעמים ואף פוסק כמותו להלכה במקרים רבים.

לארצו, השואה והקמת מדינת ישראל - התעוררה שוב וביתר שאת שאלת היחס ההלכתי לנוכרים, וכמה פוסקים חשובים המשיכו בדרכו של ה"שיטה מקובצת" וראו בדברי המאירי עיקר שיש לנקוט להלכה. על עמדתו של המאירי ביחס לגויים כתב הראי"ה קוק בשנת 1904 כי "העיקר הוא כדעת המאירי, שכל העמים שהם גדורים בנימוסים הגונים בין אדם לחבירו הם כבר נחשבים לגרים תושבים בכל חיובי האדם".[26] שישים שנים מאוחר יותר, ב־1964, כתב הרב יעקב יחיאל וינברג בעל ה"שרידי אש", ניצול שואה בעצמו, כי דווקא בעת הזו יש -

> לעשות קץ לשנאת הדתות זה לזה [...] מוכרחים להכריז בצורה חגיגית ורשמית, שבזמננו אין הדבר כן. המאירי כתב כן. אבל המלמדים והרמי"ם לוחשים באזני התלמידים כי כל זה נכתב בשביל הצנזור.[27]

אף הרב חיים דוד הלוי פּרשׁ את משנת המאירי בעניין זה, פסק כמותו ולבסוף סיכם:

שנית, יש התולים את דברי החזו"א הללו במה שכתוב בספרו (מועד, סימן סז, ס"ק יב) ביחס להעדפת מהדורות ספרים שהיו לפני חכמי ישראל לאורך הדורות על פני מהדורה חדשה ו"מתוקנת" המתבססת על כתב יד חדש שנמצא. וכך מסביר החזו"א את עמדתו: "הפוסקים שלא הפסיקה מסורה בינם ובינינו בכל הדורות, ששקדו עליהם חכמי דור דור לשמרם ולנקותם, צריכים אנו לחשוב את ספריהם ליותר דוקנית". אולם, דברי החזו"א אמורים כלפי מהדורה חדשה של רבנו חננאל המתבססת על כתב יד חדש שנמצא ולא ביחס לחיבורו הגדול והמקיף של המאירי, "בית הבחירה". ועוד מוכח כי דברי המאירי מוכרים לחכמי ישראל לאורך הדורות.

26. אגרות הראיה, חלק א, איגרת פט, עמ' צט.

27. מכתב זה פורסם לראשונה בתרגום לאנגלית בתוך Marc B. Shapiro, "Scholars and Friends: Rabbi Jehiel Jacob Weinberg and Professor Samuel Atlas", *The Torah U-Madda Journal*, 7 (1997), pp. 117-118. לאחר מכן פורסמו בלשונם המקורית בתוך הרב צבי ישראל הלוי, ישראל והעמים, ירושלים, תשס"ט, עמ' 24, הערה 25.

> כיון שאין לגויי נֵכר בזמננו דין עובדי עבודה זרה לכן גם אילו היתה יד ישראל תקיפה במובן ההלכתי והמעשי של אותם ימים, לא היינו חייבים בשום פנים לנהוג בגויי זמננו כדין עע״ז. ולכן בכל מכלול היחסים שבין ישראל לנכרים, הן בארץ והן בחו״ל, הן ביחס החברה כמדינה לאזרחיה הגויים, ובין ביחס היחיד לשכנו או חבירו הגוי, אין שום צורך לשמור על יחסים אלה ״מפני דרכי שלום״ בלבד, אלא משום ההגדרה ההלכתית אין הם יותר בגדר עע״ז. ולכן פרנסתם, בקורי חוליהם, קבורת מתיהם, ניחום אבליהם [...] ועוד, הכל ניתן להעשות מתוך חובה אנושית מוסרית ולא משום ״דרכי שלום״ דוקא.[28]

לפי המתבאר במאמר זה יש להוסיף ולומר כי על פי המאירי, העובדה שהנוכרי בזמננו איננו בגדר עובד עבודה זרה לא רק מכוננת את היחס המוסרי כלפיו כחובה הלכתית אלא אף גורמת לראות בו שותף לאחווה האנושית שהתורה מבקשת ליצור במציאות, ובדת שלו אנו עשויים לראות שותפה לקריאת שם ה׳ בעולם.

28. הרב חיים דוד הלוי, ״דרכי שלום ביחסים שבין יהודים לשאינם יהודים״, תחומין, ט (תשמ״ח), עמ׳ 78.

מקורות

[1] בית הבחירה, בבא קמא לז ע"ב

שור של ישראל שנגח שור של נכרי פטור מדין רעהו ושל נכרי שנגח של ישראל בין תם בין מועד משלם נזק שלם, מתוך שאין חסים על ממון זולתם, קונסין אותם שלא ירגילו עצמם להזיק. ולפי מה שנאמר בגמרא, דוקא בעממים שאינם גדורים בדרכי דתות ונימוסים כמו שאמר עליהם בגמרא "ראה שבע מצות שקבלו עליהם בני נח שלא קיימום עמד והתיר ממונם כל שעה שהדין מחייבם בכך" - הא כל ששבע מצות בידם דינם אצלנו כדיננו אצלם ואין נושאין פנים בדין לעצמנו. ומעתה אין צריך לומר שכן באומות הגדורות בדרכי דתות ונימוסים.

[2] בית הבחירה, בבא מציעא נט ע"א

כל שגדור בדרכים הדתיים הרי הוא בכלל אונאה אבל עובדי האלילים אינם בכלל אחוה כדי לכללן בדין אונאה הבאה דרך מקח וממכר. כלל אמרו חכמים "לא תונו איש את עמיתו - עם שאתך בתורה ובמצות אל תונהו".

[3] בית הבחירה, גיטין סב ע"א

עובדי הגלולים אין נמנעין משאול בשלומן ומכל מקום אין ראוי להאריך עמהם בדברי שלום ביתר מן הרגיל וחוץ לתחום שלום מנהג וזהו הנקרא אצלי כפילת שלום שכל שאדם מאריך בשאלת שלום על הרגיל מורה חבה יתרה ושיכות וכבר ידעת שעבודת הגלולים היתה מושכת את הלב הרבה מצד תועלות שהיו משיגים בעבודתם [...] ולא יכנס עמו בשיכות יתר מדאי ואלו היה ממתין שיהא הוא מקדים לו שמא יקדמנו בדברי חבה והתעלסות אהבים והיה הוא צריך להוסיף לו באותו הדרך עד שמתוך כך היו מתאהבים זה לזה ודעתם מתקרבת יותר מדאי והיו האחרים למדים מהם והולכים אחריהם [...] ומכל מקום אומות הגדורות בדרכי הדתות ומאמינים במציאותו ית' לאחדותו

ויכלתו, אף על פי שמשתבשין בקצת דברים לפי אמונתנו, אין להם מקום בדברים אלו.

[4] בית הבחירה, עבודה זרה ב ע"א

וכן מצד גוים שבחוצה לארץ לא הותר אלא לפני האיד אבל יום האיד עצמו אסור והרי מנהג ההיתר אף ביום האיד הוא? ומתוך כך עקר הדברים נראה לי שדברים אלו כולם לא נאמרו אלא על עובדי האלילים וצורותיהם וצלמיהם אבל בזמנים הללו מותר לגמרי, ומה שאמרו בגמ' נצרי לעולם אסור - אני מפרשו מלשון "נוצרים באים מארץ מרחק" האמור בירמיה שקרא אותם העם נוצרים על שם נבוכד נצר וידוע שצלם השמש היה בבבל ושכל עם נבוכדנצר היו עובדים לו וכבר ידעת שהחמה משמשת ביום ראשון כענין ראשי ימים ומתוך כך היו קורין לאותו יום "נצרי" על שם שהיה קבוע לנבוכד נצר על צד ממשלת חמה שבו והדברים נראין וברורים.

[5] בית הבחירה, בבא קמא קיג ע"ב

נמצא שאף עובדי האלילים ושאינם גדורים בדרכי הדתות אסור לגזלם. ואם נמכר לו ישראל - אסור לצאת מידו בלא פדיון וכן אסור להפקיע את הלואתו. ומ"מ [=ומכל מקום] אין אדם חייב לחזֵר אחר אבדתו כדי להחזירה לו ולא עוד אלא אף מי שמצא אבדתו אינו חייב להחזירה שמציאה מקצת קנין הוא, וחזרתו דרך חסידות ואין אנו כפופים לחסידות למי שאין לו דת. וכן טעותו - אם טעה מאליו שלא מתחבולתו ולא מהשתדלותו, אין הכרח בהשבתו. ומ"מ אם נודע לו על כל פנים - חייב להחזירו. וכן אף באבדה, כל צד שיהא חלול השם בעכובה - מחזירה. הא כל שהוא מעממין הגדורים בדרכי הדת ועובדי האלהות על איזה צד, אף על פי שאמונתם רחוקה מאמונתנו, אינם בכלל זה אלא הרי הם כישראל גמור לדברים אלו אף באבדה ואף בטעות ולכל שאר הדברים בלא שום חִלוק.

[6] בית הבחירה, חגיגה יג ע"א

אין מוסרין סתרי תורה אלא לאדם הגון ואין מוסרין סתרי תורה לגוי והוא מי שעובד לאלילים ולצבא השמים שמאחר שהוא כופר בעיקר היאך אנו מלמדין אותו תורה ועל זה נאמר "מגיד דבריו ליעקב" וכו' לא עשה כן לכל גוי.

[7] בית הבחירה, חולין קיד ע"ב

כל הנבלות אף על פי שנאסרו באכילה בהנאה - מיהא הותרו חוץ משור הנסקל כמו שיתבאר במקומו, שהרי נאמר בנבלה "לגר אשר בשעריך תתנה ואכלה או מכור לנכרי". ולא סוף דבר לגר בנתינה ולגוי במכירה אלא אף בחלוף אלא שמצוה להקדים נתינה לגר על מכירה לגוי, שהגר הואיל ונכנס תחת כנפי השכינה הרי הוא בכלל אחוה ואתה מצווה להחיותו; מה שאין כן בגוי שכל שהוא מעובדי האלילים - אי אתה מצווה להחיותו.

[8] בית הבחירה, ברכות נח ע"ב

הרואה בתי כנסיות של ישראל ביישובן, אומר "ברוך מציב גבול אלמנה"; בחורבנן, אומר "ברוך דיין האמת". בתי עובדי האלילים ושאר בעלי האמונות הקדומות שלא היו גדורות בדרכי הדתות והם הנזכרים בתלמוד תמיד בלשון אומות העולם - כל שראה אותם ביישוב ובשלוה, אומר "בית גאים יסח ה'"; בחורבנן, אומר "אל נקמות ה'".

[9] בית הבחירה, עבודה זרה יד ע"ב

דברים אלו אסורן מחשש תקרובת שכל שמקריבים לאלילים אסור הן פת הן יין הן דברים אחרים, אבל כל שאין גופו תקרובת אלא שנעשה לכבוד בעלמא - כגון הדלקת נרות או שנותנין בתוכו תקרובת כגון כלי כסף וכלי זהב וכן מלבושים שעובדיהם לובשים בשעת הקטרתם או עבודתם - כולם מותרין הן לקיחתם הן הלואה עליהם; וכן כתבוה

רבני צרפת. ויש מהם שהתירו אף במה שדומה שהוא גוף תקרובת אם הוא נותן לכומריהם בשכרם כגון פת וכן בספרים העשויים לזמר לפניהם. ויש מדקדקין לאסור בקצת דברים אלו במקומות שעבודת האלילים נשארה לשם כמו שביארנו. והדברים נראים בכללם להתיר אלא שראוי לבעל נפש להחזיק ובפרק רביעי יתבארו הדברים יותר.

[10] חיבור התשובה (מהדורת א׳ סופר, ירושלים, תשל״ו), עמ׳ 256–255

וכבר נודע שכבר נתפשטו בזמנים הקדומים דעות כוזבות לא האמינו רק המושג בחוש, או הדבר שהוא מפורסם ומושכלות ראשונות, וזה הדעת המיוחד לאנשי דור הפלגה, וזה היה כל נפרד אצלם נעדר המציאות, הביאם זה לכפירת מציאות השם ומציאות כל נבדל, והיו עובדים לצבא השמים, ואם ראו סולם מוצב ארצה וראשו מגיע השמימה לא ראו את ה׳ צבאות נצב עליו ובקדושיו לא יאמינו [...] והוא משל נאות שהם, ר״ל [=רצוני לומר] אנשי דור הפלגה, היו מעדירים בציורם מציאות כל מה שלא יורגש רק המורגש והמפורסם, ובעל המחקר יוסיף אומץ להאמין כל מה שימציאוהו הקש ויעמד עליו מופת, ובא מזה לאמנת קצת פִּנות התורה ויסודותיה החזקים כענין מציאות השם ומציאות כל נבדל.

[11] פירוש תהלים (מהדורת י׳ הכהן, ירושלים, תשל״ד), עמ׳ 47

כי ענייני האמונה צריך שתהיה אמונתם על פי א׳ מד׳ עניינים והם המורגש והמפורסם והמקובל, וכבר היו בזמנים הקדומים דעות רעות לא האמינו רק המורגש והוא המושג בחוש, והמפורסם והוא ענין הדברים המפורסמים במושכלות הראשונות [...] ומפני זה כפרו במציאות השם ובמציאות כל נפרד ובכל הגדרים הדתיים, עוד מהם בקצת היישוב בכמה מקומות [...] ומכל מקום לא תשלם אמונת האדם עד שבאה נחלת התורה, והמקבלה קִבֵּל עליו עול מלכות שמים להאמין אחר כל זה מה שיזקיקוהו דרכי הדת להאמין בו על צד שלם שלא יחסר דבר.

רבי יוסף אלבו: תורת בני נח משתנה לפי אופייה של כל אומה

יעקב נגן

רבי יוסף אלבו (1444-1380) חי בספרד בתקופה שבה סבלו היהודים מרדיפות קשות בידי הנוצרים. כילד, בשנת 1391, חווה ר"י אלבו פוגרום קשה שבו נרצחו מספר רב של יהודים ורבים אחרים התנצרו כדי להציל את עצמם. ב־1414 היה ר"י אלבו מנציגי היהדות בוויכוח טורטוסה - מהוויכוחים המפורסמים ביותר בימי הביניים. את הוויכוח יזמו הנוצרים, והמשתתפים היהודים הוגבלו בהגבלות שונות, כגון איסור להעלות ביקורת על הנצרות - כך שלמעשה הוויכוח היה מזימה נוצרית על מנת לקדם את התנצרותם של יהודי ספרד.

ספרו המפורסם של רבי יוסף אלבו, "ספר העיקרים", מציג את עיקרי האמונה היהודית ותוך כדי כך מתפלמס באופן גלוי וסמוי עם הנצרות. בספר מבדיל ר"י אלבו בין "דת נימוסית" ו"דת אלוהית": דת נימוסית עוסקת בתיקון המדינה, ואילו דת אלוהית מביאה לידי שלמות המידות והדעות ולעולם הבא [1]. דת אלוהית טוענה לדבריו

שלושה עיקרים: מציאות ה׳, תורה מן השמיים ושכר ועונש. ממילא, הנצרות לטענתו איננה דת אלוהית, כיוון שאמונת השילוש פוגעת באמונה במציאות ה׳. ר״י אלבו גם מבקר את תפיסת הבחירה החופשית באסלאם שהוא רואה אותה כפוגעת בעיקר של שכר ועונש [5]. טענה נוספת שמעלה בעל העיקרים כנגד הנצרות והאסלאם היא ״שהדת האלהית צריך שתתפרסם נתינתה פרסום גדול, וכל דת שלא תתפרסם נתינתה פרסום גדול כזה איננה אלהית״ [2].

יחד עם זאת, בהגותו של בעל העיקרים יש מקום לריבוי דתות, ונראה שזהו לדידו המצב האידיאלי של האנושות:

> וממה שראוי שנחקור בכאן הוא אם הדת האלהית יחוייב שתהיה אחת לכל האנשים או רבות [...] אלא שכאשר יעויין זה היטב נמצא שאף על פי שנודה שיהיה מחוייב מצד הנותן, איננו מחוייב מצד המקבל. לפי שהוא מבואר שמזגי האנשים מתחלפים קצתם מקצת, אם מצד התחלפות מזגי האבות או מצדדין אחרים, עד שאי אפשר שיסכימו שני אנשים על מזג ותכונה אחת [...] ויתחלפו האנשים בזה גם כן מצד התחלפות מקומות מושבותיהם, כי טבעי הארצות מתחלפות בשנויי האוירים וההרים והמימות וכיוצא בזה [...] אלא שאחר שהשנוי הזה הוא מתחייב מצד המקבל ולא מצד הנותן, ראוי שיהיה השנוי בדברים אשר מצד המקבלים, וזה בפרטי ההנחות וההסכמות אשר בין האנשים כפי התחלפות הארצות בנאה ובמגונה, כי כבר יהיה הנאה אצל קצת מגונה אצל קצת, אבל בעקרים הכוללים והשרשים המסתעפים מהם שכל זה מצד הדברים הנתלים בנותן, אי אפשר שיצוייר בזה שום חלוף [3].

בעוד אצל רבי נתנאל בירב פיומי מקור הריבוי הוא בריבוי התגלויות, ואצל רבי מנחם המאירי הריבוי נובע מהתועלת המוסרית ההתנהגותית הקיימת בדתות, הרי שאצל ר״י אלבו הדבר נובע מהמבנה הבסיסי של הדת. דת היא מערכת של עיקרי אמונה וענפים המסתעפים מהם,

וככזאת היא יכולה - וצריכה - להתאים לאופי העם הנושא אותה, לאקלים ארצו ולתכונותיו הייחודיות. לכן נותן הדת, האלוהים, הוא אחד, אולם מצד המקבלים יש ריבוי דתות.

בעל העיקרים מחדש גם יסוד מופלא: "תורת בני נח" איננה תורה אחידה ובלתי משתנה אלא תורה דינמית, המתפתחת ומתעצבת לפי אופי המקום והאדם הנושא אותה, "כפי התחלפות האומות זו מזו" [4]. כשם שהתורה שבעל־פה היהודית מתעצבת על פי רוח האומה - כפי שכתב הראי"ה קוק, "בתורה שבעל פה [...] אנו חשים שרוח האומה [...] היא גרמה באופיה המיוחד שתורה שבעל פה תהיה נוצרת בצורתה המיוחדה"[1] - כך גם תורת בני נח מתעצבת בקרב כל אומה באופן שונה על פי המאפיינים העמוקים של התרבות שבתוכה מופיעות שבע המצוות.

במילים אחרות, הדתות הן למעשה מעין "תורה שבעל־פה" לשבע מצוות בני נח, וכשם ש"שבעים פנים לתורה" כך שבעים האומות יכולות להיות שבעים מיני פרשנות ועיצוב של שבע המצוות. מי שמגדיר את **האופי והיישום של המצוות הן האומות עצמן**; לא אנו מגדירים את המצוות בעבור האנושות כולה.[2]

לצד קבלתו את הערך שבדתות האחרות, מדגיש בעל העיקרים גם את הייחודיות של העם היהודי:

> ואין ספק שהאומות היו מגיעות על ידי תורת בני נח, אחר שהיא אלהית, להצלחה האנושית, **עם שלא היתה במדרגת ההצלחה**

1. שמונה קבצים, קובץ ב, פסקה נז.
2. הרמ"א מתייחס למחלוקת האמוראים ביחס ל"דינים", ומסביר שלדעת רבי יוחנן, הלומד דינים מ"ויצו", הדינים שבהם מחויבים בני נח מוגדרים על ידם וכוללים את שמירת "המנהג המדיני ולדון בין איש ובין אחיו ובין גרו משפט יושר". הוא מדגיש שמשפט זה "אינו בדרך דיני ישראל שמסרם לנו משה מסיני, רק הוא חק נימוסי". דבריו אומנם הם רק אליבא דרבי יוחנן, ואילו רבי יצחק חולק על כך. מלבד זאת, הרמ"א סובר כך רק ביחס למצוות דינים ולא לכל המצוות, אך בכל זאת יכולים דבריו לשמש מודל לחשיבה על שבע מצוות בני נח כמצוות שאינן מוגדרות על פי דיני ישראל אלא על פי האומות עצמן.

> **המושגת לישראל מצד התורה**, אמרו רבותינו ז"ל חסידי אומות העולם יש להם חלק לעולם הבא.

אף שבהיבט המעשי ר"י אלבו אינו מעניק לגיטימיות לדתות השונות הקיימות בימיו (בין היתר בגלל האמונה הנוצרית בשילוש ומשום שהבין שהאסלאם איננו מאמין בבחירה חופשית), יש בדבריו יסודות שהוגים אחרים פיתחו כדי לתת מקום לדתות אחרות - בייחוד תפיסתו שריבוי דתות הוא חלק מהגיון האנושי הטבעי והנכון. לדוגמה, מאות שנים אחרי בעל העיקרים, כתב הרב אליהו בן־אמוזג על תפיסת ריבוי הגוונים בספרו "ישראל והאנושות":

> הרבגוניות בצורות, ללא קשר עם האחדות העליונה שהיא כפופה לה, מהווה כשהיא לעצמה את הדת האוניברסאלית [=תורת בני נח] בכלליותה. אין זה שוני שרירותי ומקרי, אלא משהו הכרחי ואורגאני, ששרשיו חבויים במעמקי הטבע. אין האחדות יכולה להיות מיוצגת אם לא באמצעות האספקטים השונים, אשר דומה שהם סותרים זה את זה [...] הגונים הדתיים השונים, המתאימים להבדלי הגזעים והעמים, כלולים כולם בחוקת בני נח ומהווים את צדדיה השונים [...][3]

הגוונים הדתיים השונים, הנובעים מפרצופיהם השונים של העמים, הם כולם ביטוי של "חוקת בני נח" ומיישמים אותה על פי טבעם הייחודי. תהליכי שינוי זה לא התרחשו רק בעבר אלא מוסיפים ומתהווים כל הזמן:

3. הרב אליהו בן־אמוזג, ישראל והאנושות, מצרפתית: שמעון מרכוס, ירושלים: מוסד הרב קוק, תשכ"ז, עמ' 273. וראו בהרחבה להלן בפרק העוסק במשנתו של הרב בן־אמוזג.

> בשוני ההכרחי שלה, (תורת בני נח) ממלאה תפקיד, שאת התחלתו ואת סיומו יש לבקש כאן על פני האדמה והיא אינה פוסקת מלהשתנות בהתאם לגזעים, למקומות ולתקופות.[4]

דוגמה אחרת היא דבריו של הרב קוק (ראו בהמשך בפרק המוקדש להגותו), שבדומה לבעל העיקרים מסביר שההבדלים בין הדתות קשורים לשונוּת בזהות הלאומית. מתוך כך רואה הרב בתופעה של המרת דת תופעה בעייתית, שכן היא מחלישה את כוחו של העם שאליו נולד האדם.

מקורות

[1] ספר העיקרים, מאמר א, פרק ח:

ההבדל בין דת נימוסית ודת אלוהית

הדת הנימוסית תקצר מן האלהית בפנים רבים. הא׳ הוא מה שאמרנו, כי הנימוסית תתקן פעולות האנשים באופן שיתוקן הקבוץ המדיני, אבל לא תספיק לתת שלמות בדעות, כמו שנבאר במה שיבא, כדי שתשאר הנפש אחר המות, ולזה לא תוכל לשוב לשבת בארץ החיים אשר לוקחה משם, לפי שהיא לא תקיף אלא בנאה ובמגונה בלבד. והדת האלהית תספיק לזה, לפי שהיא תכלול השני חלקים שהשלמות האנושי תלוי בהן, והן המדות והדעות, כי היא תקיף בנאה ובמגונה, ותבחין בין האמת והשקר שהן הדעות, ולזה מה שתאר אותה דוד בשהיא שלמה ואמר "תורת ה׳ תמימה משיבת נפש" (תהלים יט, ח), כלומר הדת הנימוסית אינה שלמה לפי שהיא לא תקיף בדעות האמתיות, אבל הדת האלהית היא תמימה לפי שהיא תכלול שלמות המדות ושלמות הדעות, שהם הב׳ חלקים ששלמות הנפש תלוי בהן, ולזה היא משיבת הנפש אל האלהים אשר נתנה, אל המקום אשר היה שם אהלה בתחלה.

4. שם.

[2] ספר העיקרים, מאמר א, פרק כ: נתינת דת אלוהית צריכה שתתפרסם פרסום רב

ולפי דעת רבותינו ז"ל היה הפרסום ההוא [=מתן תורה בהר סיני] לכל העולם, אמרו "'ה' מסיני בא וזרח משעיר למו הופיע מהר פארן' (דברים לג, ב) - מאי בעי בשעיר ומאי בעי בפארן? אלא מלמד שהחזיר הקדוש ברוך הוא את התורה על כל העולם ולא קבלוה עד שבאו ישראל וקבלוה" וכו' (עבודה זרה ב ע"ב), ובאור זה כי אחר שהיו בעולם שבעים אומות ולא זכר מהן אלא שעיר ופארן, בלי ספק לא בא להורות על הר שעיר ומדבר פארן אלא לרמוז על כל העולם, כלומר כי לפי שצפה הקדוש ברוך הוא שהיו עתידין לקום בעולם מניחי דתות בשעיר, שהיא אומת אדום והנטפלים אליה, ובפארן, שהיא אומת ישמעאל והנטפלים אליה, שאלו הן שתי אומות כוללות כל העולם, והם מזרע אברהם שהיה ראש המאמינים, לפיכך פרסם להם נתינת התורה לישראל, להורות שהדת האלהית צריך שתתפרסם נתינתה פרסום גדול, וכל דת שלא תתפרסם נתינתה פרסום גדול כזה איננה אלהית.

[3] ספר העיקרים, מאמר א, פרק כה: ייתכנו גם דתות רבות

וממה שראוי שנחקור בכאן הוא אם הדת האלהית יחוייב שתהיה אחת לכל האנשים או רבות [...] אלא שכאשר יעויין זה היטב נמצא שאף על פי שנודה שיהיה מחוייב מצד הנותן, איננו מחוייב מצד המקבל. לפי שהוא מבואר שמזגי האנשים מתחלפים קצתם מקצת, אם מצד התחלפות מזגי האבות או מצדדין אחרים, עד שאי אפשר שיסכימו שני אנשים על מזג ותכונה אחת [...] ויתחלפו האנשים בזה גם כן מצד התחלפות מקומות מושבותיהם, כי טבעי הארצות מתחלפות בשנויי האוירים וההרים והמימות וכיוצא בזה [...] אלא שאחר שהשנוי הזה הוא מתחייב מצד המקבל ולא מצד הנותן, ראוי שיהיה השנוי בדברים אשר מצד המקבלים, וזה בפרטי ההנחות וההסכמות אשר בין האנשים כפי התחלפות הארצות בנאה ובמגונה, כי כבר יהיה הנאה אצל קצת מגונה אצל קצת, אבל בעקרים הכוללים והשרשים

המסתעפים מהם שכל זה מצד הדברים הנתלים בנותן, אי אפשר שיצוייר בזה שום חלוף.

[4] ספר העיקרים, מאמר א, פרק כה: תורת בני נח מתחלפת בין האומות

ולזה תמצא שתורת בני נח ותורת משה עם שהם חולקות בענינים פרטיים כמו שיבא, הנה הם מסכימות בענינים הכוללים אשר מצד הנותן, ושתיהן נמצאות בזמן אחד, שאפילו בזמן המצא תורת משה לישראל היתה נמצאת תורת בני נח לכלל האומות והיו מתחלפות כפי התחלפות הארצות, רצה לומר ארץ ישראל מחוצה לארץ, וגם כפי התחלפות האומות זו מזו מצד האבות, ואין ספק שהאומות היו מגיעות על ידי תורת בני נח, אחר שהיא אלהית, להצלחה האנושית, עם שלא היתה במדרגת ההצלחה המושגת לישראל מצד התורה, אמרו רבותינו ז"ל חסידי אומות העולם יש להם חלק לעולם הבא.

[5] ספר העיקרים, מאמר א, פרק כו: בנצרות ובאסלאם לא קיימים העיקרים של דת אלוהית

העולה ממה שבארנו בזה המאמר הוא, כי מספר העקרים לדת האלהית שלשה, שהם מציאות השם ותורה מן השמים ושכר ועונש, כי אלו השלשה לא תצוייר תורה אלהית זולתם.

ושתחת אלו השלשה, שרשים אחרים מסתעפים מהם, הם אצל העקרים הללו במדרגת המינים הנכנסים תחת הסוגים, כי בהסתלק אחד מהשרשים לא יסתלק העקר, ובהסתלק העקר יסתלקו השרשים כמו שבארנו.

[...] ואולם שאר הדתות הנקראות אלהיות, הנה הן יניחו תחת אלו העקרים שרשים אחרים בהסתלק אחד מהם תבטל תורתם, כי הנוצרים יניחו תחת מציאות השם השלוש והגשמיות, והוא מבואר שזה סותר לשרשים המסתעפים מעקר מציאות השם, ותחת השכר והעונש יניחו ביאת המשיח ותחית המתים, והוא מבואר מאלו שלא יצוייר מציאות דתם זולתם. וכן הישמעאלים יניחו הגזרה והיכולת

הנקרא בערבי אלקצ"א ואלקד"ר תחת ההשגחה, והוא מבואר שאם היה זה כן שתסתלק בזה הבחירה, ולא יהיה אם כן מקום לשכר ולעונש כלל. ומה שלא מנינו הבחירה בכלל העקרים לדת האלהית עם שהיא הכרחית אליה, לפי שאינה עקר אליה במה שהיא אלהית, אבל מצד שהיא קודמת בהכרח לכל הישרה ונימוס, אנושי היה או אלהי [...]

חלק שלישי

יחס האחרונים לדתות העולם

הרב יעקב עמדן: היסודות החיוביים של הנצרות כדת בני נח

אסף מלאך

הנצרות ככנסייה לשם שמיים

רבי יעקב עֶמְדן (1776–1698) היה אחד מגדולי חכמי ישראל במאה ה־18 וחיבוריו עוסקים בכל מקצועות התורה. הוא היה בנו של הרב צבי אשכנזי, שנודע כ"חכם צבי", מחשובי הרבנים באשכנז בדורו, ובשל כך כונה גם יעב"ץ (יעקב בן צבי). הרב עמדן חיבר בין השאר סידור תפילה עשיר בהערות של הלכה, מנהג ולשון, שזכה למהדורות רבות בדורות הבאים (תחת השם "בית יעקב"; שמו המקורי "עמודי שמים"); קובץ שאלות ותשובות "שאילת יעב"ץ"; וחיבור על שולחן ערוך בשם "מור וקציעה". מעבר לגדלותו בתורה, רבי יעקב עמדן ניחן בידע רב־תחומי בולט. הוא החזיק ותפעל בעצמו דפוס עברי, ואף חיבר את מה שנחשב כאוטוביוגרפיה הראשונה בספרות הרבנית וכנראה גם בספרות העברית בכלל.

הרב עמדן כיהן במשך שנים אחדות כרבה של אמדן (Emden) שבצפון גרמניה (שעל שמה נקרא שם משפחתו), אך לאחר מכן

שב לעיר מולדתו אלטונה שבפרוסיה והתגורר בה עד פטירתו ללא משרה רבנית. ר"י עמדן נודע בעמדותיו התקיפות בתחומים שונים ובפולמוסיו שבהם לא נשא פנים לאיש. בין היתר מפורסמת מלחמתו ברבי יהונתן אייבשיץ, רבן של קהילות אה"ו, שנחשד על ידו בשבתאות. הוא התנגד בחריפות להידמות היהודים לסביבה הגויית - למשל בצורת הלבוש, באימוץ לשון הגויים, באימוץ תרבות פנאי של קלפים ומחולות, בלימוד פילוסופיה ועוד.

יחד עם זאת, בכתביו השונים מצויה גישה ברורה ועקבית המתייחסת בחיוב לדת הנוצרית ולדת האסלאם. לדבריו, מדובר בדתות שפעלו פעולה חשובה של ביעור עבודה זרה ושל הפצת אמונה אמיתית ומידות טובות בעולם. את הצלחתן ההיסטורית של הדתות הללו מסביר הרב עמדן באמצעות הגדרתן כ"כנסייה שהיא לשם שמיים" שעל כן "סופה להתקיים". הנצרות והאסלאם מוגדרות באופן זה מאחר שהפיצו בעולם ערכים אמיתיים שנטלו מישראל כגון אמונת הייחוד, אמונה בבריאת העולם, שכר ועונש, השגחה, נבואה, התגלות, "כמה עיקרים נאותים" ו"מידות חמודות" וכדומה [2-3].

ר"י עמדן בולט בקרב חכמי ישראל בהדגשתו החיובית את היסוד הדתי של הדתות הגדולות.[1] לא רק שהוא מוצא קולות הלכתיות המאפשרות לנהוג עם מאמיניהן כמי שאינם עובדי עבודה זרה וכדומה, אלא שהוא מדגיש - באופן מרחיק לכת - את החיוב בדת שלהם עצמה ואת קִרבתם לישראל כתוצאה מכך: "והם אחים עמנו בהאמנה בתורה ובנבואה ובשאר דברים ומדות טובות שנמצא בהם [...]" [4].

ר"י עמדן תלה את עמדתו בדברי הרמב"ם בסוף הלכות מלכים

1. להרחבה נוספת בענייני פרק זה ראו ליאור גוטליב, "רסן מתעה לר' יעקב עמדן - מהדורה קמא ובתרא: עם מבוא, השוואה טקסטואלית והערות", בנימין איש־שלום (עורך), בדרכי שלום, ירושלים: בית מורשה, תשס"ז, עמ' 295-321; דוד סורוצקין, אורתודוקסיה ומשטר המודרניות, תל אביב: הקיבוץ המאוחד, תשע"ב, פרק 8: "ר' יעקב עמדן ויסודותיה של היהדות החרדית", עמ' 279-348; עזריאל שוחט, "התערותם של יהודי גרמניה בסביבתם עם פרוס ההשכלה", ציון, כא (תשט"ז), עמ' 207-235.

(פרק יא, הלכה ד) על כך שבתוכנית האלוהית ישו ומוחמד נועדו "ליישר דרך למלך המשיח", אך יש לשים לב לכך שהוא הפליג הרבה יותר מן הרמב"ם. הרמב"ם התייחס לדתות הללו כאל טעות גמורה (כפי שכתב שם על ישו, שאין מכשול גדול ממנו שהרי גרם "לאבד ישראל בחרב [...] ולהטעות רוב העולם לעבוד אלוה מבלעדי ה'") אך הדגיש שבדרכי ההשגחה הנסתרות גם הטעויות הללו הועילו לכך שמושגי היסוד של דת האמת כבר הושרשו באומות העולם. לדעת הרמב"ם, הן מושרשות בצורה קלוקלת לגמרי; אך בכל זאת יש בכך תועלת מכיוון שיש בכך כדי להקל על האפשרות לקרבן לאמונת האמת כאשר יבוא המשיח, יגלה טעותן ויסביר להן את המושגים הללו בצורה חדשה ומתוקנת. לעומת זאת, ר"י עמדן התייחס לנצרות ולאסלאם בחיוב רב - כדתות שמכילות כבר במצבן הנוכחי אמונות אמיתיות רבות ומידות מתוקנות וטובות שלמדו מישראל והפיצו בין עמים רבים. ר"י עמדן נסמך אפוא על הרמב"ם אך אליבא דאמת פירש את דבריו באופן מרחיב המייחס לנצרות ולאסלאם משמעות חיובית רבה יותר מזו המצויה אצל הרמב"ם עצמו.

הנצרות המקורית כשבע מצוות בני נח

עמדתו של ר"י עמדן מתחדדת במיוחד בחיבורו "רסן מתעה" - חיבור ייחודי ומרחיק לכת שאותו הקדיש לעיון במהות הנצרות. החיבור התפרסם על ידי ר"י עמדן בשנת 1758, בהתבסס על תשובה שכתב לרבני ועד ארבע ארצות כשנה קודם לכן - כהסבר מדוע מותר למסור את עדת הפרנקיסטים לשלטונות הגם שיש בכך כדי לסכן את חייהם.[2] לדברי ר"י עמדן, הקִרבה הרוחנית בין הנוצרים והיהודים צריכה לעמוד בבסיס שותפותם במאבק נגד הפרנקיסטים המשחיתים את יסודות הדת

2. מהדורה מחודשת של החיבור, בתוספת מבוא והערות, נתפרסמה על ידי גוטליב (ראו בהערה הקודמת) וממנה נלקחו הציטוטים המופיעים להלן בסעיף המקורות. התוספת ברסן מתעה על פני המהדורה המוקדמת מופיעה בתוך סימנים כאלה: <>.

ואת יסודות המוסר כאחד. דברים אלו מעניינים ומעוררי השראה גם לשיתוף פעולה בין־דתי בזמננו כנגד תופעות המשחיתות את האמונה ואת המוסר; אך מעבר לכך יש בהם גם תיאורים מחודשים של היחס שבין הנצרות ליהדות.

לאורך חיבור זה מנתח ר"י עמדן בצורה מפורטת קטעים מתוך ספרי הבשורות (האוונגליונים) ומשאר כתבי הקודש של הנוצרים, וטוען שעל פי כתביהם שלהם, ישו ופאולוס ותלמידיהם לא התכוונו לעקור את התורה מישראל; ואדרבה הם חיזקו את שמירת התורה בישראל והכריזו שליהודים אסור לעקור דבר מן התורה לעולם. לדבריו, כוונתם הייתה לייסד דת לאומות העולם המבוססת על שבע מצוות בני נח ובכך פעלו פעולה חשובה וטובה מבחינה תורנית: "אלא לאומות בא, לייסד להם דת מן אז והלאה, ואף היא לא חדשה כי אם ישנה, הלא הם שבע מצוות בני נח, ששכחום העמים, חזרו שלוחי הנוצרי ויסדום מחדש" [5]. לדבריו, גם את רעיון "ההחלפה" של בני ישראל במאמיני הכנסייה הם העלו רק כתחבולה כדי שיתקבלו דברי הנצרות בין הגויים אך לא זו הייתה כוונתם המקורית של הנוצרים הראשונים.

מן הראוי לציין שטיעונים זהים בנוגע לכוונת ראשוני הנצרות הוצעו כבר על ידי חכמי ימי הביניים במסגרת הפולמוס היהודי־נוצרי. ר"י עמדן מפנה לדבריו של רבי שמעון בן צמח דוראן (1444–1361) בעל שו"ת התשב"ץ ומגדולי רבני אלג'יריה, שבספרו "מגן אבות" טיעונים דומים מאוד שבאמצעותם הדגיש את טעותם של הנוצרים בזמננו אף לפי שיטת מייסדי דתם.[3]

לעומת דברי הרשב"ץ, ר"י עמדן מדגיש באמצעות טענה היסטורית זו שישו "עשה טובה כפולה בעולם" [5]: ראשית, משום שחיזק את האמונה בתורת ישראל בקרב ישראל; ושנית, משום שדאג להפצתן של שבע מצוות בני נח בגויים. אומנם כאמור לחיבור הזה

3. ראו מגן אבות, חלק ב, פרק ד (במהדורת ירושלים: מכון הכתב, תשס"ז, עמ' 196–198).

יש הקשר פולמוסי ברור במאבק כנגד הפרנקיסטים, אך הדברים משתלבים היטב במקורות האחרים המבהירים את עמדתו של ר"י עמדן ואף נדפסו על ידו בשתי מהדורות לאחר הפולמוס; לכן קשה לומר שהוא לא עמד מאחוריהם. לא זו אף זו, הוא עצמו הכריז והדגיש בגוף החיבור כי דבריו בנושא זה אינם רק לצורכי הפולמוס: "מרגלא בפומי, לא כמחניף, כי ידוע שאין זו מדתי [...] תהלות לאל שעשני יהודי כשר, בראני אדם ישר [...] משארית ישראל לא ידברו כזב ולא ימצא בפיהם לשון תרמית".[4]

דברי ר"י עמדן ראויים לבחינה היסטורית מדוקדקת שאין כאן מקומה. די בכך שנזכיר את העובדה הידועה שבשלבים מוקדמים הנצרות הופיעה מתוך עם ישראל וראתה עצמה כפרשנות וכביטוי של היהדות, ובהדרגה הוציאה עצמה מאמונת ישראל. גם בקרב חוקרים בני זמננו שוררות מחלוקות לגבי השלבים המדויקים של תהליך זה, אך נדמה שלדבריו של ר"י עמדן נודעת חשיבות החורגת משאלת תקפותם ההיסטורית. עצם ההתייחסות למהותה של הנצרות כקידום אמונת הייחוד ושבע מצוות בני נח בעולם והפצתן היא מרחיקת לכת. היא ממקדת את תשומת הלב באלמנטים החיוביים של הנצרות שבהם הם שותפים לישראל, וגוזרת מכך עמדה בסיסית של יחס חיובי כלפיה.

יחסו הכללי לגויים ולנצרות

בדבריו של ר"י עמדן ניתן למצוא התייחסויות נוספות המשלימות את עמדתו כלפי הנצרות והאסלאם. הוא מתייחס לפעולות שפעלו חכמי הנצרות והאסלאם להגנה על היהודים במהלך ההיסטוריה וכן לכך שבעולם הנוצרי נדפסו ספרי הקודש של ישראל ובזכותם נשתמרו. לדבריו, גם על כך עם ישראל חייב להכיר להם טובה [1].

במקומות מספר דן ר"י עמדן במעמדם של הנוצרים בני זמנו ובפרט בעניין השילוש שבנצרות ומעלה צדדים שונים שיש בהם כדי

4. רסן מתעה, עמ' 307.

להסביר מדוע הללו אינם בגדר עובדי עבודה זרה. בכך הוא מצטרף לעמדה רווחת בפוסקים שהתירו שותפות עם גויים אף אם יש חשש שיישבעו באלוהיהם משום שבעבורם אין בכך עבודה זרה משום שאינם מצווים על ה"שיתוף".[5] יש מקומות שבהם הוא סבור באופן פשוט כשיטת הראשונים שלפיה גויים אינם מצווים על ה"שיתוף" ומיישם אותה על הנוצרים. במקומות אחרים הוא מעלה את הסברה שלפיה "שיתוף" קיים רק כאשר אין ערעור על אחדות האלוהות אלא שבעבודתה "משתפים" גם כוכב או שליח שלה; ואילו אמונת הנוצרים גרועה מ"שיתוף" מאחר שהיא מערערת על אחדות האלוהות. עם זאת, גם לפי סברה זו הוא אינו מחשיב את הנוצרים בזמנו כעובדי עבודה זרה משום שהם אינם מזדהים בליבם עם היסוד האלילי ואף כשהם עורכים את הטקסים האליליים - אין זו אלא מוסכמה תרבותית בלבד ללא הזדהות מלאה עם האלילות שבדבר וכדברי התלמוד "נכרים שבחוצה לארץ לאו עובדי עבודת כוכבים הן אלא מנהג אבותיהן בידיהן" (חולין יג ע"ב). מלבד זאת הוא מוסיף סברה מחודשת ש"דיינו שכל ישראל חושבים אותם לבלתי עובדי עבודה זרה" [2]. בכך הוא נשען כנראה על דברי התוספות שכתבו שמנהג העולם שלא לנהוג בנוצרים בדיני עבודה זרה נסמך על כך ש"דעכו"ם שבינינו קים לן בגוייהו דלא פלחו לעבודת כוכבים".[6]

ר"י עמדן מציין שחובה לשמור על גופם וממונם של נוכרים ולמנוע מהם הפסד והיזק כמו שחובה לנהוג כלפי ישראל. בהקשר זה הוא מרחיק לכת וקובע שלגויים יש חלק לעולם הבא - ולא רק לחסידים שבהם אלא אף לפושעים שבהם. לדבריו, רק לפושעים בגופם מקרב הגויים אין חלק לעולם הבא כפי שנאמר גם לגבי פושעי ישראל בגופם [3-2].[7] דבר זה נכון לדעתו גם בגויים הקדמונים

5. כלומר לא נאסר עליהם שיתוף שם שמיים עם דבר אחר. ראו למשל רמ"א, אורח חיים, סימן קנו.
6. תוספות, עבודה זרה ב ע"א, ד"ה אסור.
7. במסגרת תשובה זו (שו"ת שאילת יעבץ, חלק א, סימן מא) שניתנה למתלמד בלימודי רפואה, דן ר"י עמדן אם איסור הנאה מן המת ומחפציו שייך גם

וגם כשיד ישראל תקיפה, ועל אחת כמה וכמה בזמננו כשהאומות הנוצריות קרובות אלינו בכמה עניינים בדתם "והם מגינים עלינו לשמור תורתינו ומאמינים במתן התורה ושומרים כמה מצוות ויש להם מדות חמודות" [3].[8] מכך מסיק ר"י עמדן גם את החובה להתפלל לשלום האומות שאנו בתוכן [3, 6]; וזאת לא רק משום איבה אלא גם מחמת הצורך להתפלל אפילו בעד גויים הזרים לנו ובוודאי בעד בני עשו ש"אחינו הם" [6].[9] גם בנושא זה ראוי לשים לב שר"י עמדן אינו מסתפק בנימוקים הכלליים על ערך האדם והיחס ההגון הנדרש גם כלפי אומות העולם (ובוודאי לא רק בנימוקים משום איבה) אלא מדגיש את ערכן הדתי והמוסרי של האומות בנות זמנו שמצד זה ראויים מאמיניהן ליחס מיוחד של אחווה.

עמדתו של ר"י עמדן לאור עמדת הכנסייה בימינו

כאמור, בהלכה מצאנו התייחסות מקילה לנוצרים בהקשר של דיני עבודה זרה גם בקרב פוסקים אחרים - קודם ר"י עמדן ואחריו (ראו על כך בפרק הבא). ואולם, עמדתו של ר"י עמדן בסוגיה זו מתבלטת ומתייחדת בכמה היבטים: (א) הכרעתו לראות בנצרות ובאסלאם דתות של אמונת הייחוד ושל תיקון מוסרי, שאומנם כוללות פגמים וקלקולים

בנוכרים. בהקשר זה הוא דן בקיומם של "עיקרים נאותים" בנצרות בת זמננו ומביא צדדים שונים לשאלה אם הנצרות היא בגדר "שיתוף".

8. דרשת חלי כתם נדפסה בתוך הספר "דרוש תפילת ישרים" של ר"י עמדן (קראקא, תרע"א) והיא עוסקת בין היתר בעניין היחס לגזל גוי והיזק גוי (באופן כללי ובפרט לגבי נוצרים).

9. בתשובה זו (שו"ת שאילת יעבץ, חלק א, סימן קמד) דן ר"י עמדן בנוסח התפילה בראש השנה "ועקידת יצחק לזרעו היום ברחמים תזכור". בשולחן ערוך (אורח חיים, סימן תקצא, סעיף ז) נאמר שלא נכון עושים המדקדקים להוסיף "לזרעו של יעקב" משום שהם משנים ממטבע התפילה. כמה מן האחרונים סברו שגם הנוסח הקצר מכוון לזרעו של יעקב בלבד, אך ר"י עמדן כתב שהתפילה נסבה אף על אומות העולם - שיש להתפלל עליהן תמיד, ובפרט על זרע עשו שאחינו הם.

היסטוריים אך מהותן היסודית היא חיובית; (ב) ההסבר המקיף של הלגיטימציה והחשיבות של הנצרות מנקודת המבט התורנית כדת שלא ביטלה את תורת ישראל אלא ככזו המכוונת לאומות העולם ובאה להפיץ ביניהן את שבע מצוות בני נח; (ג) הכניסה הטקסטואלית המעמיקה שלו לתוך כתבי הקודש של הנצרות והמאמץ לשפוט אותה תוך שימוש ועיון במקורותיה שלה. נקודות המבט הללו מרימות תרומה חשובה למאמץ ולחזון בני זמננו בדבר אפשרויות של שיחה וקִרבה בין ישראל ובין עמי הנצרות והאסלאם.

דברים אלו מקבלים משנה תוקף וחשיבות לאור התהליכים הדרמטיים שהתרחשו בעשורים האחרונים ביחסה של הכנסייה הקתולית לעם היהודי.[10] כבר בשנת 1965 נתקבלה בוועידת הוותיקן השנייה "הצהרה בדבר יחס הכנסייה לדתות הלא־נוצריות" במסגרת המסמך המכונה "נוסטרה אטטה" [=בעת הזאת]. מסמך זה כלל ביטול של היחס אל היהודים כדחויים ומקוללים וביטול האשמת כל היהודים בהריגתו של ישו; ועם זאת, פרטי מסמך מורכב זה נתונים היו לוויכוחים ולפרשנויות שונות. ואולם, במהלך העשורים האחרונים הלכה והתחדדה העמדה החדשה של הוותיקן המתייחסת מעתה אל היהודים כ"אח הבכור האהוב של הכנסייה, שעימו נכרתה הברית הראשונה, שלא הופרה ולא תופר", עמדה שאיננה רואה עוד בנצרות החלפה גמורה וביטול של הבחירה האלוהית בעם ישראל. מסמך שיצא מאת הוותיקן בשנת 2015 ונושא את השם "כי לא יינחם האלוהים על מתנותיו ולא על קריאתו" הוא דוגמה למגמה נחרצת זו. באופן מפליא, העמדה העכשווית של הכנסייה הקתולית ביחס לעקרונות יסוד של הדת הנוצרית תואמת היטב את האופן שבו קרא ופירש ר"י עמדן במאה ה־18 את מגמתם של ראשוני הנצרות.

10. ראו דינה פורת, כרמה בן־יוחנן ורות בראודה (עורכות), בעת הזאת: מסמכים ומחקרים על הכנסייה הקתולית והיהודים לנוכח השואה ובעקבותיה, תל אביב: אוניברסיטת תל אביב, 2015.

מעניין לציין גם את ההקבלה שבין דברי ר"י עמדן על הנצרות לעמדתו של רבי נתנאל פיומי על האסלאם שנידונה לעיל בפרק שיוחד לו. שני החכמים פתחו פתח לעמדה חיובית כלפי הדתות הללו מתוך למידה מעמיקה של כתביהן ופרשנות כוונת מייסדיהן ותפקידן ההיסטורי באופן שאיננו שולל את ייחודו ותפקידו של עם ישראל, אלא מסייע להפצת אמונת ישראל בעולם.

מקורות

[1] לחם שמים (עץ אבות; סיגט תרע"ב), אבות ד, יא:
היחס לנצרות ולאסלאם - כנסייה שהיא לשם שמיים
כל כנסיה שהיא לשם שמים סופה להתקיים וכו'. לשואל שישאל ויַקשה על זה משתי הכתות החולקות עלינו שגברו מאד על פני הארץ, ומלאו פני האדמה בכל פנות חלקיה, גדלו והצליחו כנסיותיהם ונתקיימו שנים רבות ועדיין הולכות ומתחזקות לכבוש הארץ לפניהם, ולמשול מים עד ים, ואי אפשר שיצדקו יחדיו בהיות כל אחת חלוקה על חברתה. ושתיהן חולקות עלינו מלבד שעדיין נמצאות אומות גדולות ועצומות ישנות וקדומות שאינן מודות לשלושתנו, והם מפוזרים בשלשת חלקי העולם, ועומדים בשלוה גדולה והצלחה עצומה בהשקט ובבטחה ומהן ודאי אין ראיה. חלק ה' אותם על פני הארץ תחת השמים בהנחל עליון גוים וגו' יצב גבולות עמים. ופשיטא לא דבר התנא מכנסיות שאין להם חלק עמנו, אך באלו האמונות החדשות ודתיהן שונות אשר יצאו מאתנו ובנו במותיהם על יסודי דתנו האלהית וכל אחת מכחשת חברתה, הלא בהכרח האחת מהנה בלתי אמתית. וימשך מזה לכאורה שתהא כנסתם שלא לשם שמים, ואיך קורא אני אליהם יעמדו יחדו שהרי הן קיימות מאז ועד עתה. ועם שלא קצב התנא זמן מתי יקרא סוף דבר בענין זה, אין סברא שנתכוון לסופו של עולם שזה כמרחיק עדיו, גם אז אף שמים וארץ לא יתקיימו, כולם כבגד יבלו.

ושוב אל תתמה על החפץ, כי גבוה מעל גבוה שומר את הדבר, אלקים חשבה לטובה (מלבד שאין דבר התנא באומות שלמות שאינן בכלל כנסיות), כי לפי הנראה פשוט אין כאן נגוד למשנתנו זאת, **כי בערך אומות העולם אשר היו לפניהם שלא הכירו את ה' וכפרו בעיקר ועבדו עץ ואבן ולא ידעו אלוה בעל יכולת מוחלט בעולם ולא שכר ועונש וגמול עוה"ב תקרא כנסתם גם היא לשם שמים,** לפרסם האלהות בעמים ובמרחקים, זכרוהו להודיע שיש שליט בשמים ובארץ, מושל ומשגיח משכיר ומעניש (על העבירות המפורסמות לפחות, וקבלו עליהן רובן של שבע מצות, מלבד הרבה מדות טובות שאשרו וקיימו על עצמן) מנבא את בני האדם הטובים והישרים אשר התקדשו למדי, ונותן על ידיהם חוקים ומשפטים צדיקים להתנהג על פיהם, וכהנה רבות עמהם משרשי האמונה אשר קבלו מאתנו. ונתוודע על ידם דברים יקרים הללו שהם חפצי שמים, ודאי באיים הרחוקים ובאפסי ארץ, על כן נתקיים בידם דבר כנסתם עד עתה כי **נתנו כבוד לה' אלהי ישראל ולתורתו. והודיעו כבודו בגוים אשר לא ידעוהו ולא שמעו את שמעו. לפיכך לא יקופח שכר כוונתם הטובה לשמים ורחמנא לבא בעי.**

ושתי המשפחות אשר בחר ה' להכניע עמים רבים להביאם בעול האמונות והדעות ההכרחיות לישוב העולם ותקון הקבוץ המדיני, לא הביאו צואריהם בעול תורה, שלא קבלוה מאבותיהם כי לא עמדה רגליהם על הר סיני ולא נצטוו עליה (גם לא היו עבדים במצרים, על כן לא נתחייבו בתרי"ג מצוות) ואם משתפים שם שמים ודבר אחר, לא במרד עשו כן, מנהג אבותיהם בידיהם, וכבר אמר רז"ל שלא נצטוו על השתוף.

גם יצאה מהם טובה גדולה לפליטת בית ישראל הנמצאה, כי אלולי הם כבר כלתה חררה ואבדה תקותנו בין האומות השונאות את ישראל מחמת קנאת הדת, לולי ה' שהיה לנו והקים חכמי אדום וישמעאלים המלמדים זכות עלינו בכל דור מחמת שתוף התורה האלהית אחת היא להם, שבנו עליה מבצריהם. ואף על פי שכמה וכמה

מהטפשים עמדו עלינו לכלותינו וחשבו לבלענו חיים, גם טרפו רבים מאתנו בעלילות שקר, נגד זה עמדו פקחים שבהם כאריות נגד כל הקמים עלינו לרעה, בפרט חכמי נוצרים החוקרים תמיד אחר האמת, מצאו שאין אצלנו אשם, בהיותנו מתחזקים לשמור ולהחזיק תורת אלהינו בידינו, על כן היו למחסה לנו ותחשב להם לצדקה, ואמרו חז"ל או בטולא או בטולא דבר עשו.

* **ודע וראה כי חכמי הנוצרים הפקחים לא לבד שחוקרים ודורשין בתורה שבכתב ומפרסמין כבודה בכל העולם הרימו לה דגל, אכן גם לתורה שבעל פה היו למגן ומחסה** עמוד נכון למועדי רגל. כי בעת שחשבו אנשים רעים וחטאים משלנו לכלות התלמוד ולאבדו מן העולם קמו פרקליטין טובים משלהם והצילוהו כמ"ש בספר החיים וזה לשונו: ושמעתי מזקני הארץ כי בימים שעברו עמדו איזה רשעי עמינו ושלחו ידם ולשונם בכלי חמדה זו (התלמוד) וחשבו לתת אותו לשריפת אש מפני לעג הדברים התמוהים שנמצאו בו לפי מעוט שכלם, וכמעט שגמרו מזימתם הרעה עד שהעיר ה׳ רוח חכם נוצרי אחד שעמד בפני השרים והעמים ולמד זכות על הספר הקדוש [...] וכמה חכמים מהם היו מליצים טובים לישראל ולאמונתם ותלמוד תורתם, ביחוד פפא דרומא גריגוריות ותלמידו אגוסטין וסיקסטוס ויושט ינוס רייכלינוס בערנהרדוס וזולתם רבים שהצילו את ישראל מפחים שטמנו הצורדים להם ובטלו כמה שמדות. **ועוד צא ובחון מעשה ה׳ הגדול אשר עשה עמנו להפליא בגלותנו הזה שכמעט נשתכחה תורה אלולי שרים רבים וגדולים מהנוצרים שנתנו לכסף מוצא, וקבעו בדפוס כל ספרי הקודש הנמצאים בידינו** ממקרא משנה גמרא מדרשים פוסקים ספרי דקדוק ספרי קבלה ספרי מוסר, שו"ת סד"ה, דברי חכמה חידה ומליצה ושיר ובטבע ושאר החכמות. ובכלל, כל החיבורים הראשיים הם שהוציאום לאור עולם בתכלית היופי, ולולי זאת לא היתה יד אחד מאלף משגת אל אחד מהספרים הקדושים והחבורים היקרים, על כן בודאי חייבים אנו להם תשואת חן, ושבח לה׳ יתברך כי למחיה שלחם ה׳ לפנינו. ודי בזו כאן.

[2] שו״ת שאילת יעבץ, חלק א, סימן מא: גויים (נוצרים) של היום אינם עובדי עבודה זרה

וכל שכן באומות הללו שהם בעלי דת ודין ומאמינים בבורא עולם ומנהיג ומשכיר ומעניש וכמה עיקרים נאותים. **אף על פי שאיוו לאלוהות הרבה, הם אינם מצווים על זה כמ״ש רבותינו ז״ל בן נח אינו מצווה על השיתוף** (וכן הוא אומר אשר חלק ה׳ אלהיך אותם לכל העמים אע״פ שהוצרכו הזקנים לבטל תרעומת).

עם שצריך לעיין בדבר זה כי כמדומה המשתף דבר אחר הוא, שמניח כבוד האחדות במקומו לגמרי ומודה בעיקר אחד סיבת הכל מלך מלכי המלכים הקב״ה, אלא שמכניס אמצעים בהנהגה לצורך העולם השפל ככוכב ומלאך והרבה זולתן משלוחי ההנהגה האלהית ומשתפן בעבודה באמור שרצון מלך לחלוק מכבודו לעבדיו משרתיו העומדים לפניו ועבד מלך מלך. זו היתה דעת רוב עובדי עבודה זרה אשר מעולם כידוע. וכל אלו לא הרבו הרשויות כאשר עושים המשנים וכדומה בפיהם כמה התחלות ורשויות נפרדות עם היותן אומרים שהן האחדות. ובלשונם יכזבו לו ככל העולם על רוחם. השי״ת ישמרנו. יש לומר שאינם בגדר משתפים לפי שהמרבים בעיקרים הם מינים גרועים ביותר שהבוחר לו יותר מאחד אפילו אחד אין לו כמבואר בעצמו ואין כאן מקומו. (ובעוונותינו הרבים לפי דעתם המשובש מצאו להם ערים בצורות מיום שנמסרו ס״ת לחיצונים וכבוד אלקים הסתר דבר).

מכל מקום דיינו שכל ישראל חושבים אותם לבלתי עובדי עבודה זרה. וכן אמרו רז״ל גויים שבחוץ לארץ אינן עובדי עבודה זרה אלא מנהג אבותיהם בידיהם. **לכן יקר דמם בעינינו. אפילו היינו מושלים עליהם והיו כבושים תחתינו על אדמתינו,** הרי אמרו (אף בעובדי עבודה זרה ודאין) הגוים לא מורידין אותן. ואין צריך לומר בחו״ל שאנו חסים בצלם שמחויבין אנחנו להגן עליהם כמו כן בכל יכולתנו. ולהצילם מן המות ומכל הפסד והיזק. ואף שמירת ממונם צריך להיות חביב עלינו [...] וכל זה פשוט לפיכך גופן אסור בהנאה לאחר מיתה כשאר בני נח כי אינם גרועים אם שומרים ז׳ מצוות בני נח ואם יעברו עליהם נענשין. וסוף יש להן תיקון אחר שקיבלו עונשן.

יש להם מדור וחלק לעוה"ב כפי הראוי להם. וככר אמרו חסידי אומות העולם יש להם חלק לעוה"ב ולא אמרו פושעי אומות העולם נידונין לדורי דורות אלא בפושעין בגופן בעבירה כדרך שאמרו בישראל כמו כן, אבל שאר פושעים של אלו ואלו אינן נדחין לעולם ואית להו תקנתא ואינן דומין לבהמה שנפשה נאבדת מכל וכל [...]

[3] דרשת חלי כתם, כז ע"א: יש איסור גזל כלפי כל גוי אך בפרט בזמננו שהדת של האומות מתוקנת

וצריך אני גם להודיעכם שבענין איסור גזל וגניבה אין אצלינו חילוק בין ישראל לנכרי. ואגב אזכיר הנה גם כן מה ששמעו אזני בשבוע זו (שדרשתי זאת) כי ערל אחר חרש רעה על היהודים שמברכים בכל יום שלא עשני גוי. אמר היהודים אינם מחשיבים לגוי אלא כבהמה מפקירים דמו וקנינו ורכושו. אמרתי אני שגם זה הבל [...]

אבל הענין ברכה זו לפי שהגוי אינו מצווה בתרי"ג מצוות כמונו יוצאי מצרים ולכן אינו מצווה גם כן על שביתת שבת ויום טוב כמונו, כמו שהוא ענין בברכותינו על שלא עשני עבד ושלא עשני אשה, שהעבד גם כן אינו מחויב במצות רק כאשה, ואשה אינה חייבת רק במצות עשה שאין הזמן גרמא ונכנעת תחת בעלה והוא ימשל בה, מכל מקום חביבין עלינו כגופותינו, כן הוא הענין בגוי. כי כבר עלה בידינו מן התלמוד שגזל הגוי אסור, וזה אפילו בעמים הקדמונים אשר לא ידעו את השם, ואף כשהיו מסורין בידינו על ארצנו. **אבל האומות הללו שאנו חסים תחת כנפיהם והם מגינים עלינו לשמור תורתינו ומאמינים במתן התורה, ושומרים כמה מצות, ויש להם מדות חמודות, ואנו מצווים להתפלל בשלומם ככתוב דרשו את שלום העיר אשר הגליתי אתכם שמה כי בשלומה יהיה לכם שלום.** שאפילו באומות הקדומות כשהיו ישראל שוכנים ביניהם בארצם וצוו חז"ל מפרנסין ענייהם ומבקרים חוליהם ומלווין וקוברין מתיהם על אחת כמה וכמה באומות הללו שהם אדונים לנו (אפילו אומות הקדמונות שלא היטבו לישראל, ולא היו להם שום קורבה עמנו לא בתורה ולא במדות רמזה לנו תורה שהם מיושבי ארץ הלזו וקראה אותם אדונים

[...]) וישראל מחויב להכנע תחתיהן כל שכן ח"ו להעלות על הדעת לגזול אותם ולעשות שום מאומה רע להם. אם ככה תעשו אחי אזי אני ערב לכם ומובטח שתצליחו בזה ובבא, ותראו עולמכם בחייכם, אראה ואשמח ויהיה למכאובי צרי, והיה שכרי.

[4] דרשת חלי כתם, ל ע"א: האומות שאנו חוסים בצילן הן "אחים עמנו" ויש להן "מדות טובות"

[...] וכל זה באומות הקדומות שלא היה להם יחס עמנו כלל וכלל, **על אחת כמה וכמה באומות שאנו חסים בצלם והם אחים עמנו בהאמנה בתורה ובנבואה ובשאר דברים ומדות טובות שנמצא בהם**, והם לא הרעו לנו אך אדרבה מגינים עלינו בשמירת התורה, שבלי ספק אנו חייבים להשגיח ולחוס על שמירת קנינם ורכושם כשלנו [...] ובמקומות אחרים הארכנו יותר.

[5] רסן מתעה: הנצרות כדת טובה לעולם שמהותה הפצת שבע מצוות בני נח בקרב הגויים

[...] **שאפילו אומות העולם גדרו גדר בעצמן אחר המבול, אין צריך לומר אומת הנוצרים שהוסיפה לה גדרים להרחיק עצמן אף מן המותר לישראל**, אפילו מה שאין ערוה לנו וגם מה שהתירה תורה, שהרי אף לקחת איש אחד שתי נשים כאחת אינם מתירים, ואחות אשה גם אחר מותה אחותה וקרובות זולת זה להם אסורים, ומשבועת אמת ומאבק גזל מוזהרים, **ולהם כמה מדות חמודות ומוסרים ישרים, ומנקמה ומשטמה ואפילו לעשות רע לשונא חסידיהם נשמרים, אשרם ואשרינו אם הם נוהגים עמנו כפי דתם** <שנצטוו באונגליון שלהם למכה אותך על הלחי האחת תן לו גם השנית [...] **ובדומה לזה חסידות הרבה שאם היו מקיימים אותם הציוויים ראויים הם לשבח גדול**, ואז ודאי היינו מאושרים ומצלחים בגלותנו זה ביניהם במעלה עליונה, ואז בודאי לא היו נהרגים אלפים ורבבות מקדושינו אשר נשפך דמם כמים ושרפום ודנום בכמה מיתות משונות וקברום חיים [...] הלוואי והיו עושים ומקיימים המצווה עליהם לטובתנו באמת [...]> [...]

כי דבר ידוע הוא שגם הנוצרי ותלמידיו, ביחוד פויל [=פאולוס], הזהירו על שמירת תורת הישראלים, ואמרו שבה נקשרו כל הנימולים [...] אבל באמת גם לפי דברי כותבי האונגליון אין שום יהודי רשאי לעזוב תורתו [...] ובכאן מקשים על פויל מדידיה אדידיה, כי באקטא אפוסטולורוס (פט"ו) זכרו שמל את טימוטיאוס תלמידו <שהיה בן איש יווני, מעשי השליחים טז,3> ונסתבכו בזה מאד. כי פעולתו זאת סותרת למאמריו המוכיחים לכאורה שלדעתו המילה היא מצווה זמנית עד ביאת משיחם בלבד, והרי זה היה מעשה אחר ביאת הנוצרי.

אך דע נא וקבל האמת ממי שאמרו כי מכאן נראה בבירור שהנוצרי ושלוחיו לא באו לבטל תורה מישראל ח"ו, שכן כתוב במטיאוש [=מתי] (פ"י) שאמר הנוצרי לא תחשבו שבאתי לבטל התורה לא באתי כי אם לקיימה, אני אומר לכם אע"פ שיבוטלו שמים וארץ, מכל מקום אפילו אות אחת או נקודה אחת מן התורה לא יבוטל אלא יקוים, על כן מי שיבטל אפילו מצוה אחת מן הקטנות וילמד לאחרים לעשות כן הוא יקרא קטן במלכות שמים [...]

ובזה תסולק הסתירה גם מדברי הנוצרי עצמו, שבאיזה מקומות מאונגליון משמע להו למלומדי הנוצרים שבא לתת תורה חדשה במקום תורת משה, ואיך אם כן אמר בפירוש שלא בא אלא לקיימה כנזכר. אבל הוא הדבר אשר דברתי **שלא בא במחשבת כותבי האונגליון שבא הנוצרי לבטל דת יהודית לגמרי, אלא לאומות בא, לייסד להם דת מן אז והלאה, ואף היא לא חדשה כי אם ישנה, הלא הם שבע מצות בני נח ששכחום העמים, חזרו שלוחי הנוצרי ויסדום מחדש** [...] אבל לאומות העולם הניח שבע מצות בני נח שנתחייבו בהן מאז, מני ברוא אלהים אדם, כי על כן אסר להם הפסילים והעריות והדם והנחנקים <...> ואסרו להם מילה ושבת, הכל על פי דין ודת תורתנו המפורשת מפי חז"ל [...]

לפיכך תלמידי הנוצרי בחרו לאומות שאין נכנסים בדת יהדות במקום מילה טבילה [...] ועשו להם זכר לדבר השבת ביום ראשון <ובחכמה עשו כל זה, למען לא יכשלו לעבור על מה שבא הבאור בתורה שבעל פה שלא למול ולא לשבות מי שאינו בכלל ישראל

ולא נכנס בדתם ברצון [...] ולכן גם הטבילה אינן עושין כדין וכדת הטבילה בתורת משה כדי שלא להוסיף על דברי תורה שלא בחרוה אלא לרמז בעלמא ולדמיון [...] וכן הדבר מה שעושין מיום ראשון שבת, לא לשביתה גמורה רק לתת זכרון ליום ראשון שבו נברא העולם נתכוונו, לשום חדוש העולם והבריאה בדעתם ומחשבתם לידע שיש לבירה מנהיג אשר עשאה יצרה ובנאה לרצונו ובחפצו הוא סותרה ומקעקעה לשעה [...]

אלא ודאי האמת הברור כשמש הוא שלא נתכוונו מכתבי האונגליון רק לי‍ַפּוֹת היתר אכילת הטמאים לאומות בלבד, שבודאי מותרים המה להם, ועשו כן לכוונה טובה כדי שלא תכבד עליהם קבלת התורה במקצת כנ"ל, דהיינו שבע מצות, ופן ימאנו לשמוע אליהם. לפיכך התעצמו בזה, למען יאמינו בתורה ונבואה ויקבלו מה שיצוום ממנה בסבר פנים יפות, ולמען יניחו לישראל וייסיעום בשמירת התורה כולה ויטלו שכר עמהם [...] זהו ודאי האמת הברור בכוונת מיסדי נימוסיהם [...] **אע"פ שיראה כן לפום ריהטא באיזה מקומות מהאונגליון כאילו מתכוונים להקניטנו, אבל גם את זאת עשו בשכל כדי למצוא חן בעיני האומות** [...] **כל זה תחבולה מהם כדי שלא יתקנאו האומות עוד בישראל ובתורתם, וציירו לפניהם כאילו בטלה התורה ועברה עם בטול ישראל מהיות עם לה', ושהם נכנסו תחתיהם וירשו מקומם בחסד חנם, בדו כל ההמצאה בשביל תועלת האומות** שלא יהיו כבהמות שדי וחיותו יער [...] אך אחר זה ההמון נפתים לדברי כומרים עניי הדעת. במשך הזמן נשתקעו בדעות זרות, כי לא הבינו עצת קדומיהם (שצפנו מחשבתם האמיתית בלבם) ולא ירדו לסוף דעתם, נתרחקו מאוד מן המרכז, על כן הם את ישראל מתעבים [...]>

על פי הדברים והאמת האלה, מרגלא בפומי (לא כמחניף [...]**), שהנוצרי עשה טובה כפולה בעולם** [...] **מצד אחד חזק וקיים תורת משה בכל עוז** כנזכר לעיל באר היטב מה שאי אפשר להכחיש, ואין אחד מחכמינו שדיבר יותר מזה בפה מלא בחיוב קיום נצחי לתורה, **ומצד אחד לאומות העולם, היטיב הרבה** (אם לא יהפכו כונתו הרצויה

אליהם כדרך שעשו איזה משוגעים, שלא ירדו לסוף דעת כותבי אונגליון ושלמו רעה תחת טובה).

<והנה הדברים האלה לא היו תחלת מעשי בזה, לפקוח עינים עורות, וכבר הודעתי והשמעתי קולי אל בני אדם באופן הלזה [...] בכמה נוצרים פקחים שעזרו לישראל בשמירת תורתם וקיום דתם [...] **והם גם כן דברי הר"מ ז"ל בסוף הלכות מלכים כשכתב שהנוצרי ונביא הישמעאלים באו לפנות דרך לפני גואל צדק שיבוא ב"ב.** ואחר שיצאו דברי אלה לאור עולם בדפוס הראוני ספר מלחמת חובה שנדפס בקוסטאנטינה, בתוכו נמצאו דברי תשובות הרשב"ץ ז"ל על אודות אונגליון. והוכיח במישור גם הוא כמוני מדברי האונגליון עצמו אמיתת מה שאמרתי והכרחתי אני בכאן בקונטרסי זה מדעתי. באמרו שהנוצרים החטיאו כוונת ישו בזה, שלא כיון מעולם לבטל דת יהדות מישראל כי הוא ותלמידיו קיימוה. לא בא אלא להחזיקה ולהניח שבע מצות לאומות העולם, כך הם דבריו ז"ל, ממש סגנון אחד עלה לנו ונבואה קטנה נזרקה בפי ובקולמוסי, בהך מילתא בר מזליה אנא, הוא ז"ל אמנם הרחיב הענין יותר [...]>

[6] שו"ת שאילת יעבץ, חלק א, סימן קמד: תפילה לשלום האומות בכל יום ובראש השנה

איברא אעיקרא דדינא פירכא ותמיהא לי מנא להו הך מילתא לגמרי דאין רשאין לכלול זרע עשו בתפלה זו דתקשי להו כלל, והא דכוותה אמרינן בה הכי נמי ואת נח באהבה זכרת כו׳ על כן זכרונו בא לפניך להרבות זרעו כו׳. ומי איכא מאן דאמר דבני נח לאו אומות העולם נינהו. וגם זרע עשו בכלל. והא גריעא טפי. דהא ודאי כל האומות במשמע. ואפילו אותן שאינן מזרע האבות. ולא עוד אלא שישראל אינן במשמע. כדתנן בהדיא אמר קונם לבני נח מותר בישראל. ואפילו הכי ליכא קפידא בלישנא כיון דלא מפקינן לישראל מכללא בהדיא כל שכן דליכא למיחש אי משתמע נמי זרע עשו בכללא דזרע יצחק. אדרבה, הכי עדיף ודאי דבלאו הכי הא מצלינן עלייהו כל יומא (כמו שכתבתי בהגהות התפילה בברכת המינים עמ"ש שם בס"ד באורך),

על אחת כמה וכמה ביום הזכרון הקדוש **שאפילו בעד הגויים הזרים ועובדי אלילים הנכרים אצלנו ואין להם יחס עמנו אנו מתפללים, צריך לומר כן בבני עשו, הלא אחינו הם.** על כן לעניות דעתי דקדוק זה שלא לצורך הוא והנוסח הקצר טוב ויפה ועולה על כל פנים, עליו אין להוסיף ממנו אין לגרוע, המוסיף גורע המקצר מוסר פורע.

[7] עמודי שמים: סידור היעב"ץ, ברכת ולמלשינים, עוד בעניין אמונת האומות בזמננו

המינים - הם אפיקורסים, נקראים כן על שם אפיקורס היווני שם רשעים ירקב, שכפר בהשגחה לחשבו העולם הפקר לית דין ולית דיין חס ושלום [...] והתבונן מפלאות תמים דעים אשר הופיע רוח קדשו על מתקני תפלותנו תפלת ישרים רצונו, כי מן אז והלאה כמעט נעקרו אלה הכתות מן העולם עד שלא ימצא להם כת ידועה בעולם, אם לא יחידים יסתירו עצה והיה במחשך מעשיהם ורשעים בחשך ידמו. **כי עכשיו כל האומות הראשיות מאמינים בהשגחה וחפצים ביחוד.** ועדיין התפלה צריכה מחמת שרשים הרעים הנשארים שלא יתפשטו להיות שורש פורה ראש ולענה [...]

הנצרות כדת חיובית בדברי אחרונים

אסף מלאך

בשיח ההלכתי על הנצרות, בפרט בארצות אשכנז, ישנה מגמה כבר בדברי חלק מהראשונים להבדיל בין הנצרות של זמנם לעבודה זרה שעליה דיברו חז״ל, וממילא גם להקל בדינים שונים ביחסים עם הנוצרים. במובן זה, דבריו של ר׳ יעקב עמדן שנידונו בפרק הקודם אינם מנותקים מן השיח ההלכתי שקדם לו (הגם שדבריו חדשניים ומרחיקי לכת מבחינת פרשנותם ההיסטורית לנצרות הקדומה ככזו שאיננה סותרת את היהדות וכן מבחינת הערך החיובי שהם מייחסים לנצרות ולאסלאם). בפרק שלפנינו נבקש לעיין בכמה מקורות אשר מציגים עמדות דומות שקדמו לזו של ר״י עמדן - שהגדיר את מאמיני הנצרות והאסלאם כ״אחים עמנו בהאמנה בתורה ובנבואה ובשאר דברים ומדות טובות שנמצא בהם״ (דרשת חלי כתם, ל ע״א) - וכן בדברי כמה אחרונים מאוחרים לו, התואמים את רוח דבריו (ובמקרים מסוימים הושפעו בבירור מפסיקתו בייחוס קיום שבע מצוות בני נח לבני הדתות הגדולות או בהגדרת מאמיניהן כחסידי אומות העולם).

לשם חידוד הדברים ראוי לחלק את ההתייחסות המקילה לנוצרים בפסיקה לרמות והיבטים שונים:

א. פסקים המתייחסים לצורך לדרוש בשלום בני האומות, לא לגזול אותם ולא להקל בפגיעה בחייהם ובממונם - משום שהם פועלים לשלומנו ורווחתנו ואנו חייבים להכיר להם טובה על שאנו יושבים בארצם, או בנימוק הפוך באותו מישור: חשש איבה.

ב. פסקים המתבססים על אופן האמונה של הנוצרים בני זמננו. במסגרת זה יש הטוענים שהללו אינם אדוקים ממש בדתם אלא נוהגים בה כמוסכמה תרבותית בלבד ("מנהג אבותיהם בידיהם") או שאינם בקיאים בה ("אינם בקיאים בטיב אלילים").

ג. פסקים או קביעות הקשורים לדת הנוצרית עצמה, מזהים בה אלמנטים נכונים של אמונה בה', ביציאת מצרים ובעיקרי הדת והמוסר ולעיתים אף מתארים אותה (ואת האסלאם), מסיבות אלו, כחלק מתיקון העולם וכשלב חיובי בדרך גאולתו. עמדה שלישית זו כרוכה לא פעם בטענה שהגויים לא נצטוו על השיתוף ולכן אין לדידם באמונותיהם משום איסורי עבודה זרה.

ד. הגדרה מפורשת של הנצרות והאסלאם כדתות שמאמיניהן מוגדרים מקיימי שבע מצוות בני נח, והיחס הראוי כלפיהם הוא כאל חסידי אומות העולם מחמת דתם או כאל גרי תושב. בכך כבר יש חריגה מציון אלמנטים חיוביים בעלמא והכנסתם לתוך גדר הלכתי ברור המעניק לאמונתם ערך דתי מובהק.

כאן ברצוננו לעקוב בייחוד אחרי עמדות מהסוג השלישי והרביעי ולהתייחס בפרט למקורות שבהם הן אינן מוצגות רק כפטור מחומרות דיני עבודה זרה אלא אף כהסתכלות חיובית על הדתיות והדת של הגויים.

***

בנקודה זו יש לציין קושי בניתוח המקורות שבידינו. תופעות נקודתיות של צנזורה עצמית שהפעילו היהודים על כתבי היד בימי הביניים בעקבות שְׂרֵפות התלמוד והוויכוחים עם הנוצרים הפכו במאה ה־16, עם התפשטות הדפוס, לתופעה רחבה הרבה יותר. שְׂרֵפות הענק של

התלמוד ושל כתבי יד עבריים בעקבות צווים אפיפיוריים בוונציה (1554-1553) ובקרמונה (1559; 12,000 ספרים!), וכן רשימת הספרים האסורים והמחויבים בתיקון שהתפרסמה בעקבות ועידת טרנטו של הכנסייה הקתולית (1554), הובילו לשורה של נהלים ותקנות שהשתנו ממקום למקום ומזמן לזמן, כמו חובת הסכמה של שלושה רבנים לכל ספר שנדפס ומינוי צנזור בהסכמה בין היהודים למלכות. עם מעבר הדפוסים מאיטליה לפולין ולרוסיה, התמקדה הצנזורה הממשלתית באמירות כנגד השלטון הנוכרי יותר מאשר באמירות נגד הדת. הדבר גרם לתופעה של צנזורה עצמית או של הצהרות נאמנות לשלטון בראשי ספרים עבריים.[1]

מצב זה מקשה על ההבנה עד כמה הצהרות נאמנות וסובלנות בראשי ספרים עבריים משקפות עמדה אמיתית של הפוסקים ושל המדפיסים ועד כמה נאמרו מחמת יראת הצנזור והשלטונות בלבד. מצב זה מצריך מחקר מדוקדק ומקיף, ולעניין פרק זה נקטנו את הכלל הבא: לא הובאו הצהרות קצרות למדי (עד כמחצית העמוד), המדגישות בעיקר את שני ההיבטים הראשונים דלעיל (כבוד המלכות והנימוק של איבה, וכן שהגויים בזמננו - מנהג אבותיהם בידיהם).[2]

1. ראו על כך אמנון רז־קרקוצקין, הצנזור, העורך והטקסט: הצנזורה הקתולית והדפוס העברי במאה השש עשרה, ירושלים: מאגנס, 2005.
2. דוגמאות בולטות לטקסטים כאלה הם למשל הדברים הבאים המופיעים בראש שו"ת נודע ביהודה, מהדורה קמא, לרבי יחזקאל לנדא (רבה של פראג במאה ה־18): "אמר המחבר כבר נודע ונתפרסם בכל המקומות אשר הייתי שאני מזהיר ומוכיח ברוב הדרשות ברבים, להיות נזהר מאוד בכבוד האומות אשר בזמנינו ואנחנו חוסים בארצותיהם ובמדינותיהם, וחייבים אנחנו להתפלל בשלום המלכים והשרים וחילותיהם, ולהתפלל על שלום המדינה ויושביה, וחלילה לנו להיות כפויי טובה אשר המה מטיבים עמנו ונותנים לנו מחיה ושארית בארץ. וגם אני מזהיר תמיד על הגזל ועל הגניבה, ומודיע כי אין חילוק כלל באיסור גזילה וגניבה בין ממון של יהודי ובין ממון של נכרי אסור בלא תגזול [...] הרי מבואר שאסור לגזול או לגנוב אצל נכרי. **וק"ו האומות של זמננו שאנחנו יושבים בתוכם שהמה מאמינים בעקרי הדת, שמאמינים בבריאת העולם ומאמינים בנבואת הנביאים ובכל הנסים ונפלאות הכתובים בתורה ובספרי הנביאים, א"כ** פשיטא ופשיטא שאנחנו מחוייבים לכבדם ולנשאם. ולכן הנני מכריז ומודיע,

לעומת זאת, הבאנו דברי מחברים שהקדישו קונטרס שלם לשאלת היחס אל האומות או שהדגישו שזוהי שיטתם במקומות רבים. בפרט הדגשנו את המקומות שבהם עולים נימוקים מן הסוג השלישי והרביעי, העקרוניים יותר, והמייחסים לנצרות עצמה ערך של תרומה דתית לקידום האמונה בה׳ ולתיקון אמונותיהן ומידותיהן של האומות.

***

להלן מובאים כמה מדברי האחרונים הרבים שאימצו ראייה חיובית - ברמות שונות - כלפי הנצרות. בראשם עומדים דברי הרמ״א שצעד בעקבות הראשונים ואף בעקבות דברי השולחן ערוך שפסקו שלנוצרים בזמנו אין את כל דיני עובדי עבודה זרה; אלא שבאחד מן המקומות

ולא על חיבורי זה בלבד אני מכריז אלא בכל מקום שנמצא בשום חבור דבר גנאי על עכו״ם או גוים וכותים וכיוצא בלשונות הללו, שלא תטעה לפרש על האומות הללו שבזמננו כי המפרש כן הוא טועה ומפרש שלא כדת של תורה. אבל הכוונה על האומות הקדמונים שהיו מאמינים בכוכבים ומזלות וכמו כת הצבא״ה שהזכיר הרמב״ם בספר המורה שאותן האומות אפיקורסים ומינים היו ולא הודו בבריאת העולם והכחישו כל המופתים והכחישו הנבואה, ולכן יזהר כל אחד בדברי אלה וישים אותם על לבו לזכרון״. ה״נודע ביהודה״ מזכיר את היסוד החיובי בדתם של הנוצרים בזמנו אלא שההקשר הוא אפולוגטי.

כנגד זה ניתן להביא את המובא בחידושי פני יהושע לרבי יעקב יהושע פלק (רבן של לבוב, ברלין ופרנקפורט דמיין במאה ה־18), בסוף חידושיו למסכת בבא מציעא: ״מודעת בכל הארץ שבכל הספרים בהחיבורים כגון ספרי הש״ס פוסקים ובשאר החיבורים כיוצא בהם שנזכר בהם לשון עכו״ם וכיוצא בו, בכולן הכוונה המיוחדת על אותן האומות שהיו עובדי כוכבים ומזלות, אבל אותן האומות שאנו יושבים בצילם אינן בכלל הזה, ולא די שיש איסור גמור לעשות להם שום גזל או עושק או להטעותן במדה ובמשקל ובמנין, ואנו מוזהרים עליהם כעל של ישראל כמ״ש הרמב״ם ז״ל ובש״ע והוקבע להלכה אלא לא זו אף זו שחובה עלינו להתפלל תמיד בשלום מלכות והשרים [...] והדבר ידוע ומפורסם שבכל הקהלות שהיו סרים למשמעתי הייתי מכריז ברבים בדרשות שלי להזהיר את העם על כל הנזכר״. בדברים אלו יש צמצום למינימום של השיח החיובי על הנוצרים בזמנו ונראה שהיסוד האפולוגטי הוא הדומיננטי בעיצובם. ניתן למצוא טקסטים רבים משני הסוגים הללו.

הדגיש הרמ"א אף את צד החיוב, ש"כוונתם לעושה שמים וארץ אלא שמשתתפים שם שמים ודבר אחר" [2א], ולא רק שאין בדבריהם עבודה זרה.

דברים רחבים יותר כתב ר"א אשכנזי שהביע התנגדות לעוינוּת כלפי הנוצרים והמוסלמים וכתב שאין לכוון עליהם באמירת "שפוך חמתך על הגויים אשר לא ידעוך", משום ש"כֻּלָּם הגיע אליהם יציאת מצרים ומאמינים בה וידעו ענינה", ועל כן "נשמור נפשנו מחטוא לה' שאין אנחנו מקללים ליודעים שמו רק לעובדי אלילים ובלתי מאמינים בחדוש העולם" [3]. בהסתמך על דבריו, כתב ר' משה רבקש, בעל "באר הגולה", שהאיסור להציל עובדי עבודה זרה לא חל על הגויים בני זמנו שעם ישראל מפוזר ביניהם. מדבריו משתמע שהוא אף רואה בבני הדת הנוצרית (והמוסלמית?) בזמנו חסידי אומות העולם שיש להם חלק לעולם הבא [4]. ומעין זה כתב אף רבי משה חאגיז [5].

בקרב חכמי האחרונים המאוחרים לר"י עמדן ניתן למצוא במפורש המשך של גישתו המייחסת לנצרות שמירת שבע מצוות בני נח. כך אנו מוצאים אצל בעל "תשובה מאהבה" שכתב על הנוצרים בזמנו: "ששומרים שבע מצות, יש להם חלק לעולם הבא וחסידים יִקָּראו" [6] ומעין זה גם בדברי ה"תפארת ישראל" [7].

מהר"ץ חיות הרחיב את הדברים יותר וכתוצאה מכך אף כלל את הנוצרים בזמנו בגדר גר תושב: "בלי ספק שדיניהם אצלנו כגר תושב, ואלו אשר שומרים שבע מצות מפני שנצטוו בהם מאת ה' על פי משה, המה כחסידי אומות העולם ויש להם חלק לעולם הבא" [10]. עמדה זו מצויה אף בדברי הרש"ר הירש [11]. הוא הוסיף והבהיר שאמונתם נחשבת כאמונה מפני הציווי בתורת משה: "וגם הנוצרים משמרים שבע מצות ומאמינים בתורת משה שבאה מפי ה' למשה" [10]. אומנם בקונטרס אחרון העלה מהר"ץ חיות ספק בדעת הרמב"ם שמא זה שהוסיפו בדתם דברים חדשים גורם לכך שאינם גרי תושב אף שהם מייחדים גמורים. מדברי אחרונים אלה עולה שסברו שקבלתם הכללית את המצוות הללו במסגרת דתם מספיקה על מנת להחשיבם כגר תושב ושהיא עולה לכדי קבלה בפני שלושה או בפני

בית דין ותקפה גם בזמן הזה. עמדה זו זכתה לפיתוח ארוך ביישום מפורט על העמים הנוצריים בדברי הרב יחיאל הלר [13].

הרב יעקב צבי מקלנבורג, בעל "הכתב והקבלה", גרס בברכות השחר "שלא עשני נוכרי" במקום "שלא עשני גוי" וטען שביטוי זה נסב על כל מי שאינו מאמין, וממילא אינו מכוון כלפי הנוצרים בזמננו המקבלים את עיקרי האמונה והם בעלי מוסר וחוק. הוא מציין בין מעלותיהם אף את הסובלנות הפוליטית "הדורשים טוב לעמים היושבים ביניהם באין הבדל לישראלי או לאינו יהודי" [8]. חידוש מצוי בכך שהוא קובע שהללו נחשבים ללומדי שבע מצוות בני נח ומקיימיהן ומכיוון שזה מה שנדרש מהם - יש להחיל עליהם את מאמרי חז"ל על נוכרי העוסק בתורה שהרי הוא ככוהן גדול [8].

בשו"ת כרך של רומי הבחין הרב חזן בין המוסלמים הבזים לתורת ישראל לבין הנוצרים שלדבריו "על פי עומק חקירתם וחכמתם מצאו שאין עלינו אשם בהיותנו מתחזקים לשמור תורת אלהינו בידינו"; ובכך ממשיך הרב חזן את העמדה החיובית על יחסם המהותי של הנוצרים לתורת ישראל. הוא אף הפליג וכתב ש"אנו והם משולים לשתי נטיעות יונקות מגומא אחת" [12].

בסגנון אחר מצאנו בדברי רבי אליהו גוטמאכר שכתב שהנימוק התועלתני מדוע להתפלל עבור המדינה בדברי הנביא ירמיהו "כי בשלומה יהיה לכם שלום" נאמר רק על העמים הקדמונים, אבל על האומות של זמנו "יש לבקש לה' בעדם בלי שום תועלת" [9]. יש מקום לעיין אם דבריו מוגבלים למאמיני הנצרות בלבד ומה הגדר ההלכתי שעליו הוא ביסס את דבריו - וממילא עד כמה ניתן להרחיבו גם לסוגיות ונושאים נוספים.

מקורות

[1] רבי יוסף קארו (1575–1488), שולחן ערוך, יורה דעה, סימן קמח, סעיף יב

יש אומרים שאין כל דברים אלו [=דיני הסימן הנוגע למניעת משא ומתן עם הגויים לפני חגי האלילים] אמורים אלא באותו זמן **אבל בזמן הזה אינם בקיאים בטיב אלילים** לפיכך מותר לשאת ולתת עמהם ביום חגם ולהלוותם וכל שאר דברים.

[2] רמ"א (1572–1530): אורח חיים, סימן קנו, סעיף א; יורה דעה, סימן קמח, סעיף יב

דברי הרמ"א, גדול פוסקי אשכנז בדורו, הם מן המקורות החשובים בדברי האחרונים האשכנזים אשר מורים שלא להתייחס לנוצרים בני זמנם כאל עובדי עבודה זרה לעניין שותפות עסקית. אף שאין הכרח לכך לשם ההיתר ההלכתי, ניתן להבחין שלעומת השו"ע, בלשון הרמ"א בחלק אורח חיים [2א] מודגש גם ההיבט החיובי של כוונתם לעושה שמיים וארץ - ולא מוצג רק ההיתר השלילי (שאין זו עבודה זרה ושהם לא נצטוו על השיתוף) כפי שמופיע בלשון השו"ע. אומנם, בדבריו בחלק יורה דעה [2ב] ציין הרמ"א שורת היתרים הלכתיים מבלי להזכיר את הצד החיובי באמונת הנוצרים; והוא אף מביא את דעות הפוסקים שיש ל"בעל נפש" להתאמץ שלא לסמוך על היתרים אלו.

[2א] אורח חיים, סימן קנו, סעיף א

הגה: ויש מקילין בעשיית שותפות עם העכו"ם בזמן הזה משום שאין העכו"ם בזמן הזה נשבעים בעבודת אלילים ואע"ג דמזכירין העבודה זרה מכל מקום כוונתם לעושה שמים וארץ אלא שמשתתפים שם שמים ודבר אחר ולא מצינו שיש בזה משום לפני עור לא תתן מכשול דהרי

אינם מוזהרים על השתוף (ר"ן ספ"ק דע"א ורבינו ירוחם נ"ז ח"ה ותוספות ריש פ"ק דבכורות).

[2ב] יורה דעה, סימן קמח, סעיף יב

הגה: ואפילו נותנים המעות לכהנים אין עושין מהם תקרובת או נוי אלילים אלא הכהנים אוכלים ושותים בו. ועוד דאית בזה משום איבה אם נפרוש עצמנו מהם ביום חגם ואנו שרויים ביניהם וצריכים לשאת ולתת עמהם כל השנה ולכן אם נכנס לעיר ומצאם שמחים ביום חגם ישמח עמהם משום איבה דהוי כמחניף להם (הכל בטור). **ומ"מ בעל נפש ירחיק מלשמוח עמהם אם יוכל לעשות שלא יהיה לו איבה בדבר** (ב"י בשם הר"ן). וכן אם שולח דורון לעובד כוכבים בזמן הזה ביום שיש להם סימן אם יגיע להם דורון בחג ההוא **אם אפשר לו ישלח לו מבערב** ואם לא ישלח לו בחג עצמו (ת"ה סימן קצ"ה).

[3] **הרב אליעזר אשכנזי (1586–1513), מגדולי חכמי דורו, כיהן כרב בקהיר, באיטליה ובפולין**

הדברים דלהלן נכתבו בפירוש להגדה של פסח על הפסוקים "שפוך חמתך על הגוים אשר לא ידעוך" וכו' (הפירוש נדפס בספר [גדולים] מעשי ה', ונציה, שמ"ג [1583], קלד ע"ד - קלה ע"א). מן הדברים הללו עולה יחס עקרוני חיובי כלפי הנוצרים והמוסלמים - כאל יודעי ה' ומאמינים בבריאת העולם וביציאת מצרים. לכן סבור ר"א אשכנזי שאין לקללם ואין לכוון כלפיהם בפסוק הנזכר. אף לגבי אלו מהם שאנו מקללים מחמת שעשו לנו רע והציקו לנו - אין זה מחמת עוינות דתית כלפיהם או כלפי אמונתם אלא עוינות לאומית-אתנית על הרע שעשו.

וכבר חשבו קצת מן הנכרים אשר אנחנו גולים בצל שלהם שחס ושלום אנחנו מקללים אותם, וזה מבואר שאנחנו מחויבים להתפלל בשלומם

ואם כן איך יתכן שנתפלל להשם יתברך שתי תפלות הפכיות. ועוד חלילה לנו בחדר משכבנו לקלל המלך אשר בצלו נחיה. והעד הפסוקים הללו שאנחנו אומרים שישפוך חמתו על הגוים אשר לא ידעוהו שהם מכחישים יציאת מצרים שלא הגיע אליהם ענין האותות והנפלאות ההם. **וזה מבואר מאד שכל הנכרים האלה אשר גולת האומה הישראלית מפוזרת ביניהם כלם הגיע אליהם יציאת מצרים ומאמינים בה וידעו ענינה, הרי אנו מבארים שהיודעים שמו שלא ישפוך עליהם חמתו כי נשמור נפשנו מחטוא לה׳ שאין אנחנו מקללים ליודעים שמו רק לעובדי אלילים ובלתי מאמינים בחדוש העולם.** ולפי שמחריבי בית המקדש לא היה להם מן האמונה שנתפשטו לאדום וישמעאל כי עדיין לא נתחדשו אבל היו עובדי אלילים, לכך ביאר הכתוב שאותם הנכרים שהחריבו בית המקדש לא ידעו את ה׳ ואכלו את יעקב ואת נוהו השמו, **אבל עתה שהנכרים הללו וכן הישמעאלים שהם יודעים את ה׳ ומודים ביציאת מצרים, חלילה לנו מלקללם מפאת דתנו, ואם אנו מקללים המריעים לנו ומצערים אותנו שלא כדין, אפילו אותה הקללה איננה מפאת דתנו חלילה, אבל היא כאדם המקלל למי שעשה כנגדו ומריע לו,** כי האדם יקלל את בנו ואת אחיו כאשר יריע לו או יעשה לו שלא כדין, כמו כן נקלל המריעים לנו בפרט, **אבל חלילה לנו לקלל כללות אומה אפילו יש ביניהם קצתם שהריעו לנו שאין זה רצונו של מקום** רק שנקלל היחידים המריעים לנו ומצערים אותנו ולא זולתם. ותורתנו הקדושה מכרזת בשם ראש המאמינים שאין רצון ה׳ בכך כמו שנאמר האף תספה צדיק עם רשע ואדון הנביאים אמר האיש אחד יחטא ועל כל העדה תקצוף. ומאלו הכתובים נתבאר שאין אנחנו רשאים מפאת הדת לקלל האומות שמודים ביציאת מצרים ויודעים את ה׳ בשגם לא קבלו התורה.

[4] הרב משה רבקש (1671–1591), כיהן כרב בווילנה

בחיבורו המפורסם "באר הגולה" (חושן משפט, סימן תכה), חיבור המציין את מקורותיו של השולחן ערוך, מתיר ר׳ משה

רבקש להציל גויים - על אף האיסור להציל עובדי עבודה זרה - בהסתמך על דברי הרמ"א דלעיל ועל דברי ר' אליעזר אשכנזי הנ"ל.

לא אמרו חז"ל דבר זה [=האיסור להציל עכו"ם] אלא על העכו"ם שהיו בזמניהם שהיו עובדי כוכבים ומזלות ולא היו מאמינים ביציאת מצרים ובחדוש העולם **אבל אלו הגוים אשר אנחנו אומה ישראלים חוסים בצל שלהם ומפוזרים ביניהם הם מאמינים בחדוש העולם וביציאת מצרים ובעיקרי הדת וכל כוונתם לעושה שמים וארץ** כמ"ש הפוסקים והביאו רמ"א בא"ח סי' קכ"ו בהגה **לא די שאין איסור להצילן אלא אפילו אנחנו מחוייבים להתפלל בשלומם** וכאשר האריך בזה בעל מעשה ה' בסדר הגדה בפסוק שפוך חמתך על הגוים אשר לא ידעוך שדוד המע"ה התפלל לשפוך על העכו"ם אשר אינם מאמינים בחידוש העולם וענין האותות והנפלאות אשר עשה השי"ת לנו במצרים ובמתן תורה אבל הגוים אלו אשר אנחנו בצילם חיים וחוסים תחת כנפיהם הם מאמינים בכל אלה כמ"ש ועל משמרתינו אנחנו עומדים להתפלל תמיד על שלום המלכות והשרים להצלחתם ועל כל מדינות ומקומות ממשלתיהם **וכתב** הרמב"ם דהלכה כר' יהושע בפרק חלק (סנהדרין קה ע"א) דאפילו חסידי עכו"ם יש להם חלק לעוה"ב.

[5] הרב משה חאגיז (1750–1672), מחכמי ירושלים ומגדולי הלוחמים בשבתאות

הרב משה חאגיז חיבר חיבורים שונים בהלכה ובהם לקט הקמח, פסקי הלכות על סדר השולחן ערוך, אלה המצות על סדר תרי"ג מצוות ושו"ת שתי הלחם. בין ספריו באגדה כמה חיבורים בשבח ארץ ישראל ומעלתה, משנת חכמים על קניין תורה, ואיגרות פולמוס נגד השבתאות. בספרו אלה המצות (ירושלים: דפוס חורב, תשכ"ד, עמ' שטז-שכ) הוא מסביר שטעם המצווה "לא תתעב מצרי כי גר היית בארצו" (מצווה תקסד, ל"ת שלז) הוא כדי

שנקנה בנפשותינו את מידת הכרת הטוב למי שעשה לנו טובות אפילו אם גם עשה לנו רע כמו המצרים. מכאן הוא ממשיך לפרט את הטובות הגדולות שעשו לנו העמים שאנו יושבים ביניהם, הן במתן חופש גשמי לעסוק במסחר ולהתקיים בשלום בארצם הן בהערכה שלהם את תורת ישראל ואף בהגנה פעילה של ראשי הנוצרים על התלמוד מפני התקפות שונות כנגדו. בתוך כך הוא גם מציין את היחס לנוצרים כיודעי ה׳ ועובדי ה׳.

מכל שכן וקל וחומר בן בנו של קל וחומר דראוי לפתוח פתחא להאי גלותא אריכתא מהכא, כי עבדים אנחנו ובעבדותנו לא עזבנו אלהינו ויט עלינו חסד לפני המלכים האדירים אשר בארץ וים רחוקים, שבזמן הזה הם המה מלכי האדמה באדמה שישראל שרוים בתוך מלכותם ירום הודם והדר חסידותם. כי בחסד אל כל היום מקבלים אותנו בסבר פנים יפות, בחירות הנפש, לשמור ולעשות ככל אשר צוה ה׳ אלהינו אותנו בחוקי תורותיו הקדושות [...]

ופקח עיניך גם על המורה מקום שכתבתי לך בלקט הקמ״ח שהדפסתי שנת אשתקד על הש״ס בדף נג׳ ונד׳, **בעדות ברורה לא לבד מחכמי אמונת לוטיר,**[3] **כי אם מהחכמים הראשונים שהם עמודי אמונתם באפיפיור שברומי יע״א. כנודע לבקי בהם ובספריהם כי ודאי זה חסד של אמת מבעל התורה אשר נתן לחן ולחסד בעיני כל רואיה כי לא לבד החכמים ההם משבחים ומפארים לחכמי התלמוד בענין שנוגע לדינים דאין ערוך להם, אלא אף זו שהם ממליצים והם פרקליטין בעדינו נגד איזה אויב ומקנא המדבר סרה על דברי ההגדות ומעשי נסים שנזכרו בו,** ובפה מלא הם מעידין קשט דברי אמת שאין בתוכו שום דבר זר שיהיה מנגד בפועל לממלכות הארץ ולדתיהם ח״ו, ושראוי והגון להעלותו בכתבם ובלשונם לשון לטי״ן למען ילמדו בו הרבנים המחזיקים ישיבה ביניהם כי זך וישר פעלו ועולה לא נמצא בו, רק שהוא ממולא מחכמה ודעת ויראת ה׳, ושהם

3. כוונתו לפרוטסטנטים הלותרנים.

דרכו דרך החכמים הפילוסופים הראשונים בהסתרת הדברים העמוקים במלבוש ומכסה עתיק כדי שיד כל אדם לא תהיה שוה בהם [...] ומכאן אתה רואה מנהגן של ישראל דבכל שבתות ה׳ מברכים למלך יר״ה ושריו ויועציו וס״ת בבימה, שתורה היא וכל פתי שיאמין ויאמר הפך מזה הדבר שתורתינו מלמדת אותנו לרמותם ולגנוב את ממונם ולבקש רעתם ולקללם ח״ו אינו אלא טועה חוטא ומחטיא, והוא ודאי מזרע עמלק אשר תמיד היה רודף ישראל ודרך ה׳ לא ידע, כי צדיק ה׳ בכל דרכיו [...]

וקרא מלא הוא ומפורש, שפוך חמתך אל הגויים אשר לא ידעוך ועל הממלכות אשר בשמך לא קראו, והם הנקראים בלשון חז״ל נכרי שהתנכר ליוצרו ואינו מאמין בעיקרי הדת. **אמנם כל המאמין מציאות האל וחידוש העולם, והנבואה, ושכר ועונש, כמו הנוצרים שבימינו, הרי זה בעל דת** ואין לנו רשות להזיק את ממונו, ומכל שכן להורגו. **כי כל אלה שבזמן הזה שישראל גרים בתוכם יודעים דיש אל אחד, ואב אחד לכולנו, וקוראים אליו, דוודאי לא עליהם צותה התורה לבקש רעתם חלילה.** וקורבנות החג בשבעים פרים יוכיחו היותנו מצווים להיטיב ולא להרע [...]

[6] הרב אלעזר פלקלס (1826-1754), בעל שו״ת תשובה מאהבה ואב״ד פראג: קונטרס כסות עינים

בפתח ספרו, שו״ת תשובה מאהבה, הציב ר׳ אלעזר פלקלס, תלמידו המובהק של ה״נודע ביהודה״, קונטרס הנושא את השם ״כסות עינים״ ותכליתו להפריך את העלילה כאילו יש במקורות ישראל עוינות כלפי האומות - עלילה המשמשת בסיס לשנאת ישראל על ידי האומות. בקונטרס זה מתאר הרב פלקלס את הצורך לנהוג בשלום ובאהבה כלפי כל האומות, ובכלל זה אף עובדי כוכבים, ומסיק ש״**אם כן הדבר ברור כשמש - האומות בזמן הזה ששומרים שבע מצות יש להם חלק לעולם הבא**

וחסידים יקראו" (סוף סעיף א). הוא פורט דבריו ומבאר שאין לפגוע בממונם של גויים בכלל או לגנוב את דעתם; אסור לבזות אף אחד מהבריות או לשנוא אותם ואף חובה לדרוש שלומם וטובתם ולתת צדקה לענייהם. לאחר מכן הוא מרחיב לגבי החובה המיוחדת שיש לנו כלפי האומות בזמן הזה כשאנו בתוכן, ובכך ממשיך את גישת ר"י עמדן הרואה בנצרות דת חיובית שמאמיניה שומרים שבע מצוות בני נח, נקראים "חסידים" ו"עושי רצונו" (שם, סעיף י).

אמר מעתה, אם אלו דינים נאמרים לעובדי גילולים עוברי רצונו יתברך, **לעושי רצונו, המה האומות ששומרים שבע מצות, ובשם חסידים נקראים, על אחת כמה וכמה.** וכל ההולך ישר ישפוט מישרים, כל הנאצות ושמתות ושמות הבזויות וכל האלות הכתובים בספר התלמוד ובכל חבורי ישראל, המה על **האומות הקדמונים שעשו כל התועבות אשר שנא ה'.** כמו הצבאיים [...] וכיוצא בהן, עובדי תרפים ושקוצים אשר החריבו מקדש ה', והרגו חסידי עליון, ועליהם אמר דוד (בספר תהלים עט, ו) שפוך חמתך על הגוים אשר לא ידעוך ועל ממלכות אשר בשמך לא קראו כי אכל את יעקב ואת נוהו השמו [...]

ואף כי עתה תהלה לאל נאבדו כל עובדי אלילים, ואין זכרון מכל הראשונים אשר עבדו לבעל ועקרון וכיוצא בהן, עם כל זה מצוה לפרסם קלונם ברבים אולי נמצאים עוד באיים רחוקים עובדי כוכבי שמים ושלא יקימו עוד רשעים בעולם ומהללו באולם ויתהללו באלילים וילכו אחרי ההבל הגוים ההם ויהבלו, כמו מאמיני שבתי צבי מודח שמגשמים האלוהות ומאמינים גם בחלומות גם בתרפים ומחזיקים כל עבודה זרה שהיא בעולם ומלמדים זכות על עגלי ירבעם והארכתי במקום אחר.

[7] הרב ישראל ליפשיץ (1860–1782), כיהן כאב"ד בכמה מערי גרמניה, נודע בזכות פירושו על המשנה, תפארת ישראל

בפירושו למשנה ג בפרק ד בבבא קמא, מתייחס הרב ליפשיץ לאיסור לגנוב מגויים ולהטעותם. לאחר מכן הוא מוסיף את הדברים הבאים שבהם משתקפת עמדתו על הנוצרים בזמנו כמאמינים בה' ומכירים באלוהיות של התורה וכשומרי שבע מצוות בני נח.

ואם זה [=האיסור לגנוב ולהטעות גויים הנדון קודם] בעכו"ם, שהיה ממונינו והיינו בעיניהם הפקר כמו שכתבו חז"ל [...] קל וחומר מעתה שכמה מהחיוב עלינו לאלו אחינו מהאומות **המכירין בה' אחד ומכבדין תורתו, ומאמינים בה שהיא אלהית, וקורין אותה** [**הייליגע שריפט**], **ומשמרין כפי המחוייב עליהן מדין תורתינו דהיינו הז' מצוות**, וגם אינן מניחין לעקם לנו אפילו שערה קטנה אפילו מגדול שבגדולים שלהן, ופשתה כהה שבנו לא יכבוה, **ולא זו בלבד אלא שעושין גם כן גמילות חסדים רבות עם עניים שלנו דכמה וכמה מתפרנסים רק מנדבת ידם** וא"כ איך נוכל להיות כפויי טובה ח"ו, ולא נאמר כיוסף שאמר ואיך אעשה הרעה הגדולה וחטאתי לאלהים.

[8] הרב יעקב צבי מקלנבורג (1865–1785),
רבה של קניגסברג שבפרוסיה

הרב מקלנבורג היה שותף למלבי"ם במאבק ברפורמה בזמנו ונודע בזכות פירושו על התורה "הכתב והקבלה" ופירושו על הסידור "עיון תפילה" (שנדפס כמה פעמים עם חיבורו של הרב יעקב מליסא "דרך החיים"). בפירושו לסידור (תל אביב: סיני, 1954, עמ' 42) גרס הרב מקלנבורג בברכות השחר "שלא עשני נוכרי" במקום "שלא עשני גוי" וביאר שנוכרי משמעו מי שאינו מאמין, בין מישראל ובין מאומות העולם. משום כך, הוא סובר

> שברכה זו לא נסבה על בני האומות שאנו שרויים ביניהן שהם בעלי אמונה ומאמינים בהישארות הנפש, ויש ביניהם חוק וסדרים מוסריים - ואף סובלנות כלפי העמים שביניהם ובכללם היהודים. הוא אף מחיל עליהם את דברי חז"ל "נכרי העוסק בתורה הריהו ככהן גדול".

שלא עשני נכרי [...] וכן בן נכר פירושו כן, והוא תואר לכל הכופר בעיקר ומכחיש באמתת מציאות אלהות [...] **ואין הבדל בזה בין ישראלי לאינו ישראלי, כל המכחיש באמתת מציאותו ית' נקרא נכרי או בן נכר** [...] אבל שם נכרי לפי עצם הוראתו הוא על המכחיש באמתת מציאותו ית' ואין בזה הבדל מקומי וזמני ואישי. **ולפי אין זה בברכת שלא עשני נכרי שום פחיתות לכל האומות שאנו דרים ביניהם, כי כולם יודו באמתת מציאותו והמכחיש בזה גם בעיניהם הוא מבוזה, ועל השיתוף אינם מוזהרים.** ודע שבירושלמי אמר על ברכה זו "שנאמר: כל הגוים כאין נגדו מאפס ותהו נחשבו לו (ישעיה מ')" והובא באבודרהם. למדונו רבותינו בזה **כי נתקנה ברכה זו על אותן האומות הקדומות שהיו כפראים וחיתו יער,** כפרו באלהים, כחשו בהשארת הנפש, לא דנו על הגנבות והגזלות כי היה הכל מותר להם, הרציחות והנאופים והרבעת בהמה לא היה פשע בעיניהם, כאשר עוד היום תשמענה אזנינו הנהוג בין הפראים יושבי מדברות אשר כבהמות נחשבים בעיני כל, הם הם הגוים אשר עליהם אמר הכתוב שהם כאין וכאפס ותהו נחשבו לו [...] ורק על אומות כאלה נוסדה ברכה זו. **אמנם על האומות אשר אנחנו יושבים תחת צלם, המודים במציאות אלהות ובהשגחתו, המאמינים בהשארת הנפש, שונאי גזל וחמס, ומשפט חרוץ ביניהם על הגנבות ורציחה, הדורשים טוב לעמים היושבים ביניהם באין הבדל לישראלי או לאינו־יהודי, על אומות כאלה אמרו רבותינו (ע"ז ג') נכרי העוסק בתורה (בשבע מצות שלהם) הוא ככהן גדול,** ובריתא זו היא בתורת כהנים (פרשת אחרי פ' יג') ומסיימים שם בזה"ל: "וכן הוא אומר פתחו שערים, ויבואו כהנים לווים וישראלים לא נאמר, אלא ויבא גוי צדיק שומר אמונים. וכן הוא

אומר זה השער לה', כהנים לוויים וישראלים לא נאמר, אלא צדיקים יבואו בו, וכן הוא אומר רננו, כהנים לווים וישראלים לא נאמר, אלא רננו צדיקים בה' [...] הא אפילו גוי ועושה את התורה (בשבע מצות שלהם) הרי הוא ככהן גדול, ע"כ, ע"ש בתוס' ע"ז ג'. ובסנהדרין נט' דאיירי בשבע מצות דידהו, מבואר שעל כאלה לא נאמר כאין כאפס ותהו נחשבו. הרי למדנו מן הירושלמי דברכה דילן לא נתקנה רק נגד אותן האומות המכחישים במציאות אלהות וכיוצא.

[9] הרב אליהו גוטמאכר (1874-1796),
רבה של גריידיץ שבסקסוניה

הרב גוטמאכר היה פוסק ומקובל, מתלמידי רבי עקיבא איגר, ונודע כאחד ממבשרי הציונות וממקדמי התפיסה של גאולה בדרך הטבע. בדבריו הדגיש רא"ג שחובה להתפלל גם על שלום בין המלכויות ועל רווחתן. הוא הורה לכוון על כך בעת שאומרים את עשרת פסוקי המלכויות בראש השנה, וגם בברכות כגון "ברך עלינו" במהלך ימות השנה. לדבריו, כשם שמתפללים בעבור יהודי הנצרך לרחמים, כן יש לנהוג כלפי אדם טוב שאינו בן אמונתנו. הוא אף העיד שבהזכרת נשמות בקהילתו, נכללים גם שמות גויים.[4] בדברים דלהלן מבחין רא"ג במפורש בין אופי הדרישה בשלום האומות בדברי הנביא ירמיהו לבין החובה בזמננו לאהוב את בני אומות העולם ולהתפלל בשלומם אף ללא תועלת (מקור הדברים בירִיעות שלמה, חלק ג, עמ' 996-997; הובא אצל מאיר הילדסהיימר, "גלות וגאולה במשנת רא"ג", אבי שגיא ודב שוורץ [עורכים], מאה שנות ציונות דתית - אישים ושיטות, רמת גן: אוניברסיטת בר־אילן, תשס"ג, עמ' 80).

4. מאיר הילדסהיימר, "עם סגולה ואזרחי המדינה: ישראל ואומות העולם במשנתו של רבי אליהו גוטמאכר", יוסף הקר וירון הראל (עורכים), לא יסור שבט מיהודה: הנהגה, רבנות וקהילה בתולדות ישראל, ירושלים: מוסד ביאליק, 2011, עמ' 374.

ויש לידע במה שסיים הנביא ירמיה (כט, ד-טו) "כי בשלומה יהי להם שלום", משמע מזה דרק יש להתפלל בעד שאר אומות שאתם יושבים ביניהם, זה נאמר רק על האומות הקודמים שהיו אכזריות גדולים והירעו הרבה לישראל ואשר בזה נמשך כל הספר ששלח [...] ואך מה שאתם בצרות בין הנכרים, דעו הכלל שנתן החכם: "כמים הפנים אל הפנים", אתם תדרשו לה' בעדם ותהיו אתם אוהבים אותם, ואז יחזור האהבה גם להם [...] מבואר שהי' הדיבור נגד האומת הקודמות שהיו כפראים, אבל עתה בהאומות יש לגמרי עוד יותר לבקש לה' בעדם, בלי שום תועלת.

[10] מהר"ץ חיות (1855–1805), גליציה

בהמשך לר"י עמדן, גם מהר"ץ חיות מדגיש את הערך הדתי של הנצרות לעומת עובדי הכוכבים מחמת שקיבלו את עיקרי האמונה, ועל כן הם כחסידי אומות העולם ויש להם חלק לעולם הבא. בדבריו נוסף החידוש שיש לייחס להם דין גר תושב מחמת ששומרים שבע מצוות בני נח מפני שנצטוו מאת ה'. בקונטרס "תפארת לישראל" הוא כתב שורת נימוקים להפרכת עלילת דמשק - עלילת דם שהתרחשה בזמנו בשנת 1840 (נדפס בתוך החיבור עטרת צבי, כל כתבי מהר"ץ חיות, תל אביב 1958, חלק א, עמ' תפט).

במקור השני המובא להלן מדבריו, מתוך קונטרס אחרון (בתוך כל כתבי מהר"ץ חיות, חלק ב, עמ' תתרלה-תתרלו), דן מהר"ץ חיות בדברי מי שהשיג עליו, חיזק את עמדתו והראה שאף לפי שיטת הריטב"א שיש לישראל ציווי של "ייהרג ואל יעבור" לקבל את דת האסלאם - אין זה מוכיח שדת זו איננה בכלל שבע מצוות בני נח וגר תושב בעבור גויים. אומנם הוא מעלה ספק שמא לדעת הרמב"ם (הלכות מלכים, פרק י, הלכה ו), הסבור שאסור לבני נח לחדש דת לעצמם אף אם מותירים את שבע מצוות בני נח, הם לא יוכלו להיחשב כגרי תושב.

[10א] קונטרס תפארת לישראל

ועתה, אם רואים אנחנו יושר הנהגתם [=של היהודים] נגד עובדי כוכבים אשר קטרו לבעלים ולא האמינו במציאות ה׳ ואחדותו וגם בהשגחה ובשכר ועונש, **מכל שכן נגד הנוצרים אשר מאמינים בדת ותורה מן השמים ובמציאות ה׳ ובגמול עולם הבא ובשאר עקרים ויסודות אמונה, בלי ספק שדיניהם אצלנו כגר תושב ואלו אשר שומרים שבע מצות מפני שנצטוו בהם מאת ה׳ על פי משה, המה כחסידי אומות העולם ויש להם חלק לעולם הבא** כפי הלכה הקבועה אצלנו (ברמב״ם פרק שלישי מהל׳ תשובה ובפרק יא׳ מהל׳ עדות ובפרק שמיני מהלכות מלכים) דחסידי אומות העולם יש להם חלק לעולם הבא, **וגם הנוצרים משמרים שבע מצות ומאמינים בתורת משה שבאה מפי ה׳ למשה, ומאמינים במציאות ה׳,** ואף שמשתתפים דבר אחד בעבודתם, ככר כתב הר״ן ורבינו ירוחם בשם התוספות (בכורות ב ע״ב) מובא ברמ״א אורח חיים סימן קנ״ו דנכרים לא נצטוו על שתוף [...]

ואמרינן גם כן (עבודה זרה ג ע״א): אפילו אינו ישראל ועוסק בתורה בשבע מצוות נאמר עליו יקרה היא מפנינים, ושבע מצות היינו כללית מצות הטבעית, אשר גם הנוצרים והישמעאלים דנים עליהם במקומות משפטם, וגם משגיחים בעין פקוחה על התקיימם, כמו גלוי עריות, שפיכת דמים, דינים, ברכת השם וגזל מדקדקים עליהם ביתר שאת לענוש העוברים, וגם לאבר מן החי יש רמז בדברי שלוחם פוילוס [=פאולוס] שהזהירם שלא יאכלו מן הנחנקים, וכן הישמעאלים אינם עובדי עבודה זרה יו״ד סי׳ קכד׳, וגם מדקדקים על שבע מצות ומוזהרים גם כן על אכילת חזיר ואכילת הדם והנבלה, וכן מה שלא נשחט לאל קיבלא, עי׳ יו״ד סי״ד סעיף ז׳, עיין קויראין זורא שניה מכונה הפרה וזורא רביעית מכונה השלחן, וכל ששומר שבע מצות מפני שנצטוה בתורה על פי ה׳ ביד משה הרי זה גר תושב אצלנו, ועיין גם כן מה שכתב רבינו הרמב״ם פרק שנים עשר מהל׳ מלכים (דפוס וינציא) ועיין כוזרי מאמר רביעי סי׳ כג׳ שכתב כי אלה ההגרים המה הקדמה והוצעה למלך המשיח המקוה אשר הוא עיקר הפרי וישובו

כלם פריו כאשר יודו לו, וישוב העץ אחד ויוקירו השורש אשר היו מבזים אותו בתחילה.

[10ב] קונטרס אחרון

ומ"ש רום מעלתו בשם הריטב"א נדון (בדין?) הישמעאלים אשר מאמינים באחדות הבורא בכל זאת שייך בהם יהרג ואל יעבור [...] אין ראיה מדברי הריטב"א דמיירי לענין איש ישראל אשר מחוייב להאמין בנצחות התורה [...] **אבל לבן נח אשר מחזיק במצות שלו מצד הקבלה ומאמין באחדות הבורא, זה לא נקרא כופר ע"י שמאמין באמונת הישמעאלים, ושפיר מקרי גר תושב אם מחזיק בז' מצות ע"י קבלה הנמשכת אף אם לא קבל מחדש תורת בני נח** [...]

אכן מצד אחר יש לדון על אלו המייחדים, אף על פי שמקיימים ז' מצות שלהם מתורת קבלת אבות, מ"מ כבר הבאתי לעיל בשם הרמב"ם פ"י מהל' מלכים ה"ו דאין מניחים לבן נח לחדש דת לעצמם, וכאן אף על פי דבדת החדש נכלל גם כן שבע מצות שלהם מ"מ יש להם מצות חדשות כגון אצל הנוצרים אכילת הלחם והיין בפסח שלהם, והישמעאלים באיסור אכילת החזיר ושתיית היין, וכיון דמתורת בני נח אין אלו עליהם לחוב רק מתורה חדשה שלהם וחידוש דת אסור לבני נח אף אם אינו עוקר תורת בני נח, ומפני זה אין אלו הנוצרים והישמעאלים בכלל גר תושב.

[11] רש"ר הירש (1808–1888), מחשובי הרבנים בגרמניה, מייסד שיטת "תורה עם דרך ארץ" ורב קהל עדת ישורון בפרנקפורט על נהר מיין

רש"ר הירש היה ממובילי המאבק ברפורמים. בין חיבוריו הרבים נודע פירושו לחמישה חומשי תורה, פירושו לסידור וחיבוריו בהסברת מחשבת היהדות כמו אגרות צפון, המצוות כסמלים, הספר חורב על טעמי המצוות, וספר על יסודות החינוך. תשובותיו ההלכתיות וחידושיו על הש"ס קובצו בספר שמש ומרפא.

בספרו "חורב" (ירושלים: פלדהיים, תשס"ז, פרק עז - חיתון עם שאינם בני ברית וחוקות הגויים, עמ' 355) מתאר רש"ר הירש בלשון מליצית את מצבם של הגויים בזמנו, תיאור שממנו עולה שראה את מאמיני הנצרות והאסלאם כמאמינים בה' ובאמיתות מתן תורה וכמקיימי שבע מצוות בני נח ועל בסיס זה הגדיר את מעמדם כגרי תושב.

ישמח ישראל של היום בקרב העמים שביניהם הוא חי כיום בחלקו הגדול. יראה את האור הקדוש אשר ה' יתברך מסר לו בסיני לשמירה, כיצד סלל לו דרך והבריח מחלקה הגדול של האנושות את ההבל והתועבות של העבודה זרה. ישמח שעיני עמים שלא מבני ברית באירופה, באמריקה ובחלק של אסיה ואפריקה, נפקחו לראות את אור התגלותו של האחד והיחיד במתן תורה. בידיהם חוקים ומשפטים המלמדים אותם לקיים את שבע המצוות שלפי תורת ישראל חובה על כל בני נח לקיימן, ואלו הן: עבודה זרה, ברכת השם, גזל, שפיכות דמים, גילוי עריות, אבר מן החי, דינים (סנהדרין נו ע"ב). מדין תורה, נכרי שקיבל עליו בפני שלושה לקיים את שבע מצוות בני נח כמצוות שניתנו מפי הגבורה למשה עבור כל באי עולם, דין גר תושב לו. כלפיו חייבים לקיים לא רק את המצוות שבין אדם לחברו שחייבים בהן אפילו כלפי עובדי עבודה זרה, אלא "אתה מצווה להחיותו" ("גר ותושב וחי עמך", ויקרא כה, לה). יש לכבד גר תושב ולאהוב אותו כאדם כשר כי הוא מקיים את כל המצוות שה' דורש מכל באי עולם. העובדה שגר תושב אינו מקיים תרי"ג מצוות אין בה כדי למעט את הכבוד והחיבה שרוחשים לו, שהרי אינו מצווה בהן והן מוטלות רק על קהילת יעקב [...] אולם ביחס לדיני חיתון וכו' אין גר תושב יוצא מכלל נכרי ואסור להתחתן עמו [...] ולפיכך גם יינו אסור [...]

[12] הרב משה ישראל חזן (1808–1862), רבן של רומא וקורפו

הרב חזן כיהן כחבר בית הדין הגדול בירושלים משנת 1842, וכרבן של רומא וקורפו. חיבוריו החשובים הם שו"ת כרך של רומי, והספרים נחלה לישראל, קדושת יום טוב, ואיי הים על ספרות הגאונים. בשו"ת כרך של רומי (סימן א) כתב הרב חזן שבענייני נוי ומוסיקה אין כל בעיה להעתיק דברים מן הגויים שהרי מדובר בעניינים אנושיים־טבעיים והעובדה שהגויים השתמשו בכך לעבודתם אינה גורעת מהאפשרות להתנאות בהם בבתי הכנסת שלנו - ואף יש הכרח וחיוב להתנאות לפני ה׳ גם באותם דברים הנובעים מהטבע האנושי.

בעניין זה הוא מתייחס לדברי הרמב"ם בתשובותיו שביטל את תקנת חזרת הש"ץ מפני לעג הגויים שרואים שהיהודים מדברים ומזלזלים באמצע תפילתם. הרדב"ז בתשובותיו דחה טעם זה וכתב "שהרי תפילתנו חושבין אותה לכפירה, ותורתינו אומרים שהחלפנו אותה והוספנו וגרענו וכאלה רבות עמהם, וכיון שבלאו הכי כאין אנו בעיניהם, נעשה אנחנו מה שאנו מחוייבים מן הדין כיון שלא הועלנו כלום". הרב חזן מבחין בין מקרה זה, שיש בו ביטול תקנת חז"ל, לבין הנוי והפאר של בית הכנסת - שבהם אין ביטול תקנה אלא דבר חיובי וחשוב. על דברים אלו הוסיף וכתב שאף הרדב"ז לא דיבר אלא על המוסלמים אך הדברים לא נכונים ביחס לנוצרים שאינם דוחים את אמונתנו ויודעים לפי אמונתם להעריך את אמונתנו ותורתנו, ואף אנו כ"שתי נטיעות יונקות מגומא אחת". דברים אלו עולים בקנה אחד עם דברי ר"י עמדן דלעיל.

זאת שנית, שהרי מדברי הרדב"ז עצמו אתה למד שאם אנו חשובים בעיני הגויים אשר אנו חוסים בכנפיהם ראוי לבטל אותה תקנה מפני לעג הגויים, וכמו שכתב: נעשה אנחנו מה שמחוייבין מן הדין כיון שלא הועלנו כלום, דוק מינה, הא אם הועלנו לא נעשה מה שאנו

מחוייבים והוא ברור מדבריו. אם כן, בנדון הרדב"ז שהיה מדבר מלעג הישמעאלים שבאמת ובתמים אמונתנו ותורתנו כאין בעיניהם, ולחרפה ולכפרות, וכמו שכבר התמרמר על זה הרמב"ם בסוף אגרות תימן [...]

על כל פנים הרדב"ז לא דיבר כי אם על אומת הישמעאלים אשר לא ידעו ולא יבינו בעיקר שורשי הדתות וגם לא ידעו ערכינו שבאנו תחת ממשלתם עבדים לקוחים למות, ובזמן מלכותנו וגדולתנו הם היו באותו זמן ערבים במדבר משולים לחיות יער ממש. **לא כן אומת הנוצרים שמלבד שהם חכמים גדולים וחוקרים תמיד אחר האמת,** ועל פי עומק חקירתם וחכמתם מצאו שאין עלינו אשם בהיותנו מתחזקים לשמור תורת אלהינו בידינו, **עוד זאת שבאמת יודעים ערך תורתנו הקדושה וחכמת חכמי התלמוד, ואנו והם משולים לשתי נטיעות יונקות מגומא אחת, ומעולם לא יתלוצצו על תורתנו ומנהג תפילותינו מצד עצם התפילה והעבודה,** חלילה לחכמים גדולים כחכמי הנוצרים, אלא אם יקרה התלוצצות, היא על רוע סדר הנהגתנו בכל מעבדנו ובפרט בבתי תפלותנו וכדומה לזה. **וכמה חכמים גדולים מהם כתבו כמה חיבורים בשבח עבודתנו ובקבלתנו, ועד היום כמה פקחים גדולים בדור דעה אשר אנחנו בו מתאמצים ומתגברים להטיב אחריתנו ולכתוב עלינו טובות ודברי נחומים,** ואף גם איזה מנגדים מהם מעולם לא דברו סרה על עצם עבודתנו ותפילתנו אלא מפני שראו בספרינו כמה דברים נגד הגויים ושהרחיקה אותנו תורתנו מהם ומעבודתם והתירה לנו לשנוא אותם, מזה חשבו, שאנחנו מצד אמונתנו אנחנו מחוייבים להיות משחיתים הקיבוץ המדיני וכיוצא לזה, וטעותם כבר נתגלה זה כמה אלפי פעמים מחכמי הישראלים וחכמי הנוצרים גופם שכל זה גרם מיעוט השגחתם בשורשי הדברים, בין הגויים הקדמונים עכו"ם שהיו הם בעצמם משחיתים הקיבוץ המדיני בעבודתם הנכריה ושם ישפכו דם בניהם ובנותיהם וניאוף וכל תועבת ה' יחדו נשקו שעליהם הפליגה התורה לשרש אחריהם, **לא כן הגויים האלה הכל לאידך גיסא, עוסקים בישובו של עולם ומאמינים בבורא יתברך ובהשגחתו הפרטית וכאלה רבות עמהם** ומה לי להאריך בדבר ידוע ומפורסם ודברי אך למותר.

המורם מכל האמור דהפרש גדול בין הישמעאלים והנוצרים בפרט זה, שמעולם הנוצרים לא חשבו תפלותינו ועבודתנו לכפירות וחרפה כמו שכתב הרדב״ז על הישמעאלים, ואדרבה, משבחים ומפארים סדר תפילותנו ואחדותנו בו יתברך שמו, ואם כן אחר שאנו נערכים בערך נכבד בעיניהם, גם הרדב״ז מודה שראוי שנתקן כל מעבדנו ובפרט בתי כנסיותנו כדי שלא ילעגו עלינו לאמר תורה מפוארת בכלי מכוער מאחר שיודעים ערך התורה והמצות והתפלה ומועתקים ללשונותם בארצותם כנודע [...]

[13] הרב יחיאל הלר (1814–1861), מחשובי הרבנים בליטא, ובעל שו״ת עמודי אור, נודע בצעירותו בכינוי העילוי מקוידנוב

בשנת 1852 התפרסם חיבורו של הרב הלר בנושא ״כבוד העמים שבזמננו״ בתוך הספר ״שני פרקים״. ספר זה יצא לאור בפטרבורג בעברית ובתרגום לגרמנית ביוזמת הממשלה הרוסית, ועסק בחובת הכבוד לקיסר ובמעלת וכבוד העמים בזמננו. מאמרו של הרב הלר הוא המפורסם והחשוב ביותר בתוך ספר זה.[5] הרב הלר טוען במאמר זה שעל אף שפסק הרמב״ם שאין מקבלים גר תושב בזמן שאין היובל נוהג, תנאי זה איננו נדרש במקרה של אומה שלמה העוברת למצב של גר תושב. בהתאם לכך הוא קובע שהעמים הנוצריים בזמננו, שדתם מושתתת על עקרונות שבע מצוות בני נח, הם בכלל גרים תושבים וחסידי אומות העולם. באופן יוצא דופן הוא מונה את שבחם של עמי הנצרות, ובפרט העמים המודרניים על האופן שבו הם מקיימים את שבע

5. שני פרקים, פעטרבורג, תרי״ב, עמ׳ 48–86. לדיון על הספר ראו עזריאל שוחט, ״משהו על הספר ׳שני פרקים׳״, סיני, קב (תשמ״ח), עמ׳ סג-עא, ובפרט עמ׳ סח-ע, וכן אליעזר הכהן כ״צמאן, ״לדמותו של ר״י העליר בעל עמודי אור״, ישורון, ד, ירושלים תשנ״ט, בפרט עמ׳ תרנה-תרסב. חלקים חשובים מן החיבור הועתקו בתוך החיבור ישראל והעמים, עמ׳ 384–393.

מצוות בני נח ואף על המידות טובות שהם אימצו מעבר לכך, המשתקפות בצורת המשטר והמשפט שלהן.

[13א] עמ' 50–51

אך ברורן של דברים מתבאר דעיקר קבלה שהוא מתנאי גר תושב אינה אלא באיש פרטי מבין אומות עכו"ם שבא לפרוש מהם, זה צריך לקבל עליו ז' מצות בפני שלשה חברים מישראל, ולא הותר לנו לקבלו בענין זה, רצה לומר לשמירת ז' מצות בלבה, אלא בזמן שהיובל נוהג, וכמו שהאריך הראב"ד שם בטעמו של דבר, לפי שגר תושב כזה הבא להתיישב בינינו חובה עלינו להחיותו ולפרנסו... וכל זה איננו שייך באומה שלמה המתחסדת לפני קונה ית', ומקבלת מצות שקבע המקום לבאי עולם, פשיטא שיש לאומה ההיא מעלת הגר תושב בכל הפרטים שהחשיבה תורה את מעלת חסידי אומות העולם בעולם הזה ובעולם הבא [...]

[13ב] עמ' 55–58

ועתה ידיד נפשי, אחרי התבאר לנו השורשים, שוב נעיין מה ענין אומות הנוצרים אשר אנו חוסים בצלם. אומר, לא לבד שנמצא בהם כל תנאי הגר תושב המחוייבים על פי התורה אבל עוד תוספות דברים רבים וכשרון זכות לפני אבינו שבשמים, ונפרוט ענינם בקצרה - איך התקיימו בהם כל פרטי השבע מצות - בחיזוק גדול ומאושר.

ענין הרחקת עבודה זרה, אחרי שהם מקבלים עול מלכותו יתברך כמצוותם ומרחיקים גלולי עבודה זרה, אין לנו עליהם תלונה ח"ו בשום פנים. ענין השש עריות שמנינו למעלה, קבלום עליהם בכל עוז, ועוד הוסיפו לקבל קצת עריות גם מהנאסרים לישראל וכו', ומקבלים גם עליהם שכר בלי ספק כמו שכתב הרמב"ם (פ"י מהל' מלכים ה"ה), בן נח שרצה לעשות מצוה משאר מצות התורה כדי לקבל שכר אין מונעים אותו לעשותה כהלכתה, ואם הביא עולה להקריבה במקדש ה' בהיותו על מכונו מקבלים ממנו. שפיכת דמים, אין צריך לבאר

גודל חומרו אצלם והשתדלותן למונעו כי זה גלוי ונודע. ברכת ה׳, גם זה דבר חמור מאוד אצלם ככל משפטי הקרימינאל, והוסיפו בפרט זה עוד גדרים רבים הנאותים לכבוד ה׳ יתברך, שהגונב דבר מיוחד לקדשי בית תפלה שלהם, או לזולתם, לא ידמה עונשם לגונב דבר של הדיוט, אבל חרוץ משפטו ככל חומר עניני הקרימינאל, וכהנה רבות משפטים צודקים חרוטים לכבוד ה׳ ומוראו עליהם. הגזל, קבלוהו ככל משפטיו אשר זה ידוע. הדינים, הלא נראה בעליל כי לא חסר להם בפרט זה מכל אשר נצטוו. הקימו שופטים ושוטרים חוקרים דבר המשפט לאמתו, וחקקו להם בכל פרט ופרט חוקים נאותים לישוב המדיני, ומשתדלים מאוד על דרישת אמיתת המשפט בהשתדלות נשגב ורצוי, כי לא בנקל ומחשך יוציאו משפט, אבל הכל רשום בכתב אמת, וכל דבר הגדול או קשה יגישוהו שופטי כל פלך לפני גדוליהם אשר יוציאו המשפט לאור האמת, ומי יכחיד תחת לשונו התהלה הראוי להם, ושכרם הנעלה הרב והנשגב מאת הבורא יתברך ככל עוצם השתדלותם. אבר מן החי, לא ראינו מימינו עובר על זה לחתוך מן החי ולאכלו.

עד כה ערכנו שלימותם בז׳ המצות שנצטוו בהם בכל תנאיהם. אמנם אם באנו לפרוט זכויותיהם וכשרונם במדות ישרות, תקצר היריעה. והם: מדת החמלה והחנינה בהם איש איש כפי ענינו, השגחתם בעין חמלה על הנדכאים והחולים בעזר הממשלה האדירה עליהם, פזרונם הנפלא לבתי החולים הרבים מאוד בכל מדינה ומדינה, והשגחתם הנמרצה להפיק צרכי החולה ורפואותיו, עד כי גדול השרים לא ימנע מלבקר החולים מדלת העם וכל שר ונגיד מפקידי המלך מדי עוברו על פקודת צבאו, ישים מצוה זו ראשונה ועקרית לפעולותיו, לבוא אל בית החולים לדרוש שלומם ועניננם ולהשגיח על מחסוריהם [...] הנה התבאר לנו ביאור גמור בעזה״ש, כי אלו האומות הם במעלת חסידי אומות העולם לפי משפטי התורה, ובלשון התלמוד מכונים בשם גר תושב כמו שנתבאר.

[13ג] עמ' 67

וכן בימיהם ז"ל שהיו האומות סתמם שופכי דמים אסרו לכל אדם להתייחד עמהם וכל שכן להתלוות עמם בדרך. ובזמנינו נשתנו כל אלו הדינים, עיין ספר חוות יאיר, כמו שהוא מפורסם ממנהגינו באהבה ורעות ויחוד אתם כמו עם כשרי ישראל.

הרב אליהו בן־אמוזג: דתות העולם והגאולה האוניברסלית

אסף מלאך

הרב אליהו בן־אמוזג (1823–1900; להלן: אב"א) נולד בליוורנו שבאיטליה למשפחה שמוצאה ממרוקו. הוא כיהן ברבנות ליוורנו כחמישים שנה והפעיל בה גם בית דפוס ידוע. הרב אב"א עסק כבר מגיל צעיר בקבלה ובמדעים כלליים ונודע כבעל ידע נרחב בייחוד בתחומים אלו. פירושו לתורה, "אם למקרא", שנדפס בשנים 1862–1863, מתמקד גם ביחס בין האמונות והמנהגים שבתורה לאלו של העמים הקדמונים ובפרט לאלו של העם המצרי.

חיבור נוסף שלו, הנושא את השם "מוסר יהודי לעומת מוסר נוצרי" (*Morale Juive et Morale Chrétienne*), נדפס לראשונה ב־1867 ומאז נתפרסם בכמה מהדורות. תרגום עברי של הספר מאת שמעון מרכוס ראה אור בהוצאת מוסד הרב קוק בשנת תשכ"ו, תחת השם "בשבילי מוסר". הספר תורגם שוב מצרפתית על ידי הרב אליהו רחמים זייני בשנת תשס"ז וראה אור בהוצאת ישיבת אור וישועה - בשמו המקורי (הציטוטים דלהלן לקוחים ממהדורה זו). בספר זה עומד הרב אב"א

בהרחבה על היחס בין עקרונות הנצרות לבין מקורותיה היהודיים, תוך הדגשה שמקורם המובהק של הרעיונות האוניברסליים שבנצרות - ביהדות, שגם לה פן אוניברסלי. מלבד זאת הוא מעניק תשומת לב מיוחדת ליתרון המוסר היהודי ומאפייניו הלאומיים־מדיניים על פני המוסר הנוצרי האוניברסלי המנותק מערכי העולם הזה. חיבורים נוספים של הרב אב"א עוסקים במקורות קבליים שמהם לדבריו שאבו הנוצרים את עיקרי תורותיהם.

חיבורו העיקרי, "ישראל והאנושות" (*Israel et L'Humanité*), עוסק ביחסים שבין ישראל ואומות העולם ובתפקידיהם השונים. טיוטת החיבור כללה כ־1900 עמודים גדולים בצרפתית והיא לא ראתה אור בחיי המחבר. רק לאחר מותו, בשנת 1914, נדפס הספר - כאלף עמודים אורכו - במהדורה ערוכה ומעובדת על ידי אמי פאלייר, תלמידו של הרב אב"א. פאלייר היה תלמיד מיוחד במינו: הוא היה נוצרי שביקש להתגייר, אך הרב אב"א שכנע אותו שלא לעשות זאת אלא להפיץ את שבע מצוות בני נח בקרב הנוצרים.[1] מהדורה שנייה מקוצרת של החיבור נדפסה בצרפתית בשנת 1916, ועל בסיסה יצאה בשנת 1967 המהדורה העברית (בהוצאת מוסד הרב קוק ובתרגומו של שמעון מרכוס) שהיקפה כשליש מן החיבור המקורי (המובאות דלהלן לקוחות ממהדורה זו). לאחרונה יצא לאור תרגום מלא של החיבור לאנגלית.

שלוש תובנות חשובות מאפיינות את משנתו של הרב אב"א. ראשית, התובנה העקרונית הקובעת שהתורה מכוונת לתיקון הדתי של

1. ישנם הבדלים בין רוחו של "מוסר יהודי לעומת מוסר נוצרי", המדגיש את יתרון היהדות על הנצרות, לבין רוח החיבור "ישראל והאנושות", שעיקרו הדגשת הדת האוניברסלית הכלולה בתורה וברוחה. פער זה גרם להשערות שונות על עמדתו המדויקת של הרב אב"א (ראו למשל ההשערה של יעקב פליישמן, בעיית הנצרות במחשבה היהודית ממנדלסון עד רוזנצוויג, ירושלים: מאגנס, תשכ"ד, עמ' 129–130). יש שהעלו את האפשרות לייחס את השינויים לעריכתו של אמי פאלייר אך השוואה שנערכה בין כתב היד המקורי והמהדורה של 1914 מלמדת שאין ביניהם שינויים משמעותיים. ראו Clemence Boulouque, *Another Modernity*, Stanford University Press, 2020.

העולם כולו דרך ישראל כממלכת כוהנים שתפקידם להוביל לקיום מצוות בני נח על ידי כלל העולם. שנית, התובנה המעשית שלפיה הדתות הגדולות (הנצרות והאסלאם) הן כלי עיקרי שדרכו הופצה בעבר בשורתה של התורה ולהן תפקיד מרכזי בהפצת הדת העולמית בעתיד. הדברים מגיעים עד כדי כך שהרב אב"א מעיד שהוא מתמלא בהתרגשות ובגאווה כאשר הוא שומע כומר קורא מפרקי תהילים [5]. אומנם הוא גם מבקר בחריפות רבה את הטעויות החמורות שנעשו בליקוט הסלקטיבי והמשובש של דתות אלו מתוך דברי התורה, וסבור שרק ההסתייגות מטעויות אלו תאפשר להן לקדם את הפצת הדת העולמית בעתיד. לבסוף, הרב אב"א מפתח את נושא "תורת בני נח" ובמסגרת זו מדגיש את היסוד הרוחני והמוסרי המשותף וכן את החשיבות של דתות שונות ושל סגנונות דתיים שונים ההולמים את טבע העמים השונים.

כבר בהקדמה לספרו "ישראל והאנושות" מכריז הרב אב"א שמטרת הספר היא להראות שתכליתה של היהדות היא דת אוניברסלית לכל העולם ולהבהיר את הקשר שבין הצד הלאומי שבתורה לצד האנושי־כללי. ההתבדלות המיוחדת של עם ישראל מן העמים הקדמונים נבעה דווקא מן הצורך לבצר את החזון הרחוק שלה שהוא כינון הדת האוניברסלית. אלוהי ישראל הוא אלוהי העולם, הבורא והמשגיח, ולא אל מקומי, וממילא המסר של תורת ישראל הוא מסר אוניברסלי; אלא שכדי להוציאו אל הפועל הוא כרוך בביצור תפקידם של ישראל כעם נבדל של כוהנים המסורים לרעיון הדתי בשלמותו. זהו מקור הממד הלאומי של התורה המכונה על ידו "תורת משה", המתקיים במקביל ל"תורת בני נח" הפונה אל העולם כולו [1].

בהקשר זה מדגיש הרב אב"א בצורות שונות את קיומה של אמונה מונותיאיסטית באומות העולם גם קודם למתן תורה, ואת שייכותם של העמים השונים לאמונה באלוהי העולם כולו גם בדתם העתיקה. הוא מצביע על קיומו של אל ראשי ועליון בתרבויות שונות אף אם ישנה הכרה בכוחות ואלים שונים תחתיו. לדבריו, עקרונות־העל של התורה מצויים בסודות תורת הקבלה ואלו מקבילים לחלק

מהידיעות הסודיות שהיו מצויות אצל כוהני העמים העתיקים: מצרים, יוון, פרס והודו [2].

במקביל, הוא מבסס את החשיבות של ה"נואחיזם", דת בני נח הטמונה בתורה, ומהותה היא הבסיס הדתי והמוסרי השייך לכל העמים והנדרש מכל העמים, כחלק מרכזי בבשורה של תורת ישראל [3].

עניין זה מעורר את השאלה: האם דת בני נח אמורה להיות תמצית הדתיות של הגויים או שהיא בסיס שעל גביו יש מקום לכל עם ולכל תרבות לבנות קומה ייחודית נוספת - לביטוי יחסם הרוחני אל הקב"ה? בעניין זה ניתן לראות דגשים משלימים בתוך כתביו של אב"א. מחד גיסא הוא מדגיש שהאינסופיות האלוהית אין לתארהּ על ידי דת אחת וגוון אחד, ועל כן מלכתחילה יש מקום לדתות שונות [4]. מאידך גיסא, אין זה סותר את מה שהוא כותב במקומות רבים על עליונותה של תורת ישראל בתור הפיתוח השלם של עבודת אלוהים, כאשר הדתות האחרות צריכות ללמוד ממנה ולהשתלם לאמונה שלמה יותר.

מקום מיוחד מקדיש הרב אב"א למקומן של הנצרות והאסלאם בהיסטוריה, ובפרט לנצרות. מחד גיסא, דתות אלו ראויות להוקרה על הפצת אמונת ישראל באומות משום שבכך קידמו מאוד את החזון של הדת האוניברסלית ומימשו בצדק את הרעיון היסודי ששאבו מתורת ישראל. בהמשך לזה, הוא מכיר בתרומתה רבת הערך של הנצרות לקידום ערכי המוסר בקרב עמים רבים, ערכים ששאבה מן היהדות [5]. מאידך גיסא, הנוצרים שגו משום שלא הבינו את הכפילות הנדרשת בין דת משה ודת בני נח, המותירה ייחוד לישראל ככוהני העולם. הנצרות הקדומה כללה גרסה שניסתה להפוך את כל יושבי תבל לשומרי תורת משה, או שביטלה את תורת משה גם מבני ישראל. שני כיוונים אלו מוטעים, והעולם צריך לכלול עם של כוהנים במקביל לדת האוניברסלית השייכת לעולם כולו. לדבריו, טעות זו קשורה לטעות היסודית של הנצרות שהתרחקה מכל מחויבות לאומית ומדינית ודבקה רק בערך של דתיות ומוסריות מופשטת שהובילה להצהרות של אחווה אוניברסלית שלא הצליחה להתממש במסגרת

העולם הזה והובילה באופן פרדוקסלי דווקא לאלימות דתית קשה [6]. לעומת טעות זו של הנצרות, טעתה דת האסלאם טעות הפוכה, כאשר שאבה מתורת ישראל רק את הממד החברתי־מדיני תוך הזנחת הממד הרוחני־מטפיזי שלה [7].[2]

מקורות

[1] בין הצד הלאומי שבתורה לצד האנושי־הכללי: היהדות כוללת את הדת האוניברסלית כמטרה ("תורת בני נח") ואת הדת הלאומית־הנבדלת כאמצעי ("תורת משה")

[...] האם היהדות היא הדת העולמית? אילו היתה היהדות דת לאומית בלבד לא היתה יכולה להוציא מקרבה שתי דתות בעלות כיוון אוניברסאלי [...] **הצגנו את השאלה אם היהדות היא דת אוניברסאלית ועניננו בחיוב**. לאמיתו של דבר - לא כך יש להציג את השאלה. היה עלינו לשאול: כלום מכילה היהדות בקרבה דת כללית? [...] זהו פתרון המשבר העובר עתה על הדתות השונות, ואם נרצה לומר את הכל הרי זוהי התקווה הדתית האחרונה של האנושות. ומאחר שניגשנו אל הענין באופן זה אנו עונים ללא היסוס, כי **היהדות היא הדת העולמית** [...] **כוללת בקרבה, בדומה לפרח המסתיר בחובו את הפרי, דת המיועדת לכל המין האנושי**, ואשר חוקי תורתה שלכאורה אינם

2. להרחבה נוספת על כל האמור כאן ראו במהדורת הרב אליהו רחמים זייני לספר מוסר יהודי לעומת מוסר נוצרי; גתית הולצמן, "אוניברסאליות ולאומיות, ישראל והעמים בהגותו של הרב אליהו בן אמוזג", פעמים, 74 (תשנ"ח), עמ' 104-130; אלסנדרו גואטה, "קבלה ונצרות בהגותו של הרב אליהו בן אמוזג", פעמים, 74 (תשנ"ח), עמ' 97-103.

בשונה מיתר הפרקים בחיבור זה, סעיפי המקורות בפרק הנוכחי מחולקים על פי נושאים שונים. כל סעיף מתמקד בהיבט אחר במשנתו של הרב אב"א בנידון שלפנינו וכולל תחתיו מובאות מכל ספריו.

תואמים השקפה זו אינם אלא קליפתה או מעטפתה החיצונית (ישראל והאנושות, עמ' 22-23).

אנו מקווים כי לקח כפול יצמח מספרנו. מצד אחד נשתדל להוכיח כי בניגוד לטענותיה של הביקורת הרציונליסטית **רחוקה היהדות מלהיות דת לאומית בלבד**. היא חובקת מרחקים בזרועותיה, ומעולם לא חדלה מלדאוג לגורלה של האנושות. מצד שני נשתדל לקבוע, כי אין אידיאל דתי העולה על האידיאל העברי, אף אין אידיאל קרוב כמלוא נימה לאידיאל שיצרה היהדות על האדם ועל הארגון החברתי. רק משתקבל האנושות אידיאל זה, ומשתשכלל את הנצרות לפי דפוס זה, תוכל לרכוש אמונה באלהים ובהתגלותו. **נצביע על קיום יחד ביהדות: האוניברסאליות כמטרה והייחוד כאמצעי** [...] אנו משוכנעים כי **רק היהדות האורתודוקסית, המטפחת בקרבה שאיפות של דת אוניברסאלית, יש לאל ידה בלבד לספק את צרכיה הדתיים של האנושות** [...] (ישראל והאנושות, עמ' 36).

אגב בחינה מדוקדקת של תורת משה, הנראית כאילו הקימה חיץ בין ישראל לבין המין האנושי כולו, ניתן לגלות את טעמם של אותם החוקים [...] **עבודת ה' המיוחדת לישראל נועדה כדי להגן על הדת האוניברסאלית האמיתית - תורת בני נח** [...] ולהגשים דת זו. בתופעה זו יש לבקש את הבלתי מובן, הנסתר והנעלם בתולדות עם ישראל, בדעותיו ובחוקיו [...] (ישראל והאנושות, עמ' 24).

לגבי היהדות, העולם הוא משפחה גדולה שאביה בא במגע ישיר עם בניו, כלומר - עם האומות השונות הממלאות את הארץ. מבין הבנים האלה - לפי המנהגים הקדומים - היה הבכור כהן המשפחה והיה חייב לקיים את הוראות האב ולמלא את מקומו. הבכור הסדיר את ענייני הקודש, שירת בקודש, לימד ובירך את הקהל. כאות הכרה והוקרה על שירותיו, זכה הבכור בשני חלקים של ירושת האב, ובהקדשה או בסמיכת ידיים, ששימשה כעין מינוי דתי [...] זוהי תפיסת העולם היהודית. **בשמים אל יחיד, אב אחד לכל בני האדם, ובארץ משפחת עמים ובהם ישראל הוא הבן הבכור המיועד להורות ולהנחיל את האמונה האמיתית לאנושות והוא הכהן הראשי שלה.**

זוהי חוקת בני נח שנצטוו לפי חז"ל שבע מצוות - עיקרי התורה האנושית. המין האנושי יאמץ לו תורה זו בימות המשיח, ועם ישראל קיבל על עצמו לשמור עליה ולהשליטה בבוא המועד [...] (ישראל והאנושות, עמ' 32).

ארץ ישראל ועם ישראל הם שני כלים שההשגחה בחרה בהם למען השגת המטרה האוניברסאלית. גורלה של ארץ זו וגורלו של עם זה קשורים בגורל המין האנושי כולו (ישראל והאנושות, עמ' 112).

[2] שייכותם של כל העמים לאמונה המונותיאיסטית ולדת האוניברסלית

לאחר התפשטות הפוליתיאיזם לא נעלמה הכרת האל האמיתי אצל האלילים, עד כדי שלא השאירה כל עקבות אחריה. דבר זה נזכר במקרא במפורש [...] נעקוב נא אפוא אחרי שרידי ההכרה באל יחיד מחוץ לתחומו של ישראל לפי מה שנמסר בכתבי הקודש [...] האלילות והיהדות צועדות זו מול זו כדי להתמזג ולהתאחד בתפיסה שהיתה כנראה חלקת השכבה הטובה באנושות: אל עליון ואלים משניים המשועבדים לו. **ההבדל בין אמונת העברים לבין אמונת האליליים היה בכך, שישראל לא ראה באלים משניים אלה אלא תארים אלהיים, בעוד שאצל האליליים לבשה אמונתם צורות גשמיות שונות שסימלו את אלהיותיהן.** בזמן מאוחר יותר אנו מוצאים הבדל זה בין הנצרות לבין הקבלה [...] הנצרות על עיקר השילוש שלה הפכה את תארי ה' של המקובלים לעצמים נבדלים. המונותיאיזם היהודי היה מקובל בקרב האליליים בצורה של מונותיאיזם עממי. כי שיטת אל עליון בלווית כוחות משניים מואנשים אינו אלא מונותיאיזם כזה (ישראל והאנושות, עמ' 78-79).

נשמת התורה היא חכמת הקבלה המסכמת עם הידיעות המתהלכות באותו פרק ובאותו מקום, והיא לבדה תסתום פי הקריטיק [=הביקורת] האומרת שחוקי התורה נעתקו אצלנו מחוקי ומנהגי מצרים. והענין אמת שדומים זה לזה בפנים רבים, לא כמו שחשבו קצת להפריד בין הדבקים. אמנם לא מטעם האפיקורסים שמשה למד

מהם, רק **כי חכמת אלהים בקרבו הידועה לקדמוני האבות מסכמת באיזה צד עם מה שנשאר ידוע ומקובל אצל חשובי כהני מצרים, ולא בלבד אצל אלה, רק גם אצל כהני הודו ופרס ויון** לא נפל ממה שאנו רואים בחוקי ואמונות מצרים, ומה נפלאו בזה חכמי הקבלה האומרים כי מצרים היא מכל האומות הסמוכה יותר אל הקדושה (אם למקרא, במדבר ג, מה).

נעיר רק על דמיון יקר, לא נפל ודאי במקרה, והוא שמצינו בארץ הודו הגדול בשלשת אליהם נקרא "ברם" [...] שכמו שהשתנה שמו של אברם ונקרא אברהם כן באמונת ההודיים מ"ברם" נעשה "ברמה" בתוספת ה' בסופו [...] וידענו בבירור באמונות ההודיים כי ברם הוא הבורא [...] שכפי חכמי הקבלה אברהם הוא החסד והוא מדת הרחמים שבה נברא העולם (אם למקרא, בראשית כג, ו).

שלשה פעמים מצינו שם ה' נזכר בפי הנכרים [...] הרי שהכח והממשלה העליונה הנשגבה על כל הכוחות האנושיות, הטבעיות והאלוהיות תתייחס אל השם הזה הנכבד, ואני אומר כי זה קרה להם **כי היה אצלם אלהי ישראל בבחינת אלהי האלהים ואדוני האדונים ואם היו עובדים גם כן זולתו היו מאמינים בו** להיות גבוה מעל גבוה (אם למקרא, בראשית כד, נ)

"ויברך אותם אלהים ויאמר להם", ההתגלות **מתייחסת לאדם הראשון, היא איפוא אוניברסאלית במרחב,** כלום לא יצאה כל האנושות מאדם הראשון וכלום לא נועדה האנושות לאכלס את כל חלקי הארץ? קיימת שורה של אגדות שרעיונן המרכזי מבוטא באופנים שונים כלומר שאדם הראשון היה צריך למלא אותה המשימה שמילא אחר כך עם ישראל, "ראוי היה אדם הראשון שתנתן תורה על ידו [...] ראוי היה אדם הראשון שיעמדו ממנו שנים עשר שבטים...". אדם הראשון חוייב לקיים בגן העדן מצוות עשה ולא תעשה. דומה שהכוונה היא כאן לטשטש כל הבדל בין ישראל לבין עמים אחרים על מנת לציין **שההתגלות האלהית היא מנת חלקם של כל בני אדם ולאו דווקא של צאצאי אברהם** (ישראל והאנושות, עמ' 187).

[3] מהות ה"נואחיזם" - תורת בני נח

האופי האתני והמקומי של תורת משה מצד אחד והיעדרות כמעט גמורה של גיור מאורגן מצד שני דים להוכיח **שלדת ישראל אין יעוד ליהפך לדת עולמית ואף על פי כן הנה היא מכריזה על עקרונות כלליים מסויימים כמחייבים כל יצור אנושי באשר הוא שם** כחוקים אשר אין לפסוח עליהם ללא עונש ואשר ביצועם נדרש על ידי הצדק האלהי. מכאן שיש לה ליהדות תודעה של דת אוניברסאלית אשר קוויה הכלליים ניכרים כבר בכתבי הקודש. הייתכן לא להבחין כאן אספקט אחר של היהדות הנוגע לכל האנשים ולכל הזמנים (ישראל והאנושות, עמ' 199).

במלחמות רשות דורש ישראל כניעה מצד המנוצחים, ואת דתם, ותהא הגסה שבין הדתות הפוליתיאיסטיות, הוא צריך לכבד מבלי לכפות עליהם כפייה כלשהי. שונה הוא המצב במלחמות מצווה היינו המלחמות שנאלץ ישראל להכריז על הכנענים. עם ישראל הגאה על תורתו החדורה גדולתו, הסתפק בדרישות מועטות כאלה שכל עם תרבותי אחר לא היה מהסס מלדרוש כיום משבט בארבארי: **קיום חוקי בני נח, זאת אומרת, מינימום של דת ושל מוסר, אשר שום חברה בעולם אין בידה לוותר עליהם אם אינה רוצה לדון את עצמה לכלייה שאין לה תקנה** (ישראל והאנושות, עמ' 201).

חוקת בני נח האוניברסאלית המסדירה את חיי האנושות כולה צריכה מטבעה להיות ראציונאלית יותר מאשר חוקת תורת משה ומותאמת יותר לצד המושכל של העניינים. אופי ראציונאלי זה הוא תכונתה היסודית והעצמית. המבחן השטחי ביותר מספיק כדי להעמידנו על אמיתות הדברים (ישראל והאנושות, עמ' 217).

המצווה השלישית של מצוות בני נח אוסרת את עבודת האלילים ומחייבת הן נכרי והן יהודי **להכיר רק באל אחד. נוסיף מיד כי מבחינה זו דתם של בני נח היא בעלת היקף גדול יותר מאשר היהדות הטהורה. בעוד שעל יהודי הוטלה הודאה באחדות גמורה ומוחלטת** ללא כל נתינת אפשרות של שיתוף יצורים אלהיים אחרים,

לכל הפחות בהערצתם - **אחרת היא לגבי נכרי אשר לא ייחשב לו לפשע אם בפולחנו הוא משתף גם אלהויות אחרות לאל האמיתי ובלבד שלא יכיר ולא יעריץ אלא אל עליון אחד** (ישראל והאנושות, עמ׳ 223).

אשר לחוקי המוסר, אין ספק שהם חלים על כל האנושות. כשמדובר בכתבי הקודש על התנהגותו של האדם - הכוונה היא לאנושות כולה. ולא בספרי הנביאים או הכתובים בלבד, כמו למשל בספר משלי, אלא גם בתורה. גם התורה מדגשת כי חיי המוסר הם הכרחיים לכבוד כל בני האדם ללא כל הבדל, בהתאם למה שהעירו חכמינו בצדק ביחס להשחתת המידות בה שקעו העכו״ם. ״כי את כל התועבת האל עשו אנשי הארץ אשר לפניכם ותטמא הארץ״. התורה משתמשת במילים ״אנשי הארץ״ שמשמעותן היא כללית. כלום אין הכוונה שחוקי המוסר מכוונים לאליליים וגם ליהודים? [...] כלל המוסר האחיד מתגלה לא רק במצבם של האליליים כלפי ה׳ אלא גם ביחסיהם אל ישראל ובכלל ביחסיהם ההדדיים של כל האנשים [...] שמא יש לראות באחידות החוק המוסרי החל על האנושות את הסיבה שבגללה גובר דווקא היסוד הלאומי בתורת משה על היסוד המוסרי. חזקה על החוק המוסרי שהוא ידוע לכול, תודות ליצר הטבעי המקנן בלבו של האדם ותודות למסורת המשותפת לכל העמים, כשם שמקובל כי האמונות היסודיות מובנות לכול ואין צורך להטעימן במיוחד (ישראל והאנושות, עמ׳ 238).

יש לעמוד מקרוב על שני תנאים הנחשבים לעיקריים. על מנת שתישמע בשמים תפילת הנכרים יראתם צריכה להיות תואמת את יראת בני ישראל כמו שנאמר ״למען ידעון כל עמי הארץ את שמך ליראה אתך כעמך ישראל״. **מלבד זה עליהם להכיר בשליחות ישראל כעם כהנים** כי הפסוק מסיים: ״ולדעת כי שמך נקרא על הבית הזה אשר בניתי״. לפי הראשון בתנאים אלה, קיים היה חוק למען עובדי האלילים שלא היה זהה כמובן עם החוק העברי, שהרי אם כן לא היינו מבדילים בין זה לזה, אלא יש להניח שהיתה לו איזו שהיא זיקה לתורת משה. זהו מה שמתאים לחוקת בני נח. אשר לתנאי השני הוא

התנאי אשר אחרי התלמוד מתווה הרמב"ם לפולחנם של בני נח כדי שייחשב לחוקי. כלומר, שלא יהווה מתוך איזו פילוסופיה מוסרית או אפילו דת טבעית אלא יתקבל כהתגלות ראשונית שזכה בה המין האנושי כולו ואשר שמירתה הופקדה בידי ישראל. "כל המקבל שבע מצוות ונזהר לעשותן הרי זה מחסידי אומות העולם ויש לו חלק לעולם הבא. והוא שיקבל אותן ויעשה אותן מפני שצוה בהן הקב"ה בתורה והודיענו על ידי משה רבינו שבני נח מקודם נצטוו בהן..." [משנה תורה, הלכות מלכים, פרק ח, הלכה יא] (ישראל והאנושות, עמ' 268-269).

[4] חשיבות הדתות השונות - לפי טבעם המגוון של העמים

האוניברסאליות שבתורה מתגלה בהתאם להשקפת חכמינו לא רק בריבוי הלשונות לשם הפצת דבר ה' אלא גם באידיאולוגיה עצמה. במלים אחרות: היא כלולה גם ברעיון וגם בדברים האמורים. **מלבד זה שהמלים מופנות לכל עם בלשונו המיוחדה הן גושרות לכל פרט ופרט כשהן מתאימות לטבעו המיוחד ולרוחו המיוחדת במלים אחרות [...] הרעיון הדתי לובש צורות שונות ורבות על מנת שיהא נתפס וכדי שייעכל בשלבים השונים של תפיסת כל אדם. כמו כל גזע, כך כל אדם נוטה לקבל את האמת באופן המיוחד לו ולתפסו בגישתו המיוחדת. והוא הדין לגבי רעיון האלהים עצמו. המושגים השונים על אלהים מהווים אלהויות מיוחדות בשביל העמים השונים.** מושגים אלה בהיותם ממוזגים זה עם זה בסינתיזה עילאית רומזים לבורא העולם הנערץ על ידי האנושות בכללותה. כך מתנה האחדות האנושית, ובאופן אובייקטיבי גם גורמת אחדות האלהית. הפוליגוניזם שבחוקה האלהית אם אפשר לומר כך, **ריבוי האספקטים של דבר ה' בסיני הוא תוצאה של אותו העקרון החל על כל הדתות. כל עם כשם שהוא שואל מרעיון האלהות מה שהוא מוכשר לתפוס, לוקח גם מן הדת את המתאים ביותר למזגו ולהלך דעותיו.** לאלה מתאימה המיטאפיסיקה על סמליה ופולחנה העדינים הנובעים ממנה, לאלה מתאימה ההאנשה (אנתרופומורפיזם) עם צורות החיות הקדושות,

עם המשלים ועם ההגשמות, לאלה עיונים עמוקים ומסתורין ולאלה מחשבות קדומות ופולחנים בארבאריים. הנסיון היומיומי מוכיח כי אנשים שונים ששני רעיונות קרובים מובאים לפניהם לא יבחינו בהם אותם היחסים [...] ולבסוף ישנם פילוסופים קאתולים המודים בצדקת עקרון זה גם בתחום הדת: "האמונה באמת הרוחנית" - אומר מאריאנו - "מניחה מראש הבדלים, היא גם תובעת ומולידה אותם. האחדות היא חזקה ממשית ואמיתית ברבגוניותה. אחדות סתומה, מעורפלת, מטושטשת, אדישה, בלתי פעילה היא הוכחה גלויה כי האמונה, הרוח והאמת כבה אורן והן חולניות". אלה הם היסודות השכליים או המיטאפיסיים של ריבוי האספקטים בהתגלות סיני (ישראל והאנושות, עמ' 260-261).

כדאי להעיר שהמספרים נעצרים במספר שבע. זהו אישור של גיבוי ורבגוניות של הפולחנים. **היהדות מודה כי הערצת אלהים חייבת ללבוש צורות שונות המותאמות לטבעם של גזעים שונים** ולטבע הסביבה ללא נזק לעצם האחדות הכללית שישראל הוא שומרה הנאמן (ישראל והאנושות, עמ' 271).

תורת משה מכירה בנוכחותם החוקית של זרים בארץ ישראל שאינם כפופים למרותה של דת ישראל. אלה הם "גרים תושבים", אזרחים שאינם בני הדת היהודית. לא רק שהם פטורים מאיסורי מאכלות הנקובים בתורה אלא בפירוש נאמר "לא תאכלו כל נבלה לגר אשר בשעריך תתננה ואכלה או מכור לנכרי". ערכו של כלל זה לא יסולא בפז: א. בשל כוונתו האצילה המבצבצת מתוכו. ב. בשל **הכרה מפורשת הגלומה בו במצב דתי מסויים השונה מהלך רוחות דתי שאינו זהה עם תורת משה** (ישראל והאנושות, עמ' 207).

[5] ערך הנצרות כמקדמת את הדת האוניברסלית שמצאה בתורת ישראל

הדרשנות הנוצרית נולדה על ברכי תורה עתיקת ימים שהיהודים הבחינו בה יסודות אוניברסאליים אשר את שלטונם התעתדו לכונן. ממעין זה שאבו תלמידי ישו את הכרתם הפנימית על שליחותם

מטעם ההשגחה העליונה. ממעיין זה שאבו את האומץ להפיץ את בשורתם עד כנפות הארץ [...] מעולם לא התגלעו חילוקי דעות לגבי השאיפות הכלליות, המשותפות לשתי הדתות גם יחד, לגבי החובה להפיץ את דבר ה׳ בקרב העמים ולהביאם תחת כנפי האמונה באל אמת (ישראל והאנושות, עמ׳ 24).

[...] **אין איש אובייקטיבי ובעל הגיון, שלא יכיר ויעריך כדבעי את ערכן הגדול של שתי הדתות הגדולות, ובפרט של הנצרות. אין יהודי הראוי להקרא בשם זה, שלא ימצא קורת רוח בשינויים הגדולים שנתחוללו על ידי שתי הדתות בעולם שהיה שקוע במ״ט שערי טומאה ובניוון מוסרי.** לא ייתכן לשמוע שמות הנערצים והיקרים גם ליהודים, לא ייתכן לשמוע הדים מספרי הקודש, לא ייתכן לשמוע את מזמוריהם ונבואותיהם בפיות מליוני בניהם של עובדי אלילים קדמונים, בני כל הגזעים, המתכנסים להשמיע שבחים לאלהי ישראל בכנסיותיהם ובמסגדיהם, לא ייתכן לחרות בזכרוננו את מאורעותיהם הגדולים - בלי שנתמלא גאווה בצדק, ומבלי שנחזיק טובה ולבנו יביע אהבה אל ה׳ שעשה נסים גדולים אלה. אשר לי לעצמי, לא נזדמן לי לשמוע מזמורי תהלים בפי כומר מבלי שאתמלא רגשות כאלה. קריאת פרקי האוונגליון לא עברה עלינו באדישות מעולם [...] אנו נגררים ברצון אחרי הרשמים האלה מאחר שגברה עלינו התודעה כי נכנסנו לתחומנו אנו. שמחנו על נכסינו ועל הרגשתנו כיהודים, שגדלה ככל שהערכנו יותר את הנצרות [...] (ישראל והאנושות, עמ׳ 29).

בסופו של דבר עשתה דת זו [=הנצרות] צעד גדול בכל הקשור למוסר ולאנושות, בנתצה את המזבחות העשנים עדין מדמם של חפים מפשע, בסלקה את המאורות בהן רוממה הזנות למעמד של חובה דתית, בהצהירה את המקור המשותף של כל בני האדם, על האחווה האוניברסאלית של תושבי כדור הארץ, ובמחתה את הבוץ שהותירו האנוכיות, הגאוה, הכוח הברוטאלי והעושר על פניהם של העניים, האומללים, הנדכאים והמשועבדים. **מעשים טובים אלה, ורבים אחרים, ראויים להערכת הדורות ולהכרת טובתם של בני**

האדם כולם. ניתן להכיר בחותמה של העבריות במעשים אלו, והיא שמחה עליהם ומוקירה אותם. העבריות מעריכה ילדים מסורים אלו שיצאו מחיקה כשהם חדורים ברוחה, ובוערים באותה אש שהביאה את הפרושים לחרוש "ארץ וימים, בחפשם נשמה שאפשר לגיירה" (מתי 23 15). אמנם את ימות המשיח לא הצליחו הנוצרים להביא, כפי שהם מתפארים - אולי אף הרחיקו אותם - אולם הם סללו את הדרך לבואו של המשיח ובישרו את דבר מלכותו. אכן יודעת כנסת ישראל להוקירם על כך, למרות הקלון שהטילה עליה הכנסיה, ולמרות היותה עדיין מדממת מהפצעים שפצעה אותה, אין היא חדלה להצהיר זאת [...] (מוסר יהודי לעומת מוסר נוצרי, עמ' 61-62).

יהיו יסודות המוסר הנוצרי באשר יהיו, ותהא דעתנו בדבר איתנותם באשר תהא, אין ספק בכך שמבנה גדול ומפואר אכן הוקם על יסודות אלה, ושאלפי דורות אנוש חסו תחת קורת גגו. אלפי יסורים, אלפי כאבים מצאו שם מזור כמעט אלהי. אלפי מעלות טובות התפשטו בעולם כולו ולימדו בכל מקום את האומץ לעשות טוב ואת המורא מפני עשיית רע. אלפי גאונים כופפו את קומתם למראהו. הבה נחווה קידה גם אנו כלפי מלאכת מחשבת זו של קומץ יהודים, נכוף ראשינו בפני ענף זה שנלקח מאילנם הגדול של ישראל והורכב על גזעם של הגויים. ניכר בו חותמה של היהדות, ניכרת בו רוחם של האבות, הנביאים וחכמי התורה, ואנו נוטים לומר יחד עם יצחק אבינו: "הקול קול יעקב והידים ידי עשו" (מוסר יהודי לעומת מוסר נוצרי, עמ' 110).

[6] טעותה של הנצרות - חוסר הבנת הצורך בכפילות של דת משה ודת בני נח והרעיון שדבר ה' בתורת משה הוחלף בדבריו של ישו

אולם תארים אלו של הנצרות, מעלותיה האמיתיות והלגיטימיות, שימשו בסיס ליומרות מופרזות ביותר. **ללא כל צדק, הגינות או הגיון, הצהירה הנצרות שמוסרה נעלה מן המוסר העברי.** הנצרות עצמה,

מסוחררת מן השבחים שהרעיפה על עצמה, קראה דרור לדעות קדומות [...] (מוסר יהודי לעומת מוסר נוצרי, עמ' 62).

אני טוען שבתקופה הרומית, כמו בכל התקופות שלאחר מכן, לא היה לנצרות או למוסר הנוצרי שום דבר להציע לרגשותיו הטבעיים של האדם, וכי הנצרות ידעה רק להערים מכשולים בפני התפתחותן הטבעית של רגשות אלו, ובאה במבוכה כל אימת שנדרשה לקבוע עמדה ביחס לחובות האדם כלפי מולדתו. **הנצרות הטיפה לעקרון, לעקרון גדול: האחווה האוניברסאלית, אותו דלתה מתוך היהדות, בלא שידעה כפי שידעה היהדות, למתֵן עקרון זה באמצעות העקרון האחר של האחווה הלאומית** (מוסר יהודי לעומת מוסר נוצרי, עמ' 69).

כך, באופן זה או אחר, אנו מוצאים תמיד את ביטולם, את מחיקתם של הגוונים הלאומיים הרבים בחיקה של אדישות אוניברסאלית או של אימפריה אוניברסאלית. מדוע? בגין אותו פן שחסר לנצרות לחלוטין: הפן החברתי, הפן המדיני - בין כתוצאה מדרישות מוסרה הקיצוניות והאקסקלוסיביות, בין עקב שאיפותיה הרב־לאומיות שעמדו להתממש בכל רגע. לצד מוסרה החברתי לא היה לנצרות כל צדק חברתי, ולצד המזבח לא ידעה להעמיד כס מלכות, או שכס המלכות נבלע במזבח או שהוא נעלם בצילו (מוסר יהודי לעומת מוסר נוצרי, עמ' 70–71).

בתום לב גמור האמינה הנצרות שאין טוב מלהושיב את עצמה על כס המלכות ולאחוז בעצמה במטה המשפט [...] הנצרות האמינה שביכולתה להציב את עיקרי אמונתה כתחליף למוסדות מדיניים, את פולחנה במקום חובות לאומיות ואת מוסרה במקום חובות הציבור [...] הרוח הנשלטת ומנוהלת כאילו היתה גוף, והאמונה המוקפת עונשים מענים וגרדומים, אינם אלא האלימות, העוולה והעריצות המגוייסות לשירותה של דת שכולה חסד. ודווקא משום שלא היה בפיה אלא חסד, ושרעיון הצדק נעלם ממנה לחלוטין, דווקא משום שהטיפה רק לאהבה ובשום אופן לא לכבוד, דווקא משום שהתמסרה לפולחן השלמות הנשגבת ביותר תוך זלזול בשלמות הנחותה יותר [...] נידונה הנצרות להיות אלימה (מוסר יהודי לעומת מוסר נוצרי, עמ' 72).

יורשה לנו להעלות שתי נקודות בהן עולה החסד הישראלי לאין ערוך על זה של הנצרות. אלו הן: המולדת והחברה. **אם ישו הטיף לאהבת כל בני האדם, אם הצליחה הנצרות להעניק לעצמה, טוב יותר מכל מערכת אחרת, חזות של מוסריות אנושית, הרי היה זה על חשבון האהבה המקודשת לא פחות למולדת ולחברה** [...] **הנצרות מכירה רק מולדת אחת: העולם, ואולי נכון יותר לומר: השמים. הנצרות מכירה רק חברה אחת, החברה הרוחנית.** המולדת, זכויותיה, צרכיה, הסייגים שהיא מטילה לעיתים על החסד האוניברסלי, כפי שזכות אחת מגבילה לעתים זכות אחרת; החברה האזרחית, החברה האנושית באמת, כלומר זו של גופים ונשמות יחד, זכויותיה שלה, תביעותיה, מערכת היחסים שהיא יוצרת בין חבריה, הכללים והחוקים המסדירים יחסים אלה - כל אלה נעלמים לחלוטין מעיני הנצרות. האם מכירה הנצרות באויב מדיני כלשהו? לא. המכירה היא בצדק חברתי? גם לא. והרי ניתן לקבוע ללא היסוס שללא אפשרות של אויב מדיני אין מולדת, וללא יריבות חברתית אין חברה ואין צדק חברתי (מוסר יהודי לעומת מוסר נוצרי, עמ' 162-163).

מה עשתה לה הנצרות במקום זאת? מה הציבה הנצרות במקום אלהי העברים, "הראשון והאחרון" [...] היא העתיקה את עקרון ההשתלמות לבורא עצמו ולפחות לדברו החיצוני. **הנצרות לימדה שדבר ה' עצמו נתון להשלמה הדרגתית, שהוא מסתגל למצבים, לאורחות חיים ואף לחולשותיהם של בני האדם!** הנצרות העבירה לאלהים את גמישותו של פאולוס המעמיד עצמו כיהודי כלפי היהודים וגוי כלפי הגויים. היא חוללה את ויתוריהם הבזויים של הישועים לעובדי האלילים הסינים, וכאליליו של הומרוס, היא עשתה את אלהים בצלמה, תחת עשות את האדם בצלם האלהים כפי שמלמד משה. **אבל בזאת התנגשה הנצרות לא רק עם השכל הישר ועם ההגיון הבריא, שאינם יכולים ליחס לבורא יותר מרצון אחד, אלא גם הפכה את ההתגלות עצמה לחסרת ערך, ובכך חתרה תחת יסודותיה שלה ומוטטה את הבסיס המוצק ביותר שהיה לה** [...] התגלות שאינה

אלא עוקבת עקב בצד אגודל אחרי ההתפתחות הטבעית של כישורי האדם, התגלות שבמקום לומר מראש את מילתה האחרונה תוך נטילת הסיכון שלא תובן או שלא תוערך, רק מפוררת את האמת הנצחית לפירורים שגודלם מתאים יותר ליכולת קליטתם המצומצמת של הלבבות והנפשות - **התגלות כזאת, תהיה מלכתחילה חשודה בעיני כל מבקר בר דעת, אף תהיה חסרת כל תועלת לחלוטין מפני שאין היא אומרת לבני האדם דבר שאין ביכולתם לומר לעצמם בעצמם** (מוסר יהודי לעומת מוסר נוצרי, עמ' 64-65).

[7] **הטעות ההפוכה של האסלאם: התמסרות לצד החברתי־מדיני אם ישו דבק בפן היותר רוחני, יותר פנימי ויותר דתי של העבריות [...] באיסלם אנו מוצאים את הפגם ההפוך, את הקוטב הקיצוני המנוגד** [...] מוחמד, אני טוען, יכול היה להכיר את העבריות רק מצידה הגלוי לעין, הנגיש לכל בר דעת, אותו צד שהיהודים נשאו עמם לכל מקום: המונותיאיזם האקזוטרי. לכן הפך רעיון זה לעיקר העיקרים, לדוגמה העליונה של דתו.

אם ישו לקח מתוך העבריות את צדה המוסרי, הפנימי, הרוחני [...] מוחמד שואל לעצמו להיפך, את צידה החברתי והאריסטוקרטי של העבריות [...] אם הנצרות מעבירה את עקרונותיהם וכלליהם של חיי העולם הבא אל תוך לב ליבם של חיי העולם הזה, אם היא מוחקת וסופגת את העולם הזה לתוך העולם הבא [...] הרי שאצל מוחמד אנו מוצאים בדיוק את המגמה ההפוכה. **מוחמד מעצב ומסדיר את העולם הבא על פי דוגמתו של העולם הזה. הוא מעביר את כאביו, עינוגיו, תאוותיו וגחמותיו של העולם הזה, את הנאותיו ותענוגות בשריו, אל העולם הבא, עד כי גם תחיית המתים עצמה אינה אלא המשך וחזרה על חיי האדם עלי אדמות. במילה אחת: האיסלם אימץ מתוך היהדות בעיקר את צידה החברתי והאריסטוקרטי, בעוד הנצרות העדיפה לדבוק בצידה הדתי והמטפיזי.** הדת האחת, בדחותה את חלקה הרוחני של היהדות, דרדרה את מדיניותה לברבריות, בעוד

השניה, מתוך מרחקה מחיי החברה של היהדות, היתה לדת סגפנית. משני הצדדים כאחד אנו מוצאים שוב עבריות קטועה שעוותה באחד מאבריה החיוניים (מוסר יהודי לעומת מוסר נוצרי, עמ' 250-251).

הראי"ה קוק: "הדתות האלוהיות" ותפקידו המרכזי של עם ישראל

שראל רוזנבלט

הרב אברהם יצחק הכהן קוק (1935-1865) היה מגדולי הרבנים, המנהיגים וההוגים שקמו לעם ישראל בדורות האחרונים. הראי"ה קוק שימש בתור רבה הראשי האשכנזי הראשון של ארץ ישראל והניח תשתית הלכתית, תיאולוגית ומחשבתית ליהדות בתקופה המודרנית ואל מול התהליך של שיבת עם ישראל לארצו. בין היתר ביקש הראי"ה לנסח התייחסות יהודית כלפי תופעות רבות בעולם ובכלל זאת היחס הראוי לדתות אחרות.

משנתו של הראי"ה מלאת גוונים שונים שפעמים רבות נראים כסותרים זה את זה. הרב קוק העיד על עצמו כי קיימות בתוכו דעות הופכיות ולכן בכתביו נמצא לא מעט סתירות שכולן יחד מסייעות לשרטט באופן דיאלקטי את התמונה השלמה, ההרמונית, של החוכמה האלוהית. גם בסוגיית מקומן של דתות אחרות, הלגיטימיות שלהן והיחס למייסדי דתות אלו מנקודת המבט של המחשבה היהודית אנו מוצאים שתי מגמות שונות בכתבי הראי"ה, בבחינת "שמאל דוחה

וימין מקרבת". להלן נבקש לעמוד על המגמות הללו ולהבין כיצד הן שוכנות זו לצד זו ומה נוכל להסיק מכך למציאות חיינו.

משנה סדורה וערוכה בנושא זה מופיעה לראשונה בחיבורו המוקדם של הראי"ה "לנבוכי הדור". "איזוהי דת מכונה אלהית?" [1] שואל שם הרב קוק. הוא אינו מסתפק בשאלה אם דת אחרת היא בגדר עבודה זרה או לא, אלא באפשרות לכנותה "דת אלוהית"; ובכך מצטרף הראי"ה לרבי יוסף אלבו, בן המאה ה־15, שאף הוא כתב: "וזה מה שיורה שאפשר שימצאו שתי תורות אלהיות בזמן אחד לאומות מתחלפות, וכל אחת מהן מגעת המתנהגים על פיה אל ההצלחה האנושית".[1]

הדיון ההלכתי הקלאסי ביחס לנוכרים עוסק במידת הגבלת היחסים החברתיים בין יהודים לגויים והפרמטר המרכזי להכרעה בעניין הוא אם הגוי משתייך לדת המוגדרת כ"עבודה זרה". מפרספקטיבה כזו, היחס לבני דת אחרת הוא בינארי: יחס של התנגדות, סלידה וזהירות יתרה או יחס אינדיפרנטי כלפי השתייכותם הדתית.[2] לעומת זאת, הראי"ה קוק - כמו ר"י אלבו - מרחיב את מנעד האפשרויות של היחס לדתות אחרות ומדגיש היבט נוסף שלפיו ייתכן שנביט על זהותו הדתית של הנוכרי בחיוב עד שנאמר עליו את דברי רבי מאיר, "נכרי שעוסק בתורה הוא ככהן גדול" (עבודה זרה ג ע"א) ואת המדרש "אפילו נכרי עבד ושפחה הכל לפי מעשיו רוח הקודש שורה עליו" [2].[3] נשים לב לכך שדברי רבי מאיר אמורים כלפי כל גוי שעוסק בתורת ישראל ודברי המדרש מתייחסים לטיב המעשה של כל אדם באשר הוא, אולם הרב קוק משבץ אותם באופן מיוחד דווקא בתוך דבריו על גויים שמאמינים באמונת הייחוד ומקיימים את מצוות דתם. האפשרות ליחס חיובי שכזה נובע מתוך עמדתו של

1. ספר העיקרים מאמר א, פרק כה; וראו לעיל בפרק המוקדש למשנתו.
2. במצב זה ישנן הגבלות הלכתיות נוספות שקשורות לבעיית נישואי תערובת בין יהודים לשאינם יהודים - בלא קשר לאמונתם הדתית.
3. על פי תנא דבי אליהו רבה, פרק י.

הרב קוק: ״אמונת תורה מן השמים היא יסוד חופש הדעות וחירות הרוח, ועלינו לשא ברמה את דגלנו בה לפני כל באי עולם להראותם את יסוד הסבלנות הבאה דווקא מרוממות האמונה״.[4]

מתוך דברים אלו סבור הראי״ה שעמדת התורה ביחס לגויים המשתייכים לדתות הייחוד היא ״שחובה גמורה היא לכל המחזיקים בה [...] להתנהג בה ולשומרה״, וכן שעל כל אדם ״שלם בדעת״ להבין כי כאשר הוא פוגש באנשים שאוחזים ועמלים בדת אחרת - הרי הם ״עוסקים בעבודת ה׳ לפי ערכם״ ודווקא על ידי שהם יהיו אדוקים בדתם הרי זה עצמו יקרב ״את תכלית המוסרית היותר נשגבה ונעלה הכללית״ [1]. אדיקות דתית של גוי האמון על דת הייחוד היא אפוא חלק מהאינטרס של היהודי המאמין עצמו.

הראי״ה מכיר בכך שבקרב ״ההמון״ ישנו יחס שולל לכל אפשרות של דת אחרת; אך לדידו לעמדה זו ישנה תועלת רק בעבור ״קטני שכל״ - האנשים שצריכים להקטין אחרים על מנת לחוש ברוממותה של תורת ישראל - אולם למעשה היא ״ללא אמת״. יתרה מזו, לטקטיקה אפולוגטית זו חסרונות משום שהעיסוק בשלילת האחר מנחיל רגשות בוז בלבבות שעשויים בשלב מאוחר יותר להיות מופנים כנגד תורת ישראל עצמה. על כן, הרב קוק רואה צורך בדורו דווקא ״להעמיק בערכן של אמונות אחרות על פי התורה״ [2]. אולם לא רק טקטיקה הסברתית מוצלחת יותר לפנינו כי אם עמדה הקשורה באופן מהותי לתפיסת אחדות האל של הראי״ה: ״זהו יסוד הסבלנות היוצא לא מקלות דעת לאמונה, כי אם מחכמה ומאמונה שלמה כי יד ה׳ בכל משלה, ושהוא נוהג בחסדו כל דור גוי ואדם יחד, כי מעשי ידיו כולם״ [3].

הרב קוק מכיר בשונות בין בני האדם ובהבדלים בין עמים, לאומים ותרבויות כעובדה טריוויאלית ולכן אך טבעי הוא שלכל תרבות תהא דת אחרת המקַדמת בדרכה שלה את מאמיניה למטרה

4. לנבוכי הדור, פרק נב, עמ׳ 256.

אחת כללית: "ארחות המוסר והדרכים שהמדות הטובות, ששרשם הוא יראת שמים, נקנים בהם, הם מחולקים בכל אומה על פי מקריה, על פי גזעה, ארצה [...] ומה שמרשם הוד אור ה' וכבוד שמים באומה זו, אינו פועל על אחרת" [2]. האידיאל הדתי אוניברסלי, אך הדרכים אליו מתפרטות כמספר העמים והתרבויות שישנם בעולם.

הלגיטימציה לקיומן של דתות אחרות מחייבת התייחסות גם למייסדיהן ומנהיגיהן. מנקודת מבט אמונית סבור הרב קוק כי "אין בעיקר האמונה שום ניגוד לדתות אחרות", זאת מפני "שאפשר שיהיו נשפעות גם כן שפע מדע ונבואה ורוח הקודש או שאר עזר אלהי על כמה אומות לפי מצבן וערכן על ידי טוביהן וחסידיהן".[5] מן הבחינה התיאולוגית אין אפוא כל סתירה בין נבואת משה וייחודיותה וקדושתה של התורה שניתנה בסיני לבין ההבנה שמנהיגי דתות אחרות הוארו משפע החוכמה האלוהית וייסדו דתות נוספות באמצעותה. השילוב שקיים בקרב מנהיגים אלה, בין קרבת אלוהים וניצוץ נבואי ובין היכרות מעמיקה עם האומה שלה הם משתייכים, הופך את הדת שהם מייסדים והמנהגים והחוקים שהם קובעים לבעלי "ערך דתי שראוי להם להוקיר אותם באמת". לכן, אף שעבודה דתית זו אינה שייכת לעם ישראל, בכל זאת "אנו נוכל להכירם [...] בתור מתקרבים לאור ה'" [2].

עמדה תיאולוגית דומה הוצעה מאות שנים קודם לכן בידי רבי נתנאל פיומי, ראש רבני תימן במאה ה־12, שכתב: "הוא ישתבח אפשר שיוסיף לצוות למי שירצה וישלח את מי שירצה אל מי שירצה כיון שכל העולמות שלו וקנינו, והראיה שהוא ישתבח שלח אל כל עם שליח בלשונם".[6] הרב קוק מוסיף[7] שבעבור הקמת דת מסוימת, אותם שליחים יוכלו לקבל סוג של נבואה או לעשות "מופתים מוחשיים".[8]

5. לנבוכי הדור, פרק נב, עמ' 255.
6. גן השכלים, מערבית: הרב יוסף קפאח, ירושלים: האגודה להצלת גנזי תימן, תשי"ד, פרק שישי, עמ' קג-קכז. ראו בהרחבה לעיל בפרק שעסק במשנתו.
7. יש לציין שהרב קוק איננו מזכיר בדבריו את רבי פיומי וייתכן כי לא הכיר כלל את ספרו.
8. לנבוכי הדור, פרק נב.

ברם, בעוד רבי נתנאל פיומי דיבר על מודל מסוים של שליח שזוכה לסוג של התגלות ומגיע לעמו עם ספר קודש (הקוראן במקרה של רבי נתנאל פיומי), הרב קוק מדבר גם על "שפע מדע" או "שאר עזר אלהי";[9] כלומר אין מדיום חד וברור שרק באמצעותו הופכת דת אחרת ללגיטימית. זאת ועוד, במקום אחר הרב קוק אף מדבר בשבח "רוח האדם" ו"כשרונו העצמי", המבטאים את היכולת של החוכמה האנושית להציע תובנות מוסריות ולחוקק חוקים הדומים לחלק מ"המצוות השכליות" בתורה, שהרי זוהי משמעות בריאת האדם בצלם אלוהים. על כך אומר הרב קוק: "שיסודה של תורה היא האנושיות הטהורה".[10]

מתוך כך נוכל להבין את הכרעתו העקרונית של הרב קוק כשיטתו של רבי מנחם המאירי ביחס להגדרת "גר תושב" שלפיה נדרשים בעיקר פרמטרים אנושיים־מוסריים ולא בהכרח אמוניים־דתיים. כך כתב הראי"ה באיגרת משנת תרס"ד: "העיקר הוא כדעת המאירי שכל העמים שהם גדורים בנימוסים הגונים בין אדם לחברו הם כבר נחשבים לגרים תושבים בכל חיובי אדם".[11] אולם לעומת המאירי שהבחין בין הממד האמוני לבין הממד ההתנהגותי, הרי שהרב קוק רואה באותן התנהגויות גם ערך דתי־רוחני.

ייחודם של ישראל והיחס הדיאלוגי והביקורתי ביחס לדתות אחרות

לצד הלגיטימציה העקרונית, ההערכה והעין הטובה שנוקט הראי"ה כלפי דתות אחרות, תפיסתו היא דיאלוגית במהותה וממילא גם

9. שם.
10. לנבוכי הדור, פרק לד, עמ' 174.
11. אגרות הראיה, חלק א, איגרת פט, עמ' צט. אכן מבחינה הלכתית, ביחס להיתר מכירה, הרב קוק לא נשען על עמדה זו לבדה אלא צירף אותה לשיקולים נוספים. ראו שו"ת משפט כהן, סימן סא (תשובה משנת תרס"ט), והשוו לסימן נח (תשובה שנכתבה כמה שנים מוקדם יותר). הרחבה על שיטת המאירי ראו לעיל בפרק שעסק בעמדתו.

ביקורתית: דיאלוגית מפני שעל עם ישראל לכרות אוזן ולהקשיב לזרמי רוח ותרבות הקיימים בעולם, ללמוד מהם ולהשמיע את חוכמת התורה בעולם; וביקורתית שכן מחובתו האוניברסלית של עם ישראל לעמוד על מה שעוד טעון דיוק והשלמה בקרב אומות העולם.

כמי שאמון על המסורת הקבלית־חסידית, הרב קוק מתרגם את סיפור שבירת הכלים והתפזרות הניצוצות שלימד האר"י ומפרש אותו גם כלפי מרחבי הרוח והתרבות הכלל־אנושיים. לפי הראי"ה, כל הגוונים השונים בעולם האנושי, ובכלל זה הדתות השונות, אמורים להשלים זה את זה כמעין פאזל שלם של הרוח האלוהית המתגלה בעולם. בעיני הרב קוק, כיוון שעם ישראל נושא את בשורת הייחוד, מן ההכרח שיתקיים קשר אינהרנטי, פנימי, בינו לבין אותם "ניצוצות" הפזורים בעולם. עמדה זו מביאה את הראי"ה לגזור הוראה מעשית: "ובגלל זה אי אפשר כלל שנעלים עין מכל זרם, בבאנו לברר את כח הרוחני של כנסת ישראל" [4]. משמעותה של אמונת הייחוד היהודית מחייבת אפוא ראייה רחבה ועשירה ולמידה של זרמי הרוח שקיימים בקרב עמים ודתות שונים.

עם זאת, כדי שבפועל כל דת תשתכלל ותגיע לתכליתה, וכדי שכל הדתות ישכנו זו לצד זו בהשלמה הרמונית, על עם ישראל לממש את תפקידו האוניברסלי לדאוג להתקדמות הדתית והמוסרית של אומות העולם. לדברי הראי"ה, תפקיד חובק עולם זה מתאים לאופיו של עם ישראל. ראשית, מפני שיצירתו של עם ישראל החלה בהתגלות אלוהית לאבות; ושנית, משום שנבואת משה והתורה שניתנה ממרום מגלמות את המפתח לאיחוד שלם של ריבוי הגוונים בעולם לכדי הוויית חיים הוליסטית והרמונית.

חזון זה יתאפשר באמצעות שני אפיקי פעולה. אפיק פעולה אחד קשור בהוראת תורה לאומות העולם. הרב קוק מבחין בין עידן הגלות לעידן הגאולה כקו פרשת מים בכל הקשור להוראת התורה מחוץ לד' האמות של קהילות ישראל. עידן הגלות המשול ללילה מאופיין בהתכנסות פנימה, בחיזוק הזהות היהודית הנבדלת. לעומת זאת, עידן הגאולה, שבו "תרום קרן ישראל", הוא זמן של "אהבה רבה", של

אור התורה המאיר לעולם כולו. כדי לעשות זאת, על לומדי התורה להעמיק בטעמי התורה ולהשכיל כיצד "לתרגם הדבר כפי מושגם החיצוני של העמים" [5]. זאת ועוד, בימות המשיח עיקר המגמה של לימוד התורה ומעשי המצוות יהיו "לצורך כלל האנושיות" [6].

אפיק הפעולה השני קשור בהקמת מרכז רוחני עולמי עבור דתות העולם וכלל האנושות, מרכז של "שלום ואהבה" ו"מרכז אחדות של דעת ה' בעולם". חיבור זה של אומות העולם סביב מרכז אחד העוסק בענייני מוסר ודת בהובלת עם ישראל, הוא שיאפשר את "סוף ההשתלמות" החברתית, המוסרית והדתית של האנושות [1-2].

לאור זה מובן מדוע בעיני הראי"ה הקריטריון לנתינת לגיטימציה לדתות אחרות כולל לא רק אמונה נכונה ומוסריות מתוקנת אלא גם הכרה בערכם של ישראל ושלילה של כל נוסח של "תורת החלפה" [8]. במילים אחרות: את הלגיטימיות של דתות אחרות תופס הרב קוק כקשורה בהפנמתן את אותו מבט הוליסטי והסכמתן לאותה מערכת שמבקשת לבנות קשרים וגשרים עם דתות אחרות ובמיוחד עִם ישראל ותורת ישראל [1]. זאת, כדי ליצור את ההפריה ההדדית ואת התמונה השלמה של רוח אלוהים בעולם.

שינוי המגמה בכתיבתו של הרב קוק

בשנים שלאחר התיישבותו ביפו בשנת 1904, חל מפנה דרמטי בכתיבתו של הרב קוק על דתות אחרות ובעיקר על הנצרות. מילים של שותפות, עין טובה ואמון בתהליך התחלפו במילים היוצרות הבחנה, הבדלה, ביקורת חריפה וזהירות יתרה. ככל שחלפו השנים, התמקד הרב קוק באופן ספציפי במתקפה על הנצרות, ועובדה זו באה לידי ביטוי הן בהיקף הביקורת הן בטון החריף של טענותיה.[12]

12. הפער בין הכתבים המוקדמים למאוחרים בולט בשני היבטים - בכמות ובשפה. לא רק שבכתבים המאוחרים הרב קוק תוקף את הנצרות במידה רבה יותר ומזהיר שוב ושוב מסכנותיה, ביחס לכתבים מוקדמים, אלא שגם השפה מטפיזית יותר וחריפה עד מאוד. למשל בשמונה קבצים, קובץ א, פסקה רלט, הרב קוק מתייחס

בטענותיו של הרב קוק כלפי הנצרות והדתות בכלל, בשלב זה של כתיבתו, נוכל למצוא מאפיינים ייחודיים בתולדות חכמי ישראל. רעיון ההחלפה של הנצרות לא תופס מקום מרכזי; וכך גם לא האנטישמיות או בעיות תיאולוגיות (במובן הפשוט וההלכתי של עבודה זרה); אפילו ויכוח על האמת ההיסטורית של תולדות היהדות והנצרות אינו עומד במרכז הביקורת שהוא מותח על הנצרות. מוקד הביקורת שלו מצוי בהשלכותיה של אמונתן של הדתות, ובעיקר של האמונה הנוצרית, ביחס למצב האדם בעולם והקשר שבין מציאותו של האל לבני האדם בעולם הזה [8]. באופן ספציפי יותר, בעיני הרב קוק, תורת ישראל דורשת מהאדם ליטול אחריות על מצב העולם מתוך אמונה בכוחו של האדם וביכולתו לתקן את המציאות כחלק מהשותפות עם אלוהים וכחלק מתהליך התשובה של העולם כולו. היבטים מסוימים באמונה הנוצרית משקפים לדידו את ההפך הגמור. ביטול המצוות ותפיסת החטא הקדמון שלה ממקדים את הנטייה הרוחנית בהתנתקות מעניינים גשמיים ופוליטיים ומבטאים ייאוש מהיכולת לתקנם ולקדשם [9].

כמאליה עולה השאלה: מה גרם לשינוי זה בכתיבתו של הראי"ה ומדוע התמקד בטיעונים אלו במיוחד?

באיגרת משנת תרס"ט [10] כותב הרב קוק כי זהו מהלך מכוון;

למשמעות ביטול המצוות בנצרות ומסביר מדוע "תורת אמת" חייבת לכלול לא רק אמונות ודעות אלא גם מעשים ומצוות. אולם בקבצים ה-ו ואילך (שפסקאות רבות מתוכם הובאו בספר אורות האמונה שערך הרב משה גורביץ עוד בחיי הראי"ה; מקבצים אלו נטל הרב צבי יהודה קוק פסקאות רבות כאשר ערך את פרקי "ישראל ותחיתו" העוסקים רבות בביקורת חריפה על הנצרות) הראי"ה משתמש כבר במילים של "ארס משחית", "עמלק" (קובץ ו, פסקה רח) ו"זוהמא חיובית" (קובץ ו, פסקה רט). בקובץ א, פסקה רסז, הרב קוק כולל את הנצרות ביחד עם הביקורת על דתות אחרות, ודרך הטיפול בה היא לדידו הגברת אור וראיית הניצוצות הקדושים הטמונים בהן. לעומת זאת, בשלב מאוחר יותר כותב הראי"ה (קובץ ה, פסקה נז) על כך שביחס לנצרות - במיוחד ובניגוד לשאר הדתות והרעיונות בעולם - אין לקבל דבר באופן ישיר ואסור להצטרף עימם לשום דבר מפני התחכום שבה וה"ארס" שטמון גם בתכנים הטובים שישנם בנצרות. כעת, רק אי־קבלה של תכנים מתוך הנצרות תביא לבסוף לתיקונה.

הוא מצהיר על השינוי ואף מסביר את מניעיו. בעיצומה של העלייה השנייה, הרב קוק רואה לנגד עיניו מחד גיסא כי ״תקות ישראל ותחיתו הולכת ומתגלמת בסתר המדרגה בארץ החיים״; ומאידך גיסא, מצב זה רגיש ועדין והראי״ה מדמה את עם ישראל בשנים אלו למי ש״מקופל כעובר במעי אמו״. במצב עוברי זה, מבקש הרב קוק לקדם את התהליך ולהבטיח שאכן יושלם. רצון זה מאוים בעיני הרב קוק על ידי תפיסה הרווחת בקרב המוני בית ישראל שדתיות ולאומיות הינן ״מערכות סותרות ומנגדות זו את זו״. בעיני הרב קוק, מקורה של תפיסה זו מצוי בדתות אחרות ובעיקר בנצרות ובאסלאם ובהנחות היסוד התרבותיות ששלטו בכיפה באירופה בשנים אלו.

ביחס למגמות אלו בתקופה המדוברת מצהיר הראי״ה ואומר: ״א״א כמעט לסמן עכשו את הצורה המיוחדת של הסניגוריה הנפלאה, לאור ישראל נגד כל מעיבי ערכו״. הרב קוק עסק כאמור רבות בסנגוריה על דתות אחרות ואף מכנה אותה ״נפלאה״, אלא שכעת מבחין הרב קוק ששומעי לקחו צריכים לשמוע מסרים אחרים כדי לחדד את הייחודיות הנבדלת של עם ישראל וכדי ליצור תהליך של דיפרנציאציה עמוקה משאר הדתות [11]; כל זאת על מנת לחבר בין התפיסה הדתית ללאומית ולכונן את האתוס הציוני של תחיית העם בארצו על אדני תורת ישראל.

אך עלינו להמשיך ולשאול: מדוע במפנה המאה סבר הרב קוק שנבוכי הדור יתחזקו באדיקותם הדתית וישובו לנחלת אבותם על ידי הסנגוריה וחשיפת המאחד בין הדתות ואילו שנים מספר לאחר מכן סבר שההפך הוא הנכון?

בכמה כתבים מן העשור הראשון של המאה העשרים כתב הרב קוק כי ״כפירה חדשה״ באה לעולם, איום חדש ששונה מזה שאיים על שלומי אמוני ישראל עד עתה.[13] יוסף אביב״י הוכיח באריכות שדברים אלו אמורים כלפי פרידריך ניטשה וככל הנראה גם כלפי מיכה יוסף ברדיצ׳בסקי שתרגם את רעיונותיו של ניטשה לעברית.[14]

13. אדר היקר, עמ׳ לב-לד.
14. יוסף אביב״י, קבלת הראי״ה, ירושלים: יד בן־צבי, תשע״ח, פרקים כט-לא.

אביב"י עמד בהרחבה על השינוי שחל בהגותו של הרב קוק בעקבות מגמות חדשות אלו וכן עמד על הקִרבה בין טיעוניו של הרב קוק לטיעוניו של ניטשה בביקורתם על הנצרות:

> ניטשה שנא את הנצרות המתעבת את החיים ומתרחקת מהם. אחריו הלך ברדיצ'בסקי ויצא נגד הספר וההלכה המגבילים את החיים ואת הרגשותיהם. על כן קראו ניטשה וברדיצ'בסקי לאדם לבקש את החיים הטבעיים הגועשים והסוערים במלואם [...] הראי"ה מסכים לבקשת החיים אבל הוא מדייק וקובע כי החיים האמיתיים נובעים מן האצילות האלוקית.[15]

ניטשה ביקר את הנצרות וכתב במעין התרפקות על היהדות המקראית תוך שהוא מבקר את "מוסר העבדים" שהחל להתפתח למן ימי בית שני ועד ימינו. בתוך הבית פנימה מזהה הרב קוק שתי תגובות הפוכות ביחס לניטשה. מצד אחד, ישנם אנשים מהציונות החילונית שנוקטים ביקורת דומה כלפי המסורת התלמודית־הלכתית של היהדות, ומצד שני יש מחכמי ישראל שדוחים את ניטשה ומתוך כך גם מתרחקים מהתנועה הציונית המסמלת כוח ועוצמה ויוזמה אנושית תוך התנערות ממסורת ישראל סבא. המענה של הראי"ה לשניהם גם יחד הוא חשיפת הרכיב הצודק בתוך טענותיה של "הכפירה החדשה" והפניית הביקורת הניטשיאנית כלפי דתות אחרות. ברם, ביחס למסורת ישראל טוען הרב קוק כי היא מבטאת ביתר שאת ויתר עוז עוצמת חיים וגדלות האדם. ממילא, המזדהים עם ביקורתו של ניטשה יוכלו למצוא הזדהות עם תורת ישראל. כחלק ממגמה זו הראי"ה מבקש לצייר הבדלה חדה וברורה בין היהדות לבין שאר הדתות.

15. שם, עמ' 625.

עלייתה של "הכפירה החדשה", יחד עם השלב העוברי של תחיית עם ישראל בארצו, היא זו שהביאה אפוא את הרב קוק לעסוק בעיקר במבדיל בין ישראל לעמים - בשונה ממגמתו קודם לכן.[16]

העובדה שהרב קוק עצמו הצביע על שני ההיבטים הללו כגורמים לשינוי במגמת כתיבתו - יש בה חשיבות מכרעת בהבנת הגותו של הרב קוק כמכלול בנידון דידן. לפי ניתוח זה, שינוי המגמה בכתיבתו ביחס לדתות אחרות אינו משקף ביטול וסתירה של המשנה התיאולוגית־פילוסופית המוקדמת שלו. התנועה המחברת והתנועה המבדילה נכונות כאחת. ההכרעה איזה היבט נכון להדגיש ומתי נובעת משיקולים חינוכיים ומעשיים בתוך מציאות תרבותית ופוליטית מסוימת ומתוך ניסיון להבין את מצבם של עם ישראל בתקופה זו, את השלב הבא בתהליך התחייה הלאומית ואת הפעולה ההסברתית הנדרשת לשם כך.

יש לציין כי גם בתוך מגמת הכתיבה הביקורתית המבדלת, מדגיש הרב קוק את החשיבות של שמירת "האחווה המוסרית הטבעית" [12], כלומר היחס הנאה לכל בני האדם ובכללם גם הנוצרים, מתוך אמון שבכוחו של צלם אלוהים שבאדם להאיר את כל מחשכי החיים.

זאת ועוד, באיגרת משנת תרס"ח מזכיר הראי"ה שמטרת ישראל היא לא להרוס את הנצרות והאסלאם אלא לעזור להם להגיע לתיקונם השלם. על בסיס דברי הגר"א מדגיש הרב קוק כי השנאה היא לא לעצם קיומה של הדת הנוצרית אלא להיבטים השליליים שבה. באשר לעשו עצמו - המסמל את הדת הנוצרית - נאמר: "ראיתי פניך

16. בספרו שראה אור לאחרונה טוען יהודה מירסקי (הרב קוק: מבט חדש, חבל מודיעין: דביר, 2021, עמ' 145-148) כי מלחמת העולם הראשונה ושפיכות הדמים הגדולה שהביאה עימה תרמו רבות להתקפותיו של הראי"ה על הנצרות; ואכן ההבדלים בין הכתבים המוקדמים והמאוחרים מגבים טענה זו. עם זאת, כפי שהראה אביב"י, אפשר להבחין בשינוי המגמה ביחס לדתות אחרות גם בשנים שקדמו למלחמה.

כראות פני אלהים"[17] ועל כן: "אהבת אחים של עשו ויעקב, של יצחק וישמעאל תעלה על כל אותן המהומות".[18]

סיכום שיטת הראי"ה והתבוננות לעת הזאת

בשאלת היחס לדתות ודתיות של אומות העולם, ניצב הרב קוק בתוך המסורת הרואה את עצם קיומן של דתות אחרות כעניין לגיטימי ואף מבורך. הרב קוק שולל עמדה אקסקלוסיבית שלפיה "דת אמת" פירושה מונוליתיות השוללת כל אופציה דתית אחרת; וזאת מפני שתפיסת ה"אמת" של הראי"ה היא מודולרית. לדידו, שבע מצוות בני נח אינן היעד המרבי בעבור בני דת אחרת אלא להפך - הרף המינימלי שעליו אפשר להוסיף עוד ועוד. יתרה מזו, תפיסתו של הרב קוק שהחוכמה האלוהית מתגלה בעולם באופנים שונים ושעשוי להיות תוקף דתי גם ל"הכרע הדעת", משמעה כי אין זה מן ההכרח שקבלת עול מלכות שמיים והקשר לקב"ה בקרב הגויים יהיו מתווכים באופן בלעדי רק דרך תורת משה. כמו כן, ייתכן שהתרחשו ניסים למייסדי דתות אחרות המפיצות את אמונת הייחוד.

דומה כי ייחודיותה של משנת הראי"ה בהשוואה לאלה של קודמיו מצויה בניסיון לארגן באופן מהודק יותר, ואף ריכוזי, את הפאזל הגדול של האומות והדתות. מתוך תמונת עולם הוליסטית ואורגנית, הרב קוק שואף לברית אוניברסלית המייצרת מבנה של מעגלים קונצנטריים - שבמרכזם עם ישראל בארץ ישראל שבאחריותו לדאוג לקידום העולם בכלל ותיקון כל דת ושיפורה בפרט. במסגרת זו הוא גם מחדד את הדרישה מן הדתות הגדולות להכיר בחשיבותו של עם ישראל, ובכל מקרה להסתייג מהטענה על ביטול תפקידם של ישראל. לדידו, רק מבנה כזה יַשקף באופן המלא ביותר את הבנת אחדות האל בעולם ואת האחווה האנושית הנגזרת מכך. מובן אפוא

17. בראשית לג, י.

18. אגרות הראיה, חלק א, איגרת קיב.

מדוע דווקא חובתו של עם ישראל להביט נכוחה על המתרחש בעולם הכללי והציפייה לשיתוף פעולה מצד דתות אחרות מביאות את הרב קוק גם לביקורת נוקבת ביותר כאשר אחת מן הדתות אינה מתאימה לפאזל או למגמת ההיסטוריה שחזה הראי"ה.

לצד מגמה זו ראינו כי הרב קוק הרבה לכתוב על המבדיל והשונה, על הפערים בין תורת ישראל לבין שאר הדתות, ובתוך כך לא חסך בביקורת חריפה. את ריבוי הכתיבה מן הסוג הזה הסביר הרב קוק עצמו כצורך קריטי בזמנו להבדיל את הזהות היהודית מהתרבות האירופית, ממגמות הכפירה החדשות ומהשפעתן השלילית של דתות אחרות על התפיסה הדתית העצמית של היהודים את היהדות - דבר המסכן הן את תנופת התחייה של עם ישראל בארצו, הן את שמירת הדת של יהודים רבים.

אם כנים דברינו הרי שמשנתו של הרב קוק מורה לנו להביט באופן ישיר וכן על מציאות ימינו, לבחון את רוחות התרבותיות המנסרות בחלל העולם ולהבין את מצבו של עם ישראל בעת הזאת. לאור זאת עלינו להחליט אם נכון לקדֵם את המגמה המשתפת או לחלופין את זו הבדלנית או שמא לשלב את שתיהן בדרך כלשהי. כמובן, הוראה זו דורשת עיון מצד עצמו החורג מגבולות דיוננו כאן, ובכל זאת ניתן לומר בקצרה כמה מילים.

ראשית, הן באסלאם הן בנצרות חלו שינויים משמעותיים במאה השנים האחרונות - מהם לטובה, מהם לרעה. בנצרות, למן ועידת הוותיקן השנייה שהתקיימה בשנות השישים של המאה הקודמת ועד ימינו, ישנו עיסוק אינטנסיבי בתיקון עמוק של יסודות הדת הנוצרית שהביאו לאנטישמיות, לשפיכות דמים ולדיכוי של חירות האדם - ואף הסתייגות מפורשת מהדוקטרינה של ביטול הבחירה בעם ישראל.

שנית, לתרבות החילונית המערבית בימינו מאפיינים שונים בתכלית מאלו של המחצית הראשונה של המאה העשרים. מגמות הפירוק הפוסטמודרניות, המטריאליזם, הקפיטליזם הקיצוני, האינדיבידואליזם וההתנתקות מהמסורת טורדות את מנוחתם של מנהיגים מכל הדתות. הרשתות החברתיות מובילות לשיח של קיטוב

ופירוד; והקצנה דתית מביאה לזניחת הערכים הטובים של חירות האדם של העולם המודרני המערבי וגורמת לשפיכות דמים רבה. בתוך הבית פנימה דומה כי לא תחיית עם ישראל בארצו בסכנה כי אם אובדן הזהות וזניחת החזון הגדול של עם ישראל להיות לאור גויים וממלכת כוהנים וגוי קדוש.

מתוך כך, יש מקום לטעון כי גם לפי דרכו של הראי"ה, בעת הזאת הארת התורה לעולם והשמעת ביקורת תרבותית ודתית צריכות להיעשות מתוך בניית הגשרים בין כל המבקשים לקרוא בשם ה' בעולם.

מקורות

[1] לנבוכי הדור, פרק ח

בפרק ח בספרו "לנבוכי הדור" מבקש הרב קוק לשרטט קווי מתאר לחשיבה על אודות דתות אחרות. בתוך כך מבקש הראי"ה להבחין בין אותן דתות הראויות להיקרא "דת אלוהית" לבין אלו שנשארות בגדר "עבודה זרה". במהלך הדברים מסביר הרב קוק את טענתו מדוע יש לפתח עין טובה גם כלפי דתות הרחוקות מאוד מתורת ישראל.

ראוי שיתבאר מובן הדתות בכלל, איזוהי דת מכונה אלהית, שחובה גמורה היא לכל המחזיקים בה בשביל שהם מבני העם או העמים שקבלו אבותיהם הדת ההיא להתנהג בה ולשומרה, ואיזה יתכן להאמר עליה שיש לה ערך של טעות, עד שאי אפשר לחייב לכל נקי הדעת להחזיק בה.

הנה הדת אשר תתן האפשרות לערך ההתפתחות המרוממה הנועדה להאנושות באופן הרשום הזה היא ראויה להיות האמת הגמורה. ובאשר מכל דת עובדי עבודה זרה, אין תקוה ודאי לבא לזאת

המעלה, שהרי רק ידיעת אחדות ד' היא תשים את האנושות להתרכז למרכז רוחני אחד שמביא למרכז מקומי וציורי, למרכז שלום ואהבה, אבל עם טעות של עבודה זרה אבדה תקות ההשתלמות הזאת, נשארו רק תורת ישראל והתורות שנסתעפו ממנה.

והנה הדתות הסעיפיות מצד עצמן, אין ראוי להביט עליהן בעין רעה. הדבר יתכן להיות שהיתה בזה מצד המיסדים הערה אלהית להיות משתדלים בשכלול חלק רשום מהאנושות לפי הראוי להם. מצד זה התכלית היה אפשר שיוכן איזה עניני מופתים מוחשים אם יהיו צריכים לחזוקם כיון שהדבר נוגע לשכלול האנושות שיד ד' נטויה על זה מראשית המציאות עד קָצָה. אמנם הצד של טעות שהתערב בזה אינו כי אם מה שאי אפשר היה שתטבע בהם עיקר המטבע של ההדרכה לסוף ההשתלמות, שראוי להמצא מרכז יחידי רוחני בעולם. ומובן הדבר שזולת ישראל אין גוי אחד בעולם שיש לו יתרון על חבירו בהחלט מצד קניניו הרוחניים של מוסר ודת אלהית. על כן רק בזאת יהיה הכרח להם ביטול חלקי, במה שיהיו זקוקים להכיר שהמרכז היחידי ראוי שיהיה חי בעולם, ועצות והדרכות בדרכי המוסר, ראוי לקחת מפי המקור הראשון בעצם תומו [...] והדעה המושרשת בספרותן של אותן הדתות הנוצריות והמחמדיות, שכבר בטל ערכם של ישראל חלילה, מוכרחת להתבטל כדי שתוכל האנושות לבא למגמתה ומטרתה הנצחית. אבל מצבם המוסרי התוכי, שיש בכל דת להשכיל ולהיטיב, ראוי לכבד, וראוי לכל אדם שלם בדעת להשכיל כי העוסקים בהם על פי מסורת שבידם הם עוסקים בעבודת ד' לפי ערכם, שהרי סוף כל דבר כל הטבה מוסרית תגרום האפשרות לקרב את תכלית המוסרית היותר נשגבה ונעלה הכללית.

ואיזה הערה אלהית שתהיה, בין אם יצורף עמה גם כן מחזה של כח המדמה, או רק שאר כח ורוח כביר, כיון שהוא משלים אל תכלית של שלימות למין האנושי, ראוי שיחזיקו בו אותן שהתאגדו על פי ההסתוריא שלהם בו מאיזה סבה שתהיה.

[2] לנבוכי הדור, פרק ידו

פרק זה הוא המשך ישיר לפרק ח בפיתוח היחס הנכון כלפי דתות אחרות. כאן מתמודד הרב קוק עם אותם הסוברים שיש לשלול באופן קטגורי כל דת אחרת.

ישנם אחרים שסוברים, שאי אפשר לאדם שיהיה לבבו תמים באמונה בתורת משה אמת כראוי, כי אם כשיחשוב שאמונות אחרות כולן הן שוא ותפל, ואין שום יתרון למחזיקים בהן. והדבר הוא ללא אמת. אמנם, נמצאים רעיונות מונהגים באומה הישראלית שגורמים לרבים מן ההמון לחשוב כן. וזאת המחשבה הועילה גם כן לחזק האמונה הישראלית לפעמים בלב קטני שכל, שאי אפשר להם שישכילו את רוממות ערכה וקדושתה של תורתנו הקדושה כי אם בהיותם חושבים אמונות אחרות לדברים של טעות שאין בהם מועיל כלל. אבל גם רעות רבות יוצאות מזאת המחשבה הבלתי מתוקנת. כי רושם הבוז שנטבע עמוק בלב ההמון על אמונות אחרות גורם שנמצאים גם כן פורקי עול רשעים שהם מודדים במדה זו גם כן את האמונה הטהורה הישראלית, והם אומרים כל אפיין שוין, זאת אמונה וזאת אמונה. על כן להציל את צעירי דורינו משחיתות רעות כאלה צריכים אנו להעמיק בערכן של אמונות אחרות על פי התורה.

והנה אנו צריכים לחלק את כללות האמונות הנמצאות בעולם לשלשה חלקים, חוץ מתורת ישראל, שגם לפי דברי חוקרי הדתות החפשיים, היא גברת הדתות. הגרועות שבכולן הן אמונות של עבודה זרה, שאינן יודעות ומכירות כלל מבורא יחיד. למעלה מהן, אמונות שלא נוקו משמץ עבודה זרה. ולמעלה מהן, הן אמונות נקיות מכל עבודה זרה, והן עם כל זה הולכות בדרך אחרת מתורתנו הקדושה [...] והנה, גם בין החושך של עבודה זרה, יוכלו להמצא יחידים טהורי לב שירצו להוכיח ולהטיב דרכי עמם, ומתוך שמכירים שהאור האלהי האמיתי הטהור הוא יותר גדול מכחם, ידריכוהו על פי ערכו בנימוסים טובים ומנהגים שמביאים אותו להשלמה יותר טובה בעתיד. ועל

יחידים כאלה נאמר בתנא דבי אליהו מעיד אני עלי שמים וארץ, שבין איש בין אשה, בין עבד בין שפחה, בין נכרי בין ישראל, הכל לפי מעשיו רוח הקודש שורה עליו. וכבר אפשר שימצאו יחידי סגולה, שיעזרו עזר אלהי בהנחת נימוסים ומנהגים מוסריים, שסוף כל סוף יביאו את המתנהגים על פיהם לבא להכרת האמת ואור האלהי. וכיון שהמנהגים המוסריים הם מדריכים אותם על פי דרכם וערכם להיות עולים לפי מדרגתם לסוף למעלה יותר עליונה, עד באם למעלה האמתית, שעל ידי אור ישראל יכירו בסוף את כבוד ד' אל אמת, כבר יש לאותם המנהגים ערך דתי שראוי להם להוקיר אותם באמת. ואנו נוכל להכירם, אף כי מרחוק יעמדו, בתור מתקרבים לאור ד', ולחוש שהם עושים כראוי להם בהחזיקם במורשת אבות, ובמנהגים שתקנו להם זקני אומתם, שהיחידים הללו היו בעלי סקירה לפעמים גדולה מאד, ונושאים נפשם להטבת עמם המוסרי והחומרי.

[...] אמנם הדתות שנוסדו על יסוד התורה והנביאים, להן ודאי יש ערך נכבד, שהרי האוחזים בהן הם קרובים אל אור ד' ודעת כבודו - אף על פי שחסר להם היסוד, שרק ליחידים מהם אמנם נגלה גם זה, שתכלית חפץ ד' בעולמו מוכרח הוא להגמר על ידי ישראל, כמו שהתחיל הוא יתעלה מעשיו להודיע כבודו וגדלו על ידי עם זה בחר לו, כן גם כן יהיה הגמר והחותם של מלאת כבוד ד' את כל הארץ גם כן על ידי אורם של ישראל [...]

[...] וראוי ללכת כל אומה בעצת גדולי מנהיגיה המוחזקים ומקובלים אצלה, שעל פי רוב היו יראי ד' וחשבו מחשבות להועיל לה בחייה הפנימיים. והנה המעלה העליונה של הנבואה, שהיא כוללת את דעת ד' וטובו עד סוף כל הדורות, זאת היא נחלה מיוחדת לישראל, כדי להיות מקום נאמן למרכז אחדות של דעת ד' בעולם. אבל המדות הנמוכות של התעוררות אל הצדק והטוב שאינן ראויות להיות נקבעות בתור מרכז כללי לכל המין האנושי, אבל ראויות הן לאותה האומה המיוחדת שעליה נתיחדה כבר, אפשריות הן להמצא אצל כל אומה ולשון. על כן מנהגי הדת שנקבעים מתיקון גדולי וחסידי האומות, הם ראויים להיות ניכרים לגביהם בתור עבודת ד', ולנו אין ראוי לבזותם

כלל, כי "קרוב ד' לכל קֹראיו לכל אשר יקראֻהו באמת", ו"כל לבבות דורש ד'" [...] ארחות המוסר והדרכים שהמדות הטובות, ששרשם הוא יראת שמים, נקנים בהם, הם מחולקים בכל אומה על פי מקריה, על פי גזעה, ארצה [...] ומה שמרשם הוד אור ה' וכבוד שמים באומה זו, אינו פועל על אחרת.

את השמירה וההרחקה שראוי לכל אדם מישראל ביחוד, להיות מרחיק עצמו מכל קירוב של נימוסי דתות אחרות במנהגים ומוסרים דתיים, ראוי לשקול תמיד כערך ההרחקה של הצניעות מאשת רעהו, שאינה באה מתוך קנאה וצרות עין חלילה, כי אם מתוך טהרת הנפש וקדושת המדות והמעשים.

[3] לנבוכי הדור, פרק לט1

בפרק זה מפתח הרב קוק את משנתו ההיסטוריוסופית שלפיה התרבות האנושית נמצאת בתהליך מתמיד של התנסות ולמידה. מבט זה מביא לכדי עין טובה ולימוד זכות גם על תרבויות ועמים שהינם בגדר "עבודה זרה" שכן ייתכן שעבודתם הדתית תואמת את המרב שהם יכולים לעשות לפי מקומם בתהליך העולמי.

[...] וכן הדבר הולך גם כן ביחש לעובדי עבודה זרה, כל אומה לפי ערכה. זהו יסוד הסבלנות היוצא לא מקלות דעת לאמונה כי אם מחכמה ומאמונה שלמה כי יד ד' בכל משלה, ושהוא נוהג בחסדו כל דור גוי ואדם יחד, כי מעשי ידיו כולם. למדה זו צריכות הנפשות בתחילה להתרומם במוסר טוב ודעה הגונה ואז יוצע כח השלום הכללי יחד. שהשלום הפרטי שבין אישי האומה וכתותיה יפולש על נקלה, ושלום המחשבות יחובר עם המעשים, עד שכל עם ד' ישובו להיות למודי ד', יודעי תורה ומקיימיה באהבה [...] ואז יכירו כל העמים את כבודינו ולנו יאמר "עם הקדש גאולי ד'" [...] ורעיון הכבוד הזה לכלל האנושי, ולאהבת ד' על כל האדם, לא יגרע כי אם עוד יוסיף אור אש קודש על זהירות הקדושה העליונה של עם ד'.

[4] שמונה קבצים, קובץ א, פסקה כו

בפסקה זו מבאר הראי"ה את המושג "כנסת ישראל" כאידיאה שכוללת את כל גוני הרוח של העולם האנושי ומתוך כך גוזר הוראה מעשית בעבור עם ישראל.

מכל הזרמים הרוחניים השונים שבחללו של עולם האנושי, נמצא שורש בכנסת ישראל, מתוך שהיא - במובן הרוחני, המיוחד למשאות נפשם המתרוממת למרומי האֹשר הטהור - מרכז האנושיות. ובגלל זה אי אפשר כלל שנעלים עין מכל זרם, בבאנו לברר את כח הרוחני של כנסת ישראל, "הכלה", "דכלילא מכל גוונין".

[5] עין איה, ברכות, פרק א, פסקה א

פסקה זו פותחת את פירושו של הרב קוק לאגדות התלמוד שבמסכת ברכות. הרב קוק רואה במשנה הראשונה של הש"ס סימון מגמת הסתגרות בעבור עם ישראל בעידן הגלות. מתוך כך מצייר הרב קוק את האופק הראוי לעם ישראל ולומדי התורה בעידן של גאולה כעידן יציאה והוראת התורה לאומות העולם.

מאימתי קורין את שמע בערבית משעה שהכהנים נכנסים לאכול בתרומתן. קריאת שמע של ערבית ושל שחרית, מורים על ב׳ מיני הקריאה בשם ד׳ המוטלת על ישראל. אנו צריכים לקבל עול מלכות שמים על עצמנו, ולפעול ג"כ בקריאת שם ד׳ אחד שלנו, שסוף כל סוף יכירו וידעו כל יושבי תבל, כי ד׳ אלהי ישראל מלך ומלכותו בכל משלה.

והנה בגלות, הדומה לערב, עיקר פעולתנו היא רק בנוגע לעצמנו, כדי לעמוד בפני הגלים העוברים עלינו [בעד] שם ד׳. על כן בלילה שייך אמונה, מי שלא אמר אמת ואמונה ערבית לא יצא יד"ח

[=ידי חובה]. כי לעצמינו די לנו האמונה וקבלת אמת מאבותינו, שראו עין בעין אור ד׳ וכבודו.

אמנם בעת הגאולה שתרום קרן ישראל, אז ממילא תבא שעת הפעולה של קריאת שמע דשחרית, אהבה רבה, שכל העמים יאמרו שאור ישראל יהיה לאור עולם. על כן אז יתגלו טעמי תורה, ולא יהיה עוד אור יקרות וקפאון, אלו טעמי תורה שיקרים בעולם הזה קפוים יהיו לעתיד לבוא. כי למען קרב רחוקים ראוי לברר דברי אמת בבירור, ולתרגם הדבר כפי מושגם החיצוני של העמים, על כן אמת ויציב שחרית, מתורגמת ארמית.

ישראל הם כהני ד׳ בעולם. מצד עסקם בעניניהם הפנימים בינם לבין עצמם ודבר אין להם אז עם זרים, דומים לכהנים, לא בעת יורו תורה או אפי׳ בעת יקריבו קרבנות, שאז יש להם יחס עם זרים, שהם עכ״פ עושים עבורם, שלוחי דידן או שלוחי דרחמנא, אבל שלוחים הם. אמנם בעת כניסתם לאכול בתרומה, הם נכנסים לעולם הכהני כולו, ואסור להשתתף עם הזר כלל, כי אין לזר חלק באכילה זו כלל, וטעון הבדלה ממנו. כן זמן קריאת שמע של ערבית הכללית, גורמת להיות ישראל עם לבדד, כדי להגן על קניניו הקדושים, חיי עולם ששם השם ית׳ בתוכו, על כן יש מושג של יחס, בין קריאת קריאת שמע של ערבית לשעה שהכהנים נכנסים לאכול בתרומתן.

[6] עין איה, ברכות, פרק א, פסקה קעא

בדברים הבאים מוסיף הראי״ה על דבריו הקודמים ומסמן את ימות המשיח כעידן שבו העיסוק העיקרי של עם ישראל יהיה במצב העולם ותיקונו ופחות במצבו הלאומי הפרטיקולרי.

א״ל בן זומא לחכמים וכי מזכירין יציאת מצרים לימות המשיח כו׳ אלא שתהא שיעבוד מלכיות עיקר ויציאת מצרים טפל לו. ביציאת מצרים זכו ישראל לחירותם, דהיינו שלמות עצמם, אבל את השלמות הכללי של המין האנושי ישלימו בימות המשיח. וע״י פיזורם הקודם דוקא,

שע"י הפיזור החל שם ד׳ לְהִוָּדַע בעולם אבל לא נגמרה דעת ד׳ ואי אפשר שתגמר בעולם כי אם בהרמת קרנם של ישראל. על כן בהיות השלימות האנושי הכללי באה על ידינו לימות המשיח, שאז נתרומם באמת להיות ממלכת כהנים, אז יהיה שיעבוד מלכיות עיקר המטרה והשלמות הלאומי הפרטי טפלה לו במעשה, שכבר לא נהיה נצרכים לכוין פני המעשים להשלמות הפרטי שלנו, שנזכה בו כבר בשלימותו ולא נהי׳ נצרכים לאמצעיים לו, אבל ההשתדלות המעשית העיקרית תהי׳ למגמת התיקון הכללי. ובאשר אי אפשר שימשך התיקון הכללי כי אם ע"י מעשה התורה והמצות שבישראל, תהי׳ מגמת המעשים בעיקרם לצורך כלל האנושיות, ובדרך טפל להרים השלמות של כל הפרט של ישראל, שנמשך מיציאת מצרים. מפני ששלימות עצמם תעלה גם כן מאליה ע"י אור ד׳.

[7] מאמרי הראיה, עמ׳ 495

הדברים הבאים מודפסים בתוך הספר מאמרי הראיה תחת הכותרת "דברים שבעל פה". הקטע מבאר את מעלתה של הנבואה כשיטת הכרה שלמה והוליסטית יותר מאשר אמונות אחרות.

הנוצרות ושארי הדתות הנם נגד השכל, ואין בהן מי להשביע את דרישותיה של הנשמה. הפלוסופיה היא שכלית, אבל אין לה שום חבור עם מה שלמעלה מן הטבע. דת האיסלאם דומה היא יותר לפלוסופיה.

[8] שמונה קבצים, קובץ ז, פסקה צב

בפסקה זו מתאר הראי"ה את הנצרות כדת אשר לה אמונה חזקה אך היא מושפעת מתפיסות אליליות. בהיסטוריוסופיה שמשרטט הרב קוק בפסקה הזאת, האסלאם נוסד כתגובה לבעיות שישנן בנצרות.

ואותה המינות בעצמה גרמה לעורר אחר כך כח אחר, שעומד בצדה, והוא פחות נפשי ממנה ויותר רחוק משאיפת האמונה במעמקיה, פחות טבעי ותאוני, אבל עם זה פחות אלילי, שממנו יצאה האישלמיות והסתעפותיה.

[9] קבצים מכתי״ק, חלק ב, פנקס הדפים א, פסקה 11

> בקטע הזה מבאר הראי״ה את יתרונה של דת האסלאם על פני דתות אחרות ועם זאת מדוע תורת ישראל מבארת התגלות שלמה יותר של אחדות אלוהים בעולם.

האמונה המושלמנית היא עולה על הנוצרית בנטייתה לטהר את מושג האחדות האלהית יותר מהראשונה. אמנם גם היא לא תוכל לגלות הויה שלמה, שסך כל המפעלים, השאיפות וכל גילויי החיים, יהיו נעוצים רק בזה, בהכרת הטוב המוחלט ובחפץ התגלות השלטתו. דבר זה איננו יכול להתראות כי אם באומה שבתור אומה נבנתה במקוריותה על פי ההתגלות של אחדות האלהים, שכל הוייתה טבועות בה. אמנם להכיר את מעלתם של ישראל תהיה מוכנת המושלמניות בשורה הראשונה. באישיות הפרטית חפצה האחדות האלהית להגלות באמונה כזאת שדוגלת בשמה, אבל בסער הגדול של זרם אומה ומלחמת חיים רבת אונים, אין לה די כח להתנשא. לזאת מוכן הוא אורן של ישראל. כנה משוררת ויושע, לגוחה מצוינת וַיִּוָּשַׁע.

[10] שמונה קבצים, קובץ א, פסקה לב

> בפסקה קצרה זו מבאר הרב קוק את הביקורת העיקרית שיש לו כנגד הנצרות והאסלאם.

באמונות הנוטות מכלל התורה, כמו האמונה הנוצרית והמחמדנית, אין עיקר הארס מונח במושג האלהות שלהם, שהוא שונה ממה שהוא

נכון להיות ע״פ יסוד אורה של תורה, כי אם במה שיוצא מזה הריסת המצות המעשיות, וביטול תקות האומה ביחש לתחייתה השלמה.

[11] אורות התשובה, פרק יב, פסקה י

במקומות רבים הרב קוק מאריך על חשיבותה של התשובה לא רק בעבור הפרט אלא כתנועה עולמית וקוסמית. יסודות האמונה הנוצרית, בעיני הראי״ה, עומדים בסתירה לרעיון התשובה ולכך הוא מתנגד.

התשובה היא חדוש החיים. אי אפשר לתשובה שלא תשנה את ערך החיים כולם כשהחיים נמשכים [...] יתר התנחומין הם תבלין לחזוק התשובה והסברת ערכה. אבל השִׁקּוּע בתוך התנחומים עד כדי רִשּׁוּל של הסדרת ערכי חיים מקודשים, עד כדי טמיעה ביון מצולת החטא, ״ואומר נצלתי״, זאת היא דרך המות של עבודה זרה הותרנית [...] המתודה העוזבת את האמת והמשפט והולכת אחרי לבבה, זו מינות, הגוררת אחריה כל רצח וכל זמה, למרות שהיא תמיד פושטת טלפיה ואומרת: ראו שאני טהורה, והיא מלאה תנחומין של הכל, שאי אפשר להם לעמד בעולם, של שקר שאין לו רגלים [...]

הפירות של הדעות והמדות של אותם המתחנכים בתרבותה, הם מעידים על עצמיות פנימיותה. ואין כל כחה כ״א בניצוצי הקדושה הגנובים שלה מתוך אוצר ישראל החי, שהיא פולטתם קמעה קמעה, עד אשר תער נפשה לגמרי [...] ואז ישמש הניצוץ הקדוש שנבלע כ״כ בגוים ככלי אין חפץ, להתעורר להעיר לב עמים רבים, להפוך להם שפה ברורה לקרא בשם ד׳ אלהי ישראל, ברוח ד׳, רוח עצה וגבורה, רוח דעת ויראת ד׳. לא רוח זר, רוח טפשות וחולשה, רוח סכלות והפקרות מוסרית, התומך אשיותיו השקריות על יסוד הותור, שהוא בוז וקלסה לכל מנהיג ושופט צדק, שרק ״חסד לאומים״ כזה הוא מקור נפתח לכל אכזריות ונבלה [...]

[12] אגרות הראיה, חלק א, איגרת קסד

באיגרת משנת תרס"ט, כותב הראי"ה לתלמידו משה זיידל על האופן שבו נכון לפעול ברמה החינוכית בתוך עם ישראל לאור השינויים התרבותיים המתחוללים באירופה. בתוך הדברים הרב קוק מסמן את השינוי בגישה שהיה אמון עליה עד כה. זהו לא הזמן לסנגוריה ועין טובה על דתות אחרות אלא זמן התכנסות וחידוד ההבדלים.

הנני לוחם עם המניעות מלחמת מצוה. הננו רואים עין בעין שבא עתה אור ד' יאר לנו, תקות ישראל ותחיתו הולכת ומתגלמת, בסתר המדרגה בארץ חיים. הרוח הגדול, שחיי עולמים שרוי בתוכו, הנהו עדיין מקופל כעובר במעי אמו [...] הקולטורה העצמית שלנו, שאין לנו בה שותפות של כל גוי בעולם, ותחיתנו הלאומית על אדמת הקודש, היעודה להיות גי חזיון עולמים, חלום נאמן אחד הוא, אשר רק בשגגה יראה כשתי מערכות סותרות ומנגדות זו את זו [...] הגבורה המעשית ליסד ולנטע, לבנות ולשכלל את הכל בחיי גוי איתן על אדמתו כמקדם, תתעורר בזרע ד', אשר תכירו ותדע לשוב אליו באהבה והכרה מלאה תנובה וחיים. שירים חיים נבראו, מלאי עז אלהים, ושדות של קולטורה חדשה ומאירה יפרו ויעלו, יעטפו בר ויתרעעו אף ישירו. הישן יתחדש, והחדש יתקדש, ויחדו יהיו לאבוקות אודים על ציון, ובמשיכת חן תחל אז ציון למשוך אל תוכה את בחירי בניה בוניה, ומשכללי הבנין, הנטע והמזרע, התעשיה והמסחרים, יהיו במשך הזמן גם הם זלופים מטל חיי נצח, מים טהורים יזורקו עליהם, ויכירו את חסנם ואשרם בהיותם בונים חומות וחיל לישראל בארץ חמדת עולמים. רוח הדת הנלחץ והמרוצץ, אשר הושגר באירופא הנוצרית ובאזיה המושלמנית [=ובאסיה המוסלמית], אשר לא הטיבה הרבה מהראשונה, ולא יכלה להיטיב, לא הי' יכול לדור בכפיפה אחת עם התחיה החברותית [...] מפני גודל הצדק וריבוי תועפות ערכו, א"א כמעט לסמן עכשו את הצורה המיוחדת של הסניגוריה הנפלאה, לאור ישראל נגד כל מעיבי

ערכו. עכשו הזמן גורם לעסוק בכללים, בתעופות של הארות רעיונות בריאים, והפרטים יתישרו בדרכים רבים ושונים, לפי גודל עמדת הרוח ועצמות קליטתו בכל לב הוגה. נעלה הוא ישראל ונעלה כחו לאלהים [...]

[13] אורות ישראל, פרק ה, פסקה ט

בקטע שלפנינו מבקש הרב קוק לחדד את ההבדל העקרוני שבין ישראל לעמים.

כשחושבים ע"ד [=על דבר] האדם ושאר בעלי חיים נוכל לרשום רשימה שלמה של השוויות, שהאדם וכל החיים שוים הם, ומ"מ [=ומכל מקום] אחר כל ההשויות כולן אנו רואים, שאותה הנקודה, שבה תלוי היתרון של האדם על הבהמה, היא חובקת בקרבה את כל מעלת האדם, והאדם לא יוכל ולא יחפץ להחליפה בעד כל הון ויסבול באהבה יסורים רבים רק כדי שלא להיות מאבד את סגולת האדם המיוחדה שלו.

ההבדל שבין דת ישראל ליתר הדתות, אפילו אותן שהן באות מהשפעתה, הוא ג"כ ככה. המון חזיונות של דימויים אנו יכולים למצא ביניהן, ואיך אפשר שלא ימצאו הדימויים, אפילו אם לא היו הן נלקחות ביסודן ממנה. הלא רוח האדם יש בו שיווי כללי, בכמה צדדים, אע"פ שיש הבדל מיוחד בין אישים, וקל וחומר בין קיבוצים ולאומים, מ"מ צד השוה אינו בטל מעשות פעולתו. וביחש להדתות שבאו אחר מתן תורה והופעת ישראל בעולם, וקל וחומר אותן שביחוד נמשכו מכחה של תורת ישראל, ודאי מוכרחים דימויים רבים להיות ביניהן. והדימויים הללו, עם כל הפרטים המרובים שבהם, לא יכחידו את הנקודה התוכיית המבדלת אותן, וכל המהות הנשמתית מקופלת היא לא בהדימויים כ"א באותה הנקודה המבדלת, שהיא נותנת נשמה מיוחדת גם בהפרטים של הנקודות הדומות, עד שהדמיון הוה רק דמיון חיצוני, אבל הפנים משונה הוא תכלית השינוי, ולא יוכל ולא ירצה ישראל מעולם לאבד את נקודת הנשמה בשביל עטים של הפרטים

המושים, ולעולם יעמד על גורלו, הן עם לבדד ישכן ובגויים לא יתחשב.

[14] שמונה קבצים, קובץ ו, פסקה רט

> פסקה זו היא חלק מכמה פסקאות שבהן הראי"ה תוקף בחריפות הן דתות אחרות הן את התרבות האירופית. בתוך כך מדגיש הרב קוק כי אסור שהביקורת הנוקבת תפגע ביחסי אנוש של אחווה ומוסר עם האמונים על דתות אחרות ועל התרבות האירופית.

וכל זה אינו נוגע כלל למנֹע את הסקירה השכלית ואת האחוה המוסרית הטבעית, על גוי ועל אדם יחד, בכל מקום וזמן, בכל אומה וארץ, בתוך אותה הזוהמא הכללית. אור צלם אלהים זורח הוא לתת אחרית ותקוה לכל, והזריחה השכלית של היושר הטבעי, עושה היא את פעולתה הזיקוקית מעבר מזה [...] חכמה עילאה וחכמה תתאה ביחד, יתנו קול אחד, להאיר לעולם באור חיים, באור שלום וברכת עולמים.

הרב יהודא אשכנזי (מניטו): "משוואת האחווה" וחשיבות הדיאלוג הבין־דתי

שראל רוזנבלט

מבוא

הרב יהודא ליאון אשכנזי (1922–1996), המוכר בכינויו "מניטו",[1] נולד באלג׳יר בחברה מוסלמית ובבגרותו חי בחברה הנוצרית שבצרפת. כנצר למשפחת מקובלים ורבני קהילה, היה מניטו בעל השכלה רבנית וקבלית, אך למד גם באוניברסיטאות פריז ואלג׳יר ואצל גדולי האינטלקטואלים בזמנו.[2] למן שנות החמישים של המאה העשרים הפך

1. הרב אשכנזי קיבל כינוי זה בתנועת הצופים היהודיים בצרפת, ומשמעותו באחת מלשונות האינדיאנים "הרוח הגדולה".
2. עוד על הביוגרפיה האישית והרוחנית של מניטו, ועל הקמת אסכולת פריז למחשבת ישראל, ראו אצל יוסף שרביט, "זהות ותולדות: מורשתו התרבותית של הרב יהודה לאון אשכנזי ('מניטו')", פעמים, 91 (תשס"ב), עמ' 105–110; וכן אצל גבריאלה בן־שמואל, ההגות ההיסטוריוסופית והיסודות הקבליים

מניטו לדמות רבנית בולטת וחשובה ביותר בקרב היהדות דוברת הצרפתית. בצעירותו שירת מניטו בצבא הצרפתי במלחמת העולם השנייה וראה לנגד עיניו את חורבנה של יהדות צרפת בשואה. עובדה זו השפיעה רבות על מבטו הביקורתי כלפי הפילוסופיה הצרפתית והמערבית בכלל וכלפי ההגות הנוצרית שבה ראה חלק אינטגרלי מהמסורת הפילוסופית־תרבותית המערבית. קריסת הקהילה המסורתית ומוסדותיה בעקבות מלחמות העולם הביאה את יהדות צרפת למשבר זהותי חמור. יחד עם שותפיו ל״אסכולת פריז למחשבת ישראל״ (L'école de Pensée Juive de Paris), אנדרה נהר ועמנואל לוינס, יצא מניטו חלוץ לשיקום הקהילה וזהותה.

מניטו הכיר היטב את הברית החדשה,[3] את הקוראן וכן הגות נוצרית ומוסלמית ואת דתות המזרח והשתתף בחייו בעשרות דיאלוגים בין־דתיים עם מנהיגי דתות שונות. אחת המתודות המרכזיות במשנתו של מניטו היא עיון משווה וביקורתי בין תורת ישראל לבין תפיסות דתיות ופילוסופיות שונות עד שכמעט נוצר הרושם שאת ייחודיותה של תורת ישראל ותרומתה לעולם לא ניתן להבין ללא השכלה רחבה והיכרות עומק עם הזרמים הרוחניים והמחשבתיים השונים שמכוננים את התרבות האנושית.

תופעה זו נובעת משתי תנועות הפוכות ומשלימות. תנועה אחת יסודה בהתכנסות פנימה - שעניינה חיזוק זהותה היהודית של הקהילה השבורה בצרפת על ידי הבלטת הייחודיות והיתרון שבתורת ישראל. תנועה שנייה היא היציאה החוצה, כלומר החשיבות היסודית

בפרשנותו התנ״כית של הרב יהודה לאון אשכנזי (מניטו), עבודת דוקטור, אוניברסיטת בר־אילן, תשס״ט, עמ׳ 12-32.

3. מניטו לא רק הכיר את הברית החדשה אלא גם אחז ב״פרשנות יהודית״ לכתבי הקודש הנוצריים ואותה הוא מבקש להשמיע בפני הנוצרים. ראו בהרחבה סוד מדרש ההפכים, מצרפתית: איתי אשכנזי, ירושלים: ידיעות ספרים, 2009, עמ׳ 147-161. חתנו של מניטו, ישראל פיבקו, סיפר לי כי מניטו טען שבידו מסורת ספרדית ארוכת שנים העוברת מאב לבנו כיצד לקרוא נכון את הברית החדשה מנקודת מבט יהודית.

בהבנת התוכן המיוחד שתורת ישראל מבקשת להוסיף בעולם. ללא שתי תנועות משלימות אלו, הזהות היהודית חסרה ועַם ישראל איננו ממלא את ייעודו בעולם.

כתביו של מניטו מלאים כאמור בתובנות וביקורת יסודית בסוגיות רבות על תפיסותיהן של דתות אחרות, אולם בפרק זה ננסה להבין דבר־מה תשתיתי יותר: מהי עמדתו של מניטו לגבי עצם קיומן של דתות אחרות?

איחוד המידות ומשוואת האחווה

לצד שתי התנועות־סיבות שנמנו לעיל ישנה סיבה שלישית ועקרונית יותר העומדת בבסיס הכול ומכוננת את הגותו של מניטו והיא האמונה ב"אחדות האל" או בלשונו של מניטו "איחוד המידות". לפי תפיסה זו, תפקידו של עם ישראל הוא לבנות את הגשרים והקשרים בין כל אומות העולם ולתקן את מרקם היחסים ביניהן מתוך המסורת הנבואית של עם ישראל. זוהי אחת מתבניות המחשבה היסודיות במשנת מניטו והיא מברכת - באופן מהותי - על ריבוי הגוונים של עמים, תרבויות ודתות. מניטו מכנה תפיסה זו "איחוד המידות" כאשר הוא מתייחס לאיכויות או רעיונות שונים, או "משוואת האחווה" כאשר הוא מתייחס למגוון האנושי.

עולמנו מורכב מגוונים וכוחות רבים שכולם מבטאים דבר אחד: התגלותו השלמה של אלוהים בעולם. מטרתם של כל הכוחות הללו היא לשכון זה לצד זה ולהיות מסונכרנים זה עם זה באופן מַפרה על פי הקריטריונים המוסריים האלוהיים. ככל שמצליחים בכך יותר, אזי בני האדם נותנים מקום רב יותר לאלוהים בחייהם - ובעולם שוררת קדושה רבה יותר.[4] על פי מניטו, הסיפור המקראי של מגדל בבל מספר על הניסיון האנושי לממש את חזון האחדות - ניסיון שנכשל. השאיפה **לאחדות** הוחלפה בשאיפה **לאחידות** - שאיפה

4. סוד מדרש התולדות, א-ד, מכון מניטו, תשע"ב, חלק א, עמ' 69–70.

אלימה המוחקת זהויות, מטשטשת גוונים ומבקשת להפוך את הכול לגוון אחד. בעקבות כך הקב"ה פיזר את האנושות על פני תבל וכך נוצרה ציוויליזציית העמים של עולמנו. כל עם, כל לאום, מבטא גוון אחד אמיתי ונכון בתוך שלל הגוונים האלוהיים הקיימים בעולם. כמו מראה שנשברה לשבעים רסיסים, כל רסיס משקף רק חלק אחד מן התמונה האלוהית המקורית השלמה [1].

מניטו מנסח שתי תגובות עיקריות למצב העולם. הראשונה היא התפיסה האלילית - שמניטו מוצא הדים לה גם בהגות הפוסטמודרנית - אשר מקבלת את הריבוי בעולם כנתון בלתי משתנה. לדידה, אין יכולת לאחד בין כל הגוונים והכוחות בעולם ועל כן כל אחד חי בנפרד או שמתחוללת מלחמת הכול בכול. התגובה השנייה למצב העולם היא הרצון לאחד ולחבר בין כולם. אלא שכאן נבדלת התפיסה האימפריאליסטית מהמגמה האוניברסלית. התפיסה האימפריאליסטית היא הרצון של אומה או דת מסוימת להשליט את אמונתן על כולם, לאחד את כולם תחת זהות אחת אחידה (יוניפורמית). לעומת זאת, המגמה האוניברסלית חותרת לאחדות ולא לאחידות, למציאת המשוואה שבמקום למחוק זהויות תצליח לסנכרן ביניהן בצורה נכונה. בעבור מניטו, בשורת המונותיאיזם היהודי איננה רק אמונה שישנו אל אחד בלבד (ולא שניים) אלא הבשורה על דבר קיומו של קשר אינהרנטי (גם אם דיאלקטי) בין כל הכוחות והגוונים הקיימים בעולם.

סיפורי התורה, מסורת התורה שבעל־פה בהלכה ובאגדה והמסורת הקבלית משקפים בעיני מניטו מעין "מפתח" להצלחת השבת האחדות והשלום לעולם. מה שמסמל זאת באופן גרפי הוא "עץ הספירות" שהדבר החשוב בו איננו רק שמות הספירות השונות אלא העובדה שהללו ניצבים זה לצד זה ומקיימים ביניהם קשרי גומלין. בתוך המפה האוניברסלית מזהה מניטו את עם ישראל עִם קו האמצע של עץ הספירות - הקו המבקש לחבר בין ימין ושמאל, בין שמיים וארץ. במובן זה, כל מפגש עם גוון חדש מוליד תגובה

כפולה: מצד אחד, ניסיון לגלות ולהבין את האמת והצדק שבגוון זה; ומצד שני, ניסיון לזהות מתי גוון זה "מפריז על מידותיו", מוליד אטימות ואלימות כלפי כוחות חיים אחרים וממילא יוצר תנועת חיים שעשויה להיות לא מוסרית.

את האחדות הזו מבקש מניטו למצוא לא רק בין רעיונות שונים אלא גם בין אנשים, ובלשונו החדה:

> אפשר לדבר בלי סוף על מוסריות, על ערכים, אולם בסופו של דבר דרישתו של הבורא ממני פשוטה ביותר: איך אני נותן לזולת לחיות בעולמי, ואיך הוא נותן לי לחיות בעולמו. בלי הדדיות אין פתרון לבעיה המוסרית, למשוואת האחווה [2].

הדוגמה הפרדיגמטית לכך היא הסיפור המקראי על קין והבל. שני האחים היו שונים זה מזה ולכל אחד מהם היו איכויות וקווי אופי שונים ולכן גם ייעודים שונים. קין היה איש אדמה עם יכולות של יצירה ועשייה, ואילו הבל היה איש הרוח והמחנך. קין ביקש לשלוט באחיו, להשתיק אותו ועשה זאת על ידי רציחתו. סיפור הרצח הראשון הוא סיפור על שורש האלימות שנובעת מרצון להפוך את הזולת לאילם. זהו סיפור על כישלון "משוואת האחווה" [2].

מהי אותה משוואה? ובכן, משוואת האחווה היא הנוסחה של מניטו ליחסים בין־אישיים שיש בהם יחס של כבוד הדדי שבו כל אחד נותן מקום לזולת על אף השונות המהותית בין הצדדים. אחת הבעיות היסודיות של החברה האנושית היא בעיית היחסים האנושיים בין אדם לחברו - או בלשונו של מניטו: "בעיית שולט-נשלט". על פי מניטו, כך היא דרכה של תורת ישראל:

> שנינו נהיה סובייקטים. עמדה זו היא עמדת התורה: כל אחד מכיר בכך שהשני עליון עליו, ואז איש אינו נחות. זה מחייב הדדיות. כל אחד מכיר בשני כסובייקט, ואם הכרה זו היא

> הדדית, אזי אין סובייקט. זהו האתגר העומד לפנינו, מימי קַיִן וְהֶבֶל עד ימינו אנו.[5]

חרף הפערים וההבדלים בין אדם לחברו, החובה המוסרית מחייבת מאמץ לא רק להכרה בזולת או נתינת מקום לו אלא ליצירת מערכת יחסים שתאפשר לחיות יחד מתוך כבוד הדדי. בעבור מניטו, סיפור קין והבל הוא פרדיגמה ליחסים בין משפחות, בין שבטים, בין עמים ובין דתות שונות. השדה הסמנטי "משפחה" מהותי אפוא ביחס לכל אלו.[6] לדברי מניטו, זוהי המשמעות של שבע מצוות בני נח שמדגישות בעיקר את הדרישה המוסרית. לפי תפיסה זו, מטרתה של היהדות היא -

> לבנות מחדש את האחדות הקמאית של האדם, כאשר יש מקום לכל אומה, בהינתן קבלת מספר חוקי התנהגות בסיסיים במישור המוסרי, ולא במישור התאולוגי או הרוחני.[7]

פרשנותו המקורית של מניטו לסיפור המקראי מטילה את האחריות לרצח גם על הבל שנכשל בתפקידו לחנך את קין. את עם ישראל מזהה מניטו עם דמותו של הבל ובכך מניח לפתחנו את האחריות הבלתי־נגמרת למצב העולם והאנושות:

> אח ושלום [...] עם מילים אלה מתחילה העבריות. העברי חיפש ומצא בסופו של דבר את הפתרון למשוואת האחווה ופתרון זה

5. שם, חלק ג, עמ' 167.
6. ראו גם יוסף שרביט, "הנצרות והאסלאם בהגותו של הרב יהודא ליאון אשכנזי ('מניטו'): דברי הימים ואחרית הימים", דב שוורץ ואריאל גרוס (עורכים), על התשובה ועל הגאולה: מנחת שי לבנימין גרוס, רמת גן: בר־אילן, תשס"ח, עמ' 257.
7. סוד מדרש התולדות, חלק א, עמ' 196, הערה 561.

> הפך לחלק מהותי, אינטגרלי של אותה דרך ארץ שעלינו להנחיל לעולם כולו [3].[8]

לאורך חייו סבל מניטו לא מעט הן מהתנכלויות בחברה המוסלמית (כילד ונער באלג'יר) הן מאנטישמיות נוצרית (בבגרותו בצרפת); ואף על פי כן סבור הוא שהדרישה מעם ישראל לפעול לבניית גשרים בין הדתות, כדי להביא לתיקון האחווה, עודנה עומדת בתוקפה:

> מרבים לדבר בתקופה שלנו על הפן האוניברסלי של ישראל, של התורה ושוכחים שהכול מתחיל מצמד מילים פשוט: אח ושלום. המשימה שלנו קשה משום שאנחנו פוגשים בעיקר את הצד העשוי, הצד של "כל דְּאַלִים גָּבַר" - לא רק בעולם הנוצרי שעבר תהליך מסיבי של חילון אלא גם בעולם המוסלמי. הם לא פחות אלימים. חייתי אצלם ואני יודע על מה אני מדבר. ובכל זאת לא איבדנו אף פעם התקווה לעולם מתוקן. חיפשנו ואנחנו עדיין מחפשים את אחינו בכל מקום, בשדה [3].

על אף האלימות הרבה שחווה עם ישראל במשך ההיסטוריה, ומתוך הכרה מפוכחת במידת הקושי של המשימה, מניטו מסמן באופן חד וברור את תפקידו של עם ישראל בעולם כמי שאמור להביא לתיקון "משוואת האחווה" ואת האמונה האופטימית של מסורת ישראל בהיתכנותו של היעד הזה. מניטו מדגיש את מעלתו של "יוסף הצדיק" ששילב בין ראייה מפוכחת של המציאות לבין דבקות בחלום.[9] דומה שגם מניטו אינו מרפה מהדרישה מעם ישראל לראות בנוצרים ובמוסלמים, ובעצם בכל המין האנושי, אחים שאנו מבקשים - כדי

8. עוד על "הכישלון" של עם ישראל להשלים את משימתו המשיחית לתיקון העולם ראו מדרש בסוד ההפכים: זהות יהודית עברית, מצרפתית: איתי אשכנזי, תל אביב: משכל, 2009, עמ' 187-188.
9. סוד מדרש התולדות, חלק ח, מכון מניטו, תש"ף, עמ' 114.

לתקן את מערכות היחסים ולהשיב את האחדות הקמאית, האלוהית והאנושית, שאבדה מן העולם.

התשתית הקבלית של תפיסת היחס הבין־דתי

כאמור, מתודת העיון המשווה של מניטו מתבטאת בכך שבאופן שכיח למדי תורת ישראל מוסברת על ידו באמצעות הנגדה לתפיסות ואמונות של דתות אחרות. על פי רוב, יבקש מניטו להסביר מדוע תורת ישראל נושאת בשורה שלמה יותר בעבור האדם וכיצד תיאולוגיה או פילוסופיה דתית אחרת עשויה להוביל לתוצאות שליליות - לדיכוי האדם, שנאה ואלימות. רבים מקוראי מניטו עשויים לקבל את הרושם שדברים אלו באים לשלול את הלגיטימיות של עצם הקיום של דתות אחרות או לזלזל במשנתן; אך ברצוננו להציג הבנה אחרת המושתתת על תפיסה מדויקת יותר של תפקיד הביקורת אצל מניטו ועל ייעודו של עם ישראל במשנתו. כדי להבין את הסוגיה לאשורה עלינו לצלול לתפיסתו הקבלית.

האלוהות מתגלה בעולם באופנים שונים ובערוצים שונים. העולם וכל אשר בו מורכבים מאותן ספירות והארות אלוהיות אשר מכוננות אותם. לכן, מנקודת מבט קבלית השאלה החשובה יותר איננה אם אדם מאמין באלוהים אלא באיזה אופן הוא תופס את אלוהים, וליתר דיוק: איזה שם משמות האל האדם הצליח להשיג בהכרתו? בעיני מניטו, אפילו תפיסה מדעית, פילוסופית או אקזיסטנציאלית שאיננה עוסקת בתיאולוגיה משַקפת תפיסה מסוימת של בחינה אלוהית שמתגלה בעולם. על פי מניטו, העלילה המקראית המתפתחת מאדם הראשון, דרך אברהם אבינו, ועד יעקב אבינו ומשה רבנו מגוללת בעצם את תולדות ההכרה בקב"ה - מההכרה בשם "אלוהים" המסמל את מידת הדין וחוקי הטבע ועד ליעקב אבינו שרק הוא מגלה באופן שלם יותר את שם הוי"ה, שם המבטא את כוח הרחמים שיכול לפרוץ לתוך הטבע ולכונן אנושיות אחרת. שם זה הוא כנגד ספירת התפארת המוצבת על הקו האמצעי בעץ הספירות, קו המחבר

בין הכוחות האלוהיים השונים, ובכך נותנת תמונה שלמה יותר של התגלות האלוהות בעולם. אפילו אברהם ויצחק מכירים את הקב"ה באופן חלקי בלבד: אברהם מבטא את מידת החסד ואילו יצחק את מידת הדין אך לא את האיחוד השלם ביניהם המתבטא כאמור בספירת תפארת.[10]

באופן זה, לאורך כתבי מניטו אנו מוצאים הקבלות בלתי פוסקות של תפיסות פילוסופיות ודתיות שונות לשמותיו של האל ולספירות שונות. באופן פרדיגמטי, הנצרות מבטאת באופן קיצוני את מידת החסד,[11] האסלאם את מידת הדין,[12] והתפיסה החילונית המודרנית את שם "אלוהים" המתגלה בחוקים הקשיחים של הטבע.[13] עם ישראל, המזוהה עם ספירת תפארת, אמור להתבונן על המפה האנושית של העולם ולנסות לגשר בין הקצוות על פי קריטריונים של תורה ומוסר ולאחד ביניהם.

מתוך תיאור מתומצת זה נקל להבין כי אף שמניטו חותר להבנה העמוקה יותר של שם הוי"ה, לא יעלה על הדעת שהוא מבקש "לבטל" את שם "אלוהים" או שהוא סבור חלילה כי מדובר בכוח מיותר ולא לגיטימי - וכיוצא בזה לגבי מידת החסד ומידת הדין. נהפוך הוא: כל אלו הם אבני יסוד בבניין השלם של האחדות האלוהית.

כך למשל אומר מניטו על הנוצרים:

> ברמה שבה הם נמצאים הם צודקים כאשר הם אומרים שהאמונה היא זכות ואפשר להיגאל דרך האמונה [...] לכן במידה מסוימת

10. להרחבה על גישתו של מניטו לקבלה ככלי פרשני לסיפור המקראי ראו סוד מדרש התולדות, חלק א, עמ' 24.
11. שם, חלק ב, עמ' 47; שם, חלק א, עמ' 68 ובמקומות רבים נוספים.
12. שם.
13. שם, עמ' 211–219. ראו גם שערי דמעה: חלק א, בית אל: ספריית חוה, תשע"ו, עמ' 29–36.

> אפשר לומר שהם במצב קצת דומה לאברהם משום שהם בתחילת הדרך וזו זכות עצומה.[14]

וכך במקום אחר וביתר שאת:

> אם היהודים הם ישראל אזי מי הם הנוצרים? [...] ברי שמציאות של שני "ישראל" המצויים בתחרות, בשאיפתם לשלום אוניברסלי, היא מציאות קונפליקטואלית, שלא הנוצרים ולא היהודים אינם יכולים להרשות את דבר קיומה [...] אנו עוסקים בשאלת אחים התרים אחר האחווה שלהם, כשם שיד ימין ויד שמאל אינן הולמות אולם עשויות להילפת. אנו לא נסתפק בציון שאלות המטרידות אותנו, כי אם עלינו יחדיו, נוצרים ויהודים, ללכת לגלות מחדש את שורשי מסורתנו ולזהות את העיקר המפריד בינינו ובד בבד מקשר בינינו: המסתורין שבישראל.[15]

מנקודת מבט אמונית־קבלית, מניטו מְדַמה את היחסים עם דתות אחרות ליחס בין איברים שונים של אותו גוף וממילא מלמד על הרצון והאחריות להצליח למצוא את הדרך ליצירת סנכרון נכון של כל האיברים יחד.

דברים מקבילים אומר מניטו ביחס לאסלאם:

> ישמעאל חוזר לביתו של אַבְרָם אביו, דרך האסלאם, שכידוע הפך להיות "דת" האומה הערבית־ישמעאלית מאוחר מאוד, אלפי שנים אחרי אברהם. ישמעאל אז עשה תשובה כלפי אלוקי אברהם.[16]

14. סוד מדרש התולדות, חלק ב, עמ' 47–48.
15. שרביט, "הנצרות והאסלאם", עמ' 269.
16. סוד מדרש התולדות, חלק א, עמ' 307.

אם כן, עצם קבלת האסלאם על ידי האומה הערבית היא התקדמות, חזרה בתשובה והליכה במסורת האברהמית.[17]

אלא שבעבור מניטו, ההכרה בגוונים השונים היא רק השלב הראשון בדרך למשימה האמיתית שהיא היכולת לאחד בין המידות השונות על ידי גישור ואיזון ביניהן שמביא ממילא לדיוק ותיקון שלהן. אחד הערוצים שבהם משתמש מניטו להשיג מטרה זו, בנוסף לביקורת העיונית המאפיינת את שיעוריו, הוא הדיאלוג, המפגש והשיח פנים אל פנים. ברם, דומה כי לדיאלוג שאליו חותר מניטו יש קווי אופי ייחודיים שהבנתם תעמיק את טיב היחסים בין היהדות לדתות אחרות.

דיאלוג כ"ויכוח אמיתי" ותפקידו של עם ישראל

בשנת 1953, לאחר סיום פרשת פינאלי,[18] נשלח מניטו מטעם הקהילה בצרפת לנאום בכנס השנתי של התיאולוגים הנוצרים בעיר ליון. כך מתאר מניטו את שהותו בכנס:

> היינו בסיום פרשת פינאלי וזה חִייב אותי לדבר באופן גלוי. כך התחלתי את דבריי: "אלפיים שנה טענתם שאתם צריכים להסביר לנו מיהו ישראל האמִתי, מי אנחנו היהודים המסרבים לקבל את דבריכם ומה גורלנו ההיסטורי וכו׳, אולם אני הקטן עומד לפניכם היום ושואל אתכם האם לא הגיעה העת שאנחנו,

17. מעניין לציין שמניטו סבר שחזרת עם ישראל לארץ ישראל תקדם את היחסים עם הנצרות אך תאתגר עד מאד את היחסים עם האסלאם. ראו סוד מדרש התולדות, חלק א, עמ׳ 297–310.

18. האחים פינאלי התייתמו מהוריהם שנרצחו באושוויץ והוחבאו על ידי נוצרים בחסות הכנסייה הקתולית בעיר גרנובל שבצרפת. בתום המלחמה הגיעו קרובי משפחתם וביקשו לקבלם, אך הכנסייה התנגדה לכך בטענה שהאחים הוטבלו לנצרות והם נוצרים לכל דבר ועניין. לאחר סאגה משפטית ארוכה ופסיקת בית הדין הגבוה לצדק בפריז, הוחזרו הילדים בשנת 1953 למשפחתם ועלו ארצה.

> עם ישראל, נסביר לכם מי אתם ובמה אתם מאמינים באמת". הס נשמע באולם, ההלם היה מוחלט. אני חייב לומר שהם קיבלו את דבריי הקשים באומץ רב ובמשך שעה הסברתי להם, כנראה לראשונה בחייהם ובפומבי, איך אנחנו היהודים מסתכלים על הנצרות ומבינים את אמונתם. אז התחלתי לנהל דו־שיח עם חשובי התאולוגים הנוצרים, דו־שיח שנמשך עד היום.[19]

שני יסודות של דיאלוג בין־דתי נלמדים מדברים אלו: (א) עקרון ההדדיות; (ב) הדיאלוג כ"ויכוח אמיתי".

כמו במשוואת האחווה, גם בדיאלוג נדרש האדם להתייחס לשני כסובייקט בעולם. אלא שבעוד המשמעות המעשית של ההכרה בזולת מובנת בדרך כלל כדרישה לקבל את האחר כמות שהוא, הרי שבדיאלוג המניטואי המשמעות היא שעל האדם להקשיב היטב למה שיש לזולת לומר לו. דווקא פעולת ההקשבה היא שהופכת את הזולת לסובייקט מפני שהקשבה אמיתית מעניקה לזולת את "קולו" ואת המקום לומר את אשר על ליבו.

בהקשר הזה מתאר מניטו את ה"ויכוחים" בין יהודים לנוצרים במהלך ההיסטוריה כאירוע חד־צדדי שבו צריך היה היהודי בעיקר להקשיב או להתגונן ומעולם לא יכול היה לומר את אשר חשב באמת על הנוצרי. כדי להגיע להדדיות הרצויה, השיח צריך להיות מותנה בשני תנאים. (א) לפתור את השנאה: "עלינו קודם כול לפתור את הבעיה של שנאת היהודים משום שהיא מונעת כל התקדמות".[20] כל עוד דת מטפחת שנאה כלפי היהדות או אפילו מבקשת להחליף אותה, או לגרום ליהדות להיות כנועה תחתיה, לא ייתכן דיאלוג אמיתי. זאת ועוד, ההכרה בעם ישראל כוללת גם את ההכרה בהיותו המשך של עם ישראל המקראי שנבחר על ידי אלוהים ולא הוחלף ואשר לו הזכות התנ"כית על ירושת הארץ. (ב) ויתור על מיסיון. משעה שישנה

19. סוד מדרש התולדות, חלק ז, מכון מניטו, תשע"ט, עמ' 271, הערה 714.
20. סוד מדרש התולדות, חלק ג, עמ' 170.

מבעוד מועד כוונה לגרום לאחר להמיר את דתו, טמון בדיאלוג פגם יסודי שאיננו מאפשר לא כבוד בסיסי ולא עמדת הקשבה עמוקה ואמון בשיח. אין זו אלא מלחמת דת.[21]

התקווה למימוש ייעודו של עם ישראל בהנחלת משוואת האחווה באמצעות המפגש והשיח, שוכנת בליבו של מניטו דווקא נוכח הביקורת התיאולוגית והפילוסופית החריפה שהוא מותח על דתות אחרות. כדי להבין זאת, עלינו להסביר את העיקרון השני של מניטו לדיאלוג: דיאלוג כ״ויכוח אמיתי״.

״ויכוח אמיתי״ מכיל בתוכו שני הפכים. מחד גיסא, כל אחד מן הצדדים משקף מבט ביקורתי על תפיסת העולם של הזולת מתוך עמדתו האמונית, כדי לברר את האמת המוסרית הנולדת מתוך תפיסות פילוסופיות ותיאולוגיות.[22] מאידך גיסא, בוויכוח שכזה ישנה מודעות

21. בספרה כותבת כרמה בן־יוחנן: ״אשכנזי סבור ש'דיאלוג כן עם הנוצרים' יהפוך לאפשרי רק כאשר הנצרות תהפוך להיות מעין יהדות בגולה - כלומר כאשר לא יהיה זה דיאלוג בין דתי אלא דיאלוג בין יהודים ליהודים״ (ראו כרמה בן־יוחנן, ״נזיד עדשים״: תפיסות הדדיות של נוצרים ויהודים בעידן הפיוס, תל אביב: אוניברסיטת תל אביב, 2020, עמ' 264). דומני כי יש להבין אחרת את דברי מניטו. הדיאלוג איננו מותנה בקבלת עמדתו של האחר אלא בעצם הנכונות להקשיב לו בכנות, וכך התבטא מניטו במקום אחר: ״אין התנ״ך היהודי והתנ״ך הנוצרי אלה שניצבים זה מול זה, כי אם איש התלמוד לעומת איש האבנגליון, שמפנים עורף זה לזה ומעולם לא נדברו. אם דיאלוג זה ייפתח אי פעם, יהא זה ביום שבו יכירו הנוצרים בכבודם של היהודים כיצורים הראויים לאהבת הבריות, ובמיוחד ביום שבו יכירו הנוצרים בכבודה של היהדות שחותמה אמת״ (מובא אצל שרביט, ״הנצרות והאסלאם״, עמ' 271). בדבריה של בן־יוחנן ניכר חסרונה של שפת ״איחוד המידות״ (או ״משוואת האחווה״) העומדת בבסיס מחשבת מניטו על דתות אחרות - כפי שהיא קיימת באופן נוכח במאמרו של שרביט, ״הנצרות והאסלאם״. אפשר שטעם הדבר הוא שמושגים אלו נעדרים משני שיעורים שמובאים רבות בספרה של בן־יוחנן: שיעור שמסר מניטו בשנת 1961 ושעליו מבוסס ספר שיעורים של מניטו שכתב הרב אבינר, המאמין והפילוסוף (ירושלים: ספריית חוה, תשע״ג); ושיעור שמסר מניטו בשנת 1979 ותורגם כמאמר הנושא את השם ״המיתוס היווני והמדרש היהודי״ (מובא במדרש בסוד ההפכים, עמ' 147–161).

22. על פי מניטו, האוונגליונים נכתבו בתקופת מדרשי חז״ל ולכן יש להבין אותם באמצעות פרשנות מדרשית ולא מיתית ואת הפרשנות הזאת יש להציע לנוצרים.

תמידית לשוני המהותי שבין הצדדים ולכך שממילא אף אחד לא ימיר את דתו לדת האחרת. על הצד האחד מוטלת האחריות להקשיב ועל הצד השני מוטלת האחריות לא למחוק את זהותו וייחודיותו העקרונית של הזולת.

לדוגמה, מניטו רואה חשיבות רבה להסביר לנצרות מדוע תפיסת החסד שלה, המתבטאת בין השאר בעיקרון האמוני Free grace או ב"הגשת הלחי השנייה", היא תפיסת חסד מופרזת שעשויה להביא לתוצאות הרסניות הפוכות. כיוצא בזה חשוב להסביר לאסלאם מדוע תפיסת הדין שלו, שמכוונת לכניעתו של האדם בפני האלוהים, פוגעת בפוטנציאל הטמון באדם כצלם אלוהים; וכן חשוב עד מאוד להורות לכמה מדתות המזרח כי הגאולה מהסבל צריכה להיות באמצעות תיקון מעשי ביחס לזולת ולא בחתירה לנירוואנה והשתחררות מהאמביציה האנושית. תורת ישראל איננה חותרת לגייר את כולם אלא שואפת לזהות את האיכות שכל אומה וכל דת מביאה לעולם - ויחד עם זאת לעדן איכויות אלו, לדייקן ולתקנן. כל זה מתוך תפיסת "איחוד המידות", דהיינו הטענה שכל אחת מאיכויות אלו תתקן עצמה על ידי הקשבה לאיכויות אחרות ודיאלוג עימן.

ההדדיות, שמניטו הציב כעיקרון ראשון במעלה למערכת יחסים ושיח בין צדדים שונים, איננה שוויון בתפקידים ואף לא תפיסת האדם כנטול זהות או מבנה אישיותי ואנתרופולוגי מוקדם. אדרבה, ההדדיות היא הכבוד שכל אחד רוחש לשוני של הזולת, כבוד אשר בא לידי ביטוי דווקא בשיח נוקב ולא בהימנעות ממנו. על פי מניטו, הזהות ה"עִבְרית" היא זו הרואה עצמה כמי שנושאת את המסורת הנבואית שעברה בעם ישראל מאדם הראשון דרך אברהם, יצחק ויעקב ואשר מכילה תפיסות יסוד של מוסר וקדושה במישור שבין אדם לעצמו, שבינו לבין חברו ושבינו לבין אלוהיו. בתור כזה, עומס העִבְרי על שכמו את האחריות להשמיע תפיסות אלו בעולם - לא כדי להפוך את כולם להיות כמוהו אלא כדי לאחד בין הכוחות והאנשים כולם.

לאחר שנים רבות שבהן יצא מניטו לחפש את אחיו בשדה והשתתף בעשרות מפגשים עם מנהיגי דת שונים, הוא מתאר את

האכזבה הגדולה שאחזה בו כאשר גילה ששוב ושוב מנסים ״לגייר אותו״.[23] ברם, על אף אכזבה זו, אנו מוצאים אופטימיות אצל מניטו בעיקר ביחס לנצרות.

את יחסו לדיאלוג עם הנצרות נוכל למצוא בפרשנותו לסיפורי יעקב ועשו (שבמסורת הפרשנית מגלם את הנצרות). כמסופר בתורה, עשו מזמין את יעקב להצטרף אליו למקומו בהר שעיר ויעקב מסרב. מניטו מסביר כי סירובו של יעקב נבע מן התחושה ששנאתו של עשו עודנה בתוקפה וכדברי רשב״י במדרש: ״הלכה בידוע שעשו שונא ליעקב״ (ספרי במדבר, פסקה סט). עם זאת, יעקב מבטיח לעשו שיום יבוא והוא יפגוש אותו בשעיר. גם הנביא מתנבא על כך באומרו ״וְעָלוּ מוֹשִׁעִים בְּהַר צִיּוֹן לִשְׁפֹּט אֶת הַר עֵשָׂו וְהָיְתָה לַה׳ הַמְּלוּכָה״ (עובדיה א, כא). המטרה ההיסטורית של יעקב ועשו ברורה - להצליח להגיע למפגש אמיתי שבבסיסו כבוד והדדיות:

> ביום שבו יתגשם חזון הנביאים לשלום כלל־עולמי, ביום שבו יוכלו נוצרי ויהודי לדבר סוף סוף בבהירות, יהיה עלינו היהודים לומר לנוצרים כמה ציפינו למפגש עמם וכמה אהבנו אותם מרחוק. אנשים אלה עשו דרך כה ארוכה בתהליך ההיחלצות מעולמם הפגאני והחלו לדון בעניינינו המשפחתיים.[24]

יחסה של הכנסייה הקתולית ליהדות השתנה באופן דרמטי בעשרות השנים האחרונות.[25] בשנת 1965 פורסם המסמך הרשמי של ועידת הוותיקן השנייה, Nostra Aetate, העוסק בשינוי מהותי של יחס הנצרות ליהודים וליהדות; ובשנת 2015 הצהירה הכנסייה כי היא מגנה פעולות מיסיון המכוונות כלפי יהודים. בשנת 1993 נפגש הרב הראשי ישראל מאיר לאו עם האפיפיור יוחנן פאולוס השני ובאותה שנה כוננו יחסים

23. סוד מדרש התולדות, חלק ז, עמ׳ 271.
24. מדרש בסוד ההפכים, עמ׳ 153.
25. לפירוט נרחב של התמורות ביחסה של הכנסייה הקתולית ליהודים ראו בן־יוחנן, נזיד עדשים, עמ׳ 21–165.

דיפלומטיים רשמיים בין הוותיקן למדינת ישראל. על כך אמר מניטו:[26] ״כל אלה אינם יכולים להשאיר אדם מאמין, אדיש [...] ההשגחה העליונה בפעולה. הבה נעזור לה להצליח, בענווה ובתפילה״.[27] וכן: ״זו הפעם הראשונה זה אלפיים שנה שהכנסייה הקתולית מכירה כי היהודים הם ישראל [...] ועם ההכרה ההדדית באה היריבות שבין הזהויות אל קצה״.[28] כל אלו הציתו בקרב מניטו את האמונה כי ייתכן שחלה התקדמות ניכרת והבשילו התנאים לפתיחת ״דיאלוג אמיתי״ עם הנצרות. מניטו מודע לקושי שבדבריו לאור ההיסטוריה הארוכה העקובה מדם אך לדבריו הוא רואה הבדל בעניין הזה בין חכמים אשכנזים לספרדים:

> רק בימינו אנו נפתח צוהר לוויכוחים אמתיים ונוכחתי לדעת שזה אפשרי, כלומר מועיל כיום רק עם חכמים ספרדים. רבנים אשכנזים עדיין אינם בשלים לכך. הבנתי היא שהם טרם השתחררו מהפחד הזה. הם חיו תחת אדום בתנאים איומים ופחדו להתייצב מול התאולוגים הנוצרים ולדבר באופן גלוי על עיקרי האמונה. הפחד הזה לא קיים אצל החכמים הספרדים אשר חיו באווירה שונה לחלוטין אצל המוסלמים. לכן הם יכולים לעמוד מול אותם תאולוגים נוצרים ולדבר עמם באופן גלוי.

מניטו מתאר את החכמים הספרדים כפתוחים יותר לשיח בין־דתי מאשר אחיהם האשכנזים והוא רואה זאת כמעלה המובנת לאור ההבדל בין היחס ליהודים בארצות נוצריות לבין זה שבארצות האסלאם.[29] גם מבלי להיכנס לבחינה מדוקדקת של האמת המציאותית שבדבריו,

26. יש להדגיש שדברים אלו נאמרו כעשרים שנים לפני הצהרת הכנסייה ב־2015, הצהרה שהיא התקדמות גדולה עוד יותר ממה שראה מניטו לנגד עיניו.
27. שרביט, ״הנצרות והאסלאם״, עמ׳ 272.
28. שם.
29. על השפעת האסלאם על דפוסי חשיבה של יהודים בארצות ערב ראו סוד מדרש התולדות, חלק א, עמ׳ 195, הערה 560.

עמדתו של מניטו בהירה: הוא סבור שיש להתגבר על הרתיעה שחשה יהדות אשכנז כלפי הנצרות בעקבות טראומות ההיסטוריה (אך כמובן לא לשכוח אותן) ולחתור לדיאלוג עומק עם הנצרות ודתות אחרות. עלינו לבחון שוב ושוב מחדש את יחסה של הכנסייה ליהודים וליהדות ולבדוק ההבשילו התנאים לחידוש המפגש והשיח.

על פי הלך מחשבה זה, דומה כי "הסכמי אברהם", שנחתמו בשנת 2020 בין מדינת ישראל לאיחוד האמירויות, בחריין, סודאן ומרוקו, עשויים אף הם לסמן עידן חדש בתולדות יחסי ישראל והאסלאם. בלשונו של מניטו שהובאה לעיל: "ההשגחה העליונה בפעולה. הבה נעזור לה להצליח, בענווה ובתפילה".

סיום

משנתו של הרב אשכנזי פרצה בשנים האחרונות את גבולות הקהילה הצרפתית. תלמידיו הוציאו - ועודם מוציאים - את שיעוריו בספרים בהירים אשר עונים על צורך עמוק בקרב לומדי התורה. גיבושן של תפיסות יסוד באמונה ומחשבת ישראל נעשה מתוך למידה תמידית של פילוסופיות מרכזיות בתרבות המערבית ויסודות האמונה של דתות אחרות. זוהי צורת מחשבה חדשה. כמו בזמנו של מניטו לאחר מלחמת העולם השנייה כך גם היום: תורתו מחזקת את הזהות העברית בתוך תהליך מואץ של תודעה גלובלית.

בפרק זה ניסינו לחשוף את תבניות היסוד המחשבתיות העומדות בבסיס דרכו של מניטו. טענתנו היא שלמתודיקה של מניטו מטרה נוספת מעבר לחישול אמונתם של נבוכי הדור והיא החזרתה של תורת ישראל לתפקד כשחקן משמעותי בשיח הבין־דתי והבין־לאומי ובכך לממש את ייעודה המקורי בתיקון העולם, שהוא איחוד המידות האלוהיות.

הראינו כי ביסוד ה"ויכוח האמיתי" שאליו חותר מניטו פרושׂה התפיסה היסודית של משוואת האחווה, הקוראת לנו לרקום מחדש יחסים נכונים ובריאים, אמיצים וכנים עם דתות אחרות; תפיסה

שמייחלת ליום שבו כל יהודי יזכור "שהכול מתחיל מצמד מילים פשוט: אח ושלום" [3].

ביולי 1990 הוזמן מניטו כנציג היהדות לרגל הקמת "המשכן האוניברסלי" (Temple de l'Universel) בפריז. באירוע הופיעו נציגים של דתות שונות: הינדואיזם, בודהיזם, זורואסטרים, נצרות, אסלאם ויהדות. לרגל המאורע חיבר מניטו תפילה מיוחדת:

> אבינו, ההוויה של כל הוויה, בורא העולמות, אדון עולם, בונה בתינו. על האדמה ששכינתך הופיעה בה בעבר בנו בניך את המשכן האוניברסלי על פי הדיבור "ועשו לי מקדש ושכנתי בתוכם". השמים והארץ הם מלוא קולך, אולם כבר בתחילה, הד תפארתך התרחק על מנת לתת עת וחפץ לקיום. חזור! ועל מנת שיחדל זמן היעלמותך, יהי רצון מלפניך שלאחדותנו תיתוסף אמתך. כך שורר הנביא ישעיהו "כי ביתי בית תפילה יקרא לכל העמים".[30]

מקורות

[1] סוד מדרש התולדות, חלק א, עמ' 46:

האנושות כמראה שבורה וזר פרחים

המקובלים אומרים שהאנושות דומה למראה שנשברה, בדור הפלגה, לשבעים רסיסים. מי שמשתמש ברסיס זה או אחר של המראה השבורה כדי לראות, רואה תמונה עקומה. אי אפשר אמנם להכחיש שיש כאן תמונה, אך היא במקרה הטוב חלקית. כך קרה עם השבעים אומות, בדור הפלגה. שוב כישלון.

תוצאת הכישלון היא שכל גוי, כל אומה לקחה אחד חלקי שבעים מן הזהות המקורית של אדם הראשון, ומאז יש שבעים אופנים שונים, פרצופים שונים להיות אדם "אִיש לִלְשֹׁנוֹ", וכל אחת ואחת

30. מופיע אצל שרביט, "הנצרות והאסלאם", עמ' 258, הערה 4.

היא מיוחדת במינה, יחידאית במינה. כל אומה מפתחת, מטפחת ערכים מסוימים בהתאם לזהות החלקית שהיא ירשה מפיצול האחדות הקמאית של האדם.

כל אומה מנסה, ברגע שהיא מזהה הזדמנות ויש לה היכולת לעשות כך, לכפות על שאר האומות את ה"מודל התרבותי", הזהות התרבותית שלה. חז"ל מכנים ניסיונות אלו ה"מלכויות". האידאל המוצהר של מייסדי כל מלכות הוא לבנות מחדש את האוניברסל האנושי, אותו אוניברסל שנשבר לשבעים רסיסים. לפחות בתחילתו, כל ניסיון כזה הוא ניסיון כן, ניסיון אותנטי, אולם במציאות הם נכשלים משום שמהר מאוד הופכת כל מלכות להיות אימפריאליסטית והיא מונעת מזהויות אחרות להתפתח. ההיסטוריה של המלכויות היא היסטוריית הכישלון התמידי של החלום האנושי הזה, והוא לבנות מחדש את האחדות הקמאית ולחיות בשלום [...]

מטרת המשיחיות של ישראל היא לאחד את האנושות כאשר כל משפחה אנושית, כל אומה שומרת על תפקידה הייחודי ועם ישראל בתור "מַמְלֶכֶת כֹּהֲנִים וְגוֹי קָדוֹשׁ" מאחד את הכול.

האנושות דומה לזר פרחים. לכל פרח בזר יש תפקיד משלו ואם אותו סוג פרח חסר, הזר אינו שלם. הזר של פרויקט המלכויות הוא אוניפורמי. יש בו מקום רק לסוג פרח אחד. הזר של פרויקט המשיחיות של ישראל הוא רב־גווני, מורכב משבעים פרחים מסוגים שונים ויחד הוא מבחינת זר אמִתי. תפקידו של ישראל הוא להיות הגורם המאחד, המחזיר את הזר כזר.

לכן היה חשוב להדגיש שפרויקט המלכויות דומה מאוד במטרותיו התיאוריות, האוטופיות, לפרויקט המשיחי של בורא העולם, דרך התולדות, מאדם הראשון עד ה"בן אדם" האמִתי שהוא מסומל על־ידי המשיח. במהלך ההיסטוריה נפלו יהודים רבים מדי קורבן לפרויקט המלכויות והתפתו לעזור להרכיב את ה"זר" של מלכות זו או אחרת. הפרח שהם חשבו להביא מצא את עצמו מהר מאוד מחוץ לזר [...]

אברהם ונִמְרוד מתחילים את המהלך שלהם מאותה אבחנה קיומית, אקזיסטנציאלית בנוגע למצב העולם. אי אפשר להסתפק במצב הקיים

של העולם. הוא אינו משביע רצון. נִמְרוֹד מתעל את המרד, את אי־שביעות רצונו כלפי בורא אותו עולם.

המרד של אברהם כלפי מצב העולם מביא אותו לשרת את פרויקט הבורא. הוא מחליט להיות עבד הבורא כדי לתקן את המצב. מאז הופך אברהם להיות אויבו של נִמְרוֹד. כעת יש לנִמְרוֹד שני אויבים: בורא עולם ועַמּוֹ ישראל דרך אברהם בדור שלו. וכך קרה במהלך ההיסטוריה. שתי האידאולוגיות הבולטות של המאה העשרים, שראו את עצמן כמקימות אימפריות לאלף שנה, האידאולוגיה הנאצית האתאיסטית־חומרנית והאידאולוגיה המרקסיסטית־סטליניסטית, התאפיינו בשנאה תהומית לעם ישראל ולכל דבר שהוא מייצג.

[2] סוד מדרש התולדות, חלק ג, עמ׳ 151: משוואת האחווה

הקריטריון המוסרי משמש מפתח להבנת המסופר בתורה מתחילת פרק ד של חומש בראשית. אני רגיל להתחיל את לימוד החומש בעיון מן הפרק הזה משום שמוצגת בו לראשונה בהיסטוריה בעיה מוסרית דרך סיפור קין והֶבֶל. בעיה זו היא הבעיה שעלינו לפתור במהלך ההיסטוריה. אני יודע כי רבים שמים דגש על חטאו של אדם הראשון, אולם זו טעות משום שברמת הכלל כבר תוקנה בעיה זו על־ידי דוד המלך. כל היסטוריית העולם היא תיקונו של חטא קין, ובעיה זו צריכה להעסיק אותנו ברמת הכלל במהלך ההיסטוריה, במהלך "התולדות" - תיקון יחסי האחווה בין אדם לחברו [...]

האתגר של קַיִן הוא לאפשר להֶבֶל לחנך אותו. קַיִן נבחן על עניין האחווה. על שניהם לפתור **יחד** את משוואת האחווה. קַיִן נכשל, כך גם הֶבֶל. אילו הצליחו קַיִן והֶבֶל מלכתחילה לפתור את משוואת האחווה, היה התיקון נגמר על ידם, והבן שהיה נולד מהתמזגותן של השושלת של בני קַיִן מצד אחד והשושלת של בני הֶבֶל מן הצד האחר, היה אותו "בן אדם" השלם, שיכול להגיד שבשבילו נברא העולם. מאחר שקַיִן לא הצליח להיות האדם האמִתי, כל היסטוריית העולם היא תיקונו של חטאו של קַיִן דווקא.

"וְאָהַבְתָּ לְרֵעֲךָ כָּמוֹךָ" זהו כלל גדול בתורה (ירושלמי, נדרים פ"ט ה"ד). זה מתחיל עם קַיִן והֶבֶל. אפשר לדבר בלי סוף על מוסריות, על ערכים, אולם בסופו של דבר דרישתו של הבורא ממני פשוטה ביותר: איך אני נותן לזולת לחיות בעולמי, ואיך הוא נותן לי לחיות בעולמו. בלי הדדיות אין פתרון לבעיה המוסרית, למשוואת האחווה [...]

[3] סוד מדרש התולדות, חלק ח, עמ' 114–115: אח ושלום

התורה אינה מדברת על פעולה מיסטית, מגית כלשהי כדי להגיע לימות המשיח. היא מדברת על פעולות האדם: מה האדם צריך לעשות כדי להביא את העולם הזה למצבו האמיתי. המפתח הוא בראש ובראשונה: המוסר. המוסר של התורה אינו "כל דְּאַלִּים גָּבַר". הוא גם לא המוסר הנאיבי של הנצרות: תן את הלחי השנייה. הוא המוסר המיוסד על ההכרה שאני בריה, שחברי בריה ושנינו בריות של אותו בורא. מתוך הכרה זו אני בא לטפל בענייני העולם הזה [...] אם מבינים נקודה זו מבינים גם כן את החשיבות של משוואת האחווה והדרישה החד־משמעית להדדיות. אם מוותרים על דרישה זו מגיעים למעשה למוסר הנוצרי. הכתוב מתייחס למשוואת האחווה כאשר הוא משתמש במילה אח. ראינו את זה כאשר למדנו את משמעות המפגש בין יעקב ובין הרועים. גם כאשר יעקב שולח את יוסף לשכם, הוא אומר לו: "לֶךְ נָא רְאֵה אֶת שְׁלוֹם אַחֶיךָ וְאֶת שְׁלוֹם הַצֹּאן וַהֲשִׁבֵנִי דָּבָר וַיִּשְׁלָחֵהוּ מֵעֵמֶק חֶבְרוֹן" (בראשית לז יד). בפסוק הזה מופיעות המילים אח ושלום. הם כבר הופיעו במהלך הדו־שיח בין יעקב ובין הרועים ואין זה מקרי. עם מילים אלה מתחילה העבריות. העברי חיפש ומצא בסופו של דבר את הפתרון למשוואת האחווה ופתרון זה הפך לחלק מהותי, אינטגרלי של אותה דרך ארץ שעלינו להנחיל לעולם כולו.

מרבים לדבר בתקופה שלנו על הפן האוניברסלי של ישראל, של התורה ושוכחים שהכול מתחיל מצמד מילים פשוט: אח ושלום. המשימה שלנו קשה משום שאנחנו פוגשים בעיקר את הצד העשווי, הצד של "כל דְּאַלִּים גָּבַר" – לא רק בעולם הנוצרי שעבר תהליך מסיבי

של חילון אלא גם בעולם המוסלמי. הם לא פחות אלימים. חייתי אצלם ואני יודע על מה אני מדבר. ובכל זאת לא איבדנו אף פעם התקווה לעולם מתוקן. חיפשנו ואנחנו עדיין מחפשים את אחינו בכל מקום, בשדה.

הרב יונתן זקס: הדתות כשפות שונות של דבר ה' לעולם

יונתן (ג'וני) סולומון

הרב יונתן זקס, שנפטר בראשית תשפ"א, היה מן ההוגים היהודים החשובים בזמננו. בעשרות ספריו ובהרצאותיו הרבות עסק הרב זקס - שכיהן כרבה הראשי של בריטניה למעלה משני עשורים, כפרופסור בכמה אוניברסיטאות וכחבר בבית הלורדים - בין היתר בשאלת יחסה של היהדות לדתות אחרות ובסוגיות קרובות. בפרק זה נבקש לעמוד בקצרה על תמצית תפיסתו בעניין זה.

את דברינו נפתח בקביעתו של הרב זקס בספרו "משבר וברית":

> מעניינת במיוחד העובדה שהתנ"ך, על אף שהוא מתמקד כמעט בלעדית בהיסטוריה של בני ישראל אינו פותח בה.[1]

* הרב יונתן (ג'וני) סולומון הוא מחנך ומחבר, מלמד במדרשת או"ת לינדנבאום ובעוד מסגרות רבות, מומחה לתורת הרב יונתן זקס שחתם על כתב הסמכתו לרבנות.

1. הרב יונתן זקס, משבר וברית: מחשבה יהודית מודרנית ופוסט־מודרנית, מאנגלית: שרה פרידמן, ירושלים: מאגנס, תש"ס, עמ' 186.

לצד זאת, כפי שכתב הרב זקס בחיבור אחר, ברור כי -

> מאברהם ואילך מתחיל התנ"ך לגולל את סיפורה של משפחה אחת, ואחר כך של אומה אחת, שתהפוך לדוגמה ומופת לאנושות כולה, באשר לדרך שבה עליה לחיות בריבונות האל. "ונברכו בך", שב ואומר אלוהים לאבות, "כל משפחות האדמה".[2]

ואכן, אחת משאלות היסוד בהגותו של הרב זקס נסבה על התפיסה היהודית בדבר היחסים בין אברהם ומשפחתו, שנבדלו משאר משפחות האדמה, ובין שאר הציוויליזציה. ובאופן רחב יותר: כיצד צריכים בני אמונה מסוימת להתייחס לאלו שאינם חולקים עימם את אותה אמונה?

כדי לענות על שאלה זו, מתמקד הרב זקס בעיקרון היסודי המובע בראשית התורה, קודם שמוצגות דמותו של אברהם ומשפחתו: העיקרון שכל אדם נברא בצלם אלוהים. מכאן יש ללמוד ש"צלם אלוהים יכול להימצא גם אצל מי שאמונתו אינה אמונתי ושיחו עם אלוהים שונה משיחי".[3]

אומנם יש שיראו בתפיסה המדגישה את צלם האלוהים שבכל אדם תפיסה ברורה מאליה; אולם הוגים יהודים שונים טענו כי בעוד שלכל אדם פרטי יכולה להיות מערכת יחסים עם אלוהים, העובדה שליהודים מערכת יחסים ייחודית עם אלוהים והם שונים מכל העמים האחרים - משמעותה שכשהתנ"ך מספר לנו את סיפור התפתחותה של מערכת היחסים בין אלוהים ובין האנושות, אנו לומדים שהיהודים לא רק שונים מעמים אחרים, אלא גם (בהתאם להשקפה הזו) טובים יותר באופן מהותי, נבחרים. האם העובדה שהתנ"ך מספר בעיקר על קורות העברים, בני ישראל, ומתמקד בענף האנושי שהתחיל

2. הרב יונתן זקס, רדיקלית אז, רדיקלית עכשיו, מאנגלית: מנשה ארבל, ירושלים: מגיד, 2016, עמ' 80.
3. הרב יונתן זקס, לא בשם האל, מאנגלית: צור ארליך, ירושלים: מגיד, 2016, עמ' 205.

באברהם והמשיך בשנים עשר השבטים, מוכיחה שעם קטן זה הוא הטוב שבעמים, המובחר שבכולם?

הרב זקס מאמץ גישה שונה בתכלית ועושה זאת תוך התמקדות בסיפור מגדל בבל שמטרים - כפי שמדגיש הרב זקס - את סיפורו של אברהם:

> סיפור מגדל בבל, המופיע בסמיכות לבחירת אברהם על ידי אלוהים, חיוני להבנת היהדות. בסיפור, בני האדם היו "עם אחד ושפה אחת" [...] אולם האנושות הציבה לעצמה כמשימה להפיל את אלוהים [...]
>
> תשובתו של אלוהים היא פיצול בני האדם ללשונות, עמים ותרבויות שונים. אמנם מספר בראשית עולה הבטחה סמויה, המופיעה במפורש בספרי נביאים, שביום מן הימים ישוב המצב הראשוני לקדמותו. אולם טרם הגיעה העת; כזאת יקרה רק ב"אחרית הימים" המטפיסית. בינתיים, ולאורך כל ההיסטוריה, תהיה התרבות האנושות רבת פנים ואין לצמצמה.[4]

בעבור רבים, סיפור מגדל בבל אינו אלא בגדר הסבר לעובדה שאנשים שונים בארצות שונות מדברים בשפות שונות; אולם בעבור הרב זקס, הרעיון שנלמד מסיפור מגדל בבל הוא בסיסי בהבנת התזה המרכזית המצויה בספריו העוסקים בשאלת היחס בין יהדות ובין אמונות אחרות:

> ביהדות יש אנלוגיה עמוקה בין אמונה ללשון. עם מסוים מדבר בלשון מסוימת; אין לשון פרטית ואין לשון אוניברסלית. נולדנו לתוך קהילה לשונית: איננו בוחרים להיוולד להורים דוברי עברית או דוברי אנגלית, אך זו עובדה מכרעת ביותר בעיצוב מערכת הרגישויות שלנו. הדובר, בכל שפה טבעית שהיא, הופך שותף בהיסטוריה של תרבות מסוימת: דקי הדקויות של שינויי

4. הרב זקס, משבר וברית, עמ' 186-187.

> משמעות בשפה והאסוציאציות שלה עוצבו על ידי העבר, אולם עודן תקפות בהווה. לדבר בשפה כלשהי משמעו להפנים את כללי הדקדוק והסמנטיקה שלה: ללא אלה לא נוכל להביע את עצמנו באופן רהוט ומובן.
>
> ניישם רעיונות אלה ביהדות: האמונה אינה פרטית ולא אוניברסלית. היא תופעה של עם. כפי שאפשר להיוולד לתוך קהילה לשונית מסוימת כך אפשר להיוולד לתוך קהילה של אמונה מסוימת על מחויבויותיה.[5]

המשמעות של זה, לפי הרב זקס, היא ש -

> אין האמונה אוניברסלית ולא סובייקטיבית אלא כשפה, תופעה של קהילות וחוקיהן, מסורותיהן וההיסטוריה שלהן.[6]

השלכותיו של רעיון זה כבירות. כפי שהרב זקס כתב בספרו "לכבוד השוני" שראה אור ב־2002 (ודומה שיש בו התיאור המוצלח ביותר של הגישה היהודית בעבור העולם):[7]

> הטרנסצנדנטיות הרדיקלית של האל בתנ"ך משמעותה שיש הבדל ממשי בין אלוהים ובין הדת. אלוהים הוא אוניברסלי; דתות הן פרטיקולריות. הדת היא תרגום של מושג האל לשפה ספציפית, כך שהיא נעשית חלק מחייה של קבוצה, אומה, קהילה של אמונה. במהלך ההיסטוריה, אלוהים דיבר אל האנושות

5. שם, עמ' 189.
6. שם, עמ' 201.
7. Jonathan Sacks, *The Dignity of Difference*, London and New York: Continuum, 2002. תרגום עברי של הספר ראה אור בשנת 2008 בהוצאת מגיד תחת השם "לכבוד השוני". מסיבות שונות בחרנו להביא תרגום משלנו לפסקאות אלו (וראו בהערה הבאה). אנו מודים לצוריאל הורוביץ על סיועו במלאכת התרגום.

במגוון שפות: דרך היהדות ליהודים, דרך הנצרות לנוצרים, דרך האסלאם למוסלמים.[8] רק אלוהים שכזה הוא באמת טרנסצנדנטי - נעלה לא רק מהעולם הטבעי אלא מכל יקום רוחני שבא לידי ביטוי בדת יחידה, בשפה ספציפית של רגישות אנושית.

כיצד טקסט מקודש יכול למסור לנו רעיון שכזה? על ידי הצהרה שאלוהים הוא האל של כל האנושות ושום דת או אמונה אינן צריכות להיות נחלת כלל האנושות. רק נרטיב שכזה יוביל אותנו לראות את נוכחותו של האל באנשים בני אמונות אחרות. רק השקפת עולם שכזו יכולה ליישב את הפרטיקולריות של התרבות עם האוניברסליות של המצב האנושי. המשמעות היא שאמת דתית לעולם איננה אוניברסלית. אך אין משמעות הדבר שהיא יחסית.

ישנו הבדל, שמתעלמים ממנו לעיתים קרובות, בין "אבסולוטיות" ובין "אוניברסליות". יש לי מחויבות מוחלטת לילד שלי, אבל זו איננה מחויבות אוניברסלית. למעשה, דווקא המחויבות הלא־אוניברסלית הזו, המחויבות האישית, היא יסודה של ההורות - היכולת לחוש קשר לילד הזה, ולא לכל הילדים בלא הבחנה. זה מה שעושה את האהבה לאהבה: לא חיבה כללית לאנשים מסוג כזה וכזה, אלא חיבור פרטיקולרי לאדם מסוים על פי הדברים המייחדים אותו [...]

8. ראוי לציין שכמה רבנים מובילים התנגדו לחלק מההצהרות שנמצאו בפסקה זו ובספר "לכבוד השוני" בכלל, בטענה שהן כופרניות. אף שהרב זקס התנגד למסקנות הללו, ואף פרסם קובץ מראי מקום תורניים בנושא כדי לתמוך בעמדתו, הלחץ הפוליטי גרם לו לפרסם מהדורה מתוקנת של "לכבוד השוני" שבהן הצהרות כגון "במהלך ההיסטוריה, אלוהים דיבר אל האנושות במגוון שפות: דרך היהדות ליהודים, דרך הנצרות לנוצרים, דרך האסלאם למוסלמים" הוחלפו ב"כיהודים אנחנו מאמינים שאלוהים כרת ברית עם עַם יחיד, אך אין הדבר מוציא מכלל אפשרות שעמים אחרים, תרבויות ודתות אחרות, יפתחו כלפיו יחס משלהם, בתוך המסגרת המשותפת של מצוות בני נח" (לכבוד השוני, עמ׳ 47).

> אלוהים שנגלה אלינו בתנ"ך אינו מושג מדעי או פילוסופי: הסיבה הראשונה, המניע הראשון, או מחולל המפץ הגדול. הוא הורה, לפעמים זכר ("הֲלוֹא אָב אֶחָד לְכֻלָּנוּ"), לפעמים נקבה ("כְּאִישׁ אֲשֶׁר אִמּוֹ תְּנַחֲמֶנּוּ כֵּן אָנֹכִי אֲנַחֶמְכֶם") ולעולם נושא עימו את האהבה שהורה חש כלפי הילד שהביא לעולם.
>
> אלוהים של התנ"ך אינו אל אפלטוני אשר אוהב את האנושות במין צורה מופשטת. הוא פרטיקולריסט ואוהב את כל אחד ואחד מילדיו מחמת מה שהוא: יצחק וישמעאל, יעקב ועשו, ישראל והעמים. אין ספק שלאחד מהם הוא הועיד גורל מסוים, אך הוא בירך גם את האחרים, כל אחד בדרכו. אלוהי אברהם מלמד את האנושות אמת מורכבת יותר מאשר זו שניגודים פשטניים - פרטיקולרי/אוניברסלי, אינדיבידואל/מדינה, שבט/אנושות - היו מאפשרים לנו.
>
> אנו פרטיקולריים וגם אוניברסליים, דומים וגם שונים, בני אנוש אבל גם איבר ממשפחה מסוימת - מהקהילה הזו, מההיסטוריה הזו, מהמורשת הזו. הפרטיקולריות שלנו היא החלון לאוניברסליות, ממש כשם ששפתנו היא הצוהר היחיד שלנו להבנת העולם שאנו חולקים עם דוברי שפות אחרות.
>
> אלוהים אינו רוצה שבני כל האמונות והתרבויות יהיו זהים, ממש כמו שהורה לא היה רוצה שילדיו יהיו זהים. זהו הקישור המושגי בין אהבה, יצירה וגיוון. אנחנו עובדים את אלוהים, יוצר השוני, על ידי נתינת כבוד לשוני.[9]

כפי שברור מקריאת הציטוט דלעיל, רעיון "האוניברסליזם הפרטיקולרי" - המכיר ברעיון הבחירה בעם היהודי אך איננו מנתב אותו לטובת ייסוד הירככיה חברתית או רוחנית או חיזוקה - הוא רעיון מרכזי בהשקפת העולם של הרב זקס.[10] אנחנו לומדים מכאן ש"יש

9. Sacks, *The Dignity of Difference*, pp. 55–58.
10. להרחבה בדבר גישתו של הרב זקס בסוגיה זו ולדרך שבה הגיע למסקנותיו,

אלוהים אחד [...] יש אמונות רבות. הקביעות האלה מלמדות אותנו שאלוהים גדול מהאמונה". בהתבסס על הנחת המוצא הזו, הוא קובע ש"אמונות הן כמו שפות".

הרב זקס מסביר כיצד:

> קיומה של השפה האנגלית איננו מחליף או בא במקום קיומה של הצרפתית, האיטלקית או שפת אורדו. כל שפה משמרת סט ייחודי של רגישויות. יש דברים שאפשר לאומרם בשפה אחת אבל אי אפשר לתרגם לאחרת מבלי לאבד משהו בתרגום. זו הסיבה שריבוי השפות מעשיר אותנו, ואנו נהפוך עניים יותר אם אחת מהן תיעלם. אכן, הן מתארות את אותה מציאות כשם שהדתות כולן מובילות לאלוהים אחד. הן אינן מאיימות אחת על השנייה, ואינן צריכות לאיים. להאמין אחרת משמעו להתבלבל בין דת ובין אלוהים.[11]

משמעות הדברים הללו היא שכדי שיהודים יוכלו ליצור קשרים עם מאמינים באמונות אחרות, להמשיך להחזיק באמונתם באל אוניברסלי ולשמור אמונים לאמונתם הפרטיקולרית, מן ההכרח שיאחזו בהבחנה בין "דת" ובין "אלוהים":

> כי אף שה' הוא אלוהינו, הוא גם אלוהי העולם כולו, הנגיש לכולם: האל המברך את ישמעאל, האל המורה לבני יעקב שלא לשנוא את צאצאי עשו, האל המאזין לתפילתם של זרים, ושליחיו נראים כזרים. רק אמונה המכירה בשני סוגי הברית, הברית האוניברסלית והברית הפרטיקולרית, מסוגלת להבין כי צלם

ראו, "Interview with Chief Rabbi Lord Jonathan Sacks, October 29, 2012", Aaron W. Hughes and Hava Tirosh-Samuelson (eds.), *Jonathan Sacks: Universalizing Particularity*, Brill, 2013, pp. 122–123.

11. Jonathan Sacks, *Celebrating Life: Finding Happiness in Unexpected Places*, Bloomsbury, 2019, p. 155.

> אלוהים יכול להימצא גם אצל מי שאמונתו אינה אמונתי ושיחו עם אלוהים שונה משיחי.[12]

לצערנו, כפי שמסביר הרב זקס, יהודים רבים מדי נתפסים רק לאחד מהממדים האלה. מי שמתרכזים בפן האוניברסלי קוטעים את החוט הנצחי המקשר אותם עם בני אמונתם; ובאופן דומה, מי שמתמקדים בפרטיקולריות לבדה מחריבים את הכבוד לבעלי אמונות אחרות ואת ההזדמנות להזדהות עימם. כפי שכתב הרב זקס:

> הבקע בין פרטיקולריזם לאוניברסליזם [...] הוא סטייה מהזהות המסורתית - וזאת דווקא בשעה שעתיד היהדות והעולם תובע מהיהודים להחזיק בשתי הרגישויות גם יחד.[13]

עד לנקודה זו, עשויים היינו לחשוב שהרב זקס מפנה את מסר האוניברסליות הפרטיקולרית רק ליהודים; אולם רבים מספריו ממוענים יותר לקוראים הלא־יהודים מאשר לקוראים היהודים. הרב זקס האמין שבני כל האמונות צריכים לאמץ את הגישה החוגגת את ייחודיותה של כל דת ולהפנים כי "אלוהים גדול יותר מהדת".

כפי שהרב זקס הסביר, במהלך פיתוח הרעיון - שמאוחר יותר הוא העניק לו את השם "כבוד השוני" - הוא מסר שיעורים לקשת רחבה של סטודנטים, מהם מאמיני הסיקיזם, מוסלמים והינדואיסטים. הרב זקס סיפר כי כשהכיר לסטודנטים עיקרון זה, "שמתי לב כיצד הסטודנטים מאמיני הסיקיזם, המוסלמים וההינדואיסטים נעשו גבוהים בכמה סנטימטרים אחרי השיעורים שלנו. הבנתי שהרעיון התיישב אצלם בלב משום שהם אמרו לעצמם: תמיד ידענו שאנחנו שונים, אבל

12. הרב זקס, לא בשם האל, עמ' 205.

13. הרב יונתן זקס, בלשון עתיד, מאנגלית: צור ארליך, ירושלים: מגיד, 2021, עמ' 108.

גם חשבנו שזה דבר רע; לפתע הבנו שהקונספט הזה עובד. הרעיון הזה היה מונח אפוא אצלי עוד לפני אירועי ה־11 בספטמבר".[14]

כדי להסביר למה התכוון הרב זקס במילים הללו, כאשר התייחס ל־11 בספטמבר, חשוב להבין שאומנם חלק ניכר מתהליך החשיבה שהוביל לכתיבת ספרו "לכבוד השוני" הבשיל וגם הובע על ידו לפני 2001, אך רק אחרי מתקפות הטרור של אל־קעידה ב־11 בספטמבר, הסכנה שהוצגה בידי אלו המתייחסים לדתם בתור הדרך הבלעדית לאלוהים ולגאולה הפכה ברורה לחלוטין. כפי שהרב זקס כתב מאוחר יותר:

> אמונה אחת, יותר מכל אמונה אחרת זולתה נושאת באחריות לטבח של יחידים על מזבחות האידיאלים ההיסטוריים הגדולים: האמונה שאנשים שאינם שותפים לאמונתי, לגזע שלי או לאידאולוגיה שלי, אינם שותפים גם לאנושיותי.[15]

בהתאם, בספרו "לא בשם האל" כתב הרב זקס כי בידינו היכולת להימנע מאלימות בין בני אמונות שונות אם נטה אוזן לתשובה שהציע התנ"ך, שלפיה -

> יש דבר העומד מעל ומעבר להבדלים בינינו. הדבר הזה הוא אלוהים, והוא טבע את צלמו בכל אחד מאִתנו. ומשום כך חייו של אדם קדושים, ונפש אחת שקולה לעולם שלם. אחדות האל תובעת מאִתנו לכבד את הזר, את הנכרי, את השונה, מפני שאף על פי שהוא אינו עשוי בצלמנו - מוצאו, אמונתו או תרבותו אחרים משלנו - הוא עשוי בצלם אלוהים.[16]

14. "Interview", p. 123.
15. הרב יונתן זקס, לכבוד השוני, מאנגלית: צור ארליך, ירושלים: מגיד, 2008, עמ' 39.
16. הרב זקס, לא בשם האל, עמ' 195.

בסופו של דבר, הרב זקס האמין ש"ריבוי האמונות אינו טרגדיה אלא מתנה של אלוהים, שנמצא קרוב אלינו יותר משאנחנו קרובים לעצמנו בעוד הוא נוכח גם בחיים שונים לחלוטין משלנו":

> כי מאחר שהמין האנושי על שלל גווניו אינו יכול להצטמצם לכדי צלם יחיד, כך האל אינו יכול להצטמצם לכדי אמונה אחת או שפה אחת. אלוהים קיים בשונות, ולפיכך בוחר הוא כעֵדו עם הדבֵק בשונות.[17]

לכן -

> האתגר הגדול ביותר שניצב בפני דתות בעידן הגלובלי הוא האם, בשורה התחתונה, הן מסוגלות לעשות מקום אחת עבור השנייה, בזיהוי שלהן את צלם האלוהים באדם שאינו דומה לי, ובשמיעת קולו של אלוהים כשהיא מדוברת בשפתו של אחר.[18]

17. הרב זקס, רדיקלית אז, רדיקלית עכשיו, עמ' 66.
18. Sacks, *Celebrating Life*, p. 155.

"בַּקְּשׁוּ פָנָיו תָּמִיד": דתות העולם כעבודת ה' הצומחת מלמטה

יעקב נגן

מהי הקריאה שקורא הקב"ה לאדם שאינו מישראל? מהי הבקשה האלוהית מכל אדם שנברא בצלם? כיהודים, אנו עוסקים רבות בשאלה "וְעַתָּה יִשְׂרָאֵל מָה ה' אֱלֹהֶיךָ שֹׁאֵל מֵעִמָּךְ" (דברים י, ב), אך לאחר שעמדנו על כך שבמשמעותן הפשוטה במצוות בני נח אין משום מענה מלא לשאלה זו, יש מקום להציב במלוא עוזה גם את השאלה היסודית "ועתה האדם, שאינו מישראל, מה ה' אלוהיך שואל מעימך"? כיצד יענה האדם לשאלה העתיקה "אייכה", לקול האלוהי הקורא לו לעבוד את בוראו? במילים אחרות: לאחר שראינו תפיסות הנותנות מקום לקיומן של דתות באומות העולם, מנימוקים שונים ובאופנים שונים, ניצבת בפנינו השאלה: מהו מקורן של דתות אלו ומה מעניק להן אֶת משמעותן? הנחת היסוד שברצוני להציב בתשובה לשאלה זו היא שחיפושו הדתי של האדם בא בראש ובראשונה מלמטה, מתוך האדם עצמו - ולא רק כתגובה לציווי האלוהי. ממילא, התשובה לשאלה

מהי הדת הרצויה והנכונה אינה צריכה לפנות רק למרחבי ההתגלות והציוויים המפורשים, אלא לחיפושו של האדם ובקשתו.

פשטי המקראות בספר בראשית ובמקומות נוספים במקרא וכן בספרות חז"ל מציגים את עבודת האלוהים הצומחת מתוך האדם כרצויה ולגיטימית. תפיסה זו היא חלק מחידוש כולל יותר שחידש העולם היהודי: התפיסה שלפיה האדם הוא שותף בעיצוב המציאות והנהגתה יחד עם הקב"ה, ואינו רק מקבל ומפרש באופן פסיבי את ההתגלות האלוהית.

מעשה הפולחן הראשון בתורה, הבאת הקורבנות על ידי קין והבל, לא נעשה כמענה לציווי אלא כביטוי לרצון פנימי.[1] קין מביא מפרי האדמה והבל מבכורות צאנו ומחלביהן לא משום שהקב"ה התגלה אליהם וציווה אותם על כך. זוהי תנועה של רצון פנימי העולה בהם באופן טבעי.

גם נח בונה מזבח ומעלה עליו עולות מבלי שנצטווה על כך - וה' רוצה במנחתו. נח לא נצטווה באף מקום להקריב קורבן, ובכל זאת קורבנו עולה לפני ה' לריח ניחוח. בפרקי דרבי אליעזר מוסבר שנח לא פעל על פי ציווי אלוהי אלא **יזם את הקרבת הקורבנות** מתוך ידיעה שה' לא ציווה אותו על כך:

> ישב נח ודרש בלבו ואמר הקב"ה הצילני ממי המבול והוציאני מן המסגר ההוא ואיני חייב להקריב לפניו קרבן ועולות? מיד הביא נח ממין בהמה טהורה [...] ובנה את המזבח הראשון שהקריבו עליו עולות קין והבל.[2]

זוהי תגובה רגשית, ספונטנית, מתוך החסד האלוהי שנח פוגש. בכך הוא ממשיך את תנועת החיפוש הטבעית של קין והבל.

1. בראשית ד, ג-ד.
2. פרקי דרבי אליעזר, פרק כג.

גם הקריאה בשם ה' החלה מלמטה, כתנועה שיזם האדם: "וּלְשֵׁת גַּם הוּא יֻלַּד בֵּן וַיִּקְרָא אֶת שְׁמוֹ אֱנוֹשׁ אָז הוּחַל לִקְרֹא בְּשֵׁם ה'" (בראשית ד, כו). פשוטו של הפסוק מלמד שמדובר בתנועה חיובית של עבודת ה' הצומחת מתוך האנושות: מתוך הצרות העוברות ומתחדשות על האדם מתחילה להופיע תפילה. האדם מתחיל לקרוא לה' ולבקש את פניו - לא מתוך היענות לציווי על התפילה אלא כתנועה אנושית טבעית. "אז הוחל" - כביכול מאליו, מתוך אינטואיציה אנושית ובקשה אנושית: "אז הוחל - לשון התחלה שהתחיל להתפלל מתוך צרות שנתחדשו" (רשב"ם על אתר).[3]

הפסוק מתאר אפוא את ראשית עולם התפילה, שהחל מלמטה למעלה - מתוך בקשה פנימית המתעוררת בקרב האדם. באגדות חז"ל ניתן לראות דוגמאות לאופנים שונים של עבודת ה' ש"נפתחו" ובאו לעולם בזכות אדם אחד שחידש אותם מליבו. אדם זה, שגילה וחשף בחייו אופן ייחודי של בקשת אלוהים, פתח שער בעבור רבים נוספים שיכולים מעתה ללכת בדרכו. כך מלמדת הגמרא במסכת ברכות (ז ע"ב) כי אברהם היה הראשון שקרא לקב"ה "אדון" ולאה אימנו הייתה הראשונה שהודתה לה'. העמידה לפני ה' כאדון, כאדון הבריאה שאנו חיים בתוכה, היא שער שפתח אברהם אבינו. ההודיה לה' מתוך ברכת החיים היא אופן של עמידה לפני ה' שחידשה לאה אימנו.

"ובכל מקום מוקטר מוגש לשמי"

גם לאחר בחירתו של עם ישראל וקבלת התורה מסיני, יש ערך בעבודת ה' המתפתחת באופן טבעי בכל מרחבי האנושות, מאפריקה ועד אסיה

3. כך פירש גם ראב"ע (שם): "ודקדוק הוחל מפעלי הכפל ולולי היות החי"ת מהגרון היה נדגש והוא מגזרת תחלה. והטעם שהחלו להתפלל. ואילו היה מחילול היה השם סמוך אל המלה". אומנם, יש מדרשים ומפרשים הרואים בקריאה בשם ה' תופעה שלילית, של עבודה זרה וחילול שם ה' (אז הוחל - לשון חילול), אולם, כפי שמציינים המפרשים שם, זהו דרש ולא פשט.

ואמריקה. אחת הראיות למבט החיובי של הנביאים ושל חז"ל על תופעה זו, היא הפסוק בספר מלאכי (א, יא):

> כִּי מִמִּזְרַח שֶׁמֶשׁ וְעַד מְבוֹאוֹ גָּדוֹל שְׁמִי בַּגּוֹיִם וּבְכָל מָקוֹם מֻקְטָר מֻגָּשׁ לִשְׁמִי וּמִנְחָה טְהוֹרָה כִּי גָדוֹל שְׁמִי בַּגּוֹיִם אָמַר ה' צְבָאוֹת.

על פי פשט הכתוב, העולם כולו, ממזרח למערב, מכיר את גדולת שם ה', ומקריב לפניו קורבנות ומנחה טהורה. ואכן, הגמרא במסכת מנחות (קי ע"א) דורשת פסוק זה על עמים שאינם מכירים כלל את שם ישראל ואת אלוהי ישראל:

> אמר רבי אבא בר רב יצחק אמר רב חסדא, ואמרי לה אמר רב יהודה אמר רב: מצור ועד קרטיגני מכירין את ישראל ואת אביהם שבשמים, ומצור כלפי מערב ומקרטיגני כלפי מזרח אין מכירין את ישראל ולא את אביהן שבשמים.

אולם על כך מקשה רב שימי:

> איתיביה רב שימי בר חייא לרב: ממזרח שמש ועד מבואו גדול שמי בגוים ובכל מקום מוקטר מוגש לשמי ומנחה טהורה!

הפסוק מלמד שבכל העולם מכירים את שם ה', גם מצור כלפי מערב, וגם מקרטיגני כלפי מזרח. תשובתו של רב יסודית ביותר:

> אמר ליה: שימי, את? דקרו ליה **אלהא דאלהא**.

אומנם עמים אלה אינם מכירים את ישראל ואת אביהם שבשמיים, אך בכל אופן נכון לקרוא עליהם את הפסוק הנזכר - מכיוון שסוף סוף הם מכירים בכוח גדול, "אלוהי האלוהים", האחד העליון ושולט באלילים כולם.

על פי פסוקי הבריאה ועל פי נבואת מלאכי, עבודת האלוהים הצומחת במרחבי האנושות כולה היא ביסודה בקשה ראויה שמכוונת לרצון ה'. מובן שעשויים להיות לה סיגים הטעונים תיקון, כשם שה' לא שעה אל קין ואל מנחתו, אך זוהי התנועה המכוננת את העולם הדתי והרוחני של האומות.

רצון ה' בשותפות האדם

תופעה זו, שבה משאיר הקב"ה "חלל פנוי" לאדם, וממתין כביכול שהאדם יבקש אותו ויפתח כלפיו דרכים חדשות של קרבה ועבודה, נעוצה כבר בראשית הבריאה. ראשיתה של שותפות זו כבר בנתינת השמות לבעלי החיים ולחלקי המציאות השונים.[4] בפרק ב של ספר בראשית, מוענקת היכולת האלוהית של נתינת השמות למציאות - לאדם! הפסוקים מתארים את הקב"ה באופן ש"אלמלא מקרא כתוב אי אפשר לאמרו", כממתין למוצא פיו של האדם ולשמות שיבחר לתת לחלקי הבריאה השונים:

> וַיִּצֶר ה' אֱלֹהִים מִן הָאֲדָמָה כָּל חַיַּת הַשָּׂדֶה וְאֵת כָּל עוֹף הַשָּׁמַיִם וַיָּבֵא אֶל הָאָדָם לִרְאוֹת מַה יִּקְרָא לוֹ וְכֹל אֲשֶׁר יִקְרָא לוֹ הָאָדָם נֶפֶשׁ חַיָּה הוּא שְׁמוֹ (בראשית ב, יט).

כביכול יושב הקב"ה ומצפה למוצא פי האדם ולאחר מכן מעניק תוקף לשמות שבחר האדם. נתינת שמות אינה דבר קל; על פי היהדות, שמות מבטאים מהות ויוצרים מציאות.[5]

השוואה לסיפור המקביל בקוראן (סורה אל בקרה 2: 30) - שם גדולתו וייחודו של האדם מתבטאים בכך שה' **מלמד** אותו את כל

4. ראו גם לעיל בחלק א, בפרק העוסק בשותפותו של האדם בעיצוב דרך התממשותן של הנבואות.
5. "מנא לן דשמא גרים? אמר רבי אליעזר דאמר קרא: לכו חזו מפעלות ה' אשר שם שמות בארץ, אל תקרי שמות אלא שמות" (ברכות ז ע"ב).

השמות - מדגישה את החידוש שבסיפור היהודי: אלוהים לא מלמד את האדם, אלא האדם יוזם וקורא שמות מדעתו.

שותפותו של האדם מכוח צלם אלוהים שבו מתבטאת גם במהות התורה. תפקידו של עם ישראל בעיצוב התורה שבעל־פה איננו רק תפקיד של פרשנות אלא הוא חלק מתהליך היצירה, כפי שביטאו חז"ל (מכות כב ע"ב) בחריפות:

> אמר רבא: כמה טפשאי שאר אינשי דקיימי מקמי ספר תורה ולא קיימי מקמי גברא רבה, דאילו בס"ת כתיב ארבעים, ואתו רבנן בצרו חדא.

הרב קוק מסביר כי בניגוד לתורה שבכתב, שהיא אלוהית באופן מוחלט, הרי שבתורה שבעל־פה יש ממד אנושי השותף בהתהוותה:

> בתורה שבעל פה אנו יורדים כבר אל החיים [...] אנו חשים שרוח האומה, הקשורה כשלהבת בגחלת באור תורת אמת, היא גרמה באופיה המיוחד שתורה שבעל פה תהיה נוצרת בצורתה המיוחדה.[6]

העובדה שהקב"ה מותיר חלל פנוי לאדם, וממתין לדרכים שבהן האדם יבקש אותו, היא חלק מאותו צלם אלוהים ושותפות בין אלוהים ואדם בהתהוות העולם. בתחום זה יש עומק נוסף בשותפותו של האדם: כפי שהתבטא פרנץ רוזנצוויג, לא ניתן לצוות על אהבה;[7] אך כאשר גם האדם מבקש את האלוהים ומחפש אופנים לקשר של ברית עמוקה איתו - יכולה להיבנות מערכת יחסים של ציווי ומחויבות.

6. שמונה קבצים, קובץ ב, פסקה נז.
7. פרנץ רוזנצוויג, כוכב הגאולה, מגרמנית: יהושע עמיר, ירושלים: מוסד ביאליק, 1970, עמ' 208-209.

"כִּי מִמִּזְרַח שֶׁמֶשׁ וְעַד מְבוֹאוֹ גָּדוֹל שְׁמִי בַּגּוֹיִם": ממבט אנושי למבט אלוהי

האם מה שנכון בעבור האדם הפרטי, הנקרא לבקש את אלוהיו, נכון גם לגבי דת מאורגנת? האם אפשרי בעבורנו להתבונן על דתות אומות העולם כחלק ממסעו הארוך והחיובי של האדם בחיפוש אחר אלוהיו? כדי לענות על שאלה זו, נדרש בראש ובראשונה שינוי פרספקטיבה. אדם מאמין מבקש לפענח את רצון ה' בתוך חייו האישיים. אולם, כאשר הוא פונה לשאלות הנוגעות לכלל האנושות, ניצב בפניו אתגר לא פשוט: באופן טבעי, זווית הראייה של האדם ביחס למציאות היא זווית אישית, הכוללת הזדהות עמוקה עם משפחתו ועם הלאום שלו. היכולת לערוך "זום אאוט", להרחיב את היריעה מהסיפור האישי והלאומי לסיפור כלל־אנושי - עוברת דרך הניסיון להתבונן בעולם מזווית המבט של אלוהים.

ר' נחמן מברסלב הסביר באופן זה את הפסוק "עֵינֵי ה' אֶל צַדִּיקִים" (תהילים לד, טז):

> הצדיק רואה, כי הצדיק יש לו עיני ה', כמ"ש "עיני ה' אל צדיקים", שהצדיק יש לו עיני ה', ועיני ה' המה משוטטות בכל הארץ.[8]

הצדיק מסגל לעצמו את "עיני ה'", שעליהן נאמר כי הן "משוטטות בכל הארץ". זווית המבט שלו משתנה ומתרחבת, והוא רואה את העולם מזווית המבט של אלוהים. כפי שראינו בפרק המבוא, שינוי זווית המבט הזו הוא ליבת התהליך שמתחולל אצל יונה הנביא: בפרק א של ספרו הוא שוקל את המציאות מזווית המבט הצרה של "מה טוב ליהודים", ומסרב ללכת להחזיר את אנשי נינוה בתשובה כיוון שהדבר יזיק לישראל:

8. ליקוטי מוהר"ן, קמא, תורה צח.

> ומה ראה יונה שלא רצה לילך אל נינווה? אמר העכו"ם קרובי תשובה הם אם אומר להם ויעשו תשובה נמצאתי מחייב את ישראל שאין שומעים לדברי הנביאים.[9]

אומנם, לבסוף הוא לומד לקבל את זווית המבט של אלוהים, ש"רחמיו על כל מעשיו":

> וַיֹּאמֶר ה׳ אַתָּה חַסְתָּ עַל הַקִּיקָיוֹן אֲשֶׁר לֹא עָמַלְתָּ בּוֹ וְלֹא גִדַּלְתּוֹ שֶׁבִּן לַיְלָה הָיָה וּבִן לַיְלָה אָבָד: וַאֲנִי לֹא אָחוּס עַל נִינְוֵה [...] (יונה ד, י–יא).

את שינוי המבט הזה תיאר בשפה מודרנית ג'ון היק, מגדולי הפילוסופים של הדת במאה העשרים. היק תיאר את השינוי שחל ביחס הבין־דתי כמקביל למהפכה הקופרניקאית: בתודעה שקדמה לקופרניקוס, הנחת העבודה הייתה שהכול סובב סביב כדור הארץ; אך לאחר המהפכה, מובן שהמערכת כולה - כולל כדור הארץ - סובבת סביב השמש. כך ביחס לדתות: מהפכת היחס הבין־דתי היא מעבר מתודעה שבה הדת שלי נמצאת במרכז והכול סובב סביבה לתודעה שבמרכז נמצאת האלוהות, השמש, והדתות - כולל זו שלי - סובבות סביבה ומנסות להכיל את אורה בדרכן.

"גדול שמי בגויים" – הערך שבריבוי הדתות

מתוך שינוי הפרספקטיבה, עולה גם שינוי ביחס להבנת תופעת הדתות באומות העולם. היחס אל הדתות מתומצת בפסוק במלאכי (א, יא):

> כִּי מִמִּזְרַח שֶׁמֶשׁ וְעַד מְבוֹאוֹ גָּדוֹל שְׁמִי בַּגּוֹיִם וּבְכָל מָקוֹם מֻקְטָר מֻגָּשׁ לִשְׁמִי וּמִנְחָה טְהוֹרָה כִּי גָדוֹל שְׁמִי בַּגּוֹיִם אָמַר ה׳ צְבָאוֹת.

9. רש"י, יונה א, ג.

פסוק זה מציג את זווית המבט האלוהית, הרואה ערך בעבודת האלוהים של אומות העולם ומתייחסת לעבודתם כמכוונת לשם ה'. מבט זה מבטא הכלה אלוהית גם למציאות שבה ישנם עיוותים בתפיסה הדתית של העמים, שהרי זהו המצב בעולם העתיק שעליו מדבר הנביא מלאכי; ובכל זאת מכנה הנביא את עבודת האומות כ"מנחה טהורה". ממילא לפנינו פוטנציאל לשותפות על רקע של עבודת ה', שותפות המוצגת בנבואות רבות כדבר יקר בעיני ה' - כמו בדברי הנביא "לִקְרֹא כֻלָּם בְּשֵׁם ה' לְעָבְדוֹ שְׁכֶם אֶחָד"; בחזון המקדש כמקום שאליו באים העמים כולם, או בתפילה היומיומית ש"יכירו וידעו כל יושבי תבל כי לך תכרע כל ברך" עד ש"ביום ההוא יהיה ה' אחד ושמו אחד". גם הדימוי שבחר הנביא מלאכי, "מִמִּזְרַח שֶׁמֶשׁ וְעַד מְבוֹאוֹ", מכיל פאתוס של סיפור רחב וכולל: אחדות של כל אשר מתחת לשמש.

האתגר הגדול הוא להביא את המבט האנושי למבט האלוהי הזה, להביט על הדתות המונותיאיסטיות ולראות בהן את האפשרות של "מנחה טהורה". בתרגום למציאות העכשווית: בעוד ג'ון לנון קרא לעולם לדמיין מציאות של אחדות מתוך ביטול הזהויות והגבולות הדתיים המפרידים בין בני האדם, הרי שבקשתנו איננה ביטול זהות וגם לא יצירת זהות אחידה, אלא מציאות של **חיבור מתוך שוני**.

שינוי התודעה אינו תיאורטי גרידא אלא יש לו פוטנציאל לחולל שינוי במציאות. לתודעה של שותפות וחיבור יש ערך אלוהי וערך אנושי. הערך האלוהי הוא שינוי התודעה הרווחת - גם בין מונותיאיסטים - שלזולת יש "אלוהים אחרים". בעיצומו של משבר הקורונה בתשפ"א, נערך ריאיון ברדיו עם אח מוסלמי בשם מאהר איברהים, שהתפרסם לאחר שקרא מיוזמתו "שמע ישראל" עם יהודי חולה קורונה ברגעיו האחרונים. החברה הישראלית התרגשה מאוד מסיפורו והוא נבחר להשיא משואה ביום העצמאות. בסיומו של הריאיון, בירך אותו המראיין בהתרגשות "שאלוהים יברך אותך", אך לא הסתפק בכך ומיד טרח להוסיף "שגם אללה יברך אותך"... המראיין התחשב לכאורה בדתו של מאהר, אך למעשה החמיץ - בגדול - את אחדות ושותפות האמונה שהיא חלק בלתי נפרד ממעשהו. מתוך

ההבנה שהאלוהים שבו אני מאמין, שאותו אני אוהב ושאליו אני מתפלל הוא אותו האלוהים שבו מאמין הזולת - מתגדלות אחדות ה׳ והופעתו כאחד במציאות כולה.

לשינוי זה גם פוטנציאל ליצור חיבורים אנושיים עמוקים יותר. האחווה לזולת מתעצמת כאשר היא מגיעה מתוך נקודות העומק ומתוך הזהות העמוקה. מעתה היא איננה מתבססת רק על מוסר ו״דרך ארץ״ משותפת אלא על שותפות בעבודת ה׳.

אם כן, אחד היתרונות של חזון זה הוא דווקא חיבורו למציאות הריאלית, שכן העולם איננו צועד לכיוון של ביטול זהויות או יצירת זהות אחידה. לכן, דווקא חזון שמבוסס על חיבור מתוך שונוּת וזהות מובחנת נמנע מאוטופיה מנותקת ומיוסד על תשתית מציאותית. החשיבות שבריאליזם ובחיבור למציאות איננה רק העצמת הסיכוי שהחזון יתממש, אלא נודע להם גם ערך רוחני עמוק, המכיר בקשר האלוהי למציאות ובהיסטוריה כתהליך אלוהי המגלה את רצון ה׳.

התמודדות עם חילוקי הדעות

יחד עם האמור לעיל, ישנם הבדלים עמוקים וחילוקי דעות בין הדתות. חלק מהבדלים אלו הוא לגיטימי ו״לכתחילה״. כפי שציינו ראשונים ואחרונים, ריבוי האומות ואופייה השונה של כל אומה מעצבים באופן טבעי דרכים שונות של עבודת ה׳. בריבוי יש גם ברכה: חלק מהיופי בגילוי השלם של הקב״ה הוא במופע מגוון, עשיר ורב פנים. האחידות והזהוּת מונעות גילוי מלא של כבוד ה׳ בעולם. אולם, יש גם סוגיות עקרוניות שבהן המחלוקת חריפה ואיננה בגדר ריבוי גוונים גרידא; סוגיות שבהן דרכי חלק מהדתות יסודן בטעות וסופן נזק. לכן, מעבר לתשתית לשיח הבין־הדתי, המבוססת על הכרה ב״שבע מצוות בני נח״ ככללי שמירה אוניברסליים על מרחבי החיים, יש מקום גם לחשיבה מתמדת על גבולות הלגיטימיות של תופעות דתיות שונות ועל הדרך ליצור מפגש שיש בו גם תיקון.

אכן, פעמים רבות, דווקא המפגש הבין־דתי הוא בעל פוטנציאל השפעה על המקומות שבהם הדת של הזולת שגויה. במקרים רבים, החיבור הבין־דתי עצמו מחולל שינויים עמוקים בזהות הדתית ובתפיסת האלוהות. תודעה של ה' אחד, המוכר ונעבד על ידי עמים שונים בגוונים שונים, מרככת ומתקנת חלק מסיגי הדת, מעוררת כבוד לזולת, וממילא עוקרת מן השורש תופעות כמו מיסיון, ג'יהאד ודומותיהן.

החיבור שאליו מכוון ספר זה איננו חיבור על מנת להשפיע בלבד, חיבור של מחשבה ועיון בלבד, אלא חוויית חיים משותפת המקרינה על שני הצדדים. כפי שנהג הרב צבי יהודה הכהן קוק להדגיש בנוגע לאהרן הכהן, שהיה "אוהב את הבריות ומקרבן לתורה": קודם כול אהבה בלתי אמצעית, ומתוך האהבה נוצר הקירוב. היכולת להתחבר בלי לוותר על האמת, לחיות באחווה בלי לוותר על הייחודיות - היא עצמה בעלת ערך רוחני. "מחלוקת לשם שמיים סופה להתקיים" כיוון שהיא איננה מתכחשת לחילוקי הדעות ובכל זאת מוצאת את הדרך לחיות יחד בשלום. היכולת לחיות יחד מתוך אי־הסכמה, לאהוב מתוך חילוקי דעות ולחיות בשלום מתוך העצמת המשותף מאירה את עומקו של השלום הנכסף.

השיח הבין־דתי כחלק מתהליך הגאולה

שני מאמרים מכוננים על השיח הבין־דתי התפרסמו בארצות הברית בשנות השישים, בין היתר בעקבות השינויים שחלו ביחסה של הנצרות ליהדות. במאמרו "אין דת שהיא אי"[10] טען אברהם יהושע השל כי

10. תרגום עברי של המאמר הופיע בספרו של דרור בונדי, איכה? שאלתו של אלוהים ותרגום המסורת בהגותו של אברהם יהושע השל, ירושלים: שלם, 2008, עמ' 181-158. הדברים ניתנו במקור כהרצאה ב־1965 בשם No Religion is an Island, lecture to Union Theological Seminary.

כדי להתמודד עם אתגרי החילון ואיבוד הזהות - זקוקות הדתות השונות זו לזו:

> הצורך מעבר לכל - לתור במדבר אחר מעיינותיה הנובעים של הדבקות [...] דרושות בדחיפות דרכי סיוע איש לרעהו, מתוך האומץ להאמין שדבר ה׳ יתקיים לעד [...] להפיח רוח בניצוצות נשמותינו לבל יכבו, ולטפח פתיחות לרוח מזמורי תהילים, יראת קודש למילותיהם של הנביאים, ונאמנות לאל חי.

השל סבור היה שאנו תלויים זה בזה - משפיעים ומושפעים זה על זה וזה מזה. עם זאת, כאשר שמע השל שבוועידת הוותיקן השנייה הוזכרו ביטויים מרומזים על משאלת לב של איחוד עתידי בין עם ישראל והכנסייה, הוא התבטא כי אילו היה עליו לבחור בין תאי הגזים לבין המרת דתו - היה בוחר בתאי הגזים. מתוך תחושה שאכן מדובר בפיקוח נפש, השל אף נפגש בליל יום הכיפורים עם האפיפיור כדי לשכנעו למחוק חלק זה מהחלטות הוועידה וכך אכן נעשה.[11]

גישה אחרת, מסויגת יותר, נשמעה מפיו של הרב יוסף דב סולובייצ׳יק,[12] שהדגיש דווקא את ייחודיותה של כל דת ועצמיותה - בבחינת ״כל דת היא אי״. לדידו, כל דת היא תרבות שמובנת רק מתוך עצמה, ואין אפשרות להבין אותה לאור מכנה משותף עם דת אחרת. בנספח למאמרו, הבחין הרב סולובייצ׳יק בין שיח הקשור לאלוהות ולדת, שכאמור אין בו פוטנציאל מפרה, לבין שיח אנושי־תרבותי. הבחנה זו מניחה שיש הפרדה בין הנושאים הללו, וקשורה לנבדלות שבין התורה והאלוהות לבין החיים.[13] על

11. ראו Reuven Kimelman, "Rabbis Joseph B. Soloveitchik and Abraham Joshua Heschel on Jewish-Christian Relations", *The Edah Journal*, 4.2 (2004), p. 5. זמין במרשתת.

12. Rabbi Joseph B. Soloveitchik, "Confrontation", *Tradition*, 6.2 (1964), pp. 5–29.

13. יש בדבריו הלימה מסוימת לתפיסה הבריסקאית, המבדילה ומפרידה בין

בסיס גישתו של הרב סולובייצ'יק, פרסמה אגודת הרבנים דאמריקה (RCA) הצהרה המבססת את ייחודיותה של כל דת ונבדלותה, מתנגדת לדיאלוג בין־דתי בנושאים האינטימיים שבין האדם והעם לאלוהיו ומגבילה את הדיאלוג הבין־דתי למרחבים הומניטריים ותרבותיים.

מן הראוי לשים לב לפסוק שצוטט הן בדברי השל הן בדברי הרב סולובייצ'יק, פסוק מספר מיכה המורה על ייחודיותה של עבודת ה' של כל דת: "כִּי כָּל הָעַמִּים יֵלְכוּ אִישׁ בְּשֵׁם אֱלֹהָיו וַאֲנַחְנוּ נֵלֵךְ בְּשֵׁם ה' אֱלֹהֵינוּ לְעוֹלָם וָעֶד" (מיכה ד, ג). לעומת זאת, ממאמריהם נעדר הפסוק מצפניה המתייחס לעבודת ה' של העמים לעתיד לבוא בדרך אחרת: "כִּי אָז אֶהְפֹּךְ אֶל עַמִּים שָׂפָה בְרוּרָה לִקְרֹא כֻלָּם בְּשֵׁם ה' לְעָבְדוֹ שְׁכֶם אֶחָד" (צפניה ג, ט).[14] יש בכך כדי ללמד שגם השל, שעודד שיח בין־דתי, לא ראה בכך חלק חיוני מתהליך הגאולה.

כאמור אחת ממטרות הספר שלפניכם היא לפתח שפה חדשה של שיח בין־דתי. אין מדובר רק בשיח של כבוד וסובלנות, ואפילו לא בשיח של השפעה הדדית, אלא בהבנה שכינון יחס חדש לעמים הינו חלק מתהליך הגאולה. מנקודת מבט זו, היעד הנכסף של "ביום ההוא יהיה ה' אחד ושמו אחד" לא ייכון בלא פיתוח תקשורת חדשה ומעמיקה בין ישראל לעמים. מנקודת מבט זו, חלקים מהקמת מדינת ישראל והמהלך של "אתחלתא דגאולה" מתאפשרים אך ורק מתוך כינון מיטבי של השיח הזה.

לעם ישראל תפקיד מכריע בתהליך זה, כיוון שההתגלות שזכינו לה היא יסוד מכונן גם באסלאם ובנצרות, שמאמיניהן הם רוב האנושות, ומעבר לכך גם דתות אחרות מושפעות מהתגלות זו (כמו הסיקים, ואפילו דתות המזרח, שבשל "הכפר הגלובלי" מושפעות

תהליכים היסטוריים, סוציולוגיים ופסיכולוגיים לבין האלוהות והדת, שנתפסות כטרנסצנדנטיות וממילא מובנות רק מתוך עצמן ואינן ניתנות להשוואה. ראו הרב שג"ר, בתורתו יהגה: לימוד תורה כבקשת אלוקים, אפרת: שיח יצחק, תשס"ט, עמ' 73–77.

14. במאמרו של השל פסוק זה מופיע בתוך ציטוט דברי הרמב"ם, ולא כחלק מחזונו העכשווי.

מהתנ"ך ומההתגלות לישראל). למעשה, זהו גם חלק מתפקידו של עם ישראל בעולם, להיות "לאור גויים" ולהוציא תורה מציון ודבר ה' מירושלים לעמים כולם. השפעה זו מתרחשת הן באופן גלוי הן באופן סמוי, דרך המרקם האנושי של הכפר הגלובלי.

על עם ישראל למלא תפקיד זה בענווה. מעשה חסידי מפורסם מספר על חסיד שסיפר לאדמו"ר שהוא חלם בלילה שהוא עצמו, החסיד, נהיה לאדמו"ר. ענה לו האדמו"ר בציניות שעכשיו כל שצריך הוא שגם החסידים יחלמו אותו חלום. איננו יכולים לתבוע מן העולם הכרה במקום שלנו וביכולת ההשפעה שלנו. אנו תובעים מעצמנו להיות לאור גויים ומקווים שהעולם יכיר בזה. במעין דוגמה לכך חזינו לאחר פטירתו של הרב יונתן זקס זצ"ל: באותה עת נשמעו קולות בינלאומיים שראו בו "אור לגויים". עמנואל לוינס הגדיר נבחרוּת כתביעה מעצמי יותר ממה שאני תובע מאחרים.[15] כך מוטל גם עלינו - לא לתבוע הכרה אלא להרבות אור וברכה בעולם.

כפי שראינו, פעמים רבות השיח הבין־דתי בנוי על סובלנות, במובן של "סבל", "סור מרע", ולא במובן חיובי ויוצר. לעם ישראל חזון של חיבור, ומה שמייחד חיבור זה איננו "אימפריאליזם", שבו תרבות אחת מתבטלת כלפי התרבות השנייה, אלא חיבור מתוך שמירת הזהות הייחודית של כל עם! מניטו דימה את עם ישראל ל"חוט השוזר את זר הפרחים" ומכיר ביסוד המאחד בין הלאומים השונים. הוא דיבר אומנם על לאומים, אך ניתן ליישם דימוי זה גם כלפי הדת היהודית ביחס לדתות האחרות.

את המסר היהודי העמוק הזה יש להפיץ לא רק בקרב אנשי דת אלא גם בפעילות חינוכית של לימוד ומפגש עם האחר. מלבד זאת, גם המדיה היא פלטפורמה חיונית ליצירת השינוי התודעתי. המדיה מעבירה באופן גלוי וסמוי מסרים רבי עוצמה, שפעמים רבות מכוונים

15. ראו עמנואל לוינס, חירות קשה, מצרפתית: עידו בסוק, תל אביב: רסלינג, 2007, עמ' 83.

דווקא להתרופפות הזהות הדתית והזהות בכלל. נוכחות של בשורת האחדות מתוך הגיוון וההתייחדות בכלי המדיה היא חלק מהשינוי.

לשינוי זה יכולה להיות השפעה מכרעת על מדינת ישראל. מדינת ישראל מתמודדת עם מיעוטים בעלי דתות אחרות, וכן עם עמים שכנים בעלי זהות דתית עמוקה ושונה. אחווה על בסיס דתי יכולה ליצור לכידות ושותפות במדינת ישראל, ולסייע באתגרי פנים וחוץ שעימם מתמודדת המדינה. זכויות האזרח לדוגמה יכולות להתבסס ולהתרחב דווקא ממקום של דת. התודעה שאנו מבקשים לפתח מכוננת מדינה המתייחסת אל דתיות המיעוטים בתוכה לא כהכרח נסבל אלא כגוון בעל ערך. ממילא, החברה מלוכדת יותר, בעלת חוסן, ובעלת קשרי חוץ עמוקים ויציבים יותר.

מדרש על שם הוי"ה, שם ה' בן ארבע האותיות, יכול לבטא בקצרה את המהלך שהוצג כאן. האות יו"ד, ראשיתו של שם ה', מבטאת את הנתינה,[16] ובהתאמה את תפקידו וזכותו של עם ישראל להיות ברכה לכל העמים. האות ה"א, האות השנייה, מבטאת קבלה. "איזהו חכם הלומד מכל אדם", ואיזהו עם חכם - הלומד מכל עם. האות וי"ו מבטאת את החיבור, "חבר אני לכל אשר יראוך", ואת השלום ברובד האלוהי והאנושי שלו. מעבר לנתינה ולקבלה יש ערך לחיבור עצמו. האות ה"א האחרונה מבטאת את התשובה, הנדרשת כ"תשוב-ה'". יהדות שמשוחחת עם האנושות מתוך הפריה הדדית ומביאה ברכה לעולם - יכולה להיות בסיס להשבה וקירוב של יהודים שהתרחקו מעבודת ה' מתוך רצון בשייכות אוניברסלית. ההבנה שהיהדות היא בעלת משמעות אדירה בשיח האוניברסלי יכולה להיות חלק מתנועה של תשובה שתתעורר בקרב יהודים אלו.

16. האות יו"ד נחשבת אות זכרית, "איש", ואילו הה"א נקבית, "אשה". בתהליך ההפריה האיש נותן את הזרע והאישה מקבלת אותו.

חלק רביעי

חשיבות עבודת ה' של האומות –
תורה, מקדש, שבת

תורה לגויים: אחריותו של עם ישראל בהפצת תורה לעולם

יעקב נגן

"להיות לאור גויים": החזון והמורכבות

חלק בלתי נפרד מחזון אחרית הימים הוא בניין הקשרים בין העמים כולם, ומתוך כך גם הפצת התורה מהר בית ה' אל עמי האנושות כולה: "כִּי מִצִּיּוֹן תֵּצֵא תוֹרָה וּדְבַר ה' מִירוּשָׁלָם" (ישעיהו ב, ג). אלא שברי כי הופעת התורה מציון ודבר ה' מירושלים אינה מתרחשת מאליה. לעם ישראל תפקיד מכריע בהפצה זו, שהרי הוא נועד להיות "לְאוֹר גּוֹיִם" (ישעיהו מב, ו). "אור גויים" איננו התנהלות מוסרית מופתית גרידא, כפי שהובן לעיתים, אלא גם הפצת התורה - כפי שכתב רד"ק על אתר: "[...] והאור הוא התורה שתצא להם מציון".[1] פירושו של רד"ק הולם היטב את דימוי האור, הקשור בדרך כלל לתורה ("כִּי נֵר מִצְוָה וְתוֹרָה אוֹר" [משלי ו, כג]), ועם חזונם של מיכה וישעיהו על התורה

1. החיבור שעורך רד"ק בין הביטוי "לאור גויים" לבין התורה, מתבקש מהמשכו של פרק ב בישעיהו: "בֵּית יַעֲקֹב לְכוּ וְנֵלְכָה בְּאוֹר ה'" (ישעיהו ב, ה).

שמבקשים העמים מציון: "וְהָלְכוּ גּוֹיִם רַבִּים וְאָמְרוּ לְכוּ וְנַעֲלֶה אֶל הַר ה׳ וְאֶל בֵּית אֱלֹהֵי יַעֲקֹב וְיוֹרֵנוּ מִדְּרָכָיו וְנֵלְכָה בְּאֹרְחֹתָיו כִּי מִצִּיּוֹן תֵּצֵא תוֹרָה וּדְבַר ה׳ מִירוּשָׁלָם" (מיכה ד, ב).

אולם, כאשר אנו ניגשים לעיין במהותו של חזון זה, מתגלית מורכבות מסוימת: מחד גיסא, גם בתנ"ך וגם בספרות חז"ל אנו מוצאים עיסוק בחשיבות הפצת התורה אל מחוץ לגבולות ישראל; ומאידך גיסא, אנו מוצאים בתלמוד אמירות האוסרות לימוד תורה לגוי ואף אוסרות על היהודי ללמדו תורה! בפרק זה נבקש להעמיק בתפקידו של עם ישראל בהפצת התורה לעמים ולדייק אותו לאור חזון הנביאים - מתוך העמקה במשמעות האיסור התלמודי על לימוד תורה לגוי.

סוגיית לימוד תורה לגויים: שלושה עקרונות יסוד

כדי להציע פתרון למתח בין חזון הנביאים לבין הדיון התלמודי וההלכתי בסוגיה זו, יש להציב על שלושה עקרונות יסוד.

העיקרון הראשון הוא **נקודת המוצא** (**או השפה**) שממנה ניגשים לדיון. בדור האחרון, רבים נטו לעסוק בסוגיית לימוד תורה לגויים בשפה המביטה בראש ובראשונה על האיסור ולא על החזון והשליחות. גם אלו שמצאו "פתחים" להקל בסוגיה זו, בדרך כלל תרו אחריהם ממניעים של ליברליזם ושוויון ולא מתוך הדגשת השליחות והייעוד העמוק של עם ישראל. אך נקודת המוצא לסוגיה צריכה להיות הפוכה כמעט: לעם ישראל אחריות רוחנית, ייעוד ושליחות בלימוד התורה לגויים. כך עולה מכל מהלכו של התנ"ך ומחזון הנביאים; וכך עולה - כפי שנראה בהמשך - גם מתורתם של התנאים. אכן, בדור האמוראים מופיע האיסור ללמוד תורה - ויש לברר איסור זה ולרדת לעומקו - אך נקודת המוצא צריכה להיות "כי מציון תצא תורה"! לאן יֵצא דבר ה׳ מירושלים אם אכן אסור לגוי ללמוד תורה?!

אחת ההשלכות של שינוי נקודת המוצא היא ההבנה שנקיטת עמדה מרחיבה של האיסור איננה "חומרה" בעלמא כי אם פוגעת

בייעודו של עם ישראל.[2] במילים אחרות: השאלה היא מהו ה"כלל" ומהו ה"יוצא מן הכלל". האם הכלל הוא האיסור, כפי שמופיע בגמרא, ויש לתור אחר מקרים יוצאים מן הכלל שבהם בכל זאת ניתן ללמד תורה לגויים, או שמא להפך - עם ישראל נקרא להיות לאור גויים ומחויב להפיץ תורה לגויים - וזוהי עמדת המוצא - ובכל זאת ישנן דרכים לעשות זאת וישנם מצבים שבהם נדרש להגביל לימוד זה.

העיקרון השני הוא **חיבור הסוגיה לעת הזאת**. תקופות שונות ומציאויות שונות בקיומו של עם ישראל משפיעות באופן מהותי על היכולת והצורך להפיץ תורה אל מחוץ לגבול ישראל. בספרו "עין איה" מסביר הראי"ה קוק שבגלות עם ישראל מרוכז בעצמו ובהישרדותו, ואילו בגאולה יש פנייה רבה יותר אל העמים ומימוש החזון להיות "לאור עולם".[3]

חלק ממהלך הגאולה דורש שינוי בדרך שבה אנו לומדים תורה ותופסים אותה. שינוי כזה מתחולל על פי הרב קוק בכל הקשור להפצת רזי תורה - שבעבר היו נחלת היחידים וכעת פתוחים בפני הכול (מתוך הבנה שלא ניתן להתמודד עם אתגרי הדור ללא תורת הנסתר)[4] - ובאופן מקביל ביחס להפצת התורה לאומות. העת הזו שונה מסיבה נוספת: תהליך הגלובליזציה, היוצר מפגש, הפריה והשפעות הדדיות רב־תרבותיות, פותח אפשרויות והזדמנויות, ומחייב אותנו לדייק את מקומנו בתוך האנושות.

העיקרון השלישי הוא הבנת **מהות האיסור**. האם מדובר באיסור עקרוני וכולל או באיסור שמתקיים רק בתוך הקשר מסוים? ראשונים רבים פירשו את האיסור כתלוי הקשר, וכך אכן נראה מפשט הסוגיה. גם בשיטות הראשונים שפירשו את האיסור כאיסור עקרוני יש לעיין מהי בדיוק מהותו של האיסור וממילא מה הוא כולל. אם נמשיך את

2. ראו ויקרא רבה (וילנה), פרשה ו, סימן ה: "אם לא יגיד ונשא עונו, אם לא תגידו אלהותי לאומות העולם הרי אני פורע מכם".
3. עין איה, ברכות, פרק א, פסקה א (הובא לעיל בפרק שעסק במשנתו של הראי"ה קוק, במקור 5).
4. עיינו שמונה קבצים, קובץ ב, פסקה ב.

ההקבלה להפצת סתרי תורה באופן ציבורי ורחב, הרי שייתכן שמהות האיסור קשורה לדרך הראויה להוליך תורה פנימית למרחב חיצוני של רשות הרבים.

שורשיה הקדומים של בשורת "לאור גויים"

החזון שבו מתברכים העמים מהתורה היוצאת מציון ומדבר ה' מירושלים איננו חזון עתידי גרידא. למעשה, חזון זה מעוגן בסיפורו של עם ישראל כבר מראשיתו. חייהם של האבות היו מכוונים כלפי האנושות כולה: מאברהם, שביסוד חייו עומדת ההבטחה "וְאַבְרָהָם הָיוֹ יִהְיֶה לְגוֹי גָּדוֹל וְעָצוּם **וְנִבְרְכוּ בוֹ כֹּל גּוֹיֵי הָאָרֶץ**" (בראשית יח, יח); דרך יצחק שנאמר לו "**וְהִתְבָּרְכוּ** בְזַרְעֲךָ כֹּל גּוֹיֵי הָאָרֶץ" (שם כו, ד); ועד ליעקב שנתברך "**וְנִבְרֲכוּ** בְךָ כָּל מִשְׁפְּחֹת הָאֲדָמָה וּבְזַרְעֶךָ" (שם כח, יד). עצם הבחירה באברהם נעוצה בידיעה האלוהית שבניו אחריו ישמרו את דרך ה' ויעשו צדקה ומשפט: "כִּי יְדַעְתִּיו לְמַעַן אֲשֶׁר יְצַוֶּה אֶת בָּנָיו וְאֶת בֵּיתוֹ אַחֲרָיו וְשָׁמְרוּ דֶּרֶךְ ה' לַעֲשׂוֹת צְדָקָה וּמִשְׁפָּט (שם יח, יט).

חזון אחרית הימים של ישעיהו, שבו מתואר כי לעתיד יאמרו הגויים "וְיֹרֵנוּ מִדְּרָכָיו וְנֵלְכָה בְּאֹרְחֹתָיו כִּי מִצִּיּוֹן תֵּצֵא תוֹרָה וּדְבַר ה' מִירוּשָׁלָם" (ישעיהו ב, ג), הוא למעשה מימוש הקריאה הקדומה לאברהם: "לְמַעַן אֲשֶׁר יְצַוֶּה [...] וְשָׁמְרוּ דֶּרֶךְ ה' לַעֲשׂוֹת צְדָקָה וּמִשְׁפָּט". גם בנבואת ישעיהו, "דרך ה'", שהגויים באים ללמוד מבית ה', קשורה **למשפט** - כפי שמופיע בפסוק הבא: "וְשָׁפַט בֵּין הַגּוֹיִם וְהוֹכִיחַ לְעַמִּים רַבִּים" (שם, ד). במובנים רבים, אברהם הוא אבי האנושות - יותר מאשר אדם הראשון ויותר מאשר נח. בחייו ובמעשיו הנחיל אברהם אבינו דרך שהפכה מצפן לעמים רבים ההולכים בדרכו ורואים עצמם כבניו.

ואכן, הדבר הראשון שנאמר לעם ישראל בבואו להר סיני לקבל תורה הוא ייעודו: "וְאַתֶּם תִּהְיוּ לִי מַמְלֶכֶת כֹּהֲנִים וְגוֹי קָדוֹשׁ" (שמות יט, ו). קריאה זו מעמידה את עם ישראל כבעל תפקיד, שליחות וייעוד כלפי האומות: בדומה לכוהנים בעם ישראל - המשרתים את

שכבות העם הבאות לבקש מפיהם תורה[5] - כך ייעודו של ישראל בעמים כולם. כיוצא בזה משתמע גם מפשט הכתובים: בפסוק הקודם מצוין שישראל יהיו "סְגֻלָּה מִכָּל הָעַמִּים" (שם, ה), וממילא ברור כי "מַמְלֶכֶת כֹּהֲנִים" משמעה שליחות של עם ישראל ביחס לאותם עמים.

נקודת זמן מכוננת נוספת שבה מתגלה הייעוד של עם ישראל כלפי האומות היא הכניסה לארץ. עם ישראל לא נכנס לארצו על מנת לבנות נחלה המנותקת מהאומות. להפך, על פי חז"ל, כתיבת התורה על האבנים "בַּאֵר הֵיטֵב", שנעשתה מיד עם הכניסה לארץ (דברים כז, ח), היא **כתיבת התורה בשבעים לשון**,[6] מתוך רצון שיבינו אותה הגויים כולם. על הגויים מוטל ללמוד את התורה שנכתבה בעבורם; זו הציפייה מהם, והגמרא אף מציינת שנענשו על כך שלא למדו את דברי התורה.[7] ואכן, הנצי"ב מוולוז'ין מחבר בכמה מקומות בין מעמד כתיבת התורה בשבעים לשון לבין תפקידו של ישראל להיות "לאור גויים", תפקיד שהנצי"ב רואה כתכלית הבריאה: "[...] לאור גוים בדרך ארץ, **וזהו תכלית הבריאה** [...] והיה לזה התכלית, ההתחלה בימי יהושע האבנים שנצטוה לכתוב עליהם תורה שבכתב בשבעים לשון".[8]

גם בית המקדש פונה אל הגויים, וזאת לא רק בחזונו העתידי של הנביא אלא גם באופן שכבר התממש בעבר. בית המקדש הראשון יועד להיות בעל משמעות עמוקה גם בעבור הגויים, ובכלל זאת להנחיל להם את ידיעת ה' הקשורה ללימוד תורה במובנו הרחב:

5. ראו מלאכי ב, ז: "כִּי שִׂפְתֵי כֹהֵן יִשְׁמְרוּ דַעַת וְתוֹרָה יְבַקְשׁוּ מִפִּיהוּ כִּי מַלְאַךְ ה' צְבָאוֹת הוּא".
6. ראו סוטה לב ע"א; שם לו ע"א.
7. ראו שם לה ע"ב: "שהיה להן ללמד ולא למדו".
8. הרחב דבר, בראשית יז, ד. השוו העמק דבר, דברים כז, ה: "ובנית שם מזבח וגו'. כמו שהי' בהר סיני [...] כן הי' בהר עיבל, שנבחרו אז לברית עם, וכמו שאמר ישעיה הנביא 'ואצרך ואתנך לברית עם **לאור גוים**' [...] לתקן הברית שהוא האמונה לכל עם, שיהיו משליכים אמונת אלילים ולהאמין בה' אחד, וכבר נכרת ברית עם אברהם אבינו על דבר זה [...] ועל זה כתיב **'והיית לאב המון גוים'**, והיום נכרת זה הברית עם כלל ישראל. והיה התחלה לזה בהר עיבל במה שכתבו את התורה בשבעים לשון [...]".

"לְמַעַן יֵדְעוּן כָּל עַמֵּי הָאָרֶץ אֶת שְׁמֶךָ לְיִרְאָה אֹתְךָ כְּעַמְּךָ יִשְׂרָאֵל" (מלכים א ח, מג).[9] הפצת תורת ה' לאנושות כולה, דרך עם ישראל, איננה אפוא חזון נבואי עתידי בלבד. היא מלווה את עם ישראל כחלק עמוק מייעודו למן ראשיתו ומבעד לאירועים המכוננים בהתעצבותו, והיא זו שצריכה לעמוד ברקע העיסוק בסוגיה.

איסור לימוד תורה לגוי כאיסור תלוי הקשר

כאשר עוסקים בסוגיית לימוד תורה לנוכרים, רבים נוטים לצטט את המקורות האוסרים או המגבילים; אך אליבא דאמת במקור הקדום ביותר בסוגיה מתייחס רבי מאיר באופן חיובי ביותר לגוי שעוסק בתורה וקובע ש"נכרי ועוסק בתורה" הוא "ככהן גדול, שנאמר 'אשר יעשה אֹתם האדם וחי בהם' (ויקרא יח, ה) - 'כהנים לויים וישראלים' לא נאמר, אלא 'האדם'" (סנהדרין נט ע"א ומקבילות). בניגוד לכהונה ולווייה, שהן ייחוס העובר בתורשה, כתר תורה מונח בקרן זווית, וכל הרוצה ליטול - יבוא וייטול.

כיוצא בזה נאמר גם בספרא:

"אשר יעשה אותם" - היה רבי ירמיה אומר: אתה אומר מנין אפילו גוי ועושה את התורה הרי הוא ככהן גדול? תלמוד לומר "אשר יעשה אותם **האדם** וחי בהם"; וכן הוא אומר "וזאת תורת" - "הכהנים והלויים וישראל" לא נאמר כאן, אלא "וזאת תורת **האדם** ה' אלהים"; וכן הוא אומר "פתחו שערים ויבא" - "כהנים ולויים וישראלים" לא נאמר אלא "ויבא **גוי צדיק** שומר אמונים" [...]; וכן הוא אומר "הטיבה ה'" - "לכהנים ללויים

9. הפסוק עוסק בתפילת "הַנָּכְרִי אֲשֶׁר לֹא מֵעַמְּךָ יִשְׂרָאֵל הוּא וּבָא מֵאֶרֶץ רְחוֹקָה לְמַעַן שְׁמֶךָ: כִּי יִשְׁמְעוּן אֶת שִׁמְךָ הַגָּדוֹל וְאֶת יָדְךָ הַחֲזָקָה וּזְרֹעֲךָ הַנְּטוּיָה וּבָא וְהִתְפַּלֵּל אֶל הַבַּיִת הַזֶּה" (מלכים א ח, מא-מב).

לישראלים" לא נאמר כאן אלא "הטיבה ה' **לטובים**". הא אפי' גוי ועושה את התורה הרי הוא ככהן גדול.[10]

ברם, לצד המקורות התנאיים - הספרא ודברי רבי מאיר - מופיעה בסוגיה במסכת סנהדרין גם קביעתו של רבי יוחנן האמורא: "נכרי שעוסק בתורה חייב מיתה" (שם). ואכן, מכאן והלאה, לאורך הדורות, הדיון בסוגיה זה נסב בעיקר על פירוש דברי רבי יוחנן והתעלם כמעט לחלוטין מדברי רבי מאיר, אף שבניגוד לדברי רבי יוחנן המופיעים רק פעם אחת בש"ס, דבריו של רבי מאיר מופיעים בשלושה מקומות שונים. במקום אחר מופיעים דברי רבי אמי, תלמידו של רבי יוחנן בארץ ישראל, שגם מהם עולה הסתייגות מלימוד תורה לגויים: "ואמר רבי אמי: אין מוסרין דברי תורה לנכרי" (חגיגה יג ע"א).

על המתח בין דברי רבי מאיר לדברי רבי יוחנן עמדה כבר סוגיית הגמרא על אתר והיא תירצה זאת באמצעות הבחנה ביניהם: דברי רבי מאיר נאמרו לגבי שבע מצוות בני נח ולא לגבי לימוד כל התורה כולה. אלא שעל פי מה שראינו עד כה, תירוץ זה צריך עיון, שכן קשה לראות בלימוד שבע מצוות בני נח - העוסקות בעיקרן בשמירה מפגיעה במרחבי החיים - מימוש החזון הגדול של "כִּי מִצִּיּוֹן תֵּצֵא תוֹרָה וּדְבַר ה' מִירוּשָׁלָם". מצוות בני נח אינן עוסקות בקשר שבין האדם ואלוהיו, וממילא יש בהן לכאורה צמצום החזון הגדול של דבר ה' היוצא מירושלים אל כל הגויים.[11]

10. ספרא, אחרי מות, פרשה ט.
11. לאורך הדורות הוצעו ניסיונות שונים להתמודדות עם ה"דלות" היחסית של שבע המצוות. בכלל זאת הטענה שמצוות אלו הן כללים ומסתעפים מהן פרטים מרובים. כך לדוגמה כתב בעל ספר החינוך: "כי באמת שאותן שבע הן כעין כללות, אבל יש בהן פרטים הרבה [...]" (ספר החינוך, מצווה תטז). אומנם, גם אם נרחיב את מספר המצוות, עדיין הן מתוחמות למרחבי חיים ספציפיים ביותר ואינן נוגעות בשאלה הגדולה של עבודת אלוהים. ראו בהרחבה לעיל בחלק הראשון בפרק העוסק בשבע מצוות בני נח.

כדי לשאוב הנחיה השקפתית והלכתית מן הסוגיה ביחס ללימוד תורה לגויים - באופן רחב יותר מלימוד שבע המצוות - עלינו להעמיק אפוא ביסודות הסוגיה ובהבנת האיסור. מהתבוננות בפירושי הראשונים לסוגיה ניתן לזהות שני מודלים להבנת איסור זה. המודל הראשון מפרש איסור זה הוא **כתלוי הקשר**, בדומה לדוגמה ללימוד תורה לנשים. הגמרא (סוטה כא ע"ב) אסרה לנשים ללמוד תורה ואחרונים רבים עמדו על כך שהאיסור תלוי הקשר, ובמציאות ימינו - עם השינוי במקומן של נשים בתוך החיים היהודיים - ישנה מצווה גדולה בלימוד תורה לנשים.[12] מודל שני רואה באיסור זה **איסור עקרוני**, בדומה לאיסור כתיבת תורה שבעל־פה.[13] כתיבת התורה שבעל־פה פוגעת בה באופן מהותי ומשנה את אופייה; ולמרות זאת, חז"ל התירו זאת במצב של "עת לעשות לה' הפרו תורתך".[14]

האם איסור לימוד תורה לנוכרים המופיע בדברי רבי יוחנן ורבי אמי הוא תלוי הקשר או שהוא איסור עקרוני? לעניות דעתי, הסברה והעיון בסוגיה מטים להבנה שהאיסור תלוי הקשר. הדברים נובעים בראש ובראשונה מהתמונה הרחבה, מפסוקי התורה ונבואות הנביאים המלמדים שהוראה התורה לנוכרים היא ייעוד נכסף וודאי שלא איסור.

הגמרא מוסיפה ומקשה מדוע איסור לימוד תורה לגוי אינו כלול בשבע המצוות ועונה שאיסור זה אכן כלול באיסור גזל או ביאה על נערה המאורסה. ביטוי זה עצמו מופיע בגמרא בפסחים ביחס לעוסק בתורה לפני עם הארץ.[15] דימוי התורה ל"נערה המאורסה" לישראל אוסר את ה"בגידה" בתורה על ידי חשיפתה לעיניים זרות ומחללות.

12. כך לדוגמה דבריו המפורסמים של ה"חפץ חיים": "ונראה דכל זה דווקא בזמנים שלפנינו, שכל אחד היה דר במקום אבותיו, וקבלת האבות היה חזק מאוד אצל כל אחד ואחד [...] בזה היינו יכולים לומר שלא תלמוד תורה [...] אבל כעת [...] בוודאי מצווה רבה ללמדם [...]" (לקוטי הלכות, סוטה, פרק ג, סעיפים כא-כב).
13. ראו גיטין ס ע"ב: "כתיב 'כתוב לך את הדברים האלה', וכתיב 'כי על פי הדברים האלה'. הא כיצד? דברים שבכתב אי אתה רשאי לאומרן על פה, דברים שבעל פה אי אתה רשאי לאומרן בכתב".
14. תמורה יד ע"ב.
15. פסחים מט ע"ב.

יש בכך משום אזהרה חריפה מפני חילול התורה, אך אין מדובר באיסור גורף ומהותי על כל לימוד תורה לגוי - יהא אשר יהא. ואכן, לאורך הדורות הציעו ראשונים ואחרונים פרשנויות המעמידות את איסור לימוד התורה לגוי בהקשר מסוים, ואף הציעו הסבר מדויק להקשר שבו נאסר לימוד זה.

"שרידי אש": האיסור תלוי בהקשר של "גנֵבת התורה"

בחיבורו שו"ת שרידי אש למד הרב יחיאל יעקב וינברג מההשוואה שנקטה הגמרא בין איסור לימוד תורה לגוי לבין איסור גזל כי ההקשר שבו נאמר האיסור הוא נוכרי המעוניין לגזול את התורה משייכותה לישראל.[16] ממילא, יש להסיק שאיסור זה אמור רק כלפי גויים אשר עלולים להכחיש את שייכותה העמוקה של התורה לישראל - מעין שייכותה של נערה המאורסה לארוסהּ. מנקודת מבט זו, האיסור אינו אמור אלא על גזֵלת הברית של ישראל עם ריבונו של עולם המתבטאת בנתינת התורה. כשאין חשש להפרת הברית הזו וגזלתה - האיסור איננו קיים.

דבריו של הרב וינברג רלבנטיים מאד מבחינה היסטורית, שכן בנצרות לימוד התורה אכן היה מעין "גנֵבת זהות" ובסיס לטענה שהקב"ה ביטל את בריתו עם ישראל והחליפה בברית עם "ישראל שברוח".[17] במקום אחר ציין הרב וינברג את דבריו של "חכם אחד"

16. כלשונו: "ובאמת הדרשה של רבי יוחנן בסנהדרין נ"ט, א: מורשה קהלת יעקב לנו מורשה ולא להם, מטעם נערה המאורסה או מטעם גזל, שייכת רק בכותי הבא ואמר שהתורה שלו ואינה מיוחדת לישראל, והרי כאלו גוזל בכורתן ויתרונן של ישראל, אבל לא במי שקורא בספריהם של ישראל לשם ידיעה וחכמה [...] נראה שעיקר האיסור לעכו"ם ללמוד תורה הוא החשש שלא יבואו אח"כ ליטול התורה מישראל ולהכחיש יתרונם של ישראל בזה. וזהו המכוון בדברי חז"ל, שהיא להם מעין נערה המאורסה או כאשת איש (לשון הספרי) או מטעם גזל. והכוונה אחת היא - גזילת הברית שכרת ה' עם עמו לייחדו ולהפליאו מכל האומות" (שו"ת שרידי אש, חלק ב, סימן נה).

17. ההצעה שהפולמוס היהודי-נוצרי הוא העומד ביסוד דברי רבי יוחנן עשויה להיתמך בדברים שהוא אומר במקום אחר (תענית כז ע"ב) על האיסור לצום

שהציע שמימרות רבי יוחנן ורבי אמי מתייחסות אל אותן כיתות נוצריות קדומות.[18]

על פי הצעה זו, מובנת גם החומרה שמייחסת הגמרא לאיסור זה: אין מדובר רק על הפצה לא זהירה של התורה אלא על גנֵבת הנקודה העצמית והפנימית ביותר של האדם, הגרעין העצמי ביותר של זהותנו כיהודים. התורה איננה רק "מורשה", במובן של ירושה או של כסף, אלא היא "מאורסה" - במובן של שייכות פנימית־עצמית. נטילתה בזרוע הרי היא כחילול הברית במובן הנורא ביותר. לפי הבנה זו, איסור לימוד תורה לגוי הוא אפוא תלוי הקשר היסטורי - של שלילת הזהות של עם ישראל ונטילתה בזרוע - ובמקום ש"גזל" זה אינו קיים, אין למנוע לימוד תורה מנוכרי.

רמב"ם: ההקשר הוא שימוש בידע נגד עם ישראל

בתשובה מאלפת מסייג הרמב"ם את האיסור על לימוד תורה לגוי למוסלמים בלבד, מתוך הבנה שמהות האיסור היא להימנע מנתינת מכשול בפני עם ישראל הנתון תחת השלטון המוסלמי.[19] הרקע לדברי

ביום ראשון "מפני הנוצרים". צום ביום ראשון עשוי להיתפס כנתינת הכרה ליום הקדוש לנוצרים.

18. כלשונו: "ומכל המקומות הנ"ל יוצא מפורש, שהאיסור הוא רק לקבוע לימוד התורה בספרים הקדושים ובפלפולה של תורה, אבל להודיע להם מחכמת התורה בדרך הרצאה וסיפור מותר. וכן מותר לעכו"ם לקרוא בתורה דרך העברה ודרך קריאה שטחית, ורק העסק בתורה נאסר לעכו"ם כל זמן שלא נתגייר, וכמו שהבאתי בשם הגאון הנצי"ב [...] ולא אמנע מלהודיע לכת"ר מה שמצאתי לפני שלושים שנה ויותר בספר אחד, בשם חכם אחד, כי המאמרים בסנהדרין על עכו"ם ששבת ועל העוסק בתורה, נאמרו נגד כת הנוצרים הראשונים, שפרקו מעליהם ברית מילה אבל קיימו את השבת וגם עסקו בתורה והיו מזדווגין לבני ישראל בשבת ומועד ושמעו כל דבריהם ואח"כ הלכו והלשינו עליהם בפני הרשות" (שו"ת שרידי אש, חלק ב, סימן נו).

19. ראו שו"ת הרמב"ם, סימן קמט: "[...] **ומותר ללמד המצות לנוצרים ולמשכם אל דתנו, ואינו מותר דבר מזה לישמעאלים,** לפי מה שידוע לכם על אמונתם, שתורה זו אינה מן השמים, וכאשר ילמדום דבר מן כתוביה (וימצאוהו) מתנגד למה שבדו הם מלבם לפי ערבוב הסיפורים ובלבול העניינים אשר באו להם,

הרמב"ם הוא הפולמוסים המוסלמיים־יהודיים שהתקיימו בימי הביניים, ובמהלכם טענו המוסלמים שלפחות חלק מן התורה מזויף. לימוד התורה של המוסלמים מכוון היה למטרה זו: למצוא דופי בתורה. עיון בתשובה זו מלמד שהרמב"ם הבין שטעם האיסור הוא החשש שמא התורה לא תשמש בעבור לומדיה הנוכרים כ"אור גויים" אלא כנשק כנגד עם ישראל המפוזר בגולה. לעומת זאת, כפי שכותב הרמב"ם, בעבור הנוצרים המאמינים בנוסח התורה אין חשש כזה, כיוון שההקשר שבו נמסרת התורה לא מייצר מכשול לישראל.

לכאורה, מדברי הרמב"ם הללו נובעת מסקנה הלכתית מרחיקת לכת: האיסור התלמודי על לימוד תורה של נוכרים אמור כלפי האסלאם ודומיו ולא כלפי הנצרות! יתרה מכך, גם כלפי המוסלמים אין מדובר באיסור מהותי, כיוון שבשעה שרבי יוחנן אמר את דבריו, האסלאם טרם הופיע על במת ההיסטוריה. אין זאת אלא שהאיסור תלוי בהקשר ובכל דור יש לברר אם ישנה סכנה בלימוד תורה לנוכרים ובאילו תנאים.[20]

מעניין לציין שבחוקי עומאר, החוקים המסדירים את מעמדו של המיעוט הלא־מוסלמי בארצות תחת שלטון האסלאם, מופיע איסור

(הרי) לא תהיה זו ראיה אצלם, שטעות בידיהם, אלא יפרשוה לפי הקדמותיהם המופסדות ויוכלו להשיב עלינו בזה בטענתם ויטעו כל גר וישראל, שאין לו דעת, **ויהיה זה מכשול לישראל** האסורין ביניהם בעונותם. אבל הערלים [=הנוצרים] מאמינים בנוסח התורה שלא נשתנה, ורק מגלים בה פנים בפרושם המופסד ומפרשים זאת בפירושים, שהם ידועים בהם, ואם יעמידום על הפרוש הנכון, אפשר שיחזרו למוטב, ואפילו לא יחזרו, כשרוצים שיחזרו, **לא יבוא לנו מזה מכשול** ולא ימצאו בכתוביהם דבר שונה מכתובינו".

20. הרב ברוך אברלנדר הסביר שדברי הרמב"ם הללו, שבהם מופיע היתר גורף ללמוד תורה עם כל גוי שאיננו מוסלמי, לא השפיעו כמעט על דיוני הפוסקים בסוגיה כיוון שהם הכירו את תשובת הרמב"ם בנוסח אחר ומשובש: "עד הדור האחרון היו ידועים דברי הרמב"ם הנ"ל מהנדפס בשו"ת 'פאר הדור' (אמשטרדם תקכ"ה) סי' נ, ושם זה נתפרסם בנוסחא משובשת, ועל כן לא היה ההיתר הנ"ל ידוע". ראו http://www.haoros.com/Archive/index.asp?kovetz=943&cat=9&haoro.

על נוצרים ויהודים ללמד את ילדיהם קוראן.[21] טעם הדבר כנראה הוא החשש שהללו יבזו את הקוראן.

סיכום: הפצת התורה באופן מדויק ומותאם

הבנת איסור לימוד תורה לגויים כאיסור תלוי הקשר איננה מבטלת את הבעיה הקיימת בלימוד כזה. כפי שעולה ממימרת רבי יוחנן, התורה היא ליבת הקיום היהודי, היא רבת עוצמה וקשורה כשלהבת בגחלת בעצם קיומנו; וממילא לימודה על ידי גורמים מבחוץ טעון זהירות יתרה. אך משעה שמדובר באיסור שתכליתו למנוע בעיה ספציפית, יש לבדוק את התאמת האיסור להקשר העכשווי ולדייק אותו.

הכיוונים השונים שהעלו הראשונים והאחרונים מורים כי יש להבין את הבעיה מתוך הבנת ייחודה של התקופה. בנצרות הקדומה החשש היה טשטוש הבדלי הזהות בין יהודים לנוצרים ושימוש בידע תורני כדי לשלול את הברית היהודית עם ריבונו של עולם. בארצות האסלאם הבעיה הייתה מתן "תחמושת" לאסלאם במגמתו לטעון שהתורה זויפה ("התחריף"). אם כן, בכל דור יש לשוב ולבחון אם החשש בעינו עומד - כפי שנהג הרמב"ם כשהתיר את הלימוד לנוצרים ואסר למוסלמים מתוך ניתוח הנזק שיכול לצאת מכך בדורו.

בחינה זו נדרשת גם משום שמעבר של תורת ישראל לעם אחר צריך להיעשות תוך חשיבה, תרגום והתאמה לשפתו ולעולמו של הנוכרי. תרבויות שנמצאות במצב של "קצת מכאן וקצת מכאן" עשויות לייצר בלבול - מגדל בבל של זהויות.[22]

21. Jacob Marcus, *The Jew in the Medieval World: A Sourcebook, 315–1791*, JPS, 1938, pp. 13–15.

22. אסף מלאך הציע שכפי שבזמנו כתב הרב קוק את "מאמר הדור", העוסק בדרך שבה יש "לתרגם" את התורה לצורכי הדור, כך נדרש כיום מעין "מאמר הדור לגויים" - הדרכה למפגש נכון של בן תרבות אחרת עם התורה. על פי הרב קוק, הכרת העם האחר, חייו ואופיו היא חלק מאהבת האדם: "המעמד היותר עליון באהבת הבריות צריכה לקחת אהבת האדם, והיא צריכה להתפשט על כל האדם כולו, למרות כל שינויי דעות דתות ואמונות, ולמרות כל החילוקים של הגזעים והאקלימים, **נכון הדבר לרדת לסוף דעתם של העמים והקיבוצים**

דוגמה לכך ניתן לראות בסוגיית הגמרא במסכת מגילה (ט ע"א), המספרת על תלמי המלך שכינס 72 זקנים כדי שיתרגמו בעבורו את התורה. בעצה אחת מאת ה', משנים כל החכמים את תרגומן של מילים מסוימות באופן שיכול להתקבל על עולמו ודעתו של המלך הגוי. 72 הזקנים מזכירים את שבעים האומות ושבעים הלשונות שאליהן צריכה התורה להתפרט.[23] אך הסיפור מלמד שהפצת התורה מחייבת התחשבות בקהל היעד, כדי שאכן תהיה "לאור גויים". למעשה, גם כתיבת התורה בשבעים לשון עם הכניסה לארץ מלמדת על הצורך להתאים את התורה ל"לשון איש ואיש", עם ועם כלשונו וכשפתו.

ייתכן שכך גם יש להבין את תירוץ הגמרא שבו פתחנו את הדיון: גוי שעוסק בתורה הרי הוא ככוהן גדול דווקא כשהוא עוסק בשבע מצוות בני נח. מצוות אלו הן סמל ודוגמה לחלקים בתורה שאכן רלבנטיים לכל באי עולם. ישנם חלקים אחרים המיוחדים לברית בין ישראל לריבונו של עולם ואותם אכן אסור לגוי ללמוד.

איסור לימוד תורה לגוי כאיסור מהותי

עד כה עסקנו בדברי ראשונים ואחרונים שמהם עולה כי מדובר באיסור תלוי הקשר היסטורי ספציפי; אולם, לצידם מצויים ראשונים ואחרונים שהבינו שהאיסור עקרוני ובלתי תלוי בהקשר מסוים. כך לדוגמה עולה מדברי הר"ש משאנץ בפירושו לתוספתא העוסקת בתינוק שנמצא ויש ספק שקול אם הוא יהודי או גוי שמטילים עליו את חומרות שני הצדדים: חומרת היהודי שחייב במצוות, וחומרת הגוי שאסור בלימוד תורה.

השונים, כמה שאפשר ללמוד את אופיים ואת תכונותיהם, למען דעת איך לבסס את האהבה האנושית על יסודות המתקרבים למעשה" (מידות הראי"ה, אהבה, אות י). תודה לידידי הרב יצחק בלאו על ההפניה.

23. האחרונים הסבירו שמדובר בשבעים הזקנים של הסנהדרין בתוספת הנשיא ואב בית הדין (ראו חידושי הרש"ש, סנהדרין טז ע"ב, ד"ה אחד).

בדיון מעשי במקרה שהגיע לפתחו, הציע רבי עקיבא איגר - על בסיס דיוק בדברי התוספות - הכרעה מרחיקת לכת עוד יותר: האיסור מהותי עד כדי כך שהוא שייך אפילו בנוכרי שבא להתגייר ואפשר שאסור ללמדו תורה בטרם יתגייר בפועל! במקרה המדובר, אותו גוי חי באזור שבו החוק אסר על גיור, והרב השואל - חתנו של רבי עקיבא איגר - רצה ללמדו תורה בינתיים עד שיהגר למדינה אחרת שבה הגיור מותר ובה יוכל להשלים את התהליך. רבי עקיבא איגר מסיים את תשובתו במילים "ואין בכחי להתיר, חותנך אוהבך, עקיבא".[24]

אולם גם לשיטות אלו, הגורסות שמדובר באיסור שאיננו תלוי הקשר, יש לשאול: מה טעמו של האיסור ומהו טיבו?

מסוגיית הגמרא במסכת סנהדרין נראה שטעם האיסור הוא הבנת הקשר של עם ישראל עם התורה כקשר אינטימי, ייחודי, המתבטא בנבדלות של עם ישראל: "וָאַבְדִּל אֶתְכֶם מִן הָעַמִּים לִהְיוֹת לִי" (ויקרא כ, כו). רבי יוחנן, בעל המימרה האוסרת ללמד תורה לגוי, רואה במקום אחר את מהות הברית האינטימית בין ישראל לקב"ה כמתגלה בתורה שבעל-פה: "א"ר יוחנן: לא כרת הקדוש ברוך הוא ברית עם ישראל אלא בשביל דברים שבעל פה" (גיטין ס ע"ב).[25] התורה שבעל-פה מבטאת קשר ייחודי, אינטימי, בין ישראל לאביהם שבשמיים. היא מבטאת את ההתייחדות והברית שזר לא יקרב אליהן; ומתוך כך מובנות גם השיטות המצמצמות את האיסור לתורה שבעל-פה בלבד.[26] רבי יוחנן מציג אפוא תפיסה שונה באופן מהותי משל רבי מאיר והספרא שהדגישו דווקא את "תורת האדם", השייכת לכל אדם ולאו דווקא לישראל. לשתי התפיסות הללו - התפיסה המדגישה את התורה כחלק מהברית הייחודית עם ישראל, ולתפיסה הרואה את

24. שו"ת רבי עקיבא איגר, מהדורא קמא, סימן מא.
25. תודתי לרב שראל רוזנבלט על הקישור בין שתי המימרות הללו של רבי יוחנן.
26. ראו למשל בדברי הנצי"ב בשו"ת משיב דבר, חלק ב, סימן עז.

התורה כפונה לאדם באשר הוא - יש מקום, בבחינת "אלו ואלו דברי אלוהים חיים".[27]

קיום הברית: בלעדיות או ייחודיות?

האם שמירת הברית הייחודית בין ישראל לריבונו של עולם אכן מחייבת נפרדות ונבדלות? אין ספק כי בתקופות שונות בהיסטוריה אלה היו פני הדברים - שותפות עמוקה מדי עם האומות יכולה הייתה לפגוע בברית - אך אפשר גם שקיום השליחות של ישראל ביחס לעמים, להיות "לאור גויים", איננה מטשטשת את הייחודיות אלא מחזקת אותה.

על פי תפיסה זו, מעמדם הייחודי של ישראל נובע מייעודם ומשליחותם בעבור כלל האנושות. שורשים לכך ניתן למצוא כבר במעמד הר סיני: כפי שראינו, ה' מתייחס לעם ישראל כ"סְגֻלָּה מִכָּל הָעַמִּים", אך שייכותו לה' מודגשת דווקא מכוח היותו "מַמְלֶכֶת כֹּהֲנִים וְגוֹי קָדוֹשׁ", עם שממלא את תפקידו כמלמד תורה לעולם. סגולת ישראל בהקשר זה אינה עניין של גזע מיוחד אלא תלויה בעשייה של ישראל במסגרת בריתו עם אלוהיו.

הברית מורכבת אפוא משני מעגלים: פנימי וחיצוני. במעגל הפנימי, אנו "סְגֻלָּה מִכָּל הָעַמִּים" ושומרים על בריתנו עם ריבונו של עולם. מתוך כך מתקיים המעגל החיצוני שבו אנו מביאים לעולם את קול התורה ואף זה הוא חלק מייעודנו וייחודנו. בדורות מסוימים, הייחודיות של הברית מתקיימת במעגל הראשון לבדו - שבו מודגשת הבלעדיות הישראלית וממילא איסור לימוד התורה לגויים - אך בדורנו, כאשר המידע חופשי ונגיש לכול, אותה ברית עצמה, ברית הייעוד

27. שני הפנים הללו, המיוחד לישראל והאוניברסלי, קיימים גם ביחס לשבת. בספר שמות מופיעה השבת כ"אות ברית" בין עם ישראל לקב"ה; ולעומת זאת, בספר בראשית השבת היא אוניברסלית ופונה אל העולם כולו. ראו בהרחבה בהמשך בפרק "שבת לישראל ושבת לאומות".

שלנו, מחייבת לפתוח אופקים חדשים של מימוש הברית על ידי הפצת תורה ובכך לשוב לייעוד המכונן שלנו - "מַמְלֶכֶת כֹּהֲנִים וְגוֹי קָדוֹשׁ".

איסור לימוד תורה לגויים כמקביל להגבלות ביחס לסתרי תורה

כיוון אחר שבו יש להבין את מהות האיסור עולה מתוך ההקשר שבו נאמרו דברי רבי יוחנן: סוגיית הגמרא בחגיגה העוסקת בהגבלות על הפצת סתרי תורה. המשנה עוסקת באיסור למסור "מעשה בראשית" ו"מעשה מרכבה", ועל רקע זה מובאים דברי האמוראים האוסרים למסור דברי תורה לנוכרי: "ולא במרכבה ביחיד - [...] אמר רבי אמי: אין מוסרין סתרי תורה אלא למי שיש בו חמשה דברים [...] אין מוסרין דברי תורה לנוכרי" (חגיגה יג ע"א). מהותו של האיסור אפוא היא היחס לדברים שצריכים להישאר בסוד ה׳, במעגל פנימי של אנשים שיֵדעו לכבד מסירה זו ולשמור עליה.

אולם ההשוואה החמורה לאיסור הפצת סתרי תורה מחייבת להשוות את האיסור גם לשינוי המתחולל בתחום זה. בתקופתנו, סתרי תורה מופצים באופן נרחב שלא היה כמותו מעולם, בין השאר בשל בקשות הדור ואתגרי השעה שאינם מאפשרים קשר עמוק לריבונו של עולם ללא פתיחת הגנזים של סתרי התורה.

מתח זה - בין גילוי באופן לא ראוי לבין הימנעות מגילוי והסתרת אור התורה מאנשים רבים - מלווה תמיד את לימוד תורת הנסתר. כבר בזוהר מתבטא רשב"י "אוי לי אם אגלה ואוי לי אם לא אגלה".[28] ניתן להציע שמהלך דומה - ומתח דומה - צריך להתקיים ביחס להפצת תורה לגויים. הנסתר בעבור היהודים הוא כנגלה בעבור הגויים. מתח זה - בין הצורך באינטימיות, כבוד וברית לבין הרצון להפיץ ולהשפיע - צריך ללוות את כל המהלך הגדול של לימוד תורה לגויים.

28. ראו זוהר, חלק ג, קכז ע"ב.

הרב יצחק גינזבורג מציב את סוגית לימוד התורה לגויים בתוך פרספקטיבה רחבה יותר ביחס לפתיחת מעגלי התורה. לדבריו, קיימות ארבע מהפכות של לימוד תורה שבהן נעשה שינוי מהותי בתפיסה ההלכתית לאורך הדורות. שלוש מהן כבר התרחשו (או שהן מצויות בשלב מתקדם): כתיבת התורה שבעל־פה, ביטול האיסור על קבלת תשלום על לימוד תורה, ולימוד תורה לנשים; ובעקבות כך קורא הרב גינזבורג לקידום המהפכה הרביעית: לימוד תורה לגויים.

על פי דבריו, לימוד תורה לגויים אינו צריך להצטמצם לעיסוק בשבע מצוות בני נח (כפי שיש שהבינו בפשט הגמרא שהוזכרה לעיל), אלא צריך להקיף גם "את כל הדברים הרבים בתורה הנוגעים לחיי כל אדם - **החל בשפע התכנים הרוחניים והנפשיים שברובד הנסתר של התורה, הקבלה והחסידות**, וכלה ברבים מדיני התורה שברובד הנגלה שלה".[29]

29. זה המשך דבריו שם: "לא תהיה זו הטפה לגיור, שצריך כידוע לנבוע באופן חופשי מצד הגוי, אלא פשוט שיתוף והענקה לאומות עולם מהחכמה והיופי האין־סופיים שאנו מוצאים בתורה. הדבר גם לא יפגום בתפקידו המיוחד של ישראל כעם סגולה: אדרבה, העם המחזיק בידיו את התורה הוא המחלק מטובה לכל באי העולם, והדבר אף מדגיש את מעמדו ככהן לאנושות, 'ממלכת כהנים'. נשאלת השאלה: שלוש המהפכות הקודמות אופיינו בכך שהן שמרו על התורה שלא תשתכח מישראל. כיצד מצויה מהפכה רביעית זו ברצף אחד עמם אם המרוויחים היחידים שלה הם אומות העולם? אלא שלימוד התורה לגויים בכוחו להציל במידה רבה גם את עולם התורה היהודי. ראשית כול, הדבר ישמש אתגר גדול לכל יהודי שיתעסק בכך, שיפרה ויצמיח אותו. המפגש עם אנשים הרחוקים לגמרי מהתורה יעניק לו שאלות ונקודות מבט חדשות, שירעננו ויפרו את הקשר שלו עם התורה (כפי שכבר קורה לבני תורה היוצאים ללמדה ליהודים הרחוקים ממנה, בבתי חב"ד ומרכזים אחרים). אך ערכו של לימוד התורה לגויים רב הרבה יותר. סוד גלוי הוא שיהדות העת החדשה עומדת בסימן משבר עמוק, שהביא להתרחקותם של ציבורים שלמים מעולם לימוד התורה ואפילו מזהותם היהודית (ה'הפרו תורתך' הגדול ביותר בהיסטוריה). ברקע משבר זה עומדת בין השאר העובדה שהיהדות נתפסת, ומתפקדת בפועל, כדת 'לאומית' שאין לה לכאורה מה להציע לשאר האנושות (שהרי אותו אגף שהתרחק מזהה עצמו כנוטה ל'אוניברסליות' במקום ל'לאומיות'). כעת, חשבו מה יהא כאשר תורת היהדות תלך ותתבסס כמציעה חכמת חיים והשראה גם לאומות העולם? כל שכן

"להיות לאור גויים" הלכה למעשה

כפי שציינתי בפתיחת פרק זה, אנו חיים בתקופה שבה לימוד התורה לגויים הוא צו השעה וחלק ממימוש חזון הנביאים "לִקְרֹא כֻלָּם בְּשֵׁם ה' לְעָבְדוֹ שְׁכֶם אֶחָד" ו"כִּי מִצִּיּוֹן תֵּצֵא תוֹרָה וּדְבַר ה' מִירוּשָׁלָם". בתקופת חז"ל, הצורך הבוער לשמור על התורה הביא לכתיבת התורה שבעל־פה - מתוך הנימוק "עת לעשות לה' הפרו תורתך": כביכול נכון לפגוע בתורה במידה מסוימת כדי לעשות לה'. בפרק זה, מתוך עיון בסוגית לימוד תורה לגויים בגמרא ובמפרשים, הסקתי שתהליך הפצת התורה, להיות לאור גויים, אינו כרוך בהפרת הברית והייחוד של עם ישראל. הקשבה לסוגיה וניסיון לגלות את רצון ה' בעת הזו מוליכים למסקנה שאת ההסתייגות החמורה מלימוד תורה לגוי יש לתרגם לזהירות, להפצה מותאמת, שאינה פוגעת במקבל ואינה פוגעת בייחודיותו של הנותן.

בשפה הלכתית, ניתן להתיר לימוד תורה לגוי תוך הסתמכות על כמה דרכים ושיקולים:

א. התפיסה שלפיה אין מדובר באיסור עצמי אלא באיסור תלוי הקשר (כאמור, כך נראה מפשט הסוגיה, וכך ביארו הרמב"ם, שצמצם את האיסור למוסלמים, וה"שרידי אש", שפירש זאת כלפי הנוצרים

אם וכאשר הדבר יתפשט ויהפוך ל'טרנד' בין אומות העולם? בעזרת ה', תוכל המהפכה הרביעית לרפא את 'שבר בת עמי', וגם בה יתקיים 'עת לעשות לה' הפרו תורתך" (-https://www.pnimi.org.il/kabbalah-chassidut/548-four revolutions). יש לציין שבהקשרים אחרים התפרסם הרב גינזבורג כבעל יחס קשה כלפי הגויים, עד כדי הצדקה של פגיעה בהם; וברי כי בעינינו - ועל פי המוצג בחיבור זה ובחיבורים נוספים שיבואו בע"ה - תפיסה זו פוגעת ביסודות הבסיסיים של המוסר האנושי והיהודי. מובן מאליו שציטוט דבריו כאן אין פירושו הזדהות עם משנתו הכוללת ביחס לגויים. אדרבה, העובדה שגם הוגה המקבל אמירות מהותיות קשות כנגד הגויים רואה את לימוד התורה שלהם כמהפכה מתבקשת - מלמדת על החשיבות הרבה של החיבור בין התורה ובין הגויים.

הקדומים). ממילא, בכל דור יש לבחון את ההקשר העכשווי ועל פיו להכריע לגבי אופן לימוד התורה לגויים.

ב. הגמרא עצמה התירה לנוכרי לימוד שבע מצוות בני נח, ויש ראשונים שהרחיבו מאוד את הגדרת שבע המצוות הללו. המאירי למשל כתב "ומכל מקום כל שהוא עוסק בעיקרי שבע מצות ובפרטיהם ובמה שיוצא מהם אע"פ שרוב גופי תורה נכללים בהם מכבדין אותו אפילו ככהן גדול".[30] הרחבה זו יכולה לכלול גם את יראת ה', ידיעת ה', צדקה ותשובה, כפי שעולה מתפילת שלמה, המזמינה את הגוי ולבוא ולהתפלל במקדש מתוך יראת ה' וידיעתו.

ג. אחרונים שצמצמו את האיסור לתורה שבעל־פה בלבד. משמעותו הפנימית של צמצום זה היא שמירה מפני לימוד הפוגע בברית האינטימית של עם ישראל עם ריבונו של עולם.

מעבר להבחנות עקרוניות אלו, בספרי האחרונים מובאים כיוונים נוספים המצמצמים את האיסור מאוד. ר' יששכר בער איילינבורג, בשו"ת באר שבע, מציע שכל הסוגיה במסכת חגיגה איננה אליבא דהלכתא ומסביר כך מדוע רבנים רבים נוהגים ללמוד תורה עם גויים.[31] באופן מצומצם יותר, ה"טורי אבן" מסביר שכיוון שעל פי הגמרא בלימוד תורה על ידי גוי יש משום איסור גזל, הרי שכאשר היהודי בוחר מעצמו ללמד - כבר אין כאן משום גזל.[32]

החרגה נוספת המופיעה במקורות היא ביחס לגוי הלומד על מנת לרדת לשורש האמת ומוכן לקבל את המסקנות ולהתגייר אם "ימצאנה שלמה".[33] באופן אחר, יש שצמצמו את האיסור לעובד כוכבים ממש, ולא לגוי באשר הוא שם,[34] ויש שהגדירו את האיסור

30. בית הבחירה, סנהדרין נט ע"א.
31. שו"ת באר שבע, חלק באר מים חיים, סימן יד.
32. "והשתא א"ל דר"א ס"ל כמ"ד מורשה ומשום לתא דגזל נגע בה והיכא דישראל מוסר לו ומלמדו ברצונו תו ליכא משום גזל" (טורי אבן, חגיגה יג ע"א).
33. בית הבחירה, סנהדרין נט ע"א.
34. חידושי חתם סופר השלם ובית הבחירה למאירי, חגיגה יג ע"א.

רק באופן לימוד מסוים: נאסר רק לימוד מעמיק ולא לימוד שטחי,[35] או רק לימוד קבוע ולא מזדמן.[36]

היתרים אלו אינם פרצה דחוקה להיכנס בה. יראה והחמרה בעת הזאת עשויות לפגוע בקיום רצון ה' ובייעודו ושליחותו של עם ישראל - בבחינת "ענוונתנותו של ר' זכריה בן אבקולס". לא ניתן "לשבת על הגדר" ללא הכרעה.

למייסדי מדינת ישראל הייתה מודעות עמוקה לתפקיד זה של עם ישראל. במגילת העצמאות, הם הצהירו בשם העם כולו:

> בארץ ישראל קם העם היהודי [...] בה יצר נכסי תרבות לאומיים וכלל־אנושיים והוריש לעולם כולו את ספר הספרים הנצחי.

חלק מהמוטיבציה העמוקה להקמת המדינה הייתה מימוש חזון הדורות של נביאי ישראל, להיות "לאור גויים", וחזון זה פיעם גם בראש הממשלה הראשון דוד בן־גוריון.[37] אחד השיקולים בבחירת המנורה כסמל המדינה קשור גם הוא לחזון זה.[38]

חזון הנביאים, וחזון המקדש כלֵב האנושות כולה, שממנו יוצאת תורה לעמים רבים, קוראים לנו לאזור את עוז הרוח ולמצוא את הנתיבים - שאינם פשוטים בהכרח - להפיץ תורה וללמד תורה לגויים באופן הנכון, המדויק והמאיר, ובכך להיענות לקריאה האלוהית מאיתנו: "אֲנִי ה' קְרָאתִיךָ בְצֶדֶק וְאַחְזֵק בְּיָדֶךָ וְאֶצָּרְךָ וְאֶתֶּנְךָ לִבְרִית עָם לְאוֹר גּוֹיִם" (ישעיהו מב, ו).

35. הרב נחום רבינוביץ, יד פשוטה, הלכות מלכים, פרק י, הלכה ט.
36. שו"ת שרידי אש, חלק ב, סימן נו.
37. ראו דבריו הבאים לדוגמה: "ההיסטוריה לא פינקה אותנו בכוח, בעושר, בשטחים רחבים וברוב עם, אבל היא העניקה לנו תכונה מוסרית ואינטלקטואלית בלתי מצויה, **והיא מְזַכָּה ומחייבת אותנו להיות אור לגויים**" (דוד בן־גוריון, יחוד ויעוד: דברים על ביטחון ישראל, תל אביב: מערכות, 1980, עמ' 359).
38. ראו Alec Mishory, *Secularizing the Sacred: Aspects of Israeli Visual Culture*, Leiden: Brill, 2019, chap. 7.

"בֵּית תְּפִלָּה יִקָּרֵא לְכָל הָעַמִּים": מקומם של הגויים במקדש

יעקב נגן

תולדות החיבור של הגויים אל המקדש עתיקות ביותר. הגויים לא נקראים לבוא רק אל המקדש שלעתיד לבוא, המקדש השלישי, אלא גם במקדש הראשון ובמקדש השני התקיימה שותפות עמוקה של הגויים. כאשר בונה שלמה את בית המקדש הראשון, הוא משתף בחזונו את חירם מלך צור ומבקש את עזרתו, וחירם נענה לבקשה מתוך הזדהות עם דוד.[1] על שותפותו בבניין המקדש זכה חירם להיות מהשבעה שנכנסו לגן עדן בחייהם על פי מסכת כלה רבתי: "שבעה נכנסו בחייהם לגן עדן [...] חירם מלך צור [...] משום מאי זכה? משום שעשה משכן, כמו שעשאו משה".[2] גם בתפילת שלמה, ניתן מקום נכבד לגוי המגיע אל המקדש: "וְגַם אֶל הַנָּכְרִי אֲשֶׁר לֹא מֵעַמְּךָ יִשְׂרָאֵל

1. מלכים א ה, טו-כא.
2. מסכת כלה רבתי, פרק ג. אומנם, פשט הכתובים עוסק בחירם מצור, בן האישה האלמנה.

הוּא וּבָא מֵאֶרֶץ רְחוֹקָה לְמַעַן שְׁמֶךָ: אַתָּה תִּשְׁמַע הַשָּׁמַיִם מְכוֹן שִׁבְתֶּךָ וְעָשִׂיתָ כְּכֹל אֲשֶׁר יִקְרָא אֵלֶיךָ".[3]

שותפות משמעותית של גויים בייסוד המקדש מצאנו גם בבית המקדש השני כאשר כורש ולאחר מכן ארתחשסתא דוחפים לייסד את המקדש מחדש.[4] חז"ל רואים בכורש את "קול התור" הנשמע בארצנו ומבשר את הגאולה: "וקול התור נשמע בארצנו, אמר ר' יוחנן [...] זה קולו של כורש".[5]

גם במעגל השנה ישנה עבודת מקדש קבועה המכוונת ישירות אל כללות הגויים - שבעים הפרים של סוכות שהם כנגד שבעים אומות העולם.[6] בחג זה, שבו העולם נידון על המים, עבודת המקדש מכוונת גם אל קיומם של הגויים.

שותפותם של חירם ושל כורש בבניית המקדש מזכירה גם את תהליך הגאולה בימינו. הכרת האומות בהכרזה על מדינת ישראל, ועל ארץ ישראל כבית לאומי לעם היהודי, היו דחיפה בינלאומית לשיבת ציון.[7]

שותפותם של הגויים במקדש הראשון ובמקדש השני מתעצמת בנבואות אחרית הימים, שבהן מתואר המקדש כמקום לעלות אליו

3. מלכים א ח, מא-מב.
4. ראו ישעיהו מד, כח; עזרא א, א-ג; שם ו, ג-ה; שם ז, יב-כז; דברי הימים ב לו, כג.
5. שיר השירים רבה, פרשה ב. יש להוסיף שחז"ל מתחו ביקורת על כורש שלא עשה די לטובת בניין המקדש, ולדעתם היה כורש צריך לבנות את המקדש בעצמו (ראו מגילה יב ע"א).
6. ראו סוכה נה ע"ב.
7. מסופר על הארי טרומן, נשיא ארה"ב שהכיר במדינת ישראל מיד לאחר הכרזתה: "כשהייתי ילד היה נוהג אבי לקרוא אתי מן התנ"ך בכל יום ראשון, וכאשר קראנו על אודות כורש, מלך פרס, שנתן ליהודים רשות לחזור לארץ יהודה ולבנות את בית המקדש בירושלים, חשבתי לעצמי, יום יבוא ואהיה נשיא ארה"ב באמריקה, כפי חלומו של כל ילד באמריקה, ואעשה גם אני כמו המלך כורש בזמננו" (ראו http://www.yeshiva.org.il/midrash/26748). ראו גם https://www.commentary.org/articles/meir-soloveichik/i-am-cyrus.

כדי ללמוד מדרכי ה' ותורתו,[8] להשתחוות לפני ה'[9] ולהתפלל לפניו.[10] רס"ג אף סבור שהעמים יבנו את חומות בית המקדש,[11] כמו שכתוב "וּבָנוּ בְנֵי נֵכָר חֹמֹתַיִךְ" (ישעיהו ס, י), ואילו הרמב"ן סבור שהמקדש השלישי ייעשה "בלא ריב ומצה, והאל ירחיב את גבולנו", ובו "כל העמים יעבדוהו שכם אחד".[12]

חזון זה איננו "יש מאין". הוא מעצים את שותפות הגויים הקיימת במקדש מראשיתו. במקום של השראת שכינה מלאה, מתגלה הנוכחות האלוהית כמברכת את העמים כולם וכבית תפילה לכל העמים.

כי מציון תצא תורה

מאז ומתמיד שימש המקדש מרכז של הופעת התורה. בלב ליבו של המקדש, בקודש הקודשים, מצוי ארון העדות, "לוחות ושברי לוחות מונחים בארון" (מנחות צט ע"א). הסנהדרין, ש"הם עיקר תורה שבעל פה והם עמודי ההוראה",[13] יושבים בלשכת הגזית ש"חציה בקדש, וחציה בחול" (יומא כה ע"א). הר המוריה נקרא כך משום "שמשם מורין הוריה לישראל".[14] מעמד ההקהל שהוא חידוש של מעמד הר סיני מתקיים במקדש בזמן העלייה לרגל;[15] וכמובן, בחזון אחרית הימים נוהרים כל הגויים אל בית ה' שממנו יוצאת תורה לעולם.

8. ישעיהו ב, ג-ה.
9. ראו גם ישעיהו סו, כ-כג. וראו בפירוש מצודת דוד על אתר: "יבוא כל בשר - ר"ל כל בני אדם אפילו שאר העמים. להשתחות לפני - בבית המקדש".
10. ישעיהו נו, ז.
11. ספר האמונות והדעות, מאמר ח.
12. פירוש הרמב"ן על התורה, בראשית כו, כ.
13. כלשון הרמב"ם, משנה תורה, הלכות ממרים, פרק א, הלכה א.
14. פסיקתא זוטרתא (לקח טוב), שיר השירים, פרק ד. עיינו גם מדרש אגדה (בובר), פרשת וירא, פרק כב.
15. משנה תורה, הלכות חגיגה, פרק ג. בהלכה ו משווה הרמב"ם את מעמד הקהל למעמד הר סיני.

ביטוי יפה לקשר בין התורה והמקדש מצוי במשניות בסוף מסכת תענית. אנו מוצאים שם הקבלה בין התורה והמקדש, הן בתיאור סיבות האבל בי״ז בתמוז, הן בתיאור הימים הטובים לישראל, ט״ו באב ויום הכיפורים שעליהם נאמר: ״׳ביום חתונתו׳ זו מתן תורה ׳וביום שמחת לבו׳ זה בנין בית המקדש שיבנה במהרה בימינו אמן״. השמחה הגדולה מתקיימת ביום המאחד את מתן תורה ואת בניין בית המקדש; היום הגדול ביותר של המקדש, יום הכיפורים, והיום הגדול ביותר של התורה - יום שבו ניתנו לוחות שניים.[16]

שותפותם של העמים בבניין המקדש ובעבודת המקדש התמידית - הן כמי שמכוונת כלפיהם עבודת המקדש היהודית (שבעים הפרים), הן כבאים להתפלל ולהקריב במקדש מצד עצמם - מקבילה לשותפותם בלימוד התורה. תורת ישראל מכוונת לעמים כולם, ״כי מציון תצא תורה ודבר ה׳ מירושלים״, וגם המקדש הוא מרכז הפונה אל כל העמים ומזמין אותם לקרוא דרכו בשם ה׳, ״לעובדו שכם אחד״.

משמעות החיבור בין ישראל לעמים במקדש

למעשה, המקדש מאחד את העולם כולו שכן זוהי תכונתו של הקודש. גילוי האחדות הוא שעומד בבסיס המציאות, האחדות של העתיד לבוא, של ״ביום ההוא יהיה ה׳ אחד ושמו אחד״. המקום שבו מתחברים מטה ומעלה מאגד את כל העולם שלמטה אל מול חיבורו עם מה שלמעלה - עם השראת השכינה. אמונה נתפסת לעיתים כדבר מפריד ומפלג, אך ביסוד האמונה באל אחד עומד כוח עצום של חיבור ותיקון גדול. העניין הרב שמעורר מקום המקדש בעולם, החיכוך המתמיד סביב הר הבית, אינם רק לרועץ. בעומקם, הם מעידים על זיהוי שזהו השורש - שכאן מתגלה האחדות שכולם שייכים בה. במובן מסוים, אם העולם כולו היה אדיש להר הבית, הרי המרחק מן הגאולה היה

16. עיינו בפירוש ר״ע מברטנורא על אתר.

גדול יותר מן המצב בימינו, שבו העולם מודע לחשיבותו של הר הבית, גם אם בדרך בעייתית.

הדרך אפוא לחבר את עם ישראל למקדש, ולהעצים את תודעת המקדש בתוכנו, עוברת דרך חשיבה אוניברסלית. ההבנה שהמקדש חושף את האחדות שבמציאות מזכירה את שורשיו של השלום העולמי שבו "אֶהְפֹּךְ אֶל עַמִּים שָׂפָה בְרוּרָה לִקְרֹא כֻלָּם בְּשֵׁם ה' לְעָבְדוֹ שְׁכֶם אֶחָד" (צפניה ג, ט) ואשר יוביל את כל האנושות לעמידה אחת לפני מקור הכול. הבנה זו עשויה לחבר את עם ישראל מחדש אל המקדש ולטעת בליבו כיסופים לבניית המקדש. אין זו דרך מעשית גרידא לקידום החזון אלא גם דרך מהותית: בניית המקדש היא היכולה להביא לתיקון גדול של השלום, חיבור של כולנו אחד לשני, חיבור של כולנו לעולם של מעלה.

הר הבית – סלע המחלוקת הוא פוטנציאל לגילוי האחדות?

עד כה עסקנו במישור העקרוני של שותפות הגויים במקדש, אך במציאות ימינו נראה שהפער הגדול בין היחס של המוסלמים להר לבין יחסם של היהודים כמעט בלתי ניתן לשיח או גישור. לפי היהדות, הר הבית הוא מקום המקדש והוא המקום המקודש ביותר בעולם. זהו המקום אשר "בחר ה'" כפי שהוא מכונה בתורה פעמים רבות. קדושת המקום תקפה הן בעבר, בזמן שבית המקדש היה קיים, הן בימינו והן לעתיד לבוא ואינה בטלה לעולם. אסור להיכנס להר ללא הכנה רוחנית הכוללת טבילה במקווה טהרה. מעבר לכך, המקדש נמצא בלב שאיפות העם היהודי ולשם מכוונות פנינו בתפילה אלפי שנים.

מהצד השני, המוסלמים מתעלמים מהקשר בין עם ישראל להר הבית; ובמקרים הקיצוניים מדובר בהכחשה היסטורית שבכלל היה בעבר מקדש על ההר. אולם גם המוסלמים המתונים יותר, שאינם מתכחשים להיסטוריה ולממצאים הארכיאולוגיים הברורים, טוענים טענה עכשווית שלפיה כיום לא נשארה לעם ישראל עוד זיקה רלבנטית להר הבית ואין זה משנה שפעם היה שם מקדש. המוסלמים רואים

בהר הבית מקום קדוש לאסלאם. מקור הקדושה היא הסורה ה־17 בקוראן, המתארת את מסעו של מוחמד לשמיים, כאשר הוא מזכיר את "מסגד אל אקצא אשר נָתַנו ברכתנו על סביבותיו".[17] לפי הפירוש המקובל בקרב המוסלמים כיום, "אל־אקצה" הוא המסגד הרחוק ממכה והוא המסגד הנמצא בהר הבית, ומשם עלה מוחמד לשמיים וקיבל את נבואתו. לכן, מיליוני מוסלמים פוקדים את המסגדים הגדולים שעל הר הבית מדי שנה בשנה.

כנגד טענות המוסלמים, יהודים רבים טוענים שמלבד קדמות הקשר של היהודים למקום, לדת המוסלמית אין כל קשר היסטורי להר הבית, וזאת משום שבכל הקוראן "ירושלים" כלל לא מוזכרת. גם בתיאור שהובא כאן אין כל ראיה ש"אל־אקצה" הוא מקום בארץ ישראל או בירושלים. חלפו שנים רבות מאז שהדברים נאמרו ועד שנבנה המסגד שעל ההר שכונה לימים מסגד "אל־אקצה", ובתקופה זאת הוצעו מקומות רבים אחרים כזיהוי למקום עליית מוחמד לשמיים.

אני מאמין שההר מוכרח להיות מרכז שמדגיש את מה שמחבר בינינו. רבי אליהו בן־אמוזג, מקובל איטלקי בן המאה ה־19, פירש את הפסוק החותם את ספרי הנביאים בתנ"ך - "וְהֵשִׁיב לֵב אָבוֹת עַל בָּנִים וְלֵב בָּנִים עַל אֲבוֹתָם" (מלאכי ג, כד) - כמתייחס בצורה סמלית לריפוי המחודש בין היהדות ובין הדתות שיצאו ממנה, הנצרות והאסלאם.[18] איזה אתר מתאים לאיחוד המיוחל יותר מאשר הר הבית ומסגד אל־אקצה?

17. קוראן (מהדורת רובין, תל אביב: אוניברסיטת תל אביב, 2016), סורה 17: 1.
18. על משנתו של הרב בן־אמוזג ראו לעיל בפרק המוקדש לו.

מארץ רחוקה זה אל־אקצה

אחד מהרגעים המרגשים באירוע לימוד בין רבנים ושייח'ים התרחש כאשר אחד הרבנים הקריא את תפילת שלמה המלך הקושרת בין ישראל והעמים דווקא במקום המקדש:

> וְגַם אֶל הַנָּכְרִי אֲשֶׁר לֹא מֵעַמְּךָ יִשְׂרָאֵל הוּא וּבָא מֵאֶרֶץ רְחוֹקָה לְמַעַן שְׁמֶךָ: כִּי יִשְׁמְעוּן אֶת שִׁמְךָ הַגָּדוֹל וְאֶת יָדְךָ הַחֲזָקָה וּזְרֹעֲךָ הַנְּטוּיָה וּבָא וְהִתְפַּלֵּל אֶל הַבַּיִת הַזֶּה: אַתָּה תִּשְׁמַע הַשָּׁמַיִם מְכוֹן שִׁבְתֶּךָ וְעָשִׂיתָ כְּכֹל אֲשֶׁר יִקְרָא אֵלֶיךָ הַנָּכְרִי לְמַעַן יֵדְעוּן כָּל עַמֵּי הָאָרֶץ אֶת שְׁמֶךָ לְיִרְאָה אֹתְךָ כְּעַמְּךָ יִשְׂרָאֵל וְלָדַעַת כִּי שִׁמְךָ נִקְרָא עַל הַבַּיִת הַזֶּה אֲשֶׁר בָּנִיתִי (מלכים א ח, מא–מג).

כאשר הקריא הרב את הפסוקים הללו וביאר ששלמה המלך קושר בין מקום המקדש לתפילתם של העמים הרחוקים וממילא יש לראות במקום הזה מקום של חיבור בין העמים, קם אחד מהשייח'ים והתרגש מאוד מלשון הפסוק. הוא עמד והסביר שמזווית מוסלמית תפילת שלמה היא מעין נבואה לדברי הקוראן שנאמרו לאחר אלפי שנים שהרי כפי שראינו בסורה ה־17: "מסגד אל־אקצה" פירושו באופן מילולי הוא "בית התפילה הרחוק". והרי זה מימוש בקשתו של שלמה המלך, שאומות העולם יבואו מארץ רחוקה אל הבית הזה להתפלל. לדבריו, מוחמד בא לבית התפילה הרחוק של היהודים כפי שהתפלל שלמה - שה' ייענה לבקשת הגוי שיבוא להתפלל שם מארץ רחוקה.[19]

פרשנות זאת איננה דרשה בעלמא. היא מבוססת על דרך יסודית ביותר לקרוא את הקוראן, שכן חלקים רבים בקוראן הם תגובה והתייחסות לתנ"ך ולחז"ל. מסעו של מוחמד לירושלים דווקא, המכוּנָה כאן "בית התפילה הרחוק", יוצר חיבור בין תפילת שלמה לקבלת

19. ראוי לציין שאכן המשך הסורה בקוראן עוסק בבני ישראל ובשני חורבנות בארץ ומסתבר מתוך ההקשר שהכוונה היא למקדש הראשון והשני.

תפילת העמים הבאים מרחוק ובין האמונה המוסלמית שמוחמד הגיע למקדש להתפלל.

יש לציין שישנן הוכחות היסטוריות שהמוסלמים אכן ביססו בתחילה את ההבנה שאל־אקצה זהו הר הבית על כך שזהו מקום המקדש היהודי. בידינו מטבעות שהוטבעו על ידי הח׳ליפות האומיית המוסלמית במאות השביעית והשמינית, כתובים בערבית ומעוטרים בציורים של מנורת המקדש (ראו תמונה בסוף הפרק). היו תקופות היסטוריות שבהן קדושת הר הבית לא עמדה בסתירה לזיקה שהמוסלמים חשו להר. התבוננות זו פותחת אופק של תקווה לכך שדווקא מקום הסכסוך יהפוך למקום של שלום עולמי, ויחד נמצא את דרכנו לאלוהים שהיהדות והאסלאם מאמינות בו.

פרשנות זו עשויה להפוך את המחלוקת על פיה. אין צורך לראות כאן רק התנגשות מקרית, תאונה היסטורית וצירוף מקרים מתסכל. להפך, ניתן להבין מכאן שהמסורת המוסלמית למדה שקדושת המקום רלבנטית להם ולכל העמים - דווקא מתוך הזיקה היהודית לקשר כלל־עולמי למקדש, והבחירה של הקב״ה במקום כמקום המקדש, לצד תפילתו של שלמה שמקום זה ישמש את העמים הרחוקים להתקרב לה׳.

דרשתו של הרב והקישור שעשה השייח׳ מצביעים על כך שמעל הסכסוך עומדת נקודה שורשית משותפת: מימוש משאלתו של שלמה וכמיהתו להכרה כלל־עולמית במקום הקדוש. האסלאם אימץ את אמונת הייחוד ואת קדושת מקום המקדש דווקא מתוך זיקתו העמוקה לשורשיו ולמקורותיו היהודיים.

החזון נראה אומנם רחוק אך שאיפת הלב הכמוסה היא שמתוך הכרה הדדית - הכרה של היהודים בכך ששותפות הגויים במקדש היא ברכה, המלווה את המקדש מאז היווסדו, והכרה של המוסלמים בקדושת מקום המקדש ליהודים גם כבסיס לחשיבותו של מסגד אל־אקצה - יוכל הר בית ה׳ להפוך מסלע המחלוקת ל״אבן השתייה״, שממנה יושתת קיום אחד ואחדותי של העולם סביב הר בית ה׳.

מטבעות מהשלשלת האומיית

שבת לישראל ושבת לאומות

יעקב נגן

השבת: ברית בין הקב"ה לישראל או בשורה לעולם כולו?

בפרקי הספר עד כה עסקנו בשאלת האופקים הדתיים הפתוחים בפני בני אומות העולם וביחסנו כיהודים כלפי דתותיהם. בשני הפרקים האחרונים דנו בממשק בין העולם הרוחני של עם ישראל לבין שותפותם של הגויים בעולם זה סביב שני נושאים יסודיים: התורה והמקדש. עתה נדון ביחסם של הגויים ליסוד שלישי בקיום היהודי: השבת.

שלושת היסודות הללו קשורים זה לזה באופן עמוק. כבר בתורה ישנו קשר חוזר בין השבת למקדש כלשון הפסוק: "אֶת שַׁבְּתֹתַי תִּשְׁמֹרוּ וּמִקְדָּשִׁי תִּירָאוּ" (ויקרא יט, ל). בליבו של המקדש, בקודש הקודשים, שוכנים לוחות הברית שקיבל משה בהר סיני. הקשר בין התורה לשבת מתבטא בין השאר בכך שעל פי חז"ל מתן תורה התרחש בשבת. בכל אחד מן הנושאים הללו ניתן לזהות מתח בין הייחודיות של עם ישראל בתחום זה, לבין שייכותם של כל יושבי תבל בו. בירור היחס בין המקום המייחד את ישראל לבין המקום הפתוח לאנושות - בכל אחד מהיסודות הללו - הוא חלק מהליבון בדבר מקומו של עם ישראל בתוך סיפורה של האנושות כולה.

השבת היא מאבני היסוד של הקיום והזהות היהודית ושל הקשר והברית שבין עם ישראל והקב"ה. לכן, לא פלא שישנם מקורות האוסרים על גויים לשמור את השבת. איסור זה מדגיש את ממד הברית שבשבת, את הקשר הייחודי והאינטימי בין ישראל והקב"ה והמרחב שכניסת זרים אליו אסורה. יחד עם זאת, כבר מן התנ"ך עולה תמונה שבה השבת שייכת לכלל האנושות. עדויות מסוף תקופת בית שני מלמדות על קהילות לא־יהודיות ששמרו שבת, בעקבות בשורת השבת של התורה והבנתה כמיועדת לעמים כולם.[1] מורכבות זו מלמדת על המתח השורר בין פניה השונים של השבת, האוניברסלי והפרטיקולרי, וגם מציפה את השאלה הרחבה יותר בדבר היחס בין עבודת ה' של ישראל לעבודת ה' של האומות.

הזיקה בין הגויים לשבת בתנ"ך

הופעתה הראשונה של השבת בתנ"ך היא בפרשת הבריאה, המתארת את בריאת האדם ביום השישי ולאחר מכן את שביתת ה' ביום השביעי והברכה והקדושה המתלווה ליום זה. מעמדה של השבת בשלב זה איננו נובע מציווי הניתן לבני ישראל. עוד בטרם הולדתו של עם ישראל יש לשבת מעמד ייחודי ביקום.

בעשרת הדיברות בפרשת יתרו, מצטווים ישראל לשמור את השבת כתגובה והיענות לשביתה האלוהית במעשה בראשית: "כִּי שֵׁשֶׁת יָמִים עָשָׂה ה' אֶת הַשָּׁמַיִם וְאֶת הָאָרֶץ אֶת הַיָּם וְאֶת כָּל אֲשֶׁר בָּם

1. ראו מוטי ארד, "שמירת שבת כסימן זהות ליהודים בתקופה ההלניסטית והרומית", אתר מכון שכטר. מן המקורות שהוא מצטט: "אבל לא כן באשר לחוקינו. מושכים הם ומקרבים אליהם את הכל, ברברים ויוונים יושבי יבשה ושוכני איים, עמי המזרח ועמי המערב, אירופה ואסיה - הארץ הנושבת כולה מקצה אל קצה. שהרי מי לא חולק כבוד ליום השביעי הקדוש ההוא [...]" (פילון, חיי משה, ב, 20-22); "אולם גם בקרב ההמונים עצם זה מדורות רבים מספר המקנאים לעבודת אלהינו, ואין עיר מערי היוונים או עם מעמי הלועזים אשר לא פשט שם מנהג היום השביעי שבו שובתים אנחנו מכל עבודה" (יוסף בן מתתיהו [יוסיפוס], נגד אפיון, 2: 39).

וַיָּנַח בַּיּוֹם הַשְּׁבִיעִי עַל כֵּן בֵּרַךְ ה׳ אֶת יוֹם הַשַּׁבָּת וַיְקַדְּשֵׁהוּ" (שמות כ, יא). כיוון שאנו מורגלים בפסוקים אלו, הנאמרים בין השאר בקידוש היום, לא תמיד שמים לב לכך שתיאורי הבריאה כאן משתמשים בשפה של הגשמה כלפי הקב"ה - כביכול הוא עושה מלאכה ואז שובת ממנה - על מנת לפתוח את האפשרות להקביל את העשייה האנושית לעשייה האלוהית: על האדם לעבוד שישה ימים ולשבות ביום השביעי, ובכך הוא מתדמה לקב"ה ש"עבד" שישה ימים ושבת בשביעי. יסוד זה, של הצורך להידמות לקב"ה, פונה ל"קומת האדם" השווה לכלל האנושות שנבראה כולה בצלם אלוהים. לכן מובן מדוע גם בעשרת הדיברות הציווי איננו פונה רק לעם ישראל אלא גם ל"גֵרְךָ אֲשֶׁר בִּשְׁעָרֶיךָ" (שם, י), שעל פי פשוטו של מקרא הוא ה"גר תושב", אדם לא־יהודי שחי בארץ ישראל.[2]

לעומת זאת, בעשרת הדיברות של פרשת ואתחנן, משמעות השבת היא זכר ליציאת מצרים:

> וְזָכַרְתָּ כִּי עֶבֶד הָיִיתָ בְּאֶרֶץ מִצְרַיִם וַיֹּצִאֲךָ ה׳ אֱלֹהֶיךָ מִשָּׁם בְּיָד חֲזָקָה וּבִזְרֹעַ נְטוּיָה עַל כֵּן צִוְּךָ ה׳ אֱלֹהֶיךָ לַעֲשׂוֹת אֶת יוֹם הַשַּׁבָּת (דברים ה, יד).

ההבדל במשמעות השבת גורר גם הבדל בדרך שבה מוצגת המלאכה. בפרשת יתרו "מלאכה" מבטאת את גדולתו של האדם, המתדמה להקב"ה, ואילו בפרשת ואתחנן היא ביטוי לחלישותו, להיותו עבד משועבד לאדונו. לכאורה, פן זה של השבת אינו אוניברסלי אלא קשור לעם ישראל בלבד, שהרי יציאת מצרים היא אירוע מכונן של התהוותנו כעם, אולם גם פה מופיע שציווי השבת מיועד גם "לגרך".

2. ראו פירוש הרמב"ן על התורה, שמות כ, י: "וגרך אשר בשעריך - על דרך הפשט גר שער לעולם הוא גר תושב שבא לגור בשערי עירנו וקבל עליו שבע מצות בני נח, והוא הנקרא 'גר אוכל נבלות'".

ניתן היה להבין ששייכותו של הגר בשביתת השבת היא מכוח היותו חלק מהמרחב היהודי בארץ ישראל, "גרך אשר בשעריך", וכיוון שהמרחב כולו שובת - גם הגר שייך בשביתה זו. אולם נראה שהמנוחה לגר ולעבד אינה נובעת רק מהיותם חלק מן המרחב היהודי אלא היא גם שייכת אליהם עצמם, כפי שמופיע בספר שמות (כג, יב): "שֵׁשֶׁת יָמִים תַּעֲשֶׂה מַעֲשֶׂיךָ וּבַיּוֹם הַשְּׁבִיעִי תִּשְׁבֹּת לְמַעַן יָנוּחַ שׁוֹרְךָ וַחֲמֹרֶךָ וְיִנָּפֵשׁ בֶּן אֲמָתְךָ וְהַגֵּר". שביתת בן האמה והגר אינה מיוסדת רק על היותם חלק מן המרחב היהודי אלא היא מטרה עצמית של השבת. הרחבת השבת מישראל לאומות היא ביטוי לערך החוזר בתורה פעמים רבות ולפיו עלינו ללמוד מהחוויה הקשה שחווינו במצרים וליישם את הלקח ביחסנו לעני, לנזקק ולאומלל.

בחזון אחרית הימים בספר ישעיהו (נו, ו-ז), חוזרת ומופיעה הזיקה בין הגויים ובין השבת. ישעיהו עוסק בשמירת השבת של "וּבְנֵי הַנֵּכָר הַנִּלְוִים עַל ה'" (שם, ו). אומנם יש מפרשים שהכוונה לגרי צדק, אולם מהעובדה שהפסוק הבא עוסק בבית המקדש כ"בית תפילה לכל העמים" נראה שגם פסוק זה העוסק בשבת מכוון אל האומות ככלל - ולא רק אל מי שנלווה על ה' במובן של גיור מלא. בסיומו של ספר ישעיהו שב ומופיע הקשר בין הגויים לשבת; הפעם סביב המקדש שאליו מגיעים כל בני האדם מדי חודש ומדי שבת (ישעיהו סו, כג). הקשר בין הגויים לשבת מופיע כאן בתוך ההקשר הכללי של ספר ישעיהו, העוסק בכמה מקומות בחזון העתידי על אודות הקשר בין הגויים והמקדש. ממילא, גם השבת הקשורה למקדש ("את שבתותי תשמרו ומקדשי תיראו") - שייכת לגויים, כחלק מהרצון במפגש של האנושות כולה עם פני ה'.[3]

3. תודתי לרב שראל רוזנבלט שהעיר לי על כך.

הזיקה הייחודית בין ישראל והשבת

אינננו מוצאים בתנ"ך מקורות המדירים במפורש את הגויים מן השבת, אך לצד המקורות שהובאו עד כאן, ישנם מקורות המצביעים על קשר ייחודי בין ישראל והשבת. המקום הראשון שבו מופיעה השבת לאחר פרשת הבריאה הוא פרשת המן בספר שמות. שם מתוארת השבת כמתנה ייחודית הניתנת לישראל (שמות טז, כט). בהמשך הספר, מתוארת השבת כברית בין ישראל לקב"ה (שמות לא, טז-יז).

בנוסח הקידוש בשבת, הברית המתוארת בפסוקים אלו מקבלת הקשר של בחירת ישראל וייחודו מן העמים: "כי בנו בחרת, ואותנו קידשת מכל העמים", וכך ביתר שאת בתפילת שחרית של שבת: "ולא נתתו ה' אלוהינו לגויי הארצות ולא הנחלתו מלכנו לעובדי פסילים וגם במנוחתו לא ישכנו ערלים, כי לישראל עמך נתתו באהבה לזרע יעקב אשר בם בחרת".

הגויים והשבת בחז"ל

באופן מעניין, בשיח ההלכתי על גויים ושבת, לא עולה הנימוק המודגש בקידוש ובתפילת שחרית של שבת, נימוק של בחירה, ייחודיות וברית. ישנם מקורות המחייבים את הגויים במידה מסוימת של שמירת שבת, וישנם מקורות האוסרים שמירת השבת לנוכרים - אך מסיבות אחרות.

בסוגיה במסכת כריתות (ט ע"א)[4] מופיע שלדעת רבי עקיבא, גר תושב - דהיינו גוי שחי בארץ ישראל ואיננו עובד עבודה זרה - צריך לשמור שבת כמו שיהודי שומר יום טוב (כלומר נאסור לו לעשות מלאכת עבודה והותרה לו מלאכת אוכל נפש בלבד). לעומתו, תנא קמא סבור שגר תושב צריך לשמור שבת כמו שיהודי שומר את חולו של מועד (כלומר מדובר באיסור קל יותר). אכן, ישנן דעות בסוגיה שם (רבי יוסי ורב שמעון) המתירות לגויים לעשות כל מלאכה בשבת,

4. וכן במקבילות בירושלמי, יבמות פ"ח ה"א ובמכילתא דרשב"י לשמות כ, י.

אולם גם על פי דעות אלו מדובר על **היתר** לעבוד בשבת - ובשום אופן לא באיסור לשבות. עד סוף תקופת התנאים אין למצוא אפוא איסור על גויים לשבות, ואדרבה ישנן דעות המחייבות גר תושב ברמה מסוימת של שמירת שבת.

אומנם בסוגיה מפורסמת אחרת מופיע הביטוי "נכרי ששבת חייב מיתה" (סנהדרין נח ע"ב); אך יש לשים לב שבניגוד לסוגיה במסכת כריתות, סוגיה זו הינה **אמוראית** ובעל המימרה הוא ריש לקיש. להסתייגות משמירת השבת על ידי גויים אין מקור בספרות התנאים והיא מוזכרת לראשונה במימרה אמוראית. מלבד זאת, בפשט הסוגיה הבעיה איננה שגויים ישמרו שבת, אלא נובעת מכך שעל האדם מוטל חיוב לפתח את העולם כל העת ולעבוד בכל יום כלשון הנימוק שמציין ריש לקיש מיד: "שנאמר 'ויום ולילה לא ישבֹּתו'" (בראשית ח, כב). המקור שמציין ריש לקיש לדבריו הוא החיוב לעבוד כל העת, לקיים את העולם יום ולילה. דברים אלו מתחזקים גם מן ההקשר של דברי ריש לקיש, המופיעים בצמידות לאמירה נוספת שלו על אתר כנגד העצלנות וההתרשלות בפיתוח העולם:

> ואמר ריש לקיש: מאי דכתיב "עֹבֵד אדמתו ישבע לחם"? אם עושה אדם עצמו כעבד לאדמה - ישבע לחם, ואם לאו - לא ישבע לחם.

העובדה שזהו טעם האיסור עולה גם בהמשך, בדברי רבינא הקובע שהאיסור הוא "אפילו שני בשבת", וכפי שרש"י מסביר על אתר: "לא תימא שביתה דקאמר ריש לקיש לשום חובה [...] אלא מנוחה בעלמא קא אסר להו". האיסור איננו על שביתה לשם קיום מצוות שבת אלא על כל "מנוחה בעלמא". טעם הדבר הוא שעל פי ריש לקיש, לאחר המבול כונן הקב"ה ברית עם העולם שלפיה הוא לא יהרוס יותר את היקום, והשמיים והארץ "לא ישבֹּתו", והאנושות כולה נכללת בתוך הברית הזו:

וַיָּרַח ה׳ אֶת רֵיחַ הַנִּיחֹחַ וַיֹּאמֶר ה׳ אֶל לִבּוֹ לֹא אֹסִף לְקַלֵּל עוֹד אֶת הָאֲדָמָה בַּעֲבוּר הָאָדָם כִּי יֵצֶר לֵב הָאָדָם רַע מִנְּעֻרָיו וְלֹא אֹסִף עוֹד לְהַכּוֹת אֶת כָּל חַי כַּאֲשֶׁר עָשִׂיתִי: עֹד כָּל יְמֵי הָאָרֶץ זֶרַע וְקָצִיר וְקֹר וָחֹם וְקַיִץ וָחֹרֶף וְיוֹם וָלַיְלָה **לֹא יִשְׁבֹּתוּ**.[5]

ניתן לומר שהברית עם נח מדגישה את הערך של ״לא ישבותו״, את ערכה של העבודה המקיימת את העולם ואת ההתנגדות לעצלות ולניוון. ליהודים יש ערך נוסף, מנוגד, שהוא ערך השביתה בשבת, וערך זה דוחה לדידם את ערך העבודה התמידית. לעומת זאת, בקרב מי שלא נצטווה על השבת, הערך של ״לא ישבותו״ עומד בעינו. על פי זה, לכאורה גם ליהודים ישנה בעיה בקביעת יום שביתה נוסף מעבר לשבת שעליה נצטוו, שכן בכך הם פוגעים בערך הכלל־אנושי של ״לא ישבותו״. לאידך גיסא, ניתן להציע שאם שמירת השבת לא באה מתוך עצלות אלא מתוך ערך רוחני, אזי גם לגויים לא תהא בעיה לשמור שבת.[6]

אם נשוב אל הסוגיה התנאית, הרי שעל כל התנאים מוסכם כי שבתו של הגוי שונה בהלכותיה מהשבת היהודית ומכילה אופן אחר של איסור מלאכה (אם בכלל). ניתן להסביר דעות אלו כנובעות מתוך המתח בין הפנים האוניברסליים של השבת לפניה הפרטיקולריים - מתח היוצר מעמד מורכב של הגויים לנוכח השבת, הנע בין שייכות לנפרדות.

5. בראשית ח, כא-כב.
6. פירוש זה מנוגד לשיטת הרמב״ם שלפיה הבעיה בגוי ששבת היא ייסוד של דת חדשה: ״וכן עכו״ם ששבת אפילו ביום מימות החול, אם עשאהו לעצמו כמו שבת חייב מיתה, ואין צריך לומר אם עשה מועד לעצמו, **כללו של דבר אין מניחין אותן לחדש דת ולעשות מצות לעצמן מדעתן**״ (הלכות מלכים, פרק י, הלכה ט). דברי הרמב״ם מנוגדים לדברי רש״י ולפירוש שהצענו בעקבותיהם, כיוון שלדידו הבעיה איננה השביתה ממלאכה, אלא דווקא קיום השבת ממניעים דתיים. יש להעיר שבסוגיה אין רמז לנימוקו של הרמב״ם, ולדידו כנראה המקור שמציין ריש לקיש הוא אסמכתא בעלמא.

עדיין נותר להסביר מה מאפיין את ההבדל בין השבת היהודית לשבתו של גר תושב. על פי הסוגיה במסכת כריתות, נראה שהדעות המאפיינות את השבת של הגויים כמעין יום טוב או חול המועד מדגישות את מניעת הטרחה ביום זה, ומתאימות לנאמר בתורה ביחס לגויים בשבת: "לְמַעַן יָנוּחַ".[7] שבתו של עם ישראל לעומת זאת איננה רק מנוחה אלא שביתה מוחלטת ממלאכה.

מתוך כך ניתן להבין גם את הקשר בין השבת לבין ההבדל בין ישראל לעמים: השבת מבטאת את ההבדלה בממד הזמן, בין זמן קדוש לזמן של חול, ולכן קשורה לבחירת ישראל, המבטאת את ההבדלה בממד האדם. לכן קשורה השבת לברית הייחודית בין ישראל לקב"ה.

פניה השונים של השבת

ביטוי יפה לפניה השונים של השבת נמצא במחזור ויטרי (סימן קסב):

> ואם תאמר מפני מה אנו משנין תפילתנו בשבת בלילה ויוצר ומוסף ומנחה ואין אנו מתפללין בתפילה אחת כמו ביום טוב שאנו מתפללין "אתה בחרתנו" בכל תפילה ותפילה? ושמעתי מנרבוני אחד שכנגד ג' שבתות תיקנו חכמים אלו התפילות: אתה קדשת - כנגד שבת בראשית שהק' קדשו ומקודש ובא משששת ימי בראשית; ישמח משה - כנגד שבת סיני. שהתורה ניתנה בשבת בהשכמה. כדאמרי' [...] "מכדי בין מר ובין מר תורה בשבת ניתנה" [...]; אתה אחד - כנגד שבת של עתיד לבא. שנאמר "ביום ההוא יהיה ה' אחד ושמו אחד", וגם ישראל גוי אחד שנאמר "ועמך כולם צדיקים לעולם יירשו ארץ".

בעולם ישנן שלש "שבתות". (א) תפילת ליל שבת היא כנגד שבת של בריאת העולם; זוהי שבת אוניברסלית. (ב) שבת של תפילת שחרית

7. שוב תודתי לרב שראל רוזנבלט על כך.

היא כנגד שבת של מתן תורה והיא ייחודית לישראל. השאלה הגדולה היא מה דמותה של השבת השלישית, השבת של "ביום ההוא יהיה ה' אחד ושמו אחד". על פי מחזור ויטרי, ה"אחד" המודגש בתפילת מנחה של שבת קשור להיותם של ישראל "גוי אחד בארץ", אולם הנבואה שהוא מצטט, נבואת זכריה על היום שבו יהיה "ה' אחד ושמו אחד", מספרת על כלל האנושות הבאים לירושלים לפני ה'. על פי זה, לשבת העתידית אופק נוסף שבו יש מקום לכלל האנושות הנכללת במה שזוהר מגדיר כ"רזא דשבת איהי שבת דאתאחדת ברזא דאחד [=רז השבת הוא שבת המתאחדת בסוד האחד]".[8]

8. זוהר, חלק ב, קלה ע"ב.

אחרית דבר

מפגש וקשר בין ישראל ודתות העולם בזמננו

שראל רוזנבלט

הספר שלפניכם מבקש להציב בקִדמת הבמה את שאלת היחס בין ישראל ובין דתות אחרות ואת שאלת דתיותן של אומות העולם כשאלות יסוד בזהותו של עם ישראל וייעודו ובעתיד החברה הישראלית המחפשת את מקומה בתוך המרחב האוניברסלי.

הספר מורכב אומנם מפרקים העוסקים בדבריהם של חכמים שונים לאורך הדורות אך כולם יחדיו רוקמים סיפור בתולדות ישראל מראשיתן ועד אחריתן: סיפור של חוכמה יהודית רציפה וארוכת שנים על היחס לדתיותן של אומות העולם. זהו סיפור שמצליח להתרומם ממעל למאבקים ולמלחמות בין אומות ודתות - ואף מעל האיום הפיזי והזהותי הקיים בהתחככות בין המדינה היהודית לשכניה - אך לא להתעלם מהם. זהו סיפור המבקש להביט על הסיפור האנושי הגדול מנקודת מבט אמונית כפי שזו נפרשׂת בנבואות התנ"ך ובחוכמתם של חכמי ישראל.

הספר כתוב בעיקרו בשפה הלכתית והגותית ונודעות לו השלכות רבות ברובדי חיים שונים. אולם בעומקו של הספר טמון מסע נפשי, מחשבתי וזהותי שכן העיסוק במחשבות על אודות אחרים מקרין באופן ישיר עלינו, ובעיקר על המפגש בין יהודי האמון על תורת ישראל לבין אדם מאומות העולם האמון על אמונות ודעות אחרות - מפגש המציף שאלות יסוד בוערות וחשובות. בדברים הבאים נבקש לתרגם את התובנות הרבות השלובות לאורך הספר ולגבש אותן לכלל מענה לאותן שאלות.

כיצד יש להגיב לדתיות של אדם בעל דת אחרת? מה יש לחשוב עליה? האם דתות אחרות הן דתות מתחרות באופן מהותי או שמא האמונות יכולות לשכון זו לצד זו ואף לכרות ברית ביניהן? האם המשמעות של "דת אמת" היא שכל יתר הדתות הן שקר? האם מן ההכרח שישנה דת אלוהית אחת ויחידה? מה יש לחשוב ולחוש כאשר נחשפים לאופן שבו הברית החדשה ביקשה להמשיך את דבר ה' המתגלה בתנ"ך, או לסיפורי התורה ששונו ושובצו לאורך הקוראן? כיצד יש להתייחס לאותם מנהיגים שהזולת רואה בהם נביאים? האם יש לנו מה ללמוד ממנו או שמא עלינו לחוש שהוא רחוק מן האמת ולנסות לבקר אותו? מתוך כך, האם לשיח בין־דתי יש ערך כלשהו? ואולי הוא בכלל מיותר? ושמא להפך: הוא הכרחי?

כל אלו אינן בבחינת שאלות אזוטריות המטרידות קבוצת אנשים קטנה העוסקת בדיאלוג בין־דתי. במציאות חיינו במדינת ישראל ובעידן של מוביליות וגלובליזציה מתקדמת, אנו נפגשים דבר יום ביומו הן ברעיונות ותפיסות ששורשם בדתות אחרות, הן באנשים דתיים בני דתות אחרות - ומן ההכרח לגבש את מחשבותינו בסוגיה זו. בפרט נכון הדבר בחברה הישראלית שבה בכוחן של שיחות מעין אלו לתרום למאמץ הפחתת האלימות ושפיכות הדמים. באופן עמוק יותר, אלו שאלות הנוגעות בבסיס אמונתנו וייעודנו בעולם. מהו היחס בין בחירת ישראל לבין "חביב אדם שנברא בצלם"? מה מבקש הקב"ה מאומות העולם ומה תפקידנו בהקשר זה? מהו ייעודה הגדול של מדינת ישראל?

השינוי המהותי עם תקומתה של מדינת ישראל

חזרת עם ישראל לאדמתו, עצמאותו המדינית, חוסנה הביטחוני של מדינת ישראל, פריחת עולם התורה והתרבות הישראלית - כל אלו מציבים את המפגש בין היהודי לבין הנוכרי בעמדה שונה לחלוטין מכפי שהייתה לאורך אלפיים שנות גלות. אין זה יהודי שפוף הירא מגירוש ואף לא־יהודי המבקש לשכון לבדד מבלי להתחשב במתרחש סביבו. זהו יהודי שתנאי חייו מסוגלים לפתוח את ליבו ותבונתו למפגש אמיתי בין אנשים ובין דתות במאמץ משותף לקידום האדם והעולם; יהודי אשר מבקש לממש את חזון השלום הגדול של נביאי ישראל. שלום זה אינו אמור רק על דרך השלילה - היינו שלא יהיו עוד מלחמות - אלא במובן הפוזיטיבי: "כִּי בֵיתִי בֵּית תְּפִלָּה יִקָּרֵא לְכָל הָעַמִּים" (ישעיהו נו, ז).

לדוגמה, מאז שנת 2000, פועלת בתוך הרבנות הראשית לישראל ועדה מיוחדת בהובלת רבנים החברים במועצת הרבנות הראשית אשר מטפחת קשרים ומקיימת מפגשים דרך קבע עם הוותיקן, עם הכנסייה האנגליקנית, ולאחרונה גם עם נציגים מוסלמים שונים. מפגשים אלה עוסקים בשאלות חברתיות ואתיות בוערות שעל סדר היום העולמי. כהמשך לכך, מן הראוי שמאה השגרירויות והקונסוליות של מדינת ישראל הפזורות ברחבי העולם ינסחו - וינכיחו - את סיפורה של מדינת ישראל כסיפורו של עם יהודי עתיק יומין לא רק בעבור הגנה על ריבונותו בארצו, אלא גם כרצון כן לתרום מחוכמתו וניסיונו לעולם כולו. בנוסף, ישנם ארגונים שונים שפועלים בשטח ומפגישים בין מנהיגי דת מכל המגזרים הן ברמה הארצית, הן ברמה העולמית.

אַל לנו לראות כל זאת כהכרח שנכפה עלינו בשל המציאות הביטחונית או מחמת מצב העולם ככפר גלובלי. עלינו לשוש על יוזמות אלו כמוצאי שלל רב שכן כל אלו עשויים להיות חלק משזירה מחודשת ונכונה של מרקם היחסים בין ישראל והאנושות.

את הייעוד הגדול של אברהם אבינו, "וְנִבְרְכוּ בְךָ כֹּל מִשְׁפְּחֹת הָאֲדָמָה" (בראשית יב, ג), אין להבין רק כעניין סגולי־מטפיזי אלא

כברכה העוברת בדיאלוג ובמפגש פנים אל פנים. זאת ועוד, המפגש עצמו בונה את קשרי האחווה שעל בסיסם ישנו פוטנציאל של למידה, של צמיחה, ואם זוכים - גם של שיח ביקורתי ונוקב שמיוסד על כבוד הדדי. בעבור הרמב"ם, יהיה זה הצו של שמיעת האמת ממי שאמרה; בעבור הרב סולובייצ'יק יעורר הדבר הבנה טובה יותר של אופן ההתמודדות עם אתגרי השעה והדור; ואילו בעבור הראי"ה קוק מדובר גם ביכולתנו ללמוד ולהבין טוב יותר את תפקידו של עם ישראל וברכתו בעולם:

> מכל הזרמים הרוחניים השונים שבחללו של עולם האנושי, נמצא שורש בכנסת ישראל [...] ובגלל זה אי אפשר כלל שנעלים עין מכל זרם, בבאנו לברר את כח הרוחני של כנסת ישראל, "הכלה", "דכלילא מכל גוונין".[1]

הדרך לצמיחה והבנה טובה יותר של עבודת ה' של כנסת ישראל תגיע על ידי פקיחת עין ועל ידי הכרה ומפגש בזרמים שונים של הרוח שנמצאים בחללו של העולם האנושי, באשר הם עשויים לבטא את האמת האלוהית השלמה יותר. אצל הרב יהודא אשכנזי, מניטו, הדיאלוג הבין־דתי הוא הדרך לאחד את מידותיו של הקב"ה כפי שהן מתגלות בעולם ולתקן את "משוואת האחווה" - תיקון חטא קין והבל.

המפגש הבין־דתי מנקודת המבט של חכמי ישראל

ראינו כי מקורה של העמדה הרווחת, שלפיה אין לגיטימציה לייסוד דת שאיננה דת ישראל, מצוי בשיטתו המקורית והייחודית של הרמב"ם וכי היא עומדת כנגד דעתם של כמה מחכמי ימי הביניים המוקדמים כמו רבי נתנאל פיומי ורבי יהודה הלוי שלשיטתם עצם קיומן של הדתות הוא מבורך. הרמב"ם, לעומת זאת, מברך על מסעו של האדם

1. שמונה קבצים, קובץ א, פסקה כו.

הפרטי אחר האלוהים ורואה בעין טובה את הגוי שמבקש דרך תורת משה לקיים אפילו יותר משבע מצוות בני נח - כמי שאינו מצווה ועושה; אוזנו כרויה תמיד ללמוד חוכמה ומדע ולשמוע את האמת ממי שאמרה - ועם זאת יחסו של הרמב"ם לדתות ממוסדות אמביוולנטי. מחד גיסא, בהתפתחותן של הנצרות והאסלאם הוא רואה את יד ההשגחה האלוהית, משום שהן מפיצות תודעת התגלות ומשיחיות; ומאידך גיסא, הוא שולל אותן באופן קטגורי במישור המהותי שכן לדידו לא תיתכן התגלות המחייבת דת מלבד נבואת משה.

בסיטואציה של מפגש ושיח, המחשבה הדיאלקטית של הרמב"ם מאתגרת מאוד - מבחינה אינטלקטואלית ומבחינה רגשית - הן בעבור היהודי הן בעבור בן שיחו. קשה עד מאוד להיות קשוב וסקרן מתוך רצון לשמוע את האמת ממי שאמרה, כאשר במכמני הלב מקננת המחשבה שדתיותו של האדם לחלוטין איננה לגיטימית, שהנביאים שהוא מאמין בהם הוליכו אותו שולל ושכתבי הקודש שלו בטעות יסודם. ואם נכון הדבר אצל היהודי, קל וחומר אצל זולתו שלא ישמח להפגין את חוכמתו כאשר מזלזלים בה ומבטלים בבוז את אמונתו. זאת ועוד: שאלה שעולה בעקבות דברי הרמב"ם היא אם נכון להציף ולספר על עמדה זו או שמא זוהי תובנה שיש להשהות כעת מהשיח ולו מחמת התועלת המעשית שעשויה לצמוח: בעבור היהודי, ללמוד מן האמת שעשויה להיות טמונה אצל זולתו ולברך על בקשת האלוהים שלו; ובעבור הגוי, אולי תיפתח כך הדרך לאמת שמחזיק היהודי. ומצד שלישי, שמא פתיחת נושא תיאולוגי כה מובהק תוליך בהכרח להתנגשות חזיתית. ייתכן שמתוך הבנת הדיאלקטיקה של הרמב"ם וכן בעקבות הסכנה האמורה, תמך הרי"ד סולובייצ'יק בזמננו בדיאלוג בין־דתי עם אנשי דת נוצרים רק בנושאים של אתגרי השעה והדור ולא בעניינים תיאולוגיים.[2]

2. עיינו במאמרו "Confrontation", *Tradition*, 6:2 (1964), pp. 5-29. המאמר תורגם לעברית תחת השם "ממעמקים" ונדפס בתוך הספר דברי הגות והערכה, ירושלים: ספריית אלינר, תשמ"ג.

ברם, מפגש ושיח בין־דתיים עשויים להיות שונים לחלוטין מנקוּדת המבט של המסורת ארוכת השנים המוצגת בספר זה - שראשיתה בפרקי בראשית ובחירת ישראל וייעודו על פי חזון הגאולה של הנביאים, והמשכה בסוגיות התלמוד ובדברי גדולי חכמי ישראל לאורך הדורות, עד הראי"ה קוק, מניטו והרב זקס. לצד ביקורות שונות ומגוונות על תכנים שונים שבקרב הדתות השונות, אנו מוצאים במקורות אלו כי מציאותן של דתות אחרות היא כמעט מובנת מאליה. לפי ריה"ל, פעולתן של הדתות השונות להכרה באל ולתיקון החברה והאדם היא מבורכת. זאת ועוד, העובדה שעל פי ר"י אלבו והראי"ה קוק, דתיותו של הזולת עשויה להיות גם "אלוהית" ולא רק לגיטימית ומבורכת; שעל פי רבי נתנאל פיומי, נביאי הדתות הללו עשויים להיות מנהיגים שזכו להשראה ממרום; ושעל פי ר"י עמדן, כתבי הקודש של הנצרות מלאים בתכנים חיוביים שמתאימים לנפשם של מאמיניה - כל זאת משנה לגמרי את מסגרת המפגש והדיון. ליבו של אדם יכול להיות פתוח וקשוב למלוא קומתו של הניצב מולו שכן דתיותו לא רק שאיננה מאיימת עליו אלא שהיא התשתית המחברת ביניהם והיא זו שעשויה לקדם את אותם ערכים ואף שאיפות גאוליות שהיהודי עצמו אוחז בהן. לפי תפיסתו של רבי נתנאל פיומי, וגם אליבא דהרב קוק, יהודי יכול להכיר בכך שמייסדי הדתות הגדולות זכו להערת רוח ממרום גם אם מדרגת רוח זו, לפי הראי"ה, נמוכה באופן ניכר ממדרגתם של נביאי ישראל. בשיח יהודי־מוסלמי יש לאמירה זו השפעה רבת משמעות.

ההיחשפות לאופן שבו הברית החדשה ביקשה להמשיך את דבר ה' המתגלה בתנ"ך ולסיפורי התורה בקוראן ששונו בשיטתיות עשויה להיות קשה בעבור היהודי המאמין. ברם, דרכם של רבי נתנאל פיומי, ר"י עמדן ומניטו פותחת צוהר לחשוב על תופעה זו באופן אחר לחלוטין: לא מנקודת מבט של איום, עיוות האמת או "הפרת זכויות יוצרים" אלא מהבנה ששינויים אלו נעשו מתוך התאמה לסוג האנשים שספרים אלו פונים אליהם - ודווקא על בסיס זה לשקף את אותם מקומות שלגביהם ישנה מחלוקת נוקבת. אדרבה, בעבור רבי

נתנאל פיומי תופעה זו של כתבי הקודש מביאה לחיזוק האמונה, שכן תורת ה' משמשת השראה בעבור מיליארדי בני אדם מסביב לעולם. על פי ה"באר היטב" ומהר"ץ חיות, דווקא אדיקותם הדתית של הנוצרי והמוסלמי היא זו שמגדירה אותם כחסידי אומות העולם. בעל "תשובה מאהבה" הדגיש שבכך הם בפועל עושים רצונו של מקום. בעל "הכתב והקבלה" הרחיב את היחס החיובי באומרו שלאומות כאלו, כאשר הן עוסקות בדתן, התכוון רבי מאיר כשקבע כי "אפילו נכרי ועוסק בתורה שהוא ככהן גדול". הרב גוטמאכר משלים זאת בקובעו כי יש להתפלל בעד הצלחתן ושלומן של אותן אומות ודתות ללא תלות באינטרסים שלנו.

דומה כי לשפת האחווה של המאירי ומניטו ישנה השפעה דרמטית על המפגש הבין־דתי. היא עשויה לשנות את התשתית הנפשית המטרימה את השיח האינטלקטואלי ולתווך אותו כוויכוח "בתוך המשפחה". הניסיון מלמד כי ויכוחים פנים־משפחתיים עלולים להיות צורמים יותר, ובכל זאת יש בהם פוטנציאל אחר. כאשר אדם מתווכח עם מישהו בידיעה כי אחיו הוא ושהייעוד שניתן להם מאת ה' הוא כריתת ברית שתוביל לקידום העולם ולגאולתו, המוטיבציה לעצם המפגש, כמו גם מסגרת המפגש והדיאלוג, עשויות להיראות אחרת לחלוטין מאשר מפגש עם אדם זר או במסגרת משחק־דיון סכום־אפס שניצחונו של אחד בו הוא בהכרח הפסדו של האחר.

אחד הדגשים המשמעותיים שהוסיפו הרב קוק ומניטו בעקבותיו היה יצירת המבנה האורגני של הדתות כולן שבמרכזו ישראל, המשמשים כעין ספירת תפארת המקשרת את כל הספירות האלוהיות. לפי דרך זו יש לומר כי כינון תשתית שיח ומפגש בין הדתות השונות הוא אינטגרלי לשיטתם ומהותי לייעודו של עם ישראל בעולם - שכן המטרה הראשונה במעלה של בניית מערכת זו איננה עריצות וכבוד אלא לאחד את המידות האלוהיות ולרקום את משוואת האחווה שתאפשר תיקון והתקדמות. המבנה האורגני של אומות העולם ודתות העולם מוביל לכך שתמיד ישנו צורך בקשר בין כל החלקים שמרכיבים אותו. החשיבה הביקורתית המאפיינת

את שניהם מתאפשרת רק על בסיס התשתית הדיאלוגית. אם כנים הדברים, הרי שלפי הראי"ה ומניטו, המפגש והשיח הבין־דתיים אינם רק אפשריים מנקודת מבטה של מחשבת ישראל אלא הם הכרחיים.

הספר שלפנינו מתחיל באדם הראשון ומסתיים בדורנו ומבקש להפוך את הרגע הזה להיות החוליה הבאה בסיפור. השאלה הנוקבת שעומדת אפוא לפתחנו היא: האם נצליח לממש את מה שייעד לנו הקב"ה דרך נביאיו וחכמיו לאורך כל הדורות?

אכן, מציאות חיינו סבוכה. אלפיים שנות גלות ומאה שנים של מלחמה על קיומנו בארץ ישראל בעיקר נוכח מדינות וארגונים מוסלמיים גורמים לרבים לפתח חשדנות וסלידה - ואף שנאה - כלפי דתות אחרות. אך טבעי הוא שנראה התפתחות של שפה דתית הטוענת שנאמנות יהודית לתורת ישראל אמורה להביא להתנגדות לקיומן של דתות אחרות. אך כפי שלימדנו הרב קוק, זוהי תפיסה המתנחלת בליבו של "ההמון" מתוך "קלות דעת לאמונה", אולם היא איננה משַׁקפת את עומק החוכמה והאמונה השלמה.

בלב תקופת רדיפות היהודים בימי הביניים לימד אותנו המאירי כיצד לראות את התמונה השלמה ולהצליח לסמן את נקודות האור, את אותם אנשים שאיתם אפשר - ואף נכון - לרקום שכנות טובה, וגם לראות את ההתקדמות שחלה בקרב התרבות והדתות ביחס לדתות האליליות בתקופת חז"ל. גם עלינו מוטלת החובה לראות את השתנות הטבעים: את השינוי הדרמטי ביחסו של הוותיקן לעם ישראל ומדינת ישראל ואת מרקם היחסים ההולך וגובר עם מדינות ערב המיוסד דווקא על המורשת המסורתית המשותפת.

האם נצליח להעמיק את זהותנו ולהתחבר לייעודנו? האם ניענה לצו הנגזר מבירור האמונה היהודית ונדע לברך כראוי על ההיבטים החיוביים בזהותן הדתית של אומות העולם? האם חוזקה של מדינת ישראל יהא רוח גבית גם לפעולות המבקשות לשקם את משוואת האחווה - ולא רק לרווחה ביטחונית וכלכלית? האם נשכיל לנתב את אותה משוואת אחווה למיגור שפיכות הדמים ודאגה לכל האוכלוסיות

בשטחי ארץ ישראל? האם דווקא מתוך חיינו על אדמתנו, יהיו תורת ישראל וחכמיה אור לגויים וברכה לכל משפחות האדמה?

אנו מאמינים שהתשובה לכל השאלות הללו היא חיובית. שאלות אלו אינן פריבילגיה או בגדר רשות; הן קשורות בנשמת אפה של כנסת ישראל ולייעודו הגדול־יותר של עם ישראל בעולם. ומי יודע אם לעת כזאת הגענו למלכות.

"Love of all existence fills the heart... the devout among people... hope for the happiness of all, wish for the light and joy of all... when they come among the dwellings of humanity, and they find divisions of nations, religions, sects, and opposing ambitions, they try with all their might to include everything, to unite and bring together."

(Rabbi Abraham Isaac Kook, *Shemonah Kevatzim* 1:101)

Ohr Torah Stone is tremendously grateful to generous donors who are enabling us to build a shared future of connection and mutual respect through two pioneering interfaith programs: The Blickle Institute for Interfaith Dialogue and The Beit Midrash for Judaism and Humanity.

The Blickle Institute for Interfaith Dialogue

The Blickle Institute for Interfaith Dialogue trains Blickle Fellows, who are senior Jewish educators, organizational and community leaders, to build greater inter-religious understanding. Through participation in an intensive, yearlong program in which fellows meet Jewish, Christian and Muslim leaders, they explore the three faiths' approaches to interfaith dialogue and ways they can work together to advance respectful dialogue across Israeli society.

Thank you to Lisbeth and Karl-Hermann Blickle for your very generous support of The Blickle Institute for Interfaith Dialogue.

The Beit Midrash for Judaism and Humanity

The Beit Midrash for Judaism and Humanity was launched to engage in the first-ever research and preparation of *halakhic* (Jewish legal) literature relating to Judaism's perception of world religions, the spiritual and material responsibility of the Jewish people to the nations of the world, and the treatment of minorities in a modern State of Israel where, for the first time in 2,000 years, the Jewish people are sovereigns in their own country.

Thank you to the following donors for supporting the Beit Midrash for Judaism and Humanity:

The Applebaum Foundation, Inc.
Dr. Michelle Friedman and Benjamin Belfer
Dr. Monique and Mordecai, z"l, Katz
Gloria Harris
Jeff and Jodi Harris
Danielle and Jeffrey Wild